中华人民共和国
证券期货法规汇编

（2017·下）

中国证券监督管理委员会　编

法律出版社
LAW PRESS

编 辑 说 明

一、《中华人民共和国证券期货法规汇编》由中国证券监督管理委员会编辑，法律出版社出版发行。

二、《中华人民共和国证券期货法规汇编》1992 年、1993 年为合订本，1994 至 2002 年按年度编辑。从 2003 年起，改为每半年出版一辑，其中上卷本收录每年 1 至 6 月公布的法规，下卷本收录每年 7 至 12 月公布的法规。本辑为 2017 年下卷本。

三、本辑《中华人民共和国证券期货法规汇编》共收录 57 件法规。其中法律 4 件，行政法规、法规性文件 12 件，中国证券监督管理委员会发布的部门规章、规范性文件 13 件，司法解释、司法文件 5 件，其他部委发布的相关部门规章、规范性文件 23 件。

四、本辑《中华人民共和国证券期货法规汇编》按下列顺序编排：1. 法律；2. 行政法规、法规性文件；3. 中国证券监督管理委员会发布的部门规章及规范性文件；4. 附录。其中，第 3 大类按照综合、证券、基金、信息披露规范类分类编排，证券篇中按照发行类、机构类编排，各类别依次按颁布时间顺序排列。

中国证券监督管理委员会法律部

二〇一八年三月一日

目　　录

法　　律

行政法规　法规性文件

中国证监会发布的部门规章及规范性文件

综　　合

证　　券

基　　金

信息披露规范类

附　　录

法　　律

中华人民共和国中小企业促进法

（2002年6月29日第九届全国人民代表大会常务委员会第二十八次会议通过　2017年9月1日第十二届全国人民代表大会常务委员会第二十九次会议修订）

目　录

第一章　总　　则

第一条　为了改善中小企业经营环境，保障中小企业公平参与市场竞争，维护中小企业合法权益，支持中小企业创业创新，促进中小企业健康发展，扩大城乡就业，发挥中小企业在国民经济和社会发展中的重要作用，制定本法。

第二条　本法所称中小企业，是指在中华人民共和国境内依法设立的，人员规模、经营规模相对较小的企业，包括中型企业、小型企业和微型企业。

中型企业、小型企业和微型企业划分标准由国务院负责中小企业促进工作综合管理的部门会同国务院有关部门，根据企业从业人员、营业收入、资产总额等指标，结合行业特点制定，报国务院批准。

第 三 条　国家将促进中小企业发展作为长期发展战略，坚持各类企业权利平等、机会平等、规则平等，对中小企业特别是其中的小型微型企业实行积极扶持、加强引导、完善服务、依法规范、保障权益的方针，为中小企业创立和发展创造有利的环境。

第 四 条　中小企业应当依法经营，遵守国家劳动用工、安全生产、职业卫生、社会保障、资源环境、质量标准、知识产权、财政税收等方面的法律、法规，遵循诚信原则，规范内部管理，提高经营管理水平；不得损害劳动者合法权益，不得损害社会公共利益。

第 五 条　国务院制定促进中小企业发展政策，建立中小企业促进工作协调机制，统筹全国中小企业促进工作。

国务院负责中小企业促进工作综合管理的部门组织实施促进中小企业发展政策，对中小企业促进工作进行宏观指导、综合协调和监督检查。

国务院有关部门根据国家促进中小企业发展政策，在各自职责范围内负责中小企业促进工作。

县级以上地方各级人民政府根据实际情况建立中小企业促进工作协调机制，明确相应的负责中小企业促进工作综合管理的部门，负责本行政区域内的中小企业促进工作。

第 六 条　国家建立中小企业统计监测制度。统计部门应当加强对中小企业的统计调查和监测分析，定期发布有关信息。

第 七 条　国家推进中小企业信用制度建设，建立社会化的信用信息征集与评价体系，实现中小企业信用信息查询、交流和共享的社会化。

第二章　财 税 支 持

第 八 条　中央财政应当在本级预算中设立中小企业科目，安排中小企业发展专项资金。

县级以上地方各级人民政府应当根据实际情况，在本级财政预算中安排中小企业发展专项资金。

第 九 条　中小企业发展专项资金通过资助、购买服务、奖励等方式，重点用于支持中小企业公共服务体系和融资服务体系建设。

中小企业发展专项资金向小型微型企业倾斜，资金管理使用坚持公开、透明的原则，实行预算绩效管理。

第 十 条　国家设立中小企业发展基金。国家中小企业发展基金应当遵循政策性导向和市场化运作原则，主要用于引导和带动社会资金支持初创期中小企业，促进创业创新。

县级以上地方各级人民政府可以设立中小企业发展基金。

中小企业发展基金的设立和使用管理办法由国务院规定。

第十一条　国家实行有利于小型微型企业发展的税收政策，对符合条件的小型微型企业按照规定实行缓征、减征、免征企业所得税、增值税等措施，简化税收征管程序，减轻小型微型企业税收负担。

第十二条　国家对小型微型企业行政事业性收费实行减免等优惠政策，减轻小型微型企业负担。

第三章　融资促进

第十三条　金融机构应当发挥服务实体经济的功能，高效、公平地服务中小企业。

第十四条　中国人民银行应当综合运用货币政策工具，鼓励和引导金融机构加大对小型微型企业的信贷支持，改善小型微型企业融资环境。

第十五条　国务院银行业监督管理机构对金融机构开展小型微型企业金融服务应当制定差异化监管政策，采取合理提高小型微型企业不良贷款容忍度等措施，引导金融机构增加小型微型企业融资规模和比重，提高金融服务水平。

第十六条　国家鼓励各类金融机构开发和提供适合中小企业特点的金融产品和服务。

国家政策性金融机构应当在其业务经营范围内，采取多种形式，为中小企业提供金融服务。

第十七条　国家推进和支持普惠金融体系建设，推动中小银行、非存款类放贷机构和互联网金融有序健康发展，引导银行业金融机构向县域和乡镇等小型微型企业金融服务薄弱地区延伸网点和业务。

国有大型商业银行应当设立普惠金融机构，为小型微型企业提供金融服务。国家推动其他银行业金融机构设立小型微型企业金融服务专营机构。

地区性中小银行应当积极为其所在地的小型微型企业提供金融服务，促进实体经济发展。

第十八条　国家健全多层次资本市场体系，多渠道推动股权融资，发展并规范债券市场，促进中小企业利用多种方式直接融资。

第十九条　国家完善担保融资制度，支持金融机构为中小企业提供以应收账款、知识产权、存货、机器设备等为担保品的担保融资。

第二十条 中小企业以应收账款申请担保融资时，其应收账款的付款方，应当及时确认债权债务关系，支持中小企业融资。

国家鼓励中小企业及付款方通过应收账款融资服务平台确认债权债务关系，提高融资效率，降低融资成本。

第二十一条 县级以上人民政府应当建立中小企业政策性信用担保体系，鼓励各类担保机构为中小企业融资提供信用担保。

第二十二条 国家推动保险机构开展中小企业贷款保证保险和信用保险业务，开发适应中小企业分散风险、补偿损失需求的保险产品。

第二十三条 国家支持征信机构发展针对中小企业融资的征信产品和服务，依法向政府有关部门、公用事业单位和商业机构采集信息。

国家鼓励第三方评级机构开展中小企业评级服务。

第四章 创业扶持

第二十四条 县级以上人民政府及其有关部门应当通过政府网站、宣传资料等形式，为创业人员免费提供工商、财税、金融、环境保护、安全生产、劳动用工、社会保障等方面的法律政策咨询和公共信息服务。

第二十五条 高等学校毕业生、退役军人和失业人员、残疾人员等创办小型微型企业，按照国家规定享受税收优惠和收费减免。

第二十六条 国家采取措施支持社会资金参与投资中小企业。创业投资企业和个人投资者投资初创期科技创新企业的，按照国家规定享受税收优惠。

第二十七条 国家改善企业创业环境，优化审批流程，实现中小企业行政许可便捷，降低中小企业设立成本。

第二十八条 国家鼓励建设和创办小型微型企业创业基地、孵化基地，为小型微型企业提供生产经营场地和服务。

第二十九条 地方各级人民政府应当根据中小企业发展的需要，在城乡规划中安排必要的用地和设施，为中小企业获得生产经营场所提供便利。

国家支持利用闲置的商业用房、工业厂房、企业库房和物流设施等，为创业者提供低成本生产经营场所。

第三十条 国家鼓励互联网平台向中小企业开放技术、开发、营销、推广等资源，加强资源共享与合作，为中小企业创业提供服务。

第三十一条 国家简化中小企业注销登记程序，实现中小企业市场退出便利化。

第五章 创新支持

第三十二条 国家鼓励中小企业按照市场需求，推进技术、产品、管理模式、商业模式等创新。

中小企业的固定资产由于技术进步等原因，确需加速折旧的，可以依法缩短折旧年限或者采取加速折旧方法。

国家完善中小企业研究开发费用加计扣除政策，支持中小企业技术创新。

第三十三条 国家支持中小企业在研发设计、生产制造、运营管理等环节应用互联网、云计算、大数据、人工智能等现代技术手段，创新生产方式，提高生产经营效率。

第三十四条 国家鼓励中小企业参与产业关键共性技术研究开发和利用财政资金设立的科研项目实施。

国家推动军民融合深度发展，支持中小企业参与国防科研和生产活动。

国家支持中小企业及中小企业的有关行业组织参与标准的制定。

第三十五条 国家鼓励中小企业研究开发拥有自主知识产权的技术和产品，规范内部知识产权管理，提升保护和运用知识产权的能力；鼓励中小企业投保知识产权保险；减轻中小企业申请和维持知识产权的费用等负担。

第三十六条 县级以上人民政府有关部门应当在规划、用地、财政等方面提供支持，推动建立和发展各类创新服务机构。

国家鼓励各类创新服务机构为中小企业提供技术信息、研发设计与应用、质量标准、实验试验、检验检测、技术转让、技术培训等服务，促进科技成果转化，推动企业技术、产品升级。

第三十七条 县级以上人民政府有关部门应当拓宽渠道，采取补贴、培训等措施，引导高等学校毕业生到中小企业就业，帮助中小企业引进创新人才。

国家鼓励科研机构、高等学校和大型企业等创造条件向中小企业开放试验设施，开展技术研发与合作，帮助中小企业开发新产品，培养专业人才。

国家鼓励科研机构、高等学校支持本单位的科技人员以兼职、挂职、参与项目合作等形式到中小企业从事产学研合作和科技成果转化活动，并按照国家有关规定取得相应报酬。

第六章　市 场 开 拓

第三十八条　国家完善市场体系，实行统一的市场准入和市场监管制度，反对垄断和不正当竞争，营造中小企业公平参与竞争的市场环境。

第三十九条　国家支持大型企业与中小企业建立以市场配置资源为基础的、稳定的原材料供应、生产、销售、服务外包、技术开发和技术改造等方面的协作关系，带动和促进中小企业发展。

第四十条　国务院有关部门应当制定中小企业政府采购的相关优惠政策，通过制定采购需求标准、预留采购份额、价格评审优惠、优先采购等措施，提高中小企业在政府采购中的份额。

向中小企业预留的采购份额应当占本部门年度政府采购项目预算总额的百分之三十以上；其中，预留给小型微型企业的比例不低于百分之六十。中小企业无法提供的商品和服务除外。

政府采购不得在企业股权结构、经营年限、经营规模和财务指标等方面对中小企业实行差别待遇或者歧视待遇。

政府采购部门应当在政府采购监督管理部门指定的媒体上及时向社会公开发布采购信息，为中小企业获得政府采购合同提供指导和服务。

第四十一条　县级以上人民政府有关部门应当在法律咨询、知识产权保护、技术性贸易措施、产品认证等方面为中小企业产品和服务出口提供指导和帮助，推动对外经济技术合作与交流。

国家有关政策性金融机构应当通过开展进出口信贷、出口信用保险等业务，支持中小企业开拓境外市场。

第四十二条　县级以上人民政府有关部门应当为中小企业提供用汇、人员出入境等方面的便利，支持中小企业到境外投资，开拓国际市场。

第七章　服 务 措 施

第四十三条　国家建立健全社会化的中小企业公共服务体系，为中小企业提供服务。

第四十四条　县级以上地方各级人民政府应当根据实际需要建立和

完善中小企业公共服务机构，为中小企业提供公益性服务。

第四十五条 县级以上人民政府负责中小企业促进工作综合管理的部门应当建立跨部门的政策信息互联网发布平台，及时汇集涉及中小企业的法律法规、创业、创新、金融、市场、权益保护等各类政府服务信息，为中小企业提供便捷无偿服务。

第四十六条 国家鼓励各类服务机构为中小企业提供创业培训与辅导、知识产权保护、管理咨询、信息咨询、信用服务、市场营销、项目开发、投资融资、财会税务、产权交易、技术支持、人才引进、对外合作、展览展销、法律咨询等服务。

第四十七条 县级以上人民政府负责中小企业促进工作综合管理的部门应当安排资金，有计划地组织实施中小企业经营管理人员培训。

第四十八条 国家支持有关机构、高等学校开展针对中小企业经营管理及生产技术等方面的人员培训，提高企业营销、管理和技术水平。

国家支持高等学校、职业教育院校和各类职业技能培训机构与中小企业合作共建实习实践基地，支持职业教育院校教师和中小企业技术人才双向交流，创新中小企业人才培养模式。

第四十九条 中小企业的有关行业组织应当依法维护会员的合法权益，反映会员诉求，加强自律管理，为中小企业创业创新、开拓市场等提供服务。

第八章　权 益 保 护

第五十条 国家保护中小企业及其出资人的财产权和其他合法权益。任何单位和个人不得侵犯中小企业财产及其合法收益。

第五十一条 县级以上人民政府负责中小企业促进工作综合管理的部门应当建立专门渠道，听取中小企业对政府相关管理工作的意见和建议，并及时向有关部门反馈，督促改进。

县级以上地方各级人民政府有关部门和有关行业组织应当公布联系方式，受理中小企业的投诉、举报，并在规定的时间内予以调查、处理。

第五十二条 地方各级人民政府应当依法实施行政许可，依法开展管理工作，不得实施没有法律、法规依据的检查，不得强制或者变相强制中小企业参加考核、评比、表彰、培训等活动。

第五十三条 国家机关、事业单位和大型企业不得违约拖欠中小企业的货物、工程、服务款项。

中小企业有权要求拖欠方支付拖欠款并要求对拖欠造成的损失进行赔偿。

第五十四条 任何单位不得违反法律、法规向中小企业收取费用，不得实施没有法律、法规依据的罚款，不得向中小企业摊派财物。中小企业对违反上述规定的行为有权拒绝和举报、控告。

第五十五条 国家建立和实施涉企行政事业性收费目录清单制度，收费目录清单及其实施情况向社会公开，接受社会监督。

任何单位不得对中小企业执行目录清单之外的行政事业性收费，不得对中小企业擅自提高收费标准、扩大收费范围；严禁以各种方式强制中小企业赞助捐赠、订购报刊、加入社团、接受指定服务；严禁行业组织依靠代行政府职能或者利用行政资源擅自设立收费项目、提高收费标准。

第五十六条 县级以上地方各级人民政府有关部门对中小企业实施监督检查应当依法进行，建立随机抽查机制。同一部门对中小企业实施的多项监督检查能够合并进行的，应当合并进行；不同部门对中小企业实施的多项监督检查能够合并完成的，由本级人民政府组织有关部门实施合并或者联合检查。

第九章 监督检查

第五十七条 县级以上人民政府定期组织对中小企业促进工作情况的监督检查；对违反本法的行为及时予以纠正，并对直接负责的主管人员和其他直接责任人员依法给予处分。

第五十八条 国务院负责中小企业促进工作综合管理的部门应当委托第三方机构定期开展中小企业发展环境评估，并向社会公布。

地方各级人民政府可以根据实际情况委托第三方机构开展中小企业发展环境评估。

第五十九条 县级以上人民政府应当定期组织开展对中小企业发展专项资金、中小企业发展基金使用效果的企业评价、社会评价和资金使用动态评估，并将评价和评估情况及时向社会公布，接受社会监督。

县级以上人民政府有关部门在各自职责范围内，对中小企业发展专项资金、中小企业发展基金的管理和使用情况进行监督，对截留、挤占、挪用、侵占、贪污中小企业发展专项资金、中小企业发展基金等行为依法进行查处，并对直接负责的主管人员和其他直接责任人员依法给予处分；构成犯罪的，依法追究刑事责任。

第六十条 县级以上地方各级人民政府有关部门在各自职责范围内，对强制或者变相强制中小企业参加考核、评比、表彰、培训等活动的行为，违法向中小企业收费、罚款、摊派财物的行为，以及其他侵犯中小企业合法权益的行为进行查处，并对直接负责的主管人员和其他直接责任人员依法给予处分。

第十章 附 则

第六十一条 本法自2018年1月1日起施行。

全国人民代表大会常务委员会关于修改《中华人民共和国法官法》等八部法律的决定（节录）

（2017 年 9 月 1 日第十二届全国人民代表大会常务委员会第二十九次会议通过）

第十二届全国人民代表大会常务委员会第二十九次会议决定：

三、对《中华人民共和国公务员法》作出修改

（一）在第二十三条中增加一款，作为第二款："国家对行政机关中初次从事行政处罚决定审核、行政复议、行政裁决、法律顾问的公务员实行统一法律职业资格考试制度，由国务院司法行政部门商有关部门组织实施。"

（二）将第四十五条第三款修改为："确定初任法官、初任检察官的任职人选，可以面向社会，从通过国家统一法律职业资格考试取得法律职业资格的人员中公开选拔。"

七、对《中华人民共和国行政复议法》作出修改

在第三条中增加一款，作为第二款："行政机关中初次从事行政复议的人员，应当通过国家统一法律职业资格考试取得法律职业资格。"

八、对《中华人民共和国行政处罚法》作出修改

在第三十八条中增加一款，作为第三款："在行政机关负责人作出决定之前，应当由从事行政处罚决定审核的人员进行审核。行政机关中初次从事行政处罚决定审核的人员，应当通过国家统一法律职业资格考试取得法律职业资格。"

本决定自 2018 年 1 月 1 日起施行。

《中华人民共和国法官法》《中华人民共和国检察官法》《中华人民共和国公务员法》《中华人民共和国律师法》《中华人民共和国公证法》《中华人民共和国仲裁法》《中华人民共和国行政复议法》《中华人民共和国行政处罚法》根据本决定作相应修改，重新公布。

中华人民共和国反不正当竞争法

（1993年9月2日第八届全国人民代表大会常务委员会第三次会议通过 2017年11月4日第十二届全国人民代表大会常务委员会第三十次会议修订）

目　　录

第一章　总　　则

第 一 条　为了促进社会主义市场经济健康发展，鼓励和保护公平竞争，制止不正当竞争行为，保护经营者和消费者的合法权益，制定本法。

第 二 条　经营者在生产经营活动中，应当遵循自愿、平等、公平、诚信的原则，遵守法律和商业道德。

本法所称的不正当竞争行为，是指经营者在生产经营活动中，违反本法规定，扰乱市场竞争秩序，损害其他经营者或者消费者的合法权益的行为。

本法所称的经营者，是指从事商品生产、经营或者提供服务（以下所称商品包括服务）的自然人、法人和非法人组织。

第 三 条　各级人民政府应当采取措施，制止不正当竞争行为，为公平竞争创造良好的环境和条件。

国务院建立反不正当竞争工作协调机制，研究决定反不正当竞争重大政策，协调处理维护市场竞争秩序的重大问题。

第 四 条　县级以上人民政府履行工商行政管理职责的部门对不正当竞争行为进行查处；法律、行政法规规定由其他部门查处的，依照其规定。

第 五 条 国家鼓励、支持和保护一切组织和个人对不正当竞争行为进行社会监督。

国家机关及其工作人员不得支持、包庇不正当竞争行为。

行业组织应当加强行业自律,引导、规范会员依法竞争,维护市场竞争秩序。

第二章 不正当竞争行为

第 六 条 经营者不得实施下列混淆行为,引人误认为是他人商品或者与他人存在特定联系:

(一)擅自使用与他人有一定影响的商品名称、包装、装潢等相同或者近似的标识;

(二)擅自使用他人有一定影响的企业名称(包括简称、字号等)、社会组织名称(包括简称等)、姓名(包括笔名、艺名、译名等);

(三)擅自使用他人有一定影响的域名主体部分、网站名称、网页等;

(四)其他足以引人误认为是他人商品或者与他人存在特定联系的混淆行为。

第 七 条 经营者不得采用财物或者其他手段贿赂下列单位或者个人,以谋取交易机会或者竞争优势:

(一)交易相对方的工作人员;

(二)受交易相对方委托办理相关事务的单位或者个人;

(三)利用职权或者影响力影响交易的单位或者个人。

经营者在交易活动中,可以以明示方式向交易相对方支付折扣,或者向中间人支付佣金。经营者向交易相对方支付折扣、向中间人支付佣金的,应当如实入账。接受折扣、佣金的经营者也应当如实入账。

经营者的工作人员进行贿赂的,应当认定为经营者的行为;但是,经营者有证据证明该工作人员的行为与为经营者谋取交易机会或者竞争优势无关的除外。

第 八 条 经营者不得对其商品的性能、功能、质量、销售状况、用户评价、曾获荣誉等作虚假或者引人误解的商业宣传,欺骗、误导消费者。

经营者不得通过组织虚假交易等方式,帮助其他经营者进行虚假或者引人误解的商业宣传。

第 九 条 经营者不得实施下列侵犯商业秘密的行为:

（一）以盗窃、贿赂、欺诈、胁迫或者其他不正当手段获取权利人的商业秘密；

（二）披露、使用或者允许他人使用以前项手段获取的权利人的商业秘密；

（三）违反约定或者违反权利人有关保守商业秘密的要求，披露、使用或者允许他人使用其所掌握的商业秘密。

第三人明知或者应知商业秘密权利人的员工、前员工或者其他单位、个人实施前款所列违法行为，仍获取、披露、使用或者允许他人使用该商业秘密的，视为侵犯商业秘密。

本法所称的商业秘密，是指不为公众所知悉、具有商业价值并经权利人采取相应保密措施的技术信息和经营信息。

第 十 条　经营者进行有奖销售不得存在下列情形：

（一）所设奖的种类、兑奖条件、奖金金额或者奖品等有奖销售信息不明确，影响兑奖；

（二）采用谎称有奖或者故意让内定人员中奖的欺骗方式进行有奖销售；

（三）抽奖式的有奖销售，最高奖的金额超过五万元。

第十一条　经营者不得编造、传播虚假信息或者误导性信息，损害竞争对手的商业信誉、商品声誉。

第十二条　经营者利用网络从事生产经营活动，应当遵守本法的各项规定。

经营者不得利用技术手段，通过影响用户选择或者其他方式，实施下列妨碍、破坏其他经营者合法提供的网络产品或者服务正常运行的行为：

（一）未经其他经营者同意，在其合法提供的网络产品或者服务中，插入链接、强制进行目标跳转；

（二）误导、欺骗、强迫用户修改、关闭、卸载其他经营者合法提供的网络产品或者服务；

（三）恶意对其他经营者合法提供的网络产品或者服务实施不兼容；

（四）其他妨碍、破坏其他经营者合法提供的网络产品或者服务正常运行的行为。

第三章　对涉嫌不正当竞争行为的调查

第十三条　监督检查部门调查涉嫌不正当竞争行为，可以采取下列措施：

（一）进入涉嫌不正当竞争行为的经营场所进行检查；

（二）询问被调查的经营者、利害关系人及其他有关单位、个人，要求其说明有关情况或者提供与被调查行为有关的其他资料；

（三）查询、复制与涉嫌不正当竞争行为有关的协议、账簿、单据、文件、记录、业务函电和其他资料；

（四）查封、扣押与涉嫌不正当竞争行为有关的财物；

（五）查询涉嫌不正当竞争行为的经营者的银行账户。

采取前款规定的措施，应当向监督检查部门主要负责人书面报告，并经批准。采取前款第四项、第五项规定的措施，应当向设区的市级以上人民政府监督检查部门主要负责人书面报告，并经批准。

监督检查部门调查涉嫌不正当竞争行为，应当遵守《中华人民共和国行政强制法》和其他有关法律、行政法规的规定，并应当将查处结果及时向社会公开。

第十四条 监督检查部门调查涉嫌不正当竞争行为，被调查的经营者、利害关系人及其他有关单位、个人应当如实提供有关资料或者情况。

第十五条 监督检查部门及其工作人员对调查过程中知悉的商业秘密负有保密义务。

第十六条 对涉嫌不正当竞争行为，任何单位和个人有权向监督检查部门举报，监督检查部门接到举报后应当依法及时处理。

监督检查部门应当向社会公开受理举报的电话、信箱或者电子邮件地址，并为举报人保密。对实名举报并提供相关事实和证据的，监督检查部门应当将处理结果告知举报人。

第四章 法律责任

第十七条 经营者违反本法规定，给他人造成损害的，应当依法承担民事责任。

经营者的合法权益受到不正当竞争行为损害的，可以向人民法院提起诉讼。

因不正当竞争行为受到损害的经营者的赔偿数额，按照其因被侵权所受到的实际损失确定；实际损失难以计算的，按照侵权人因侵权所获得的利益确定。赔偿数额还应当包括经营者为制止侵权行为所支付的合理开支。

经营者违反本法第六条、第九条规定，权利人因被侵权所受到的实际损失、侵权人因侵权所获得的利益难以确定的，由人民法院根据侵权行为的情节判决给予权利人三百万元以下的赔偿。

第十八条　经营者违反本法第六条规定实施混淆行为的，由监督检查部门责令停止违法行为，没收违法商品。违法经营额五万元以上的，可以并处违法经营额五倍以下的罚款；没有违法经营额或者违法经营额不足五万元的，可以并处二十五万元以下的罚款。情节严重的，吊销营业执照。

经营者登记的企业名称违反本法第六条规定的，应当及时办理名称变更登记；名称变更前，由原企业登记机关以统一社会信用代码代替其名称。

第十九条　经营者违反本法第七条规定贿赂他人的，由监督检查部门没收违法所得，处十万元以上三百万元以下的罚款。情节严重的，吊销营业执照。

第二十条　经营者违反本法第八条规定对其商品作虚假或者引人误解的商业宣传，或者通过组织虚假交易等方式帮助其他经营者进行虚假或者引人误解的商业宣传的，由监督检查部门责令停止违法行为，处二十万元以上一百万元以下的罚款；情节严重的，处一百万元以上二百万元以下的罚款，可以吊销营业执照。

经营者违反本法第八条规定，属于发布虚假广告的，依照《中华人民共和国广告法》的规定处罚。

第二十一条　经营者违反本法第九条规定侵犯商业秘密的，由监督检查部门责令停止违法行为，处十万元以上五十万元以下的罚款；情节严重的，处五十万元以上三百万元以下的罚款。

第二十二条　经营者违反本法第十条规定进行有奖销售的，由监督检查部门责令停止违法行为，处五万元以上五十万元以下的罚款。

第二十三条　经营者违反本法第十一条规定损害竞争对手商业信誉、商品声誉的，由监督检查部门责令停止违法行为、消除影响，处十万元以上五十万元以下的罚款；情节严重的，处五十万元以上三百万元以下的罚款。

第二十四条　经营者违反本法第十二条规定妨碍、破坏其他经营者合法提供的网络产品或者服务正常运行的，由监督检查部门责令停止违法行为，处十万元以上五十万元以下的罚款；情节严重的，处五十万元以上三百万元以下的罚款。

第二十五条　经营者违反本法规定从事不正当竞争，有主动消除或者减轻违法行为危害后果等法定情形的，依法从轻或者减轻行政处罚；违法行为轻微并及时纠正，没有造成危害后果的，不予行政处罚。

第二十六条　经营者违反本法规定从事不正当竞争，受到行政处罚的，由监督检查部门记入信用记录，并依照有关法律、行政法规的规定予以公示。

第二十七条　经营者违反本法规定，应当承担民事责任、行政责任和刑事责任，其财产不足以支付的，优先用于承担民事责任。

第二十八条　妨害监督检查部门依照本法履行职责，拒绝、阻碍调查的，由监督检查部门责令改正，对个人可以处五千元以下的罚款，对单位可以处五万元以下的罚款，并可以由公安机关依法给予治安管理处罚。

第二十九条　当事人对监督检查部门作出的决定不服的，可以依法申请行政复议或者提起行政诉讼。

第三十条　监督检查部门的工作人员滥用职权、玩忽职守、徇私舞弊或者泄露调查过程中知悉的商业秘密的，依法给予处分。

第三十一条　违反本法规定，构成犯罪的，依法追究刑事责任。

第五章　附　　则

第三十二条　本法自 2018 年 1 月 1 日起施行。

全国人民代表大会常务委员会关于修改《中华人民共和国会计法》等十一部法律的决定（节录）

（2017年11月4日第十二届全国人民代表大会常务委员会第三十次会议通过）

第十二届全国人民代表大会常务委员会第三十次会议决定：

一、对《中华人民共和国会计法》作出修改

（一）将第三十二条第一款第四项修改为："（四）从事会计工作的人员是否具备专业能力、遵守职业道德"。

（二）将第三十八条修改为："会计人员应当具备从事会计工作所需要的专业能力。

"担任单位会计机构负责人（会计主管人员）的，应当具备会计师以上专业技术职务资格或者从事会计工作三年以上经历。

"本法所称会计人员的范围由国务院财政部门规定。"

（三）将第四十条第一款中的"不得取得或者重新取得会计从业资格证书"修改为"不得再从事会计工作"。

删去第二款。

（四）将第四十二条第三款修改为："会计人员有第一款所列行为之一，情节严重的，五年内不得从事会计工作。"

（五）将第四十三条第二款、第四十四条第二款中的"对其中的会计人员，并由县级以上人民政府财政部门吊销会计从业资格证书"修改为"其中的会计人员，五年内不得从事会计工作"。

五、对《中华人民共和国中外合作经营企业法》作出修改

（一）删去第十二条第二款中的"报审查批准机关批准"。

（二）删去第二十五条中的"第十二条第二款"。

本决定自2017年11月5日起施行。

《中华人民共和国会计法》《中华人民共和国海洋环境保护法》《中华人民共和国文物保护法》《中华人民共和国海关法》《中华人民共和国中

外合作经营企业法》《中华人民共和国母婴保健法》《中华人民共和国民用航空法》《中华人民共和国公路法》《中华人民共和国港口法》《中华人民共和国职业病防治法》《中华人民共和国境外非政府组织境内活动管理法》根据本决定作相应修改,重新公布。

行政法规　法规性文件

融资担保公司监督管理条例

（2017 年 8 月 2 日　国务院令第 683 号）

第一章　总　　则

第 一 条　为了支持普惠金融发展，促进资金融通，规范融资担保公司的行为，防范风险，制定本条例。

第 二 条　本条例所称融资担保，是指担保人为被担保人借款、发行债券等债务融资提供担保的行为；所称融资担保公司，是指依法设立、经营融资担保业务的有限责任公司或者股份有限公司。

第 三 条　融资担保公司开展业务，应当遵守法律法规，审慎经营，诚实守信，不得损害国家利益、社会公共利益和他人合法权益。

第 四 条　省、自治区、直辖市人民政府确定的部门（以下称监督管理部门）负责对本地区融资担保公司的监督管理。

省、自治区、直辖市人民政府负责制定促进本地区融资担保行业发展的政策措施、处置融资担保公司风险，督促监督管理部门严格履行职责。

国务院建立融资性担保业务监管部际联席会议，负责拟订融资担保公司监督管理制度，协调解决融资担保公司监督管理中的重大问题，督促指导地方人民政府对融资担保公司进行监督管理和风险处置。融资性担保业务监管部际联席会议由国务院银行业监督管理机构牵头，国务院有关部门参加。

第 五 条　国家推动建立政府性融资担保体系，发展政府支持的融资担保公司，建立政府、银行业金融机构、融资担保公司合作机制，扩大为小微企业和农业、农村、农民提供融资担保业务的规模并保持较低的费率水平。

各级人民政府财政部门通过资本金投入、建立风险分担机制等方式，对主要为小微企业和农业、农村、农民服务的融资担保公司提供财政支持，具体办法由国务院财政部门制定。

第二章 设立、变更和终止

第 六 条 设立融资担保公司,应当经监督管理部门批准。

融资担保公司的名称中应当标明融资担保字样。

未经监督管理部门批准,任何单位和个人不得经营融资担保业务,任何单位不得在名称中使用融资担保字样。国家另有规定的除外。

第 七 条 设立融资担保公司,应当符合《中华人民共和国公司法》的规定,并具备下列条件:

(一)股东信誉良好,最近 3 年无重大违法违规记录;

(二)注册资本不低于人民币 2000 万元,且为实缴货币资本;

(三)拟任董事、监事、高级管理人员熟悉与融资担保业务相关的法律法规,具有履行职责所需的从业经验和管理能力;

(四)有健全的业务规范和风险控制等内部管理制度。

省、自治区、直辖市根据本地区经济发展水平和融资担保行业发展的实际情况,可以提高前款规定的注册资本最低限额。

第 八 条 申请设立融资担保公司,应当向监督管理部门提交申请书和证明其符合本条例第七条规定条件的材料。

监督管理部门应当自受理申请之日起 30 日内作出批准或者不予批准的决定。决定批准的,颁发融资担保业务经营许可证;不予批准的,书面通知申请人并说明理由。

经批准设立的融资担保公司由监督管理部门予以公告。

第 九 条 融资担保公司合并、分立或者减少注册资本,应当经监督管理部门批准。

融资担保公司在住所地所在省、自治区、直辖市范围内设立分支机构,变更名称,变更持有 5% 以上股权的股东或者变更董事、监事、高级管理人员,应当自分支机构设立之日起或者变更相关事项之日起 30 日内向监督管理部门备案;变更后的相关事项应当符合本条例第六条第二款、第七条的规定。

第 十 条 融资担保公司跨省、自治区、直辖市设立分支机构,应当具备下列条件,并经拟设分支机构所在地监督管理部门批准:

(一)注册资本不低于人民币 10 亿元;

(二)经营融资担保业务 3 年以上,且最近 2 个会计年度连续盈利;

(三)最近 2 年无重大违法违规记录。

拟设分支机构所在地监督管理部门审批的程序和期限,适用本条例第八条的规定。

融资担保公司应当自分支机构设立之日起30日内,将有关情况报告公司住所地监督管理部门。

融资担保公司跨省、自治区、直辖市设立的分支机构的日常监督管理,由分支机构所在地监督管理部门负责,融资担保公司住所地监督管理部门应当予以配合。

第十一条 融资担保公司解散的,应当依法成立清算组进行清算,并对未到期融资担保责任的承接作出明确安排。清算过程应当接受监督管理部门的监督。

融资担保公司解散或者被依法宣告破产的,应当将融资担保业务经营许可证交监督管理部门注销,并由监督管理部门予以公告。

第三章 经营规则

第十二条 除经营借款担保、发行债券担保等融资担保业务外,经营稳健、财务状况良好的融资担保公司还可以经营投标担保、工程履约担保、诉讼保全担保等非融资担保业务以及与担保业务有关的咨询等服务业务。

第十三条 融资担保公司应当按照审慎经营原则,建立健全融资担保项目评审、担保后管理、代偿责任追偿等方面的业务规范以及风险管理等内部控制制度。

政府支持的融资担保公司应当增强运用大数据等现代信息技术手段的能力,为小微企业和农业、农村、农民的融资需求服务。

第十四条 融资担保公司应当按照国家规定的风险权重,计量担保责任余额。

第十五条 融资担保公司的担保责任余额不得超过其净资产的10倍。

对主要为小微企业和农业、农村、农民服务的融资担保公司,前款规定的倍数上限可以提高至15倍。

第十六条 融资担保公司对同一被担保人的担保责任余额与融资担保公司净资产的比例不得超过10%,对同一被担保人及其关联方的担保责任余额与融资担保公司净资产的比例不得超过15%。

第十七条 融资担保公司不得为其控股股东、实际控制人提供融资担保,为其他关联方提供融资担保的条件不得优于为非关联方提供同类担保的条件。

融资担保公司为关联方提供融资担保的,应当自提供担保之日起30日内向监督管理部门报告,并在会计报表附注中予以披露。

第十八条 融资担保公司应当按照国家有关规定提取相应的准备金。

第十九条 融资担保费率由融资担保公司与被担保人协商确定。

纳入政府推动建立的融资担保风险分担机制的融资担保公司,应当按照国家有关规定降低对小微企业和农业、农村、农民的融资担保费率。

第二十条 被担保人或者第三人以抵押、质押方式向融资担保公司提供反担保,依法需要办理登记的,有关登记机关应当依法予以办理。

第二十一条 融资担保公司有权要求被担保人提供与融资担保有关的业务活动和财务状况等信息。

融资担保公司应当向被担保人的债权人提供与融资担保有关的业务活动和财务状况等信息。

第二十二条 融资担保公司自有资金的运用,应当符合国家有关融资担保公司资产安全性、流动性的规定。

第二十三条 融资担保公司不得从事下列活动:

(一)吸收存款或者变相吸收存款;

(二)自营贷款或者受托贷款;

(三)受托投资。

第四章 监督管理

第二十四条 监督管理部门应当建立健全监督管理工作制度,运用大数据等现代信息技术手段实时监测风险,加强对融资担保公司的非现场监管和现场检查,并与有关部门建立监督管理协调机制和信息共享机制。

第二十五条 监督管理部门应当根据融资担保公司的经营规模、主要服务对象、内部管理水平、风险状况等,对融资担保公司实施分类监督管理。

第二十六条 监督管理部门应当按照国家有关融资担保统计制度的要求,向本级人民政府和国务院银行业监督管理机构报送本地区融资担保公司统计数据。

第二十七条 监督管理部门应当分析评估本地区融资担保行业发展和监督管理情况，按年度向本级人民政府和国务院银行业监督管理机构报告，并向社会公布。

第二十八条 监督管理部门进行现场检查，可以采取下列措施：

（一）进入融资担保公司进行检查；

（二）询问融资担保公司的工作人员，要求其对有关检查事项作出说明；

（三）检查融资担保公司的计算机信息管理系统；

（四）查阅、复制与检查事项有关的文件、资料，对可能被转移、隐匿或者毁损的文件、资料、电子设备予以封存。

进行现场检查，应当经监督管理部门负责人批准。检查人员不得少于2 人，并应当出示合法证件和检查通知书。

第二十九条 监督管理部门根据履行职责的需要，可以与融资担保公司的董事、监事、高级管理人员进行监督管理谈话，要求其就融资担保公司业务活动和风险管理的重大事项作出说明。

监督管理部门可以向被担保人的债权人通报融资担保公司的违法违规行为或者风险情况。

第三十条 监督管理部门发现融资担保公司的经营活动可能形成重大风险的，经监督管理部门主要负责人批准，可以区别情形，采取下列措施：

（一）责令其暂停部分业务；

（二）限制其自有资金运用的规模和方式；

（三）责令其停止增设分支机构。

融资担保公司应当及时采取措施，消除重大风险隐患，并向监督管理部门报告有关情况。经监督管理部门验收，确认重大风险隐患已经消除的，监督管理部门应当自验收完毕之日起3 日内解除前款规定的措施。

第三十一条 融资担保公司应当按照要求向监督管理部门报送经营报告、财务报告以及注册会计师出具的年度审计报告等文件和资料。

融资担保公司跨省、自治区、直辖市开展业务的，应当按季度向住所地监督管理部门和业务发生地监督管理部门报告业务开展情况。

第三十二条 融资担保公司对监督管理部门依法实施的监督检查应当予以配合，不得拒绝、阻碍。

第三十三条 监督管理部门应当建立健全融资担保公司信用记录制度。融资担保公司信用记录纳入全国信用信息共享平台。

第三十四条 监督管理部门应当会同有关部门建立融资担保公司重大风险事件的预警、防范和处置机制，制定融资担保公司重大风险事件应急预案。

融资担保公司发生重大风险事件的，应当立即采取应急措施，并及时向监督管理部门报告。监督管理部门应当及时处置，并向本级人民政府、国务院银行业监督管理机构和中国人民银行报告。

第三十五条 监督管理部门及其工作人员对监督管理工作中知悉的商业秘密，应当予以保密。

第五章 法 律 责 任

第三十六条 违反本条例规定，未经批准擅自设立融资担保公司或者经营融资担保业务的，由监督管理部门予以取缔或者责令停止经营，处50万元以上100万元以下的罚款，有违法所得的，没收违法所得；构成犯罪的，依法追究刑事责任。

违反本条例规定，未经批准在名称中使用融资担保字样的，由监督管理部门责令限期改正；逾期不改正的，处5万元以上10万元以下的罚款，有违法所得的，没收违法所得。

第三十七条 融资担保公司有下列情形之一的，由监督管理部门责令限期改正，处10万元以上50万元以下的罚款，有违法所得的，没收违法所得；逾期不改正的，责令停业整顿，情节严重的，吊销其融资担保业务经营许可证：

（一）未经批准合并或者分立；

（二）未经批准减少注册资本；

（三）未经批准跨省、自治区、直辖市设立分支机构。

第三十八条 融资担保公司变更相关事项，未按照本条例规定备案，或者变更后的相关事项不符合本条例规定的，由监督管理部门责令限期改正；逾期不改正的，处5万元以上10万元以下的罚款，情节严重的，责令停业整顿。

第三十九条 融资担保公司受托投资的，由监督管理部门责令限期改正，处50万元以上100万元以下的罚款，有违法所得的，没收违法所得；逾期不改正的，责令停业整顿，情节严重的，吊销其融资担保业务经营许可证。

融资担保公司吸收公众存款或者变相吸收公众存款、从事自营贷款或者受托贷款的，依照有关法律、行政法规予以处罚。

第四十条 融资担保公司有下列情形之一的，由监督管理部门责令限期改正；逾期不改正的，处 10 万元以上 50 万元以下的罚款，有违法所得的，没收违法所得，并可以责令停业整顿，情节严重的，吊销其融资担保业务经营许可证：

（一）担保责任余额与其净资产的比例不符合规定；

（二）为控股股东、实际控制人提供融资担保，或者为其他关联方提供融资担保的条件优于为非关联方提供同类担保的条件；

（三）未按照规定提取相应的准备金；

（四）自有资金的运用不符合国家有关融资担保公司资产安全性、流动性的规定。

第四十一条 融资担保公司未按照要求向监督管理部门报送经营报告、财务报告、年度审计报告等文件、资料或者业务开展情况，或者未报告其发生的重大风险事件的，由监督管理部门责令限期改正，处 5 万元以上 20 万元以下的罚款；逾期不改正的，责令停业整顿，情节严重的，吊销其融资担保业务经营许可证。

第四十二条 融资担保公司有下列情形之一的，由监督管理部门责令限期改正，处 20 万元以上 50 万元以下的罚款；逾期不改正的，责令停业整顿，情节严重的，吊销其融资担保业务经营许可证；构成违反治安管理行为的，依照《中华人民共和国治安管理处罚法》予以处罚；构成犯罪的，依法追究刑事责任：

（一）拒绝、阻碍监督管理部门依法实施监督检查；

（二）向监督管理部门提供虚假的经营报告、财务报告、年度审计报告等文件、资料；

（三）拒绝执行监督管理部门依照本条例第三十条第一款规定采取的措施。

第四十三条 依照本条例规定对融资担保公司处以罚款的，根据具体情形，可以同时对负有直接责任的董事、监事、高级管理人员处 5 万元以下的罚款。

融资担保公司违反本条例规定，情节严重的，监督管理部门对负有直接责任的董事、监事、高级管理人员，可以禁止其在一定期限内担任或者终身禁止其担任融资担保公司的董事、监事、高级管理人员。

第四十四条 监督管理部门的工作人员在融资担保公司监督管理工作中滥用职权、玩忽职守、徇私舞弊的，依法给予处分；构成犯罪的，依法追究刑事责任。

第六章　附　　则

第四十五条　融资担保行业组织依照法律法规和章程的规定,发挥服务、协调和行业自律作用,引导融资担保公司依法经营,公平竞争。

第四十六条　政府性基金或者政府部门为促进就业创业等直接设立运营机构开展融资担保业务,按照国家有关规定执行。

农村互助式融资担保组织开展担保业务、林业经营主体间开展林权收储担保业务,不适用本条例。

第四十七条　融资再担保公司的管理办法,由国务院银行业监督管理机构会同国务院有关部门另行制定,报国务院批准。

第四十八条　本条例施行前设立的融资担保公司,不符合本条例规定条件的,应当在监督管理部门规定的期限内达到本条例规定的条件;逾期仍不符合规定条件的,不得开展新的融资担保业务。

第四十九条　本条例自 2017 年 10 月 1 日起施行。

无证无照经营查处办法

（2017 年 8 月 6 日　国务院令第 684 号）

第 一 条　为了维护社会主义市场经济秩序，促进公平竞争，保护经营者和消费者的合法权益，制定本办法。

第 二 条　任何单位或者个人不得违反法律、法规、国务院决定的规定，从事无证无照经营。

第 三 条　下列经营活动，不属于无证无照经营：

（一）在县级以上地方人民政府指定的场所和时间，销售农副产品、日常生活用品，或者个人利用自己的技能从事依法无须取得许可的便民劳务活动；

（二）依照法律、行政法规、国务院决定的规定，从事无须取得许可或者办理注册登记的经营活动。

第 四 条　县级以上地方人民政府负责组织、协调本行政区域的无证无照经营查处工作，建立有关部门分工负责、协调配合的无证无照经营查处工作机制。

第 五 条　经营者未依法取得许可从事经营活动的，由法律、法规、国务院决定规定的部门予以查处；法律、法规、国务院决定没有规定或者规定不明确的，由省、自治区、直辖市人民政府确定的部门予以查处。

第 六 条　经营者未依法取得营业执照从事经营活动的，由履行工商行政管理职责的部门（以下称工商行政管理部门）予以查处。

第 七 条　经营者未依法取得许可且未依法取得营业执照从事经营活动的，依照本办法第五条的规定予以查处。

第 八 条　工商行政管理部门以及法律、法规、国务院决定规定的部门和省、自治区、直辖市人民政府确定的部门（以下统称查处部门）应当依法履行职责，密切协同配合，利用信息网络平台加强信息共享；发现不属于本部门查处职责的无证无照经营，应当及时通报有关部门。

第 九 条　任何单位或者个人有权向查处部门举报无证无照经营。

查处部门应当向社会公开受理举报的电话、信箱或者电子邮件地址，并安排人员受理举报，依法予以处理。对实名举报的，查处部门应当告知处理结果,并为举报人保密。

第 十 条 查处部门依法查处无证无照经营,应当坚持查处与引导相结合、处罚与教育相结合的原则,对具备办理证照的法定条件、经营者有继续经营意愿的,应当督促、引导其依法办理相应证照。

第十一条 县级以上人民政府工商行政管理部门对涉嫌无照经营进行查处,可以行使下列职权:

(一)责令停止相关经营活动;

(二)向与涉嫌无照经营有关的单位和个人调查了解有关情况;

(三)进入涉嫌从事无照经营的场所实施现场检查;

(四)查阅、复制与涉嫌无照经营有关的合同、票据、账簿以及其他有关资料。

对涉嫌从事无照经营的场所,可以予以查封;对涉嫌用于无照经营的工具、设备、原材料、产品(商品)等物品,可以予以查封、扣押。

对涉嫌无证经营进行查处,依照相关法律、法规的规定采取措施。

第十二条 从事无证经营的,由查处部门依照相关法律、法规的规定予以处罚。

第十三条 从事无照经营的,由工商行政管理部门依照相关法律、行政法规的规定予以处罚。法律、行政法规对无照经营的处罚没有明确规定的,由工商行政管理部门责令停止违法行为,没收违法所得,并处 1 万元以下的罚款。

第十四条 明知属于无照经营而为经营者提供经营场所,或者提供运输、保管、仓储等条件的,由工商行政管理部门责令停止违法行为,没收违法所得,可以处 5000 元以下的罚款。

第十五条 任何单位或者个人从事无证无照经营的,由查处部门记入信用记录,并依照相关法律、法规的规定予以公示。

第十六条 妨害查处部门查处无证无照经营,构成违反治安管理行为的,由公安机关依照《中华人民共和国治安管理处罚法》的规定予以处罚。

第十七条 查处部门及其工作人员滥用职权、玩忽职守、徇私舞弊的,对负有责任的领导人员和直接责任人员依法给予处分。

第十八条 违反本办法规定,构成犯罪的,依法追究刑事责任。

第十九条 本办法自 2017 年 10 月 1 日起施行。2003 年 1 月 6 日国务院公布的《无照经营查处取缔办法》同时废止。

国务院关于修改部分行政法规的决定

（2017 年 11 月 17 日　国务院令第 690 号）

为了依法推进简政放权、放管结合、优化服务改革，国务院对取消行政审批项目涉及的行政法规进行了清理。经过清理，国务院决定：对 2 部行政法规的部分条款予以修改。

一、删去《中华人民共和国中外合作经营企业法实施细则》第三十五条第二款。

二、将《中华人民共和国母婴保健法实施办法》第二十四条修改为："国家提倡住院分娩。医疗、保健机构应当按照国务院卫生行政部门制定的技术操作规范，实施消毒接生和新生儿复苏，预防产伤及产后出血等产科并发症，降低孕产妇及围产儿发病率、死亡率。

"没有条件住院分娩的，应当由经过培训、具备相应接生能力的家庭接生人员接生。

"高危孕妇应当在医疗、保健机构住院分娩。

"县级人民政府卫生行政部门应当加强对家庭接生人员的培训、技术指导和监督管理。"

删去第三十五条第三款中的"以及从事家庭接生的人员"。

本决定自公布之日起施行。

国务院关于废止《中华人民共和国营业税暂行条例》和修改《中华人民共和国增值税暂行条例》的决定

（2017 年 11 月 19 日　国务院令第 691 号）

国务院决定废止《中华人民共和国营业税暂行条例》，同时对《中华人民共和国增值税暂行条例》作如下修改：

一、将第一条修改为："在中华人民共和国境内销售货物或者加工、修理修配劳务（以下简称劳务），销售服务、无形资产、不动产以及进口货物的单位和个人，为增值税的纳税人，应当依照本条例缴纳增值税。"

二、将第二条第一款修改为："增值税税率：

"（一）纳税人销售货物、劳务、有形动产租赁服务或者进口货物，除本条第二项、第四项、第五项另有规定外，税率为 17%。

"（二）纳税人销售交通运输、邮政、基础电信、建筑、不动产租赁服务，销售不动产，转让土地使用权，销售或者进口下列货物，税率为 11%：

"1. 粮食等农产品、食用植物油、食用盐；

"2. 自来水、暖气、冷气、热水、煤气、石油液化气、天然气、二甲醚、沼气、居民用煤炭制品；

"3. 图书、报纸、杂志、音像制品、电子出版物；

"4. 饲料、化肥、农药、农机、农膜；

"5. 国务院规定的其他货物。

"（三）纳税人销售服务、无形资产，除本条第一项、第二项、第五项另有规定外，税率为 6%。

"（四）纳税人出口货物，税率为零；但是，国务院另有规定的除外。

"（五）境内单位和个人跨境销售国务院规定范围内的服务、无形资产，税率为零。"

三、将第四条第一款中的"销售货物或者提供应税劳务（以下简称销售货物或者应税劳务）"修改为"销售货物、劳务、服务、无形资产、不动产

（以下统称应税销售行为）”；将第五条、第六条第一款、第七条、第十一条第一款、第十九条第一款第一项中的“销售货物或者应税劳务”修改为“发生应税销售行为”。

四、将第八条第一款中的“购进货物或者接受应税劳务（以下简称购进货物或者应税劳务）”、第九条中的“购进货物或者应税劳务”修改为“购进货物、劳务、服务、无形资产、不动产”。

将第八条第二款第三项中的“按照农产品收购发票或者销售发票上注明的农产品买价和13%的扣除率计算的进项税额”修改为“按照农产品收购发票或者销售发票上注明的农产品买价和11%的扣除率计算的进项税额，国务院另有规定的除外”。

删去第八条第二款第四项，增加一项，作为第四项：“（四）自境外单位或者个人购进劳务、服务、无形资产或者境内的不动产，从税务机关或者扣缴义务人取得的代扣代缴税款的完税凭证上注明的增值税额”。

五、将第十条修改为：“下列项目的进项税额不得从销项税额中抵扣：

“（一）用于简易计税方法计税项目、免征增值税项目、集体福利或者个人消费的购进货物、劳务、服务、无形资产和不动产；

“（二）非正常损失的购进货物，以及相关的劳务和交通运输服务；

“（三）非正常损失的在产品、产成品所耗用的购进货物（不包括固定资产）、劳务和交通运输服务；

“（四）国务院规定的其他项目。”

六、将第十二条修改为：“小规模纳税人增值税征收率为3%，国务院另有规定的除外。”

七、将第二十一条第一款和第二款第二项中的“销售货物或者应税劳务”修改为“发生应税销售行为”；将第二款第一项修改为：“（一）应税销售行为的购买方为消费者个人的”；删去第二款第三项。

八、将第二十二条第一款第二项修改为：“（二）固定业户到外县（市）销售货物或者劳务，应当向其机构所在地的主管税务机关报告外出经营事项，并向其机构所在地的主管税务机关申报纳税；未报告的，应当向销售地或者劳务发生地的主管税务机关申报纳税；未向销售地或者劳务发生地的主管税务机关申报纳税的，由其机构所在地的主管税务机关补征税款”；将第一款第三项中的“销售货物或者应税劳务”修改为“销售货物或者劳务”。

九、在第二十五条第一款中的“具体办法由国务院财政、税务主管部门制定”之前增加“境内单位和个人跨境销售服务和无形资产适用退（免）税规定的，应当按期向主管税务机关申报办理退（免）税”。

十、增加一条，作为第二十七条：“纳税人缴纳增值税的有关事项，国务院或者国务院财政、税务主管部门经国务院同意另有规定的，依照其规定。”

此外，还对个别条文作了文字修改。

本决定自公布之日起施行。

《中华人民共和国增值税暂行条例》根据本决定作相应修改并对条文序号作相应调整，重新公布。

中华人民共和国增值税暂行条例

（1993 年 12 月 13 日中华人民共和国国务院令第 134 号公布
2008 年 11 月 5 日国务院第 34 次常务会议修订通过
根据 2016 年 2 月 6 日《国务院关于修改部分行政法规的决定》
第一次修订　根据 2017 年 11 月 19 日《国务院关于废止
〈中华人民共和国营业税暂行条例〉和修改〈中华人民共和国
增值税暂行条例〉的决定》第二次修订）

第 一 条　在中华人民共和国境内销售货物或者加工、修理修配劳务（以下简称劳务），销售服务、无形资产、不动产以及进口货物的单位和个人，为增值税的纳税人，应当依照本条例缴纳增值税。

第 二 条　增值税税率：

（一）纳税人销售货物、劳务、有形动产租赁服务或者进口货物，除本条第二项、第四项、第五项另有规定外，税率为 17%。

（二）纳税人销售交通运输、邮政、基础电信、建筑、不动产租赁服务，销售不动产，转让土地使用权，销售或者进口下列货物，税率为 11%：

1. 粮食等农产品、食用植物油、食用盐；

2. 自来水、暖气、冷气、热水、煤气、石油液化气、天然气、二甲醚、沼气、居民用煤炭制品；

3. 图书、报纸、杂志、音像制品、电子出版物；

4. 饲料、化肥、农药、农机、农膜；

5. 国务院规定的其他货物。

（三）纳税人销售服务、无形资产，除本条第一项、第二项、第五项另有规定外，税率为6%。

（四）纳税人出口货物，税率为零；但是，国务院另有规定的除外。

（五）境内单位和个人跨境销售国务院规定范围内的服务、无形资产，税率为零。

税率的调整，由国务院决定。

第 三 条 纳税人兼营不同税率的项目，应当分别核算不同税率项目的销售额；未分别核算销售额的，从高适用税率。

第 四 条 除本条例第十一条规定外，纳税人销售货物、劳务、服务、无形资产、不动产（以下统称应税销售行为），应纳税额为当期销项税额抵扣当期进项税额后的余额。应纳税额计算公式：

应纳税额 = 当期销项税额 - 当期进项税额

当期销项税额小于当期进项税额不足抵扣时，其不足部分可以结转下期继续抵扣。

第 五 条 纳税人发生应税销售行为，按照销售额和本条例第二条规定的税率计算收取的增值税额，为销项税额。销项税额计算公式：

销项税额 = 销售额 × 税率

第 六 条 销售额为纳税人发生应税销售行为收取的全部价款和价外费用，但是不包括收取的销项税额。

销售额以人民币计算。纳税人以人民币以外的货币结算销售额的，应当折合成人民币计算。

第 七 条 纳税人发生应税销售行为的价格明显偏低并无正当理由的，由主管税务机关核定其销售额。

第 八 条 纳税人购进货物、劳务、服务、无形资产、不动产支付或者负担的增值税额，为进项税额。

下列进项税额准予从销项税额中抵扣：

（一）从销售方取得的增值税专用发票上注明的增值税额。

（二）从海关取得的海关进口增值税专用缴款书上注明的增值税额。

（三）购进农产品，除取得增值税专用发票或者海关进口增值税专用缴款书外，按照农产品收购发票或者销售发票上注明的农产品买价和11%的扣除率计算的进项税额，国务院另有规定的除外。进项税额计算公式：

进项税额 = 买价 × 扣除率

（四）自境外单位或者个人购进劳务、服务、无形资产或者境内的不动产,从税务机关或者扣缴义务人取得的代扣代缴税款的完税凭证上注明的增值税额。

准予抵扣的项目和扣除率的调整,由国务院决定。

第 九 条 纳税人购进货物、劳务、服务、无形资产、不动产,取得的增值税扣税凭证不符合法律、行政法规或者国务院税务主管部门有关规定的,其进项税额不得从销项税额中抵扣。

第 十 条 下列项目的进项税额不得从销项税额中抵扣:

(一)用于简易计税方法计税项目、免征增值税项目、集体福利或者个人消费的购进货物、劳务、服务、无形资产和不动产;

(二)非正常损失的购进货物,以及相关的劳务和交通运输服务;

(三)非正常损失的在产品、产成品所耗用的购进货物(不包括固定资产)、劳务和交通运输服务;

(四)国务院规定的其他项目。

第十一条 小规模纳税人发生应税销售行为,实行按照销售额和征收率计算应纳税额的简易办法,并不得抵扣进项税额。应纳税额计算公式:

应纳税额 = 销售额 × 征收率

小规模纳税人的标准由国务院财政、税务主管部门规定。

第十二条 小规模纳税人增值税征收率为3%,国务院另有规定的除外。

第十三条 小规模纳税人以外的纳税人应当向主管税务机关办理登记。具体登记办法由国务院税务主管部门制定。

小规模纳税人会计核算健全,能够提供准确税务资料的,可以向主管税务机关办理登记,不作为小规模纳税人,依照本条例有关规定计算应纳税额。

第十四条 纳税人进口货物,按照组成计税价格和本条例第二条规定的税率计算应纳税额。组成计税价格和应纳税额计算公式:

组成计税价格 = 关税完税价格 + 关税 + 消费税

应纳税额 = 组成计税价格 × 税率

第十五条 下列项目免征增值税:

(一)农业生产者销售的自产农产品;

(二)避孕药品和用具;

(三)古旧图书;

(四)直接用于科学研究、科学试验和教学的进口仪器、设备;

（五）外国政府、国际组织无偿援助的进口物资和设备；

（六）由残疾人的组织直接进口供残疾人专用的物品；

（七）销售的自己使用过的物品。

除前款规定外，增值税的免税、减税项目由国务院规定。任何地区、部门均不得规定免税、减税项目。

第十六条 纳税人兼营免税、减税项目的，应当分别核算免税、减税项目的销售额；未分别核算销售额的，不得免税、减税。

第十七条 纳税人销售额未达到国务院财政、税务主管部门规定的增值税起征点的，免征增值税；达到起征点的，依照本条例规定全额计算缴纳增值税。

第十八条 中华人民共和国境外的单位或者个人在境内销售劳务，在境内未设有经营机构的，以其境内代理人为扣缴义务人；在境内没有代理人的，以购买方为扣缴义务人。

第十九条 增值税纳税义务发生时间：

（一）发生应税销售行为，为收讫销售款项或者取得索取销售款项凭据的当天；先开具发票的，为开具发票的当天。

（二）进口货物，为报关进口的当天。

增值税扣缴义务发生时间为纳税人增值税纳税义务发生的当天。

第二十条 增值税由税务机关征收，进口货物的增值税由海关代征。

个人携带或者邮寄进境自用物品的增值税，连同关税一并计征。具体办法由国务院关税税则委员会会同有关部门制定。

第二十一条 纳税人发生应税销售行为，应当向索取增值税专用发票的购买方开具增值税专用发票，并在增值税专用发票上分别注明销售额和销项税额。

属于下列情形之一的，不得开具增值税专用发票：

（一）应税销售行为的购买方为消费者个人的；

（二）发生应税销售行为适用免税规定的。

第二十二条 增值税纳税地点：

（一）固定业户应当向其机构所在地的主管税务机关申报纳税。总机构和分支机构不在同一县（市）的，应当分别向各自所在地的主管税务机关申报纳税；经国务院财政、税务主管部门或者其授权的财政、税务机关批准，可以由总机构汇总向总机构所在地的主管税务机关申报纳税。

（二）固定业户到外县（市）销售货物或者劳务，应当向其机构所在地的主管税务机关报告外出经营事项，并向其机构所在地的主管税务机关申报纳税;未报告的,应当向销售地或者劳务发生地的主管税务机关申报纳税;未向销售地或者劳务发生地的主管税务机关申报纳税的,由其机构所在地的主管税务机关补征税款。

(三)非固定业户销售货物或者劳务,应当向销售地或者劳务发生地的主管税务机关申报纳税;未向销售地或者劳务发生地的主管税务机关申报纳税的,由其机构所在地或者居住地的主管税务机关补征税款。

(四)进口货物,应当向报关地海关申报纳税。

扣缴义务人应当向其机构所在地或者居住地的主管税务机关申报缴纳其扣缴的税款。

第二十三条 增值税的纳税期限分别为 1 日、3 日、5 日、10 日、15 日、1 个月或者 1 个季度。纳税人的具体纳税期限,由主管税务机关根据纳税人应纳税额的大小分别核定;不能按照固定期限纳税的,可以按次纳税。

纳税人以 1 个月或者 1 个季度为 1 个纳税期的,自期满之日起 15 日内申报纳税;以 1 日、3 日、5 日、10 日或者 15 日为 1 个纳税期的,自期满之日起 5 日内预缴税款,于次月 1 日起 15 日内申报纳税并结清上月应纳税款。

扣缴义务人解缴税款的期限,依照前两款规定执行。

第二十四条 纳税人进口货物,应当自海关填发海关进口增值税专用缴款书之日起 15 日内缴纳税款。

第二十五条 纳税人出口货物适用退(免)税规定的,应当向海关办理出口手续,凭出口报关单等有关凭证,在规定的出口退(免)税申报期内按月向主管税务机关申报办理该项出口货物的退(免)税;境内单位和个人跨境销售服务和无形资产适用退(免)税规定的,应当按期向主管税务机关申报办理退(免)税。具体办法由国务院财政、税务主管部门制定。

出口货物办理退税后发生退货或者退关的,纳税人应当依法补缴已退的税款。

第二十六条 增值税的征收管理,依照《中华人民共和国税收征收管理法》及本条例有关规定执行。

第二十七条 纳税人缴纳增值税的有关事项,国务院或者国务院财政、税务主管部门经国务院同意另有规定的,依照其规定。

第二十八条 本条例自 2009 年 1 月 1 日起施行。

国务院办公厅关于印发中央企业公司制改制工作实施方案的通知

（2017年7月18日　国办发〔2017〕69号）

各省、自治区、直辖市人民政府，国务院各部委、各直属机构：

《中央企业公司制改制工作实施方案》已经国务院同意，现印发给你们，请认真贯彻执行。

中央企业公司制改制工作实施方案

公司制是现代企业制度的有效组织形式，是建立中国特色现代国有企业制度的必要条件。经过多年改革，全国国有企业公司制改制面已达到90%以上，有力推动了国有企业政企分开，公司法人治理结构日趋完善，企业经营管理水平逐渐提高，但仍有部分国有企业特别是部分中央企业集团层面尚未完成公司制改制。《中共中央　国务院关于深化国有企业改革的指导意见》提出，到2020年在国有企业改革重要领域和关键环节取得决定性成果。中央经济工作会议和《政府工作报告》要求，2017年底前基本完成国有企业公司制改制工作。按照党中央、国务院有关部署要求，为加快推动中央企业完成公司制改制，制定本实施方案。

一、目标任务

2017年底前，按照《中华人民共和国全民所有制工业企业法》登记、国务院国有资产监督管理委员会监管的中央企业（不含中央金融、文化企业），全部改制为按照《中华人民共和国公司法》登记的有限责任公司或股份有限公司，加快形成有效制衡的公司法人治理结构和灵活高效的市场化经营机制。

二、规范操作

（一）制定改制方案。中央企业推进公司制改制，要按照现代企业制度要求，结合实际制定切实可行的改制方案，明确改制方式、产权结构设置、债权债务处理、公司治理安排、劳动人事分配制度改革等事项,并按照有关规定起草或修订公司章程。

(二)严格审批程序。中央企业集团层面改制为国有独资公司,由国务院授权履行出资人职责的机构批准;改制为股权多元化企业,由履行出资人职责的机构按程序报国务院同意后批准。中央企业所属子企业的改制,除另有规定外,按照企业内部有关规定履行审批程序。

(三)确定注册资本。改制为国有独资公司或国有及国有控股企业全资子公司,可以上一年度经审计的净资产值作为工商变更登记时确定注册资本的依据,待公司章程规定的出资认缴期限届满前进行资产评估。改制为股权多元化企业,要按照有关规定履行清产核资、财务审计、资产评估、进场交易等各项程序,并以资产评估值作为认缴出资的依据。

三、政策支持

(一)划拨土地处置。经省级以上人民政府批准实行授权经营或具有国家授权投资机构资格的企业,其原有划拨土地可采取国家作价出资(入股)或授权经营方式处置。全民所有制企业改制为国有独资公司或国有及国有控股企业全资子公司,其原有划拨土地可按照有关规定保留划拨土地性质。

(二)税收优惠支持。公司制改制企业按规定享受改制涉及的资产评估增值、土地变更登记和国有资产无偿划转等方面税收优惠政策。

(三)工商变更登记。全民所有制企业改制为国有独资公司或国有及国有控股企业全资子公司,母公司可先行改制并办理工商变更登记,其所属子企业或事业单位要限期完成改制或转企。全民所有制企业改制为股权多元化企业,应先将其所属子企业或事业单位改制或转企,再完成母公司改制并办理工商变更登记。

(四)资质资格承继。全民所有制企业改制为国有独资公司、国有及国有控股企业全资子公司或国有控股公司,其经营过程中获得的各种专业或特殊资质证照由改制后公司承继。改制企业应在工商变更登记后1个月内到有关部门办理变更企业名称等资质证照记载事项。

四、统筹推进

(一)加强党的领导。中央企业党委(党组)要切实加强对改制工作的组织领导,按照有关规定落实党的建设同步谋划、党的组织及工作机构同步设置、党组织负责人及党务工作人员同步配备、党的工作同步开展的“四同步”和体制对接、机制对接、制度对接、工作对接的“四对接”要求。要充分发挥企业党组织的领导核心和政治核心作用,确保党的领导、党的建设在企业改制中得到充分体现和切实加强。要依法维护职工合法权益,处理好企业改革发展稳定的关系。改制过程中的重大事项应及时报告党中央、国务院。

(二)建设现代企业制度。改制企业要以推进董事会建设为重点,规范权力运行,实现权利和责任对等,落实和维护董事会依法行使重大决策、选人用人、薪酬分配等权利。要坚持两个"一以贯之",把加强党的领导和完善公司治理统一起来,处理好党组织和其他治理主体的关系,明确权责边界,做到无缝衔接,形成各司其职、各负其责、协调运转、有效制衡的公司治理机制。

(三)完善市场化经营机制。改制企业要不断深化劳动、人事、分配三项制度改革,建立健全与劳动力市场基本适应、与企业经济效益和劳动生产率挂钩的工资决定和正常增长机制,完善市场化用工制度,合理拉开收入分配差距,真正形成管理人员能上能下、员工能进能出、收入能增能减的市场化选人用人机制。

(四)防止国有资产流失。公司制改制过程中,要按照法律法规和国有企业改制、国有产权管理等有关规定规范操作,严格履行决策程序。完善金融支持政策,维护利益相关方合法权益,落实金融债权。加强对改制全流程的监管,坚持公开透明,严禁暗箱操作和利益输送。做好信息公开,加强事中事后监管,自觉接受社会监督。

中央党政机关和事业单位所办企业的清理整顿和公司制改制工作,按照国家集中统一监管的要求,另行规定执行。各省级人民政府参照本实施方案,指导地方国有企业公司制改制工作。

国务院关于强化实施创新驱动发展战略进一步推进大众创业万众创新深入发展的意见（节录）

（2017 年 7 月 21 日　国发〔2017〕37 号）

各省、自治区、直辖市人民政府，国务院各部委、各直属机构：

创新是社会进步的灵魂，创业是推进经济社会发展、改善民生的重要途径，创新和创业相连一体、共生共存。近年来，大众创业、万众创新蓬勃兴起，催生了数量众多的市场新生力量，促进了观念更新、制度创新和生产经营管理方式的深刻变革，有效提高了创新效率、缩短了创新路径，已成为稳定和扩大就业的重要支撑、推动新旧动能转换和结构转型升级的重要力量，正在成为中国经济行稳致远的活力之源。为进一步系统性优化创新创业生态环境，强化政策供给，突破发展瓶颈，充分释放全社会创新创业潜能，在更大范围、更高层次、更深程度上推进大众创业、万众创新，现提出如下意见。

一、大众创业、万众创新深入发展是实施创新驱动发展战略的重要载体

深入推进供给侧结构性改革，全面实施创新驱动发展战略，加快新旧动能接续转换，着力振兴实体经济，必须坚持“融合、协同、共享”，推进大众创业、万众创新深入发展。要进一步优化创新创业的生态环境，着力推动“放管服”改革，构建包容创新的审慎监管机制，有效促进政府职能转变；进一步拓展创新创业的覆盖广度，着力推动创新创业群体更加多元，发挥大企业、科研院所和高等院校的领军作用，有效促进各类市场主体融通发展；进一步提升创新创业的科技内涵，着力激发专业技术人才、高技能人才等的创造潜能，强化基础研究和应用技术研究的有机衔接，加速科技成果向现实生产力转化，有效促进创新型创业蓬勃发展；进一步增强创新创业的发展实效，着力推进创新创业与实体经济发展深度融合，结合“互联网 +”、“中国制造 2025”和军民融合发展等重大举措，有效促进新技术、新业态、新模式加快发展和产业结构优化升级。

——创新为本、高端引领。以科技创新为基础支撑，实现创新带动创业、创业促进创新的良性循环。坚持质量效率并重，引导创新创业多元化、特色化、专业化发展，推动产业迈向中高端。坚持创新创业与实体经济相结合，实现一二三产业相互渗透，推动军民融合深入发展，创造新供给、释放新需求，增强产业活力和核心竞争力。

——改革先行、精准施策。以深化改革为核心动力，主动适应、把握、引领经济发展新常态，面向新趋势、新特征、新需求，主动作为，针对重点领域、典型区域、关键群体的特点精准发力，出实招、下实功、见实效。着力破除制约创新创业发展的体制机制障碍，促进生产、管理、分配和创新模式的深刻变革，继续深入推进“放管服”改革，积极探索包容审慎监管，为新动能的成长打开更大空间。

——人才优先、主体联动。以人才支撑为第一要素，改革人才引进、激励、发展和评价机制，激发人才创造潜能，鼓励科技人员、中高等院校毕业生、留学回国人才、农民工、退役士兵等有梦想、有意愿、有能力的群体更多投身创新创业。加强科研机构、高校、企业、创客等主体协同，促进大中小微企业优势互补，推动城镇与农村创新创业同步发展，形成创新创业多元主体合力汇聚、活力迸发的良性格局。

——市场主导、资源聚合。充分发挥市场配置资源的决定性作用，整合政府、企业、社会等多方资源，建设众创、众包、众扶、众筹支撑平台，健全创新创业服务体系，推动政策、技术、资本等各类要素向创新创业集聚，充分发挥社会资本作用，以市场化机制促进多元化供给与多样化需求更好对接，实现优化配置。

——价值创造、共享发展。以价值创造为本质内涵，大力弘扬创新文化，厚植创业沃土，营造敢为人先、宽容失败的良好氛围，推动创新创业成为生活方式和人生追求。践行共享发展理念，实现人人参与、人人尽力、人人享有，使创新创业成果更多更公平地惠及全体人民，促进社会公平正义。

三、拓展企业融资渠道

不断完善金融财税政策，创新金融产品，扩大信贷支持，发展创业投资，优化投入方式，推动破解创新创业企业融资难题。

（九）完善债权、股权等融资服务机制，为科技型中小企业提供覆盖全生命周期的投融资服务。稳妥推进投贷联动试点工作。推广专利权质押等知识产权融资模式，鼓励保险公司为科技型中小企业知识产权融资提供保证保险服务，对符合条件的由地方各级人民政府提供风险补偿或保费补贴。持续优化科技型中小企业直接融资机制,稳步扩大创新创业公司债券试点规模。支持政府性融资担保机构为科技型中小企业发债提供担保。鼓励地方各级人民政府建立政银担、政银保等不同类型的风险补偿机制。(银监会、人民银行、保监会、财政部、科技部、国家知识产权局、证监会等部门按职责分工负责)

(十)改革财政资金、国有资本参与创业投资的投入、管理与退出标准和规则,建立完善与其特点相适应的绩效评价体系。依法依规豁免国有创业投资机构和国有创业投资引导基金国有股转持义务。(财政部、国务院国资委等部门按职责分工负责)

(十一)适时推广创业投资企业和天使投资个人有关税收试点政策,引导社会资本参与创业投资。推动创业投资企业、创业投资管理企业及其从业人员在第三方征信机构完善信用记录,实现创业投资领域信用记录全覆盖。(财政部、税务总局、国家发展改革委等部门按职责分工负责)

(十二)推动国家新兴产业创业投资引导基金、国家中小企业发展基金、国家科技成果转化引导基金设立一批创业投资子基金。引导和规范地方各级人民政府设立创业投资引导基金,建立完善对引导基金的运行监管机制、财政资金的绩效考核机制和基金管理机构的信用信息评价机制。(国家发展改革委、财政部、工业和信息化部等部门按职责分工负责)

(十三)健全完善创新券、创业券的管理制度和运行机制,在全面创新改革试验区域探索建立创新券、创业券跨区域互通互认机制。(科技部、国家发展改革委等部门按职责分工负责)

各地区、各部门要认真落实本意见的各项要求,进一步细化政策措施,切实履职尽责,密切配合,勇于探索,主动作为,及时总结经验,加强监督检查,确保各项政策落到实处,推进大众创业、万众创新深入发展,为全面实施创新驱动发展战略、培育壮大新动能、改造提升传统动能和促进我国经济保持中高速增长、迈向中高端水平提供强劲支撑。

国务院办公厅转发国家发展改革委商务部人民银行外交部关于进一步引导和规范境外投资方向指导意见的通知

（2017 年 8 月 4 日　国办发〔2017〕74 号）

各省、自治区、直辖市人民政府，国务院各部委、各直属机构：

国家发展改革委、商务部、人民银行、外交部《关于进一步引导和规范境外投资方向的指导意见》已经国务院同意，现转发给你们，请认真贯彻执行。

关于进一步引导和规范境外投资方向的指导意见

国家发展改革委　商务部　人民银行　外交部

近年来，我国企业境外投资步伐明显加快，规模和效益显著提升，为带动相关产品、技术、服务“走出去”，促进国内经济转型升级，深化与相关国家互利合作，推进“一带一路”建设和开展国际产能合作发挥了重要作用。当前国际国内环境正在发生深刻变化，我国企业开展境外投资既存在较好机遇，也面临诸多风险和挑战。为加强对境外投资的宏观指导，进一步引导和规范境外投资方向，推动境外投资持续合理有序健康发展，有效防范各类风险，更好地适应国民经济与社会发展需要，现提出以下意见：

一、指导思想

全面贯彻党的十八大和十八届三中、四中、五中、六中全会精神，深入贯彻习近平总书记系列重要讲话精神和治国理政新理念新思想新战略，认真落实党中央、国务院决策部署，统筹推进“五位一体”总体布局和协调推进“四个全面”战略布局，坚持以人民为中心的发展思想，坚持稳中求进工作总基调，牢固树立和贯彻落实创新、协调、绿色、开放、共享的发展理念，坚定奉行互利共赢的开放战略，不断创造更全面、更深入、更多元的对外开放格局，以供给侧结构性改革为主线，以“一带一路”建设为统领，深化境外投资体制机制改革，进一步引导和规范企业境外投资方向，促进企业合理有序开展境外投资活动，防范和应对境外投资风险，推动境外投资持续健康发展，实现与投资目的国互利共赢、共同发展。

二、基本原则

——坚持企业主体。在境外投资领域充分发挥市场在资源配置中的决定性作用和更好发挥政府作用，以企业为主体、市场为导向，按照商业原则和国际惯例开展境外投资，企业在政府引导下自主决策、自负盈亏、自担风险。

——坚持深化改革。创新体制机制，提高境外投资便利化水平，深入推进简政放权、放管结合、优化服务改革，坚持以备案制为主的境外投资管理方式，在资本项下实行有管理的市场化运行机制，按“鼓励发展＋负面清单”模式引导和规范企业境外投资方向。

——坚持互利共赢。引导企业充分考虑投资目的国国情和实际需求，注重与当地政府和企业开展互利合作，创造良好的经济社会效益，促进互惠互利、合作共赢。

——坚持防范风险。坚持稳中求进工作总基调，统筹国家经济外交整体战略，坚持依法合规，合理把握境外投资重点和节奏，积极做好境外投资事前、事中、事后监管，切实防范各类风险。

三、鼓励开展的境外投资

支持境内有能力、有条件的企业积极稳妥开展境外投资活动，推进“一带一路”建设，深化国际产能合作，带动国内优势产能、优质装备、适用技术输出，提升我国技术研发和生产制造能力，弥补我国能源资源短缺，推动我国相关产业提质升级。

（一）重点推进有利于“一带一路”建设和周边基础设施互联互通的基础设施境外投资。

（二）稳步开展带动优势产能、优质装备和技术标准输出的境外投资。

（三）加强与境外高新技术和先进制造业企业的投资合作，鼓励在境外设立研发中心。

（四）在审慎评估经济效益的基础上稳妥参与境外油气、矿产等能源资源勘探和开发。

（五）着力扩大农业对外合作，开展农林牧副渔等领域互利共赢的投资合作。

（六）有序推进商贸、文化、物流等服务领域境外投资，支持符合条件的金融机构在境外建立分支机构和服务网络，依法合规开展业务。

四、限制开展的境外投资

限制境内企业开展与国家和平发展外交方针、互利共赢开放战略以及宏观调控政策不符的境外投资，包括：

（一）赴与我国未建交、发生战乱或者我国缔结的双多边条约或协议规定需要限制的敏感国家和地区开展境外投资。

（二）房地产、酒店、影城、娱乐业、体育俱乐部等境外投资。

（三）在境外设立无具体实业项目的股权投资基金或投资平台。

（四）使用不符合投资目的国技术标准要求的落后生产设备开展境外投资。

（五）不符合投资目的国环保、能耗、安全标准的境外投资。

其中，前三类须经境外投资主管部门核准。

五、禁止开展的境外投资

禁止境内企业参与危害或可能危害国家利益和国家安全等的境外投资，包括：

（一）涉及未经国家批准的军事工业核心技术和产品输出的境外投资。

（二）运用我国禁止出口的技术、工艺、产品的境外投资。

（三）赌博业、色情业等境外投资。

（四）我国缔结或参加的国际条约规定禁止的境外投资。

（五）其他危害或可能危害国家利益和国家安全的境外投资。

六、保障措施

（一）实施分类指导。对鼓励开展的境外投资，要在税收、外汇、保险、海关、信息等方面进一步提高服务水平，为企业创造更加良好的便利化条件。对限制开展的境外投资，要引导企业审慎参与，并结合实际情况给予必要的指导和提示。对禁止开展的境外投资，要采取切实有效的措施予以严格管控。

（二）完善管理机制。加强境外投资真实性、合规性审查，防范虚假投资行为。建立境外投资黑名单制度，对违规投资行为实施联合惩戒。

建立部门间信息共享机制。指导境内企业加强对其控制的境外企业的监督和管理,建立健全境外投资决策、财务管理和违规责任追究制度。建立国有企业境外投资资本金制度。完善国有企业境外投资审计制度,维护境外国有资产安全。

(三)提高服务水平。制定境外投资经营行为规范,引导企业建立健全境外合规经营风险审查、管控和决策体系,深入了解境外投资合作政策法规和国际惯例,遵守当地法律法规,合法经营。加强与有关国家在投资保护、金融、人员往来等方面机制化合作,为企业开展境外投资创造良好外部环境。支持境内资产评估、法律服务、会计服务、税务服务、投资顾问、设计咨询、风险评估、认证、仲裁等相关中介机构发展,为企业境外投资提供市场化、社会化、国际化的商业咨询服务,降低企业境外投资经营风险。

(四)强化安全保障。定期发布《国别投资经营便利化状况报告》,加强对企业赴高风险国家和地区投资的指导和监督,及时警示和通报有关国家政治、经济和社会重大风险,提出应对预案和防范措施,切实维护我国企业境外合法权益。督促企业开展境外项目安全风险评估,做好项目安全风险预测应对,建立完善安保制度,加强安保培训,提升企业境外投资安全风险防范能力。

各地区、各部门要按照本意见要求,合理把握境外投资的方向和重点,切实加强组织领导和统筹协调,落实工作责任,抓紧制定出台配套政策措施,扎实推进相关工作,确保取得实效。

国务院关于促进外资增长若干措施的通知

（2017 年 8 月 8 日　国发〔2017〕39 号）

各省、自治区、直辖市人民政府，国务院各部委、各直属机构：

积极利用外资是我国对外开放战略的重要内容。当前经济全球化呈现新特点，我国利用外资面临新形势新任务。为深化供给侧结构性改革，推进简政放权、放管结合、优化服务改革，进一步提升我国外商投资环境法治化、国际化、便利化水平，促进外资增长，提高利用外资质量，现将有关事宜通知如下：

一、进一步减少外资准入限制

（一）全面实施准入前国民待遇加负面清单管理制度。尽快在全国推行自由贸易试验区试行过的外商投资负面清单，进一步增强投资环境的开放度、透明度、规范性。（国家发展改革委、商务部负责）

（二）进一步扩大市场准入对外开放范围。持续推进专用车和新能源汽车制造、船舶设计、支线和通用飞机维修、国际海上运输、铁路旅客运输、加油站、互联网上网服务营业场所、呼叫中心、演出经纪、银行业、证券业、保险业对外开放，明确对外开放时间表、路线图。（中央宣传部、中央网信办、国家发展改革委、工业和信息化部、交通运输部、商务部、文化部、人民银行、银监会、证监会、保监会、国家铁路局、中国民航局、中国铁路总公司按职责分工负责）

二、制定财税支持政策

（三）鼓励境外投资者持续扩大在华投资。对境外投资者从中国境内居民企业分配的利润直接投资于鼓励类投资项目，凡符合规定条件的，实行递延纳税政策，暂不征收预提所得税。（财政部、税务总局按职责分工负责）

（四）发挥外资对优化服务贸易结构的积极作用。将服务外包示范城市符合条件的技术先进型服务企业所得税优惠政策推广到全国，引导外资更多投向高技术、高附加值服务业。（财政部、商务部、税务总局等

按职责分工负责）

（五）促进利用外资与对外投资相结合。对我国居民企业（包括跨国公司地区总部）分回国内符合条件的境外所得，研究出台相关税收支持政策。（财政部、税务总局按职责分工负责）

（六）鼓励跨国公司在华投资设立地区总部。支持各地依法依规出台包括资金支持在内的吸引跨国公司地区总部的政策措施，积极参与全球产业格局调整。（各省级人民政府负责）

（七）促进外资向西部地区和东北老工业基地转移。充分发挥现有财政资金作用，积极支持西部地区及东北老工业基地的国家级开发区（含经济技术开发区、高新技术产业开发区、海关特殊监管区域等，下同）科技创新、生态环保、公共服务等领域建设，改善招商环境，提升引资质量，承接高水平制造业转移。（科技部、财政部、商务部、海关总署按职责分工负责）

（八）支持重点引资平台基础设施和重大项目建设。鼓励省级人民政府发行地方政府债券支持国家级开发区、边境经济合作区、跨境经济合作区基础设施建设。加快试点发展项目收益与融资自求平衡的地方政府专项债券品种，优先保障上述区域符合条件的重大项目融资需求。（科技部、财政部、商务部、海关总署、各省级人民政府按职责分工负责）

三、完善国家级开发区综合投资环境

（九）充分赋予国家级开发区投资管理权限。支持国家级开发区开展相对集中行政许可权改革试点。指导国家级开发区进一步推进简政放权、放管结合、优化服务改革，在营造外商投资优良环境等方面发挥示范引领作用。（中央编办、科技部、商务部、海关总署、国务院法制办按职责分工负责）

（十）支持国家级开发区项目落地。允许各地在符合经济社会发展规划、土地利用总体规划、城市总体规划的前提下，对国家级开发区利用外资项目所需建设用地指标予以优先保障，做到应保尽保。（科技部、国土资源部、住房城乡建设部、商务部、海关总署、各省级人民政府按职责分工负责）

（十一）支持国家级开发区拓展引资空间。对符合条件的国家级开发区，经国务院批准后允许调区、扩区，整合区位相邻、相近的开发区，建立飞地园区，对收储的低效用地，相应提供规划调整、简化审批等便利。（科技部、国土资源部、住房城乡建设部、商务部、海关总署、各地方人民政府按职责分工负责）

（十二）支持国家级开发区提升产业配套服务能力。在条件成熟的地区，引进生产服务型外资企业，试点开展高技术、高附加值项目境内外维修业务，促进加工贸易向全球产业链、价值链中高端延伸。（商务部、海关总署负责）

四、便利人才出入境

（十三）完善外国人才引进制度。在全国实施外国人来华工作许可制度，采用“告知＋承诺”、“容缺受理”等方式，为外国人才办理工作许可提供便利。2018年，制定出台外国人在中国工作管理条例，建立标准统一、程序规范的外国人才来华工作许可制度。（外交部、公安部、国务院法制办、国家外专局等按职责分工负责）

（十四）积极引进国际高端人才。2017年下半年，制定出台外国人才签证实施细则，完善外国人才评价标准，扩大发放范围；放宽外国人才签证有效期限，对符合条件的外国人，签发长期（5年至10年）多次往返签证，并可凭该签证办理工作许可、申请工作类居留证件。制定出台外国人永久居留管理条例，明确外国人申请和取得永久居留资格的条件和程序。（外交部、公安部、国务院法制办、国家外专局等按职责分工负责）

五、优化营商环境

（十五）抓紧完善外资法律体系。加快统一内外资法律法规，制定新的外资基础性法律。清理涉及外资的法律、法规、规章和政策性文件，推动限期废止或修订与国家对外开放大方向和大原则不符的法律法规或条款。（有关部门和各省级人民政府按职责分工负责）

（十六）提升外商投资服务水平。完善中央及地方外商投资企业投诉机制，协调解决境外投资者反映的突出问题，加大对外商投资企业享有准入后国民待遇的保障力度，努力营造统一开放、竞争有序的市场环境。建立行政事业性收费和政府性基金、政府定价的涉企经营服务性收费等涉企收费目录清单制度。（国家发展改革委、财政部、商务部等有关部门、各省级人民政府按职责分工负责）

（十七）保障境外投资者利润自由汇出。对于境外投资者在境内依法取得的利润、股息等投资收益，可依法以人民币或外汇自由汇出。（人民银行、国家外汇局按职责分工负责）

（十八）深化外商投资企业管理信息共享和业务协同。积极推进“互联网＋政务服务”，进一步完善“双随机、一公开”监管机制，构建高效便捷的外商投资事中事后监管与服务体系。加大商务部门与工商、海关、质检、外汇等部门之间信息管理系统的互联互通力度，实现外商投资企业从设立到运营的有关信息跨层级、跨部门共享。试点外商投资企业商务备案与工商登记“单一窗口、单一表格”受理新模式。(商务部、海关总署、工商总局、质检总局、国家外汇局等有关部门负责,各地方人民政府按职责分工负责)

(十九)鼓励外资参与国内企业优化重组。简化程序,放宽限制,支持境外投资者以并购方式设立外商投资企业。支持国内企业多渠道引进国际先进技术、管理经验和营销渠道。鼓励外资参与国有企业混合所有制改革。(国家发展改革委、商务部、国务院国资委按职责分工负责)

(二十)完善外商投资企业知识产权保护。针对网络侵权盗版、侵犯专利权、侵犯商标专用权等知识产权问题开展集中整治,强化司法保护和行政执法,加大对侵权违法行为的惩治力度。(全国打击侵权假冒工作领导小组办公室、工商总局、新闻出版广电总局、国家知识产权局等按职责分工负责)

(二十一)提升研发环境国际竞争力。为研发中心运营创造便利条件,依法简化具备条件的研发中心研发用样本样品、试剂等进口手续,促进外资研发投入。(海关总署、质检总局等按职责分工负责)

(二十二)保持外资政策稳定性连续性。地方各级人民政府要严格兑现向投资者及外商投资企业依法作出的政策承诺,认真履行在招商引资等活动中依法签订的各类合同。(各省级人民政府负责)

各地区、各部门要高度重视新形势下利用外资工作,按照职责分工,主动作为,密切配合。商务部要会同有关部门加强督促检查,确保各项措施落到实处,不断提升我国引资新优势,促进利用外资实现稳定增长。

国务院办公厅关于进一步激发民间有效投资活力促进经济持续健康发展的指导意见

(2017 年 9 月 1 日　国办发〔2017〕79 号)

各省、自治区、直辖市人民政府,国务院各部委、各直属机构:

党中央、国务院高度重视民间投资工作,近年来部署出台了一系列有针对性的政策措施并开展了专项督查,民间投资增速企稳回升。但是,当前民间投资增长仍面临着不少困难和障碍,部分鼓励民间投资的政策尚未落实到位,营商环境有待进一步改善,一些垄断行业市场开放度不够,融资难、融资贵问题仍然存在,民间投资活力不强的局面尚未根本改观。为进一步激发民间有效投资活力,促进经济持续健康发展,经国务院同意,现提出以下意见。

一、深入推进"放管服"改革,不断优化营商环境

各地区、各部门要深入贯彻落实国务院关于深化"放管服"改革的各项要求,确保取消下放国务院部门行政许可事项、取消中央指定地方实施行政审批事项、清理规范国务院部门行政审批中介服务事项等重点任务落实到位。坚决落实清理规范投资项目报建审批事项有关要求,精简合并投资项目报建审批事项,不得擅自增加行政审批事项,不得擅自增加审批环节,切实防范权力复归和边减边增。充分发挥全国投资项目在线审批监管平台作用,实现项目网上申报、并联审批、信息公开、协同监管,不断提高审批效率和服务质量。

二、开展民间投资项目报建审批情况清理核查,提高审批服务水平

各地区、各部门要对民间投资项目报建审批情况开展一次全面细致的清理核查,逐项梳理已报审的民间投资项目,清查各类审批事项办理情况,明确办理时限。能够办理的,要尽快办理;暂不具备办理条件的,要帮助民营企业尽快落实有关条件;依法依规确实不能办理的,要主动做好解释工作。对无正当理由拖延不办的,要加大问责力度,通过约谈、通报、督办等方式督促限期整改,必要时对相关责任人给予处分。要针对清理核查中发现的问题,进一步改进工作,提高效率,优化民间投资项目报建审批服务。

三、推动产业转型升级,支持民间投资创新发展

鼓励民营企业进入轨道交通装备、“互联网 +”、大数据和工业机器人等产业链长、带动效应显著的行业领域,在创建“中国制造 2025”国家级示范区时积极吸引民营企业参与。发挥财政性资金带动作用,通过投资补助、资本金注入、设立基金等多种方式,广泛吸纳各类社会资本,支持企业加大技术改造力度,加大对集成电路等关键领域和薄弱环节重点项目的投入。支持双创示范基地、产业园区公共服务平台建设,提高为民营企业投资新兴产业服务的能力和水平。推进创新技术市场交易,缩短科技成果转化周期,提高科技型企业投资回报水平。鼓励民间资本开展多元化农业投资,支持农村新产业新业态发展,推动民间资本与农户建立股份合作等紧密利益联结机制,对带动农户较多的市场主体加大支持力度。

四、鼓励民间资本参与政府和社会资本合作(PPP)项目,促进基础设施和公用事业建设

加大基础设施和公用事业领域开放力度,禁止排斥、限制或歧视民间资本的行为,为民营企业创造平等竞争机会,支持民间资本股权占比高的社会资本方参与 PPP 项目,调动民间资本积极性。积极采取多种 PPP 运作方式,规范有序盘活存量资产,丰富民营企业投资机会,回收的资金主要用于补短板项目建设,形成新的优质资产,实现投资良性循环。合理确定基础设施和公用事业价格和收费标准,完善 PPP 项目价格和收费适时调整机制,通过适当延长合作期限、积极创新运营模式、充分挖掘项目商业价值等,建立 PPP 项目合理回报机制,吸引民间资本参与。努力提高民营企业融资能力,有效降低融资成本,推动 PPP 项目资产证券化,鼓励民间资本采取混合所有制、设立基金、组建联合体等多种方式,参与投资规模较大的 PPP 项目。

五、降低企业经营成本,增强民间投资动力

落实和完善全面推开营改增试点政策,落实好研发费用税前加计扣除政策,加强涉企经营服务性收费和中介服务收费监管。允许失业保险总费率为 1.5% 的地方将总费率阶段性降至 1%,落实适当降低企业住房公积金缴存比例政策,推动各地出台或完善户口迁移政策和配套措施。深化输配电价格改革,推进电力市场化交易等,实行工业用地弹性出让制度,用好用足标准厂房、科技孵化器用地支持政策,降低企业用能用地成本。科学合理确定车辆通行费标准,规范铁路港口收费,开展物流领域收费专项检查,着力解决"乱收费、乱罚款"等问题。督促银行业金融机构依法合规收费,降低贷款中间环节费用,严禁各种不规范收费和不合理的贷款附加条件。

六、努力破解融资难题,为民间资本提供多样化融资服务

发挥各类金融机构优势,优化授信管理和服务流程,完善特许经营权、收费权等权利的确权、登记、抵押、流转等配套制度,发展和丰富循环贷款等金融产品,加快建设普惠金融体系,实施小微企业应收账款融资专项行动,着力解决对企业抽贷、压贷、断贷等融资难题。完善民营企业信用评级制度,客观评价民营企业实力,引导金融机构加大对民营企业的融资支持力度。充分发挥各级政府网站与全国信用信息共享平台作用,鼓励地方推进"银税互动"、银行业金融机构和全国信用信息共享平台之间的合作等,化解银企信息不对称问题,促进中小企业融资。发展政府支持的融资担保和再担保机构,鼓励各地设立信贷风险补偿基金、过桥转贷资金池等,加大对中小微企业、科技创新企业的支持。

七、加强政务诚信建设,确保政府诚信履约

地方各级政府向民营企业作出政策承诺要严格依法依规,并严格兑现合法合规的政策承诺,不得违法违规承诺优惠条件。要认真履行与民营企业签订的合法合规协议或合同,不得以政府换届、相关责任人更替等理由拒不执行,不得随意改变约定,不得出现"新官不理旧账"等情况。开展政务失信专项治理,对地方政府拒不履行政府所作的合法合规承诺,特别是严重损害民营企业合法权益、破坏民间投资良好环境等行为,加大查处力度。对造成政府严重失信违约行为的主要负责人和直接责任人要依法依规追究责任,惩戒到人。

八、加强政策统筹协调,稳定市场预期和投资信心

加强部门间协调配合,科学审慎研判拟出台政策的预期效果和市场反应,统筹把握好政策出台时机和力度。有关部门要在加强监管的同时,明确政策导向,提出符合法律法规和政策规定的具体要求,正确引导投资预期。围绕经济运行态势和宏观政策取向,加大政策解读力度,主动解疑释惑,帮助民营企业准确理解政策意图。建立健全政务舆情收集、研判、处置和回应机制,及时准确发布权威信息,切实做好民营企业关切事项的回应工作。完善公平、开放、透明的市场规则,稳定市场预期、增强市场活力,帮助民营企业充分利用好国内大市场,加大对适应国内消费升级和产业转型需要项目的投资力度,支持劳动密集型产业向内陆沿边地区梯度转移。

九、构建"亲""清"新型政商关系，增强政府服务意识和能力

建立健全政府与民营企业常态化沟通机制，进一步发挥工商联和协会商会在企业与政府沟通中的桥梁纽带作用，倾听民营企业呼声，帮助解决实际困难。因地制宜明确政商交往"正面清单"和"负面清单"，着力破解"亲"而不"清"、"清"而不"亲"等问题。坚决贯彻落实《中共中央 国务院关于完善产权保护制度依法保护产权的意见》，尽快出台相关配套文件和实施方案，加强各种所有制经济产权保护，加大知识产权保护力度，激发和保护企业家精神。组织开展民营企业家专业化、精准化培训，提升民营企业经营管理水平。

十、狠抓各项政策措施落地见效，增强民营企业获得感

各地区、各部门要全面梳理党中央、国务院已出台的鼓励民间投资政策措施，逐项检查各项政策措施在本地区、本领域落实情况，对尚未有效落实的政策措施，要认真分析原因，抓紧研究解决办法，确保政策尽快落地。充分发挥中央和地方两个积极性，鼓励各地以改革的办法、创新的思维进一步实化、细化、深化鼓励民间投资的具体措施，努力解决制约民间投资增长的深层次问题，进一步激发民间有效投资活力。

各省（区、市）人民政府、各有关部门要按照本意见要求，切实抓好贯彻落实，进一步做好民间投资各项工作。国家发展改革委要加强统筹协调，会同有关部门对本意见落实情况进行督促检查和跟踪分析，重大事项及时向国务院报告。

国务院关于印发划转部分国有资本充实社保基金实施方案的通知

（2017年11月9日　国发〔2017〕49号）

各省、自治区、直辖市人民政府，国务院各部委、各直属机构：

现将《划转部分国有资本充实社保基金实施方案》印发给你们，请认真贯彻执行。

划转部分国有资本充实社保基金实施方案

党中央、国务院高度重视社会保障体系建设。我国统一的企业职工基本养老保险制度建立以来，以确保企业离退休人员基本养老金按时足额发放为中心，参保范围不断扩大，基金征缴力度不断加强，各项工作取得明显成效，对建立社会主义市场经济体制、维护改革发展稳定大局、保障企业离退休人员权益发挥了重要作用。与此同时，在企业职工基本养老保险制度逐步完善过程中，受多种因素影响，形成了一定的企业职工基本养老保险基金缺口。随着经济社会发展和人口老龄化加剧，基本养老保险基金支付压力不断加大，为充分体现代际公平和国有企业发展成果全民共享，现决定划转部分国有资本充实社保基金，具体方案如下。

一、指导思想

全面贯彻落实党的十九大精神，深入贯彻习近平新时代中国特色社会主义思想，认真落实党中央、国务院决策部署，按照《中共中央　国务院关于深化国有企业改革的指导意见》和基本养老保险制度改革有关要求，在推动国有企业深化改革的同时，通过划转部分国有资本充实社保基金，使全体人民共享国有企业发展成果，增进民生福祉，促进改革和完善基本养老保险制度，实现代际公平，增强制度的可持续性。

二、基本原则

坚持目标引领，与基本养老保险制度改革目标紧密结合。基本养老保险制度改革是系统工程，应统筹兼顾，考虑长远，力求在公共财政适度支持的情况下实现精算平衡。划转部分国有资本，基本目标是弥补因实施视同缴费年限政策形成的企业职工基本养老保险基金缺口，促进建立更加公平、更可持续的养老保险制度。

坚持系统规划，与深化国有企业改革目标紧密结合。统筹考虑划转部分国有资本的目标、企业职工基本养老保险基金缺口成因、国有资本现状和企业发展需要，科学界定划转范围，合理确定划转比例。

坚持立足长远，与弥补企业职工基本养老保险基金缺口的目标相结合。通过划转实现国有资本多元化持有，但不改变国有资本属性。划转承接主体作为财务投资者，管理运营所划入的国有资本，建立国有资本划转和企业职工基本养老保险基金缺口逐步弥补相结合的运行机制。

坚持独立运营，与社保基金多渠道筹集的政策目标相结合。划转的国有资本具有充实社保基金的特定用途和政策目标，运营收益根据基本养老保险基金的支出需要上缴，专项用于弥补企业职工基本养老保险基金缺口。划转的国有资本应集中持有，独立运行，单独核算，接受考核和监督。

三、划转范围、对象、比例和承接主体

（一）划转范围。将中央和地方国有及国有控股大中型企业、金融机构纳入划转范围。公益类企业、文化企业、政策性和开发性金融机构以及国务院另有规定的除外。

（二）划转对象。中央和地方企业集团已完成公司制改革的，直接划转企业集团股权；中央和地方企业集团未完成公司制改革的，抓紧推进改革，改制后按要求划转企业集团股权；同时，探索划转未完成公司制改革的企业集团所属一级子公司股权。全国社会保障基金因国有股权划转、投资等各种原因形成的上市企业和非上市企业股权除外。

（三）划转比例。首先以弥补企业职工基本养老保险制度转轨时期因企业职工享受视同缴费年限政策形成的企业职工基本养老保险基金缺口为基本目标，划转比例统一为企业国有股权的10%。今后，结合基本养老保险制度改革及可持续发展要求，若需进一步划转，再作研究。

（四）承接主体。划转的国有股权是基本养老保险基金的重要组成部分。划转的中央企业国有股权，由国务院委托社保基金会负责集中持有，单独核算，接受考核和监督。条件成熟时，经批准，社保基金会可组建养老金管理公司，独立运营划转的中央企业国有股权。

划转的地方企业国有股权，由各省级人民政府设立国有独资公司集中持有、管理和运营。也可将划转的国有股权委托本省(区、市)具有国有资本投资运营功能的公司专户管理。

四、划转程序

(一)按照中央企业国有股权划转的部署和步骤安排,国有资产监督管理机构负责提出本机构所监管企业拟划转股权的建议方案,由财政部会同有关部门审核确认。其中,国务院国资委监管的中央企业,由财政部会同人力资源社会保障部、国务院国资委审核确认;中央金融机构等由财政部会同人力资源社会保障部审核确认。

本方案所称国有资产监督管理机构,是指代表国务院和地方人民政府履行出资人职责的部门(机构)、负责监督管理行政事业单位所办企业国有资产和金融类企业国有资产的财政部门。

(二)根据经审核确认的划转方案,国有资产监督管理机构具体办理企业国有股权的划出手续,社保基金会相应办理股权划入手续,并对划入的国有股权设立专门账户管理。

地方企业国有股权划转工作比照中央企业办理。

(三)划转对象涉及多个国有股东的,由第一大股东的国有资产监督管理机构负责对国有股东身份和应划转股权进行初审,提交同级财政部门确认。国有股东分别属于中央和地方管理的,按第一大股东的产权归属关系,将应划转的国有股权统一划转至社保基金会或各省(区、市)国有独资公司等承接主体。

(四)划转上市公司国有股权的,国有资产监督管理机构应同时向中国证券登记结算有限责任公司下达国有股转持通知,并抄送社保基金会或各省(区、市)国有独资公司等承接主体。中国证券登记结算有限责任公司在收到国有股转持通知后15个工作日内,将应转持的国有股权,变更登记到社保基金会或各省(区、市)国有独资公司等承接主体。

(五)国有股权划转至社保基金会或各省(区、市)国有独资公司等承接主体后,相关企业应及时进行账务调整,并按规定做好国有资产产权变动登记工作。国有股权划出方应当就划转事项通知本企业债权人。涉及上市公司股份权益变动的,相关企业需按照证券监管有关规定,履行信息披露义务。

(六)国有资产监督管理机构负责向同级财政部门提供年度划转任务执行情况,财政部门逐级汇总后,由财政部会同人力资源社会保障部、国务院国资委、证监会、社保基金会上报国务院。

五、承接主体对国有资本的管理

(一)资本管理。社保基金会及各省(区、市)国有独资公司等承接主体作为财务投资者,享有所划入国有股权的收益权和处置权,不干预企业日常生产经营管理,一般不向企业派出董事。必要时,经批准可向企业派出董事。

对划入的国有股权,社保基金会及各省(区、市)国有独资公司等承接主体原则上应履行3年以上的禁售期义务,并应承继原持股主体的其他限售义务。在禁售期内,如划转涉及的相关企业上市,应承继原持股主体的禁售期义务。

(二)收益管理。对划入的国有股权,社保基金会及各省(区、市)国有独资公司等承接主体的收益主要来源于股权分红。除国家规定须保持国有特殊持股比例或要求的企业外,社保基金会及各省(区、市)国有独资公司等承接主体经批准也可以通过国有资本运作获取收益。

六、划转步骤

按照试点先行、分级组织、稳步推进的原则完成划转工作。

第一步,2017年选择部分中央企业和部分省份开展试点。中央企业包括国务院国资委监管的中央管理企业3至5家、中央金融机构2家。试点省份的划转工作由有关省(区、市)人民政府具体组织实施。

第二步,在总结试点经验的基础上,2018年及以后,分批划转其他符合条件的中央管理企业、中央行政事业单位所办企业以及中央金融机构的国有股权,尽快完成划转工作。各省(区、市)人民政府负责组织实施本地区地方国有企业的国有股权划转工作。

七、配套措施

(一)自本方案印发之日起,划转范围内企业实施重大重组,改制上市,或改组组建国有资本投资、运营公司等涉及国有股权变动的改革事项,企业改革方案应与国有资本划转方案统筹考虑。

(二)探索建立对划转国有股权的合理分红机制。社保基金会及各省(区、市)国有独资公司等承接主体持有的股权分红和运作收益,专项用于弥补企业职工基本养老保险基金缺口,不纳入国有资本经营预算管理。每年6月底前,社保基金会及各省(区、市)国有独资公司等承接主体应将上年度国有资本收益和分红情况报送同级财政、人力资源社会保障部门。

(三)社保基金会及各省(区、市)国有独资公司等承接主体持有的国有资本收益,由同级财政部门统筹考虑基本养老保险基金的支出需要和国有资本收益状况，适时实施收缴，专项用于弥补企业职工基本养老保险基金缺口。

国有资本运作管理办法和中央财政对收缴资金的具体使用办法等另行制定。

（四）自本方案印发之日起，《国务院关于印发减持国有股筹集社会保障资金管理暂行办法的通知》（国发〔2001〕22 号）和《财政部　国资委　证监会　社保基金会关于印发〈境内证券市场转持部分国有股充实全国社会保障基金实施办法〉的通知》（财企〔2009〕94 号）等现行国有股转（减）持政策停止执行。

八、组织实施

划转部分国有资本充实社保基金，是基本养老保险制度改革和国有企业改革的重要组成部分，是保障和改善民生的重要举措。国务院国有企业改革领导小组要加强统筹协调、督促落实。财政部、人力资源社会保障部、国务院国资委、证监会、社保基金会等部门要各司其职，密切配合，出台配套制度办法，加强对本方案执行的支持和指导，做好方案实施的监督评估工作。各有关部门和机构要高度重视划转工作，统筹规划，周密安排，落实责任，有序实施。各省（区、市）人民政府对本地区划转工作负总责，要结合实际抓紧制订具体落实方案，确保按要求完成划转目标任务。

国务院关于深化“互联网 + 先进制造业”发展工业互联网的指导意见（节录）

（2017 年 11 月 19 日）

各省、自治区、直辖市人民政府，国务院各部委、各直属机构：

当前，全球范围内新一轮科技革命和产业变革蓬勃兴起。工业互联网作为新一代信息技术与制造业深度融合的产物，日益成为新工业革命的关键支撑和深化“互联网 + 先进制造业”的重要基石，对未来工业发展产生全方位、深层次、革命性影响。工业互联网通过系统构建网络、平台、安全三大功能体系，打造人、机、物全面互联的新型网络基础设施，形成智能化发展的新兴业态和应用模式，是推进制造强国和网络强国建设的重要基础，是全面建成小康社会和建设社会主义现代化强国的有力支撑。为深化供给侧结构性改革，深入推进“互联网 + 先进制造业”，规范和指导我国工业互联网发展，现提出以下意见。

一、基本形势

当前，互联网创新发展与新工业革命正处于历史交汇期。发达国家抢抓新一轮工业革命机遇，围绕核心标准、技术、平台加速布局工业互联网，构建数字驱动的工业新生态，各国参与工业互联网发展的国际竞争日趋激烈。我国工业互联网与发达国家基本同步启动，在框架、标准、测试、安全、国际合作等方面取得了初步进展，成立了汇聚政产学研的工业互联网产业联盟，发布了《工业互联网体系架构（版本 1.0）》、《工业互联网标准体系框架（版本 1.0）》等，涌现出一批典型平台和企业。但与发达国家相比，总体发展水平及现实基础仍然不高，产业支撑能力不足，核心技术和高端产品对外依存度较高，关键平台综合能力不强，标准体系不完善，企业数字化网络化水平有待提升，缺乏龙头企业引领，人才支撑和安全保障能力不足，与建设制造强国和网络强国的需要仍有较大差距。

加快建设和发展工业互联网，推动互联网、大数据、人工智能和实体经济深度融合，发展先进制造业，支持传统产业优化升级，具有重要意义。

一方面，工业互联网是以数字化、网络化、智能化为主要特征的新工业革命的关键基础设施，加快其发展有利于加速智能制造发展，更大范围、更高效率、更加精准地优化生产和服务资源配置，促进传统产业转型升级，催生新技术、新业态、新模式，为制造强国建设提供新动能。工业互联网还具有较强的渗透性，可从制造业扩展成为各产业领域网络化、智能化升级必不可少的基础设施，实现产业上下游、跨领域的广泛互联互通，打破"信息孤岛"，促进集成共享，并为保障和改善民生提供重要依托。另一方面，发展工业互联网，有利于促进网络基础设施演进升级，推动网络应用从虚拟到实体、从生活到生产的跨越，极大拓展网络经济空间，为推进网络强国建设提供新机遇。当前，全球工业互联网正处在产业格局未定的关键期和规模化扩张的窗口期，亟需发挥我国体制优势和市场优势，加强顶层设计、统筹部署，扬长避短、分步实施，努力开创我国工业互联网发展新局面。

二、总体要求

（一）指导思想。

深入贯彻落实党的十九大精神，认真学习贯彻习近平新时代中国特色社会主义思想，落实新发展理念，坚持质量第一、效益优先，以供给侧结构性改革为主线，以全面支撑制造强国和网络强国建设为目标，围绕推动互联网和实体经济深度融合，聚焦发展智能、绿色的先进制造业，按照党中央、国务院决策部署，加强统筹引导，深化简政放权、放管结合、优化服务改革，深入实施创新驱动发展战略，构建网络、平台、安全三大功能体系，增强工业互联网产业供给能力。促进行业应用，强化安全保障，完善标准体系，培育龙头企业，加快人才培养，持续提升我国工业互联网发展水平。努力打造国际领先的工业互联网，促进大众创业万众创新和大中小企业融通发展，深入推进"互联网+"，形成实体经济与网络相互促进、同步提升的良好格局，有力推动现代化经济体系建设。

（二）基本原则。

遵循规律，创新驱动。遵循工业演进规律、科技创新规律和企业发展规律，借鉴国际先进经验，建设具有中国特色的工业互联网体系。按照建设现代化经济体系的要求，发挥我国工业体系完备、网络基础坚实、互联网创新活跃的优势，推动互联网和实体经济深度融合，引进培养高端人才，加强科研攻关，实现创新驱动发展。

市场主导，政府引导。发挥市场在资源配置中的决定性作用，更好发挥政府作用。强化企业市场主体地位，激发企业内生动力，推进技术创新、产业突破、平台构建、生态打造。发挥政府在加强规划引导、完善法规标准、保护知识产权、维护市场秩序等方面的作用,营造良好发展环境。

开放发展,安全可靠。把握好安全与发展的辩证关系。发挥工业互联网开放性、交互性优势,促进工业体系开放式发展。推动工业互联网在各产业领域广泛应用,积极开展国际合作。坚持工业互联网安全保障手段同步规划、同步建设、同步运行,提升工业互联网安全防护能力。

系统谋划,统筹推进。做好顶层设计和系统谋划,科学制定、合理规划工业互联网技术路线和发展路径,统筹实现技术研发、产业发展和应用部署良性互动,不同行业、不同发展阶段的企业协同发展,区域布局协调有序。

(三)发展目标。

立足国情,面向未来,打造与我国经济发展相适应的工业互联网生态体系,使我国工业互联网发展水平走在国际前列,争取实现并跑乃至领跑。

到2025年,基本形成具备国际竞争力的基础设施和产业体系。覆盖各地区、各行业的工业互联网网络基础设施基本建成。工业互联网标识解析体系不断健全并规模化推广。形成3-5个达到国际水准的工业互联网平台。产业体系较为健全,掌握关键核心技术,供给能力显著增强,形成一批具有国际竞争力的龙头企业。基本建立起较为完备可靠的工业互联网安全保障体系。新技术、新模式、新业态大规模推广应用,推动两化融合迈上新台阶。

其中,在2018-2020年三年起步阶段,初步建成低时延、高可靠、广覆盖的工业互联网网络基础设施,初步构建工业互联网标识解析体系,初步形成各有侧重、协同集聚发展的工业互联网平台体系,初步建立工业互联网安全保障体系。

到2035年,建成国际领先的工业互联网网络基础设施和平台,形成国际先进的技术与产业体系,工业互联网全面深度应用并在优势行业形成创新引领能力,安全保障能力全面提升,重点领域实现国际领先。

到本世纪中叶,工业互联网网络基础设施全面支撑经济社会发展,工业互联网创新发展能力、技术产业体系以及融合应用等全面达到国际先进水平,综合实力进入世界前列。

四、保障支撑

(四)创新金融服务方式。支持扩大直接融资比重,支持符合条件的工业互联网企业在境内外各层次资本市场开展股权融资,积极推动项目收益债、可转债、企业债、公司债等在工业互联网领域的应用,引导各类投资基金等向工业互联网领域倾斜。加大精准信贷扶持力度,完善银企对接机制,为工业互联网技术、业务和应用创新提供贷款服务;鼓励银行业金融机构创新信贷产品,在依法合规、风险可控、商业可持续的前提下,探索开发数据资产等质押贷款业务。延伸产业链金融服务范围,鼓励符合条件的企业集团设立财务公司,为集团下属工业互联网企业提供财务管理服务,加强资金集约化管理,提高资金使用效率,降低资金成本。拓展针对性保险服务,支持保险公司根据工业互联网需求开发相应的保险产品。

国务院办公厅关于深化产教融合的若干意见（节录）

（2017 年 12 月 5 日　国办发〔2017〕95 号）

各省、自治区、直辖市人民政府，国务院各部委、各直属机构：

进入新世纪以来，我国教育事业蓬勃发展，为社会主义现代化建设培养输送了大批高素质人才，为加快发展壮大现代产业体系作出了重大贡献。但同时，受体制机制等多种因素影响，人才培养供给侧和产业需求侧在结构、质量、水平上还不能完全适应，“两张皮”问题仍然存在。深化产教融合，促进教育链、人才链与产业链、创新链有机衔接，是当前推进人力资源供给侧结构性改革的迫切要求，对新形势下全面提高教育质量、扩大就业创业、推进经济转型升级、培育经济发展新动能具有重要意义。为贯彻落实党的十九大精神，深化产教融合，全面提升人力资源质量，经国务院同意，现提出以下意见。

一、总体要求

（一）指导思想。

全面贯彻党的十九大精神，坚持以习近平新时代中国特色社会主义思想为指导，紧紧围绕统筹推进“五位一体”总体布局和协调推进“四个全面”战略布局，坚持以人民为中心，坚持新发展理念，认真落实党中央、国务院关于教育综合改革的决策部署，深化职业教育、高等教育等改革，发挥企业重要主体作用，促进人才培养供给侧和产业需求侧结构要素全方位融合，培养大批高素质创新人才和技术技能人才，为加快建设实体经济、科技创新、现代金融、人力资源协同发展的产业体系，增强产业核心竞争力，汇聚发展新动能提供有力支撑。

（二）原则和目标。

统筹协调，共同推进。将产教融合作为促进经济社会协调发展的重要举措，融入经济转型升级各环节，贯穿人才开发全过程，形成政府企业学校行业社会协同推进的工作格局。

服务需求，优化结构。面向产业和区域发展需求，完善教育资源布局，加快人才培养结构调整,创新教育组织形态,促进教育和产业联动发展。

校企协同,合作育人。充分调动企业参与产教融合的积极性和主动性,强化政策引导,鼓励先行先试,促进供需对接和流程再造,构建校企合作长效机制。

深化产教融合的主要目标是,逐步提高行业企业参与办学程度,健全多元化办学体制,全面推行校企协同育人,用10年左右时间,教育和产业统筹融合、良性互动的发展格局总体形成,需求导向的人才培养模式健全完善,人才教育供给与产业需求重大结构性矛盾基本解决,职业教育、高等教育对经济发展和产业升级的贡献显著增强。

六、完善政策支持体系

(二十六)强化金融支持。鼓励金融机构按照风险可控、商业可持续原则支持产教融合项目。利用中国政企合作投资基金和国际金融组织、外国政府贷款,积极支持符合条件的产教融合项目建设。遵循相关程序、规则和章程,推动亚洲基础设施投资银行、丝路基金在业务领域内将"一带一路"职业教育项目纳入支持范围。引导银行业金融机构创新服务模式,开发适合产教融合项目特点的多元化融资品种,做好政府和社会资本合作模式的配套金融服务。积极支持符合条件的企业在资本市场进行股权融资,发行标准化债权产品,加大产教融合实训基地项目投资。加快发展学生实习责任保险和人身意外伤害保险,鼓励保险公司对现代学徒制、企业新型学徒制保险专门确定费率。

附件:重点任务分工(节录)

重点任务分工(节录)

序号	工作任务	主要内容	责任单位
22	完善政策支持体系	实施产教融合发展工程。	国家发展改革委、教育部、人力资源社会保障部
23		落实财税用地等政策。	财政部、税务总局、国土资源部、国家发展改革委,各省级人民政府
24		强化金融支持。	人民银行、银监会、证监会、保监会、国家发展改革委、财政部
25		开展产教融合建设试点。	国家发展改革委、教育部会同有关部门,各省级人民政府
26		加强国际交流合作。	教育部会同有关部门

中国证监会发布的
部门规章及规范性文件

综　　合

证券交易所管理办法

（2017 年 11 月 17 日　证监会令第 136 号）

第一章　总　　则

第 一 条　为加强对证券交易所的管理，促进证券交易所依法全面履行一线监管职能和服务职能，维护证券市场的正常秩序，保护投资者的合法权益，促进证券市场的健康稳定发展，根据《中华人民共和国证券法》，制定本办法。

第 二 条　本办法所称的证券交易所是指经国务院决定设立的证券交易所。

第 三 条　证券交易所根据《中国共产党章程》设立党委，发挥领导作用，把方向、管大局、保落实，依照规定讨论和决定交易所重大事项，保证监督党和国家的方针、政策在交易所得到全面贯彻落实。

第 四 条　证券交易所由中国证券监督管理委员会（以下简称中国证监会）监督管理。

第 五 条　证券交易所的名称，应当标明证券交易所字样。其他任何单位和个人不得使用证券交易所或者近似名称。

第二章　证券交易所的职能

第 六 条　证券交易所组织和监督证券交易，实施自律管理，应当遵循社会公共利益优先原则，维护市场的公平、有序、透明。

第 七 条　证券交易所的职能包括：

（一）提供证券交易的场所、设施和服务；

（二）制定和修改证券交易所的业务规则；

（三）审核、安排证券上市交易，决定证券暂停上市、恢复上市、终止上市和重新上市；

（四）提供非公开发行证券转让服务；

（五）组织和监督证券交易；

（六）对会员进行监管；

（七）对证券上市交易公司及相关信息披露义务人进行监管；

（八）对证券服务机构为证券上市、交易等提供服务的行为进行监管；

（九）管理和公布市场信息；

（十）开展投资者教育和保护；

（十一）法律、行政法规规定的以及中国证监会许可、授权或者委托的其他职能。

第八条 证券交易所不得直接或者间接从事：

（一）新闻出版业；

（二）发布对证券价格进行预测的文字和资料；

（三）为他人提供担保；

（四）未经中国证监会批准的其他业务。

第九条 证券交易所可以根据证券市场发展的需要，推动交易品种和交易方式的创新。

第十条 证券交易所制定或者修改业务规则，应当符合法律、行政法规、部门规章对其自律管理职责的要求。

证券交易所制定或者修改下列业务规则时，应当由证券交易所理事会通过，并报中国证监会批准：

（一）证券交易、上市、会员管理等业务规则；

（二）涉及上市新的证券交易品种或者对现有上市证券交易品种作出较大调整；

（三）以联网等方式为非本所上市的品种提供交易服务；

（四）涉及证券交易方式的重大创新或者对现有证券交易方式作出较大调整；

（五）涉及港澳台及境外机构的重大事项；

（六）中国证监会认为需要批准的其他业务规则。

第十一条 证券交易所制定的业务规则对证券交易业务活动的各参与主体具有约束力。

第十二条 证券交易所应当按照章程、协议以及业务规则的规定，对违法违规行为采取自律监管措施或者纪律处分，履行自律管理职责。

第十三条 证券交易所应当在业务规则中明确自律监管措施或者纪律处分的具体类型、适用情形和适用程序。

证券交易所采取纪律处分的,应当依据纪律处分委员会的审核意见作出。纪律处分决定作出前,当事人按照业务规则的规定申请听证的,证券交易所应当组织听证。

第十四条 市场参与主体对证券交易所作出的相关自律监管措施或者纪律处分不服的,可以按照证券交易所业务规则的规定申请复核。

证券交易所应当设立复核委员会,依据其审核意见作出复核决定。

第十五条 证券交易所应当建立风险管理和风险监测机制,依法监测、监控、预警并防范市场风险,维护证券市场安全稳定运行。

第十六条 证券交易所应当和其他交易所、登记结算机构、行业协会等证券期货业组织建立资源共享、相互配合的长效合作机制,联合依法监察证券市场违法违规行为。

第三章 证券交易所的组织

第十七条 证券交易所实行会员制,设会员大会、理事会、总经理和监事会。

第十八条 会员大会为证券交易所的最高权力机构。会员大会行使下列职权:

(一)制定和修改证券交易所章程;

(二)选举和罢免会员理事、会员监事;

(三)审议和通过理事会、监事会和总经理的工作报告;

(四)审议和通过证券交易所的财务预算、决算报告;

(五)法律、行政法规、部门规章和证券交易所章程规定的其他重大事项。

第十九条 证券交易所章程应当包括下列事项:

(一)设立目的;

(二)名称;

(三)主要办公及交易场所和设施所在地;

(四)职能范围;

(五)会员的资格和加入、退出程序;

(六)会员的权利和义务;

(七)对会员的纪律处分;

（八）组织机构及其职权；

（九）理事、监事、高级管理人员的产生、任免及其职责；

（十）资本和财务事项；

（十一）解散的条件和程序；

（十二）其他需要在章程中规定的事项。

章程的制定和修改经会员大会通过后，报中国证监会批准。

第二十条 会员大会每年召开一次，由理事会召集，理事长主持。理事长因故不能履行职责时，由理事长指定的副理事长或者其他理事主持。有下列情形之一的，应当召开临时会员大会：

（一）理事人数不足本办法规定的最低人数；

（二）三分之一以上会员提议；

（三）理事会或者监事会认为必要。

第二十一条 会员大会应当有三分之二以上的会员出席，其决议须经出席会议的会员过半数表决通过。

会员大会结束后十个工作日内，证券交易所应当将大会全部文件及有关情况向中国证监会报告。

第二十二条 理事会是证券交易所的决策机构，行使下列职权：

（一）召集会员大会，并向会员大会报告工作；

（二）执行会员大会的决议；

（三）审定总经理提出的工作计划；

（四）审定总经理提出的年度财务预算、决算方案；

（五）审定对会员的接纳和退出；

（六）审定取消会员资格的纪律处分；

（七）审定证券交易所业务规则；

（八）审定证券交易所上市新的证券交易品种或者对现有上市证券交易品种作出较大调整；

（九）审定证券交易所收费项目、收费标准及收费调整程序；

（十）审定证券交易所重大财务管理事项；

（十一）审定证券交易所重大风险管理和处置事项，管理证券交易所风险基金；

（十二）审定重大投资者教育和保护工作事项；

（十三）决定高级管理人员的聘任、解聘及薪酬事项，但中国证监会任免的除外；

（十四）会员大会授予和证券交易所章程规定的其他职权。

第二十三条　证券交易所理事会由七至十三人组成，其中非会员理事人数不少于理事会成员总数的三分之一，不超过理事会成员总数的二分之一。

理事每届任期三年。会员理事由会员大会选举产生，非会员理事由中国证监会委派。

第二十四条　理事会会议至少每季度召开一次。会议须有三分之二以上理事出席，其决议应当经出席会议的三分之二以上理事表决同意方为有效。理事会决议应当在会议结束后两个工作日内向中国证监会报告。

第二十五条　理事会设理事长一人，副理事长一至二人。总经理应当是理事会成员。

理事长是证券交易所的法定代表人。

第二十六条　理事长负责召集和主持理事会会议。理事长因故临时不能履行职责时，由理事长指定的副理事长或者其他理事代其履行职责。

理事长不得兼任证券交易所总经理。

第二十七条　证券交易所的总经理、副总经理、首席专业技术管理人员每届任期三年。总经理由中国证监会任免。副总经理按照中国证监会相关规定任免或者聘任。

总经理因故临时不能履行职责时，由总经理指定的副总经理代其履行职责。

第二十八条　总经理行使下列职权：

（一）执行会员大会和理事会决议，并向其报告工作；

（二）主持证券交易所的日常工作；

（三）拟订并组织实施证券交易所工作计划；

（四）拟订证券交易所年度财务预算、决算方案；

（五）审定业务细则及其他制度性规定；

（六）审定除取消会员资格以外的其他纪律处分；

（七）审定除应当由理事会审定外的其他财务管理事项；

（八）理事会授予的和证券交易所章程规定的其他职权。

第二十九条　监事会是证券交易所的监督机构，行使下列职权：

（一）检查证券交易所财务；

（二）检查证券交易所风险基金的使用和管理；

（三）监督证券交易所理事、高级管理人员执行职务行为；

（四）监督证券交易所遵守法律、行政法规、部门规章和证券交易所章程、协议、业务规则以及风险预防与控制的情况；

（五）当理事、高级管理人员的行为损害证券交易所利益时，要求理事、高级管理人员予以纠正；

（六）提议召开临时会员大会；

（七）提议召开临时理事会；

（八）向会员大会提出提案；

（九）会员大会授予和证券交易所章程规定的其他职权。

第三十条 证券交易所监事会人员不得少于五人，其中会员监事不得少于两名，职工监事不得少于两名，专职监事不得少于一名。

监事每届任期三年。会员监事由会员大会选举产生，职工监事由职工大会、职工代表大会或者其他形式民主选举产生，专职监事由中国证监会委派。证券交易所理事、高级管理人员不得兼任监事。

第三十一条 监事会设监事长一人。

监事长负责召集和主持监事会会议。监事长因故不能履行职责时，由监事长指定的专职监事或者其他监事代为履行职务。

第三十二条 监事会至少每六个月召开一次会议。监事长、三分之一以上监事可以提议召开临时监事会会议。

监事会决议应当经半数以上监事通过。监事会决议应当在会议结束后两个工作日内向中国证监会报告。

第三十三条 理事会、监事会根据需要设立专门委员会。各专门委员会的职责、任期和人员组成等事项，由证券交易所章程具体规定。

各专门委员会的经费应当纳入证券交易所的预算。

第三十四条 证券交易所的从业人员应当正直诚实、品行良好、具备履行职责所必需的专业知识与能力。

有下列情形之一的，不得招聘为证券交易所从业人员，不得担任证券交易所理事、监事、高级管理人员：

（一）犯有贪污、贿赂、侵占财产、挪用财产罪或者破坏社会经济秩序罪，或者因犯罪被剥夺政治权利；

（二）因违法、违纪行为被解除职务的证券交易所、证券登记结算机构等证券期货业工作人员和被开除的国家机关工作人员；

（三）因违法、违纪行为被解除职务的证券经营机构或者其他金融机构的从业人员，自被解除职务之日起未逾五年；

（四）因违法、违纪行为被撤销资格的律师、注册会计师或者投资咨询机构、财务顾问机构、资信评级机构、资产评估机构、验资机构的专业人员，自被撤销资格之日起未逾五年；

（五）担任因违法行为被吊销营业执照的公司、企业的法定代表人并对该公司、企业被吊销营业执照负有个人责任的，自被吊销营业执照之日起未逾五年；

（六）担任因经营管理不善而破产的公司、企业的董事、厂长或者经理并对该公司、企业的破产负有个人责任的，自破产之日起未逾五年；

（七）法律、行政法规、部门规章规定的其他情形。

第三十五条 证券交易所理事、监事、高级管理人员的产生、聘任有不正当情况，或者前述人员在任期内有违反法律、行政法规、部门规章和证券交易所章程、业务规则的行为，或者由于其他原因，不适宜继续担任其所担任的职务时，中国证监会有权解除或者提议证券交易所解除有关人员的职务，并按照规定任命新的人选。

第四章 证券交易所对证券交易活动的监管

第三十六条 证券交易所应当制定具体的交易规则。其内容包括：

（一）证券交易的基本原则；

（二）证券交易的场所、品种和时间；

（三）证券交易方式、交易流程、风险控制和规范事项；

（四）证券交易监督；

（五）清算交割事项；

（六）交易纠纷的解决；

（七）暂停、恢复与取消交易；

（八）交易异常情况的认定和处理；

（九）投资者准入和适当性管理的基本要求；

（十）对违反交易规则行为的处理规定；

（十一）证券交易信息的提供和管理；

（十二）指数的编制方法和公布方式；

（十三）其他需要在交易规则中规定的事项。

第三十七条 证券交易所应当公布即时行情，并按日制作证券市场行情表，记载并公布下列事项：

（一）上市证券的名称；

（二）开盘价、最高价、最低价、收盘价；

（三）与前一交易日收盘价比较后的涨跌情况；

（四）成交量、成交金额的分计及合计；

（五）证券交易所市场基准指数及其涨跌情况；

（六）中国证监会要求公布或者证券交易所认为需要公布的其他事项。

证券交易所对市场交易形成的基础信息和加工产生的信息产品享有专属权利。未经证券交易所同意，任何单位和个人不得以商业目的使用。经许可使用交易信息的机构和个人，未经证券交易所同意，不得将该信息提供给其他机构和个人使用。

第三十八条　证券交易所应当就其市场内的成交情况编制日报表、周报表、月报表和年报表，并及时向市场公布。

证券交易所可以根据监管需要，对其市场内特定证券的成交情况进行分类统计，并向市场公布。

第三十九条　证券交易所应当保证投资者有平等机会获取证券市场的交易行情和其他公开披露的信息，并有平等的交易机会。

第四十条　证券交易所对证券交易进行实时监控，及时发现和处理违反业务规则的异常交易行为。

证券交易所应当对可能误导投资者投资决策、可能对证券交易价格和交易量产生不当影响等异常交易行为进行重点监控。

第四十一条　证券交易所应当按照维护市场交易秩序，保障市场稳定运行，保证投资者公平交易机会，防范和化解市场风险的原则，制定异常交易行为认定和处理的业务规则，并报中国证监会批准。

第四十二条　对于严重影响证券交易秩序或者交易公平的异常交易行为，证券交易所可以实施限制投资者账户交易等措施，并向中国证监会报告。

证券交易所发现异常交易行为涉嫌违反法律、行政法规、部门规章的，应当及时向中国证监会报告。

第四十三条　证券交易所应当妥善保存证券交易中产生的交易记录，并制定相应的保密管理措施。交易记录等重要文件的保存期不少于二十年。

证券交易所应当要求并督促会员妥善保存与证券交易有关的委托资料、交易记录、清算文件等，并建立相应的查询和保密制度。

第四十四条　证券交易所应当建立符合证券市场监督管理和实时监控要求的技术系统，并设立负责证券市场监管工作的专门机构。

证券交易所应当保障交易系统、通信系统及相关信息技术系统的安全、稳定和持续运行。

第五章　证券交易所对会员的监管

第四十五条　证券交易所应当制定会员管理规则。其内容包括:

(一)会员资格的取得和管理;

(二)席位与交易单元管理;

(三)与证券交易业务有关的会员合规管理及风险控制要求;

(四)会员客户交易行为管理、适当性管理及投资者教育要求;

(五)会员业务报告制度;

(六)对会员的日常管理和监督检查;

(七)对会员采取的收取惩罚性违约金、取消会员资格等自律监管措施和纪律处分;

(八)其他需要在会员管理规则中规定的事项。

第四十六条　证券交易所接纳的会员应当是经批准设立并具有法人地位的境内证券经营机构。

境外证券经营机构设立的驻华代表处,经申请可以成为证券交易所的特别会员。

证券交易所的会员种类,会员资格及权利、义务由证券交易所章程和业务规则规定。

第四十七条　证券交易所决定接纳或者开除会员应当在决定后的五个工作日内向中国证监会报告。

第四十八条　证券交易所应当限定席位的数量。

会员可以通过购买或者受让的方式取得席位。经证券交易所同意,席位可以转让,但不得用于出租和质押。

第四十九条　证券交易所应当对交易单元实施严格管理,设定、调整和限制会员参与证券交易的品种及方式。

会员参与证券交易的,应当向证券交易所申请设立交易单元。经证券交易所同意,会员将交易单元提供给他人使用的,会员应当对其进行管理,具体管理办法由证券交易所规定。

第五十条　证券交易所应当制定技术管理规范,明确会员交易系统接入证券交易所和运行管理等技术要求,督促会员按照技术要求规范运作,保障交易及相关系统的安全稳定。

证券交易所为了防范系统性风险,可以要求会员建立和实施相应的风控系统和监测模型。

第五十一条 证券交易所应当按照章程、业务规则的规定，对会员遵守证券交易所章程和业务规则的情况进行检查，并将检查结果报告中国证监会。

证券交易所可以根据章程、业务规则要求会员提供与证券交易活动有关的业务报表、账册、交易记录和其他文件资料。

第五十二条 证券交易所应当建立会员客户交易行为管理制度，要求会员了解客户并在协议中约定对委托交易指令的核查和对异常交易指令的拒绝等内容，指导和督促会员完善客户交易行为监控系统，并定期进行考核评价。

会员管理的客户出现严重异常交易行为或者在一定时期内多次出现异常交易行为的，证券交易所应当对会员客户交易行为管理情况进行现场或者非现场检查，并将检查结果报告中国证监会。

会员未按规定履行客户管理职责的，证券交易所可以采取自律监管措施或者纪律处分。

第五十三条 证券交易所应当按照章程、业务规则对会员通过证券自营及资产管理等业务进行的证券交易实施监督管理。

证券交易所应当按照章程、业务规则要求会员报备其通过自营及资产管理账户开展产品业务创新的具体情况以及账户实际控制人的有关文件资料。

第五十四条 证券交易所应当督促会员建立并执行客户适当性管理制度，要求会员向客户推荐产品或者服务时充分揭示风险，并不得向客户推荐与其风险承受能力不适应的产品或者服务。

第五十五条 会员出现违法违规行为的，证券交易所可以按照章程、业务规则的规定采取暂停受理或者办理相关业务、限制交易权限、收取惩罚性违约金、取消会员资格等自律监管措施或者纪律处分。

第五十六条 证券交易所会员应当接受证券交易所的监督管理，并主动报告有关问题。

第六章 证券交易所对证券上市交易公司的监管

第五十七条 证券交易所应当制定证券上市规则。其内容包括：

（一）证券上市的条件、程序和披露要求；

（二）信息披露的主体、内容及具体要求；

（三）证券停牌、复牌的标准和程序；

（四）暂停上市、恢复上市、终止上市、重新上市的条件和程序；

（五）对违反上市规则行为的处理规定；

（六）其他需要在上市规则中规定的事项。

第五十八条 证券交易所应当与申请证券上市交易的公司订立上市协议，确定相互间的权利义务关系。上市协议的内容与格式应当符合法律、行政法规、部门规章的规定。

上市协议应当包括下列内容：

（一）上市证券的品种、名称、代码、数量和上市时间；

（二）上市费用的收取；

（三）证券交易所对证券上市交易公司及相关主体进行自律管理的主要手段和方式，包括现场和非现场检查等内容；

（四）违反上市协议的处理，包括惩罚性违约金等内容；

（五）上市协议的终止情形；

（六）争议解决方式；

（七）证券交易所认为需要在上市协议中明确的其他内容。

第五十九条 证券交易所应当依法建立上市保荐制度。

证券交易所应当监督保荐人及相关人员的业务行为，督促其切实履行法律、行政法规、部门规章以及业务规则中规定的相关职责。

第六十条 证券交易所按照章程、协议以及上市规则决定证券暂停上市、恢复上市、终止上市和重新上市。

证券交易所按照有关规定对出现终止上市情形的证券实施退市，督促证券上市交易公司充分揭示终止上市风险。

第六十一条 证券交易所应当按照章程、协议以及业务规则，督促证券上市交易公司及相关信息披露义务人依法披露上市公告书、定期报告、临时报告等信息披露文件。

证券交易所对信息披露文件进行审核，可以要求证券上市交易公司及相关信息披露义务人、上市保荐人、证券服务机构等作出补充说明并予以公布，发现问题应当按照有关规定及时处理，情节严重的，报告中国证监会。

第六十二条 证券交易所应当依据业务规则和证券上市交易公司的申请，办理证券停复牌业务。证券交易所为维护市场秩序可以拒绝证券上市交易公司的停复牌申请，可以对证券强制停复牌。

中国证监会为维护市场秩序可以要求证券交易所对证券实施停

复牌。

第六十三条 证券交易所应当按照章程、协议以及业务规则，对上市公司控股股东、持股百分之五以上股东、其他相关股东以及董事、监事、高级管理人员等持有本公司股票的变动及信息披露情况进行监管。

第六十四条 发行人、证券上市交易公司及相关信息披露义务人等出现违法违规行为的，证券交易所可以按照章程、协议以及业务规则的规定，采取通报批评、公开谴责、收取惩罚性违约金、向相关主管部门出具监管建议函等自律监管措施或者纪律处分。

第六十五条 证券交易所应当比照本章的有关规定，对证券在本证券交易所发行或者交易的其他主体进行监管。

第七章 管理与监督

第六十六条 证券交易所不得以任何方式转让其依照本办法取得的设立及业务许可。

第六十七条 证券交易所的理事、监事、高级管理人员对其任职机构负有诚实信用的义务。

证券交易所的总经理离任时，应当按照有关规定接受离任审计。

第六十八条 证券交易所的总经理、副总经理未经批准，不得在任何营利性组织、团体和机构中兼职。证券交易所的非会员理事、非会员监事及其他工作人员不得以任何形式在证券交易所会员公司兼职。

第六十九条 证券交易所的理事、监事、高级管理人员及其他工作人员不得以任何方式泄露或者利用内幕信息，不得以任何方式违规从证券交易所的会员、证券上市交易公司获取利益。

第七十条 证券交易所的理事、监事、高级管理人员及其他工作人员在履行职责时，遇到与本人或者其亲属等有利害关系情形的，应当回避。具体回避事项由其章程、业务规则规定。

第七十一条 证券交易所应当建立健全财务管理制度，收取的各种资金和费用应当严格按照规定用途使用，不得挪作他用。

证券交易所的收支结余不得分配给会员。

第七十二条 证券交易所应当履行下列报告义务：

（一）证券交易所经具有证券从业资格的会计师事务所审计的年度财务报告，该报告应于每一财政年度终了后三个月内向中国证监会提交；

（二）关于业务情况的季度和年度工作报告，应当分别于每一季度结束后十五日内和每一年度结束后三十日内向中国证监会报告；

（三）法律、行政法规、部门规章及本办法其他条款中规定的报告事项；

（四）中国证监会要求报告的其他事项。

第七十三条 遇有重大事项，证券交易所应当随时向中国证监会报告。

前款所称重大事项包括：

（一）发现证券交易所会员、证券上市交易公司、投资者和证券交易所工作人员存在或者可能存在严重违反法律、行政法规、部门规章的行为；

（二）发现证券市场中存在产生严重违反法律、行政法规、部门规章行为的潜在风险；

（三）证券市场中出现法律、行政法规、部门规章未作明确规定，但会对证券市场产生重大影响的事项；

（四）执行法律、行政法规、部门规章过程中，需由证券交易所作出重大决策的事项；

（五）证券交易所认为需要报告的其他事项；

（六）中国证监会规定的其他事项。

第七十四条 遇有以下事项之一的，证券交易所应当随时向中国证监会报告，同时抄报交易所所在地人民政府，并采取适当方式告知交易所会员和投资者：

（一）发生影响证券交易所安全运转的情况；

（二）证券交易所因不可抗力导致停市，或者为维护证券交易正常秩序采取技术性停牌、临时停市等处理措施。

第七十五条 中国证监会有权要求证券交易所提供证券市场信息、业务文件以及其他有关的数据、资料。

第七十六条 中国证监会有权要求证券交易所对其章程和业务规则进行修改。

第七十七条 中国证监会有权对证券交易所业务规则制定与执行情况、自律管理职责的履行情况、信息技术系统建设维护情况以及财务和风险管理等制度的建立及执行情况进行评估和检查。

中国证监会开展前款所述评估和检查，可以采取要求证券交易所进行自查、要求证券交易所聘请中国证监会认可的专业机构进行核查、中国证监会组织现场核查等方式进行。

第七十八条 中国证监会依法查处证券市场的违法违规行为时，证券交易所应当予以配合。

第七十九条 证券交易所涉及诉讼或者证券交易所理事、监事、高级管理人员因履行职责涉及诉讼或者依照法律、行政法规、部门规章应当受到解除职务的处分时，证券交易所应当及时向中国证监会报告。

第八章 法律责任

第八十条 证券交易所违反本办法第八条的规定，从事未经中国证监会批准的其他业务的，由中国证监会责令限期改正；构成犯罪的，由司法机关依法追究刑事责任。

第八十一条 证券交易所违反本办法第十条的规定，上市新的证券交易品种或者对现有上市证券交易品种作出较大调整未制定修改业务规则或者未履行相关程序的，由中国证监会责令停止该交易品种的交易，并对有关负责人采取处理措施。

第八十二条 证券交易所违反本办法第十条的规定，制定或者修改业务规则应当报中国证监会批准而未履行相关程序的，中国证监会有权要求证券交易所进行修改、暂停适用或者予以废止，并对有关负责人采取处理措施。

第八十三条 证券交易所违反本办法规定，在监管工作中不履行职责，或者不履行本办法规定的有关报告义务，中国证监会可以采取监管谈话、出具警示函、通报批评、责令限期改正等监管措施。

第八十四条 证券交易所存在下列情况时，由中国证监会对有关高级管理人员视情节轻重分别给予警告、记过、记大过、撤职等行政处分，并责令证券交易所对有关的业务部门负责人给予纪律处分；造成严重后果的，由中国证监会按本办法第三十五条的规定处理；构成犯罪的，由司法机关依法追究有关责任人员的刑事责任：

（一）对国家有关法律、法规、规章、政策和中国证监会颁布的制度、办法、规定不传达、不执行；

（二）对工作不负责任，管理混乱，致使有关业务制度和操作规程不健全、不落实；

（三）对中国证监会的监督检查工作不接受、不配合，对工作中发现的重大隐患、漏洞不重视、不报告、不及时解决；

（四）对在证券交易所内发生的违规行为未能及时采取有效措施予

以制止或者查处不力。

第八十五条 证券交易所的任何工作人员有责任拒绝执行任何人员向其下达的违反法律、行政法规、部门规章和证券交易所有关规定的工作任务，并有责任向其更高一级领导和中国证监会报告具体情况。没有拒绝执行上述工作任务，或者虽拒绝执行但没有报告的，应当承担相应责任。

第八十六条 证券交易所会员、证券上市交易公司违反法律、行政法规、部门规章和证券交易所章程、业务规则的规定，并且证券交易所没有履行规定的监督管理责任的，中国证监会有权按照本办法的有关规定，追究证券交易所和证券交易所有关理事、监事、高级管理人员和直接责任人的责任。

第八十七条 证券交易所应当在其职责范围内，及时向中国证监会报告其会员、证券上市交易公司及其他人员违反法律、行政法规、部门规章的情况；按照证券交易所章程、业务规则等证券交易所可以采取自律监管措施和纪律处分的，证券交易所有权按照有关规定予以处理，并报中国证监会备案；法律、行政法规、部门规章规定由中国证监会处罚的，证券交易所可以向中国证监会提出处罚建议。

中国证监会可以要求证券交易所按照业务规则对其会员、证券上市交易公司等采取自律监管措施或者纪律处分。

第八十八条 证券交易所、证券交易所会员、证券上市交易公司违反本办法规定，直接责任人和与直接责任人有直接利益关系者因此而形成非法获利或者避损的，由中国证监会依法予以行政处罚。

第九章 附 则

第八十九条 本办法由中国证监会负责解释。

第九十条 本办法自2018年1月1日起施行。2001年12月12日中国证监会公布的《证券交易所管理办法》同时废止。

关于修改《证券登记结算管理办法》等七部规章的决定

（2017 年 12 月 7 日　证监会令第 137 号）

根据《国务院办公厅关于进一步做好“放管服”改革涉及的规章、规范性文件清理工作的通知》（国办发〔2017〕40 号）要求，中国证券监督管理委员会对“放管服”改革涉及的部门规章进行了清理。经过清理，决定对七部规章的部分条款予以修改。

一、删去《证券登记结算管理办法》第十条第二项、第三项。

增加两项，作为第十一条第十项、第十一项：

“（十）重大国际合作与交流活动、涉港澳台重大事务；

“（十一）与证券登记结算有关的主要收费项目和标准的制定或调整”。

二、将《全国中小企业股份转让系统有限责任公司管理暂行办法》第十条修改为：“全国股份转让系统挂牌新的证券品种应当向中国证监会报告，采用新的转让方式应当报中国证监会批准。”

第十六条中的“应当报中国证监会批准”修改为“应当向中国证监会报告”。

三、将《转融通业务监督管理试行办法》第十一条中的“应当经证监会批准”修改为“应当报证监会备案”。

第二十三条、第三十七条、第四十八条中的“经证监会批准后实施”修改为“报证监会备案后实施”。

四、将《证券发行上市保荐业务管理办法》第十条第九项修改为：“（九）符合规定的最近 1 年度净资本计算表、风险资本准备计算表和风险控制指标监管报表”。

第十一条第六项修改为：“（六）中国证券业协会规定的其他条件”。

删去第十二条。

删去第十四条中的“对保荐代表人资格的申请，自受理之日起 20 个工作日内做出核准或者不予核准的书面决定”。

删去第十六条。

删去第十七条中的“保荐代表人”。

删去第十九条。

删去第二十条中的“保荐代表人”。

删去第二十一条。

第六十三条修改为:“中国证监会对保荐机构及其相关人员进行持续动态的跟踪管理,记录其业务资格、执业情况、违法违规行为、其他不良行为以及对其采取的监管措施等。保荐信用记录向社会公开。”

删去第六十五条第二款。

删去第八十一条。

五、将《期货交易所管理办法》第六条修改为:“设立期货交易所,由中国证监会审批。未经国务院或者中国证监会批准,任何单位或者个人不得设立期货交易场所或者以任何形式组织期货交易及其相关活动。”

第十三条中的“应当经中国证监会批准”修改为“应当事前向中国证监会报告”。

第十四条第一款修改为:“期货交易所的合并、分立或者变更组织形式,应当事前向中国证监会报告。”

第十七条第二款中的“由中国证监会批准”修改为“应当事前向中国证监会报告”。

第十八条第二款中的“应当报中国证监会批准”修改为“应当事前向中国证监会报告”。

第六十一条修改为:“期货交易所实行全员结算制度或者会员分级结算制度,应当事前向中国证监会报告。”

删去第六十七条。

第九十三条修改为:“期货交易所制定或者修改章程、交易规则,上市、中止、取消或者恢复交易品种,应当经中国证监会批准。期货交易所上市、修改或者终止合约,应当事前向中国证监会报告。”

第九十四条第一款中的“并报中国证监会批准”修改为“并事前向中国证监会报告”。

第九十五条修改为:“期货交易所制定或者修改交易规则的实施细则,应当事前向中国证监会报告。”

第九十八条中的“应当经中国证监会批准”修改为“应当按照中国证监会有关规定进行事前报告”。

第一百一十条中的“《期货交易管理条例》第六十八条”修改为“《期

货交易管理条例》第六十四条”。

第一百一十一条中的“《期货交易管理条例》第六十九条”修改为“《期货交易管理条例》第六十五条”。第一项修改为:“(一)未经报告变更名称或者注册资本”。

第一百一十二条中的“《期货交易管理条例》第八十二条”修改为“《期货交易管理条例》第七十八条”。

六、将《期货公司监督管理办法》第十四条第六项中的“《期货交易管理条例》第五十六条第二款、第五十七条”修改为“《期货交易管理条例》第五十五条第二款、第五十六条”。

第二十条修改为:“期货公司变更法定代表人,拟任法定代表人应当具备任职条件。期货公司应当自完成相关工商变更登记之日起5个工作日内向住所地中国证监会派出机构提交下列备案材料:

“(一)备案报告;

“(二)变更后的营业执照副本复印件;

“(三)公司决议文件;

“(四)法定代表人期货从业资格证明、任职资格证明;

“(五)期货公司原《经营期货业务许可证》正、副本原件;

“(六)中国证监会要求提交的其他文件。”

第二十一条中的“期货公司变更住所,应当妥善处理客户资产,拟迁入的住所和拟使用的设施应当符合业务需要”修改为“期货公司变更住所或营业场所,应当妥善处理客户资产,拟迁入的住所和拟使用的设施应当符合业务需要,并自完成相关工商变更登记之日起5个工作日内向住所地中国证监会派出机构报备”。

第二十二条修改为:“期货公司变更住所或营业场所,应当向拟迁入地中国证监会派出机构提交下列备案材料:

“(一)备案报告;

“(二)变更后的营业执照副本复印件;

“(三)公司决议文件;

“(四)关于客户资产处理情况,变更后住所和使用的设施符合期货业务需要的说明;

“(五)变更后住所所有权或者使用权证明和消防合格证明;

“(六)首席风险官出具的公司符合相关条件的意见;

“(七)期货公司原《经营期货业务许可证》正、副本原件;

“(八)中国证监会要求提交的其他文件。

“期货公司在提交备案材料时，应当将备案材料同时抄报拟迁出地中国证监会派出机构。”

第二十三条第一款修改为：“期货公司设立营业部、分公司等境内分支机构，应当自完成相关工商设立登记之日起 5 个工作日内向公司住所地中国证监会派出机构报备。”第二款中的“期货公司申请设立分支机构”修改为“期货公司设立境内分支机构”。

第二十四条修改为：“期货公司设立境内分支机构，应当向公司住所地中国证监会派出机构提交下列备案材料：

“（一）备案报告；

“（二）分支机构营业执照副本复印件；

“（三）公司决议文件；

“（四）分支机构负责人任职资格证明；

“（五）分支机构从业人员名册及期货从业资格证明；

“（六）营业场所所有权或者使用权证明和消防合格证明；

“（七）首席风险官出具的公司符合相关条件的意见；

“（八）中国证监会要求提交的其他文件。

“期货公司在提交备案材料时，应当将备案材料同时抄报拟设立分支机构所在地的中国证监会派出机构。”

第二十六条修改为：“期货公司终止境内分支机构的，应当先行妥善处理该分支机构客户资产，结清分支机构业务并终止经营活动，并自完成上述工作之日起 5 个工作日内向分支机构所在地中国证监会派出机构提交下列备案材料：

“（一）备案报告；

“（二）公司决议文件；

“（三）关于处理分支机构客户资产、结清期货业务并终止经营活动情况的说明；

“（四）在中国证监会指定报刊上的公告证明；

“（五）首席风险官出具的公司符合相关条件的意见；

“（六）中国证监会要求提交的其他文件。

“期货公司在提交备案材料时，应当将备案材料同时抄报公司住所地的中国证监会派出机构。”

第二十七条中的“期货公司申请设立、收购或者参股境外期货类经营机构，应当具备下列条件”修改为“期货公司设立、收购、参股或者终止境外期货类经营机构，应当具备下列条件，并应当自公司决议生效之日起

5 个工作日内向中国证监会报备”。

第二十八条修改为:“期货公司设立、收购、参股或者终止境外期货类经营机构,应当自获得境外有关监管机构核准文件之日起 5 个工作日内向中国证监会提交下列备案材料:

“(一)备案报告;

“(二)境外期货类经营机构的章程;

“(三)境外有关监管部门核准文件;

“(四)拟设立、收购、参股境外机构所在国家或者地区的监管机构已与中国证监会签署监管合作谅解备忘录;

“(五)中国证监会要求的其他资料。

“期货公司变更境外期货类经营机构注册资本或股权的,应当自获得境外有关监管机构核准文件之日起 5 个工作日内向中国证监会提交下列备案材料:

“(一)备案报告;

“(二)最近一年经审计的财务报告;

“(三)中国证监会要求的其他资料。”

第三十条中的“《期货交易管理条例》第二十一条第一款”修改为“《期货交易管理条例》第二十条第一款”。

第三十八条第二款中的“《期货交易管理条例》第五十六条第二款、第四款或者第五十七条”修改为“《期货交易管理条例》第五十五条第二款、第四款或者第五十六条”。

第七十六条中的“《期货交易管理条例》第二十九条”修改为“《期货交易管理条例》第二十八条”。

第八十八条中的“《期货交易管理条例》第五十六条”修改为“《期货交易管理条例》第五十五条”。

第九十条第二款中的“《期货交易管理条例》第五十六条”修改为“《期货交易管理条例》第五十五条”。

第九十三条中的“《期货交易管理条例》第六十七条”修改为“《期货交易管理条例》第六十六条”。

第九十四条中的“《期货交易管理条例》第六十八条”修改为“《期货交易管理条例》第六十七条”。

七、将《期货公司资产管理业务试点办法》第三条第一款修改为:“期货公司从事资产管理业务,应当依法登记备案,遵循公平、公正、诚信、规范的原则,恪守职责、谨慎勤勉,保护客户合法权益,公平对待所有客户,防范利益冲突,禁止各种形式的利益输送,维护期货市场的正常秩序。”

删去第六条、第七条、第八条。

第四十五条中的“期货公司管理办法”修改为“期货公司监督管理办法”。

第五十条中的“撤销其资产管理业务试点资格”修改为“停止其资产管理业务”,“《期货交易管理条例》第七十条、第七十一条”修改为“《期货交易管理条例》第六十六条、第六十七条”。

此外,对相关规章中的条文序号作相应调整。

本决定自公布之日起施行。

《证券登记结算管理办法》等七部规章根据本决定作相应修改,重新公布。

证券登记结算管理办法

第一章 总 则

第 一 条 为了规范证券登记结算行为,保护投资者的合法权益,维护证券登记结算秩序,防范证券登记结算风险,保障证券市场安全高效运行,根据《证券法》、《公司法》等法律、行政法规的规定,制定本办法。

第 二 条 在证券交易所上市的股票、债券、证券投资基金份额等证券及证券衍生品种(以下统称证券)的登记结算,适用本办法。

非上市证券的登记结算业务,参照本办法执行。

境内上市外资股的登记结算业务,法律、行政法规、中国证券监督管理委员会(以下简称中国证监会)另有规定的,从其规定。

第 三 条 证券登记结算活动必须实行公开、公平、公正、安全、高效的原则。

第 四 条 证券登记结算机构是为证券交易提供集中登记、存管与结算服务,不以营利为目的的法人。

证券登记结算业务采取全国集中统一的运营方式,由证券登记结算机构依法集中统一办理。

证券登记结算机构实行行业自律管理。

第 五 条 证券登记结算活动必须遵守法律、行政法规、中国证监会的规定以及证券登记结算机构依法制定的业务规则。

第 六 条 中国证监会依法对证券登记结算机构及证券登记结算活动进行监督管理。

第二章 证券登记结算机构

第 七 条 证券登记结算机构的设立和解散,必须经中国证监会批准。

第 八 条 证券登记结算机构履行下列职能:

(一)证券账户、结算账户的设立和管理;

(二)证券的存管和过户;

(三)证券持有人名册登记及权益登记;

(四)证券和资金的清算交收及相关管理;

(五)受发行人的委托派发证券权益;

(六)依法提供与证券登记结算业务有关的查询、信息、咨询和培训服务;

(七)中国证监会批准的其他业务。

第 九 条 证券登记结算机构不得从事下列活动:

(一)与证券登记结算业务无关的投资;

(二)购置非自用不动产;

(三)在本办法第六十五条、第六十六条规定之外买卖证券;

(四)法律、行政法规和中国证监会禁止的其他行为。

第 十 条 证券登记结算机构的下列事项,应当报中国证监会批准:

(一)章程、业务规则的制定和修改;

(二)董事长、副董事长、总经理和副总经理的任免;

(三)依法应当报中国证监会批准的其他事项。

前款第(一)项中所称的业务规则,是指证券登记结算机构的证券账户管理、证券登记、证券托管与存管、证券结算、结算参与人管理等与证券登记结算业务有关的业务规则。

第十一条 证券登记结算机构的下列事项和文件,应当向中国证监会报告:

(一)业务实施细则;

(二)制定或修改业务管理制度、业务复原计划、紧急应对程序;

(三)办理新的证券品种的登记结算业务,变更登记结算业务模式;

(四)结算参与人和结算银行资格的取得和丧失等变动情况;

（五）发现重大业务风险和技术风险，发现重大违法违规行为，或涉及重大诉讼；

（六）任免分公司总经理、公司总经理助理、公司部门负责人；

（七）有关经营情况和国家有关规定执行情况的年度工作报告；

（八）经会计师事务所审计的年度财务报告，财务预决算方案和重大开支项目，聘请或更换会计师事务所；

（九）与证券交易所签订的主要业务合作协议，与证券发行人、结算参与人和结算银行签订的各项业务协议的样本格式；

（十）重大国际合作与交流活动、涉港澳台重大事务；

（十一）与证券登记结算有关的主要收费项目和标准的制定或调整；

（十二）中国证监会要求报告的其他事项和文件。

第十二条 证券登记结算机构应当妥善保存登记、存管和结算的原始凭证及有关文件和资料。其保存期限不得少于20年。

第十三条 证券登记结算机构对其所编制的与证券登记结算业务有关的数据和资料进行专属管理；未经证券登记结算机构同意，任何组织和个人不得将其专属管理的数据和资料用于商业目的。

第十四条 证券登记结算机构及其工作人员依法对与证券登记结算业务有关的数据和资料负有保密义务。

对与证券登记结算业务有关的数据和资料，证券登记结算机构应当拒绝查询，但有下列情形之一的，证券登记结算机构应当依法办理：

（一）证券持有人查询其本人的有关证券资料；

（二）证券发行人查询其证券持有人名册及有关资料；

（三）证券交易所、中国金融期货交易所依法履行职责要求证券登记结算机构提供相关数据和资料；

（四）人民法院、人民检察院、公安机关和中国证监会依照法定的条件和程序进行查询和取证。

证券登记结算机构应当采取有效措施，方便证券持有人查询其本人证券的持有记录。

第十五条 证券登记结算机构应当公开业务规则、与证券登记结算业务有关的主要收费项目和标准。

证券登记结算机构制定或者变更业务规则、调整证券登记结算主要收费项目和标准等，应当征求相关市场参与人的意见。

第十六条 证券登记结算机构工作人员必须忠于职守、依法办事、不得利用职务便利谋取不正当利益，不得泄露所知悉的有关单位和个人的商业秘密。

证券登记结算机构违反《证券法》及本办法规定的，中国证监会依法予以行政处罚；对直接负责的主管人员和其他直接责任人员，依法给予行政处分。

第三章　证券账户的管理

第十七条　投资者通过证券账户持有证券，证券账户用于记录投资者持有证券的余额及其变动情况。

第十八条　证券应当记录在证券持有人本人的证券账户内，但依据法律、行政法规和中国证监会的规定，证券记录在名义持有人证券账户内的，从其规定。

证券登记结算机构为依法履行职责，可以要求名义持有人提供其名下证券权益拥有人的相关资料。

第十九条　投资者开立证券账户应当向证券登记结算机构提出申请。

前款所称投资者包括中国公民、中国法人、中国合伙企业及法律、行政法规、中国证监会规章规定的其他投资者。

投资者申请开立证券账户应当保证其提交的开户资料真实、准确、完整。

第二十条　证券登记结算机构可以直接为投资者开立证券账户，也可以委托证券公司代为办理。

证券登记结算机构为投资者开立证券账户，应当遵循方便投资者和优化配置账户资源的原则。

第二十一条　证券公司代理开立证券账户，应当向证券登记结算机构申请取得开户代理资格。

证券公司代理开立证券账户，应当根据证券登记结算机构的业务规则，对投资者提供的有效身份证明文件原件及其他开户资料的真实性、准确性、完整性进行审核，并应当妥善保管相关开户资料，保管期限不得少于 20 年。

第二十二条　投资者不得将本人的证券账户提供给他人使用。

第二十三条　证券登记结算机构应当根据业务规则，对开户代理机构开立证券账户的活动进行监督。开户代理机构违反业务规则的，证券登记结算机构可以根据业务规则暂停、取消其开户代理资格，并提请中国证监会按照相关规定采取暂停或撤销其相关证券业务许可;对直接负责的主管人员和其他直接责任人员,单处或并处警告、罚款、撤销任职资格或证券从业资格等处罚措施。

第二十四条 证券公司应当掌握其客户的资料及资信状况,并对其客户证券账户的使用情况进行监督。证券公司发现其客户在证券账户使用过程中存在违规行为的,应当按照证券登记结算机构的业务规则处理,并及时向证券登记结算机构和证券交易所报告。涉及法人以他人名义设立证券账户或者利用他人证券账户买卖证券的,还应当向中国证监会报告,由中国证监会依法予以处罚。

第二十五条 投资者在证券账户开立和使用过程中存在违规行为的,证券登记结算机构应当依法对违规证券账户采取限制使用、注销等处置措施。

第四章 证券的登记

第二十六条 上市证券的发行人,应当委托证券登记结算机构办理其所发行证券的登记业务。

证券登记结算机构应当与委托其办理证券登记业务的证券发行人签订证券登记及服务协议,明确双方的权利义务。

证券登记结算机构应当制定并公布证券登记及服务协议的范本。

证券登记结算机构可以根据政府债券主管部门的要求办理上市政府债券的登记业务。

第二十七条 证券登记结算机构根据证券账户的记录,确认证券持有人持有证券的事实,办理证券持有人名册的登记。

第二十八条 证券公开发行后,证券发行人应当向证券登记结算机构提交已发行证券的证券持有人名册及其他相关资料。证券登记结算机构据此办理证券持有人名册的初始登记。

证券发行人应当保证其所提交资料的合法、真实、准确、完整。证券登记结算机构不承担由于证券发行人原因导致证券持有人名册及其他相关资料有误而产生的损失和法律后果。

第二十九条 证券在证券交易所上市交易的,证券登记结算机构应当根据证券交易的交收结果办理证券持有人名册的变更登记。

证券以协议转让、继承、捐赠、强制执行、行政划拨等方式转让的,证券登记结算机构根据业务规则变更相关证券账户的余额,并相应办理证券持有人名册的变更登记。

证券因质押、锁定、冻结等原因导致其持有人权利受到限制的，证券登记结算机构应当在证券持有人名册上加以标记。

第三十条 证券登记结算机构应当保证证券持有人名册和登记过户记录真实、准确、完整，不得隐匿、伪造或者毁损。

第三十一条 证券登记结算机构应当按照业务规则和协议定期向证券发行人发送其证券持有人名册及有关资料。

第三十二条 证券发行人申请办理权益分派等代理服务的，应当按照业务规则和协议向证券登记结算机构提交有关资料并支付款项。

证券发行人未及时履行上述义务的，证券登记结算机构有权推迟或不予办理，证券发行人应当及时发布公告说明有关情况。

第三十三条 证券发行人或者其清算组等终止证券登记及相关服务协议的，证券登记结算机构应当依法向其交付证券持有人名册及其他登记资料。

第五章 证券的托管和存管

第三十四条 投资者应当委托证券公司托管其持有的证券，证券公司应当将其自有证券和所托管的客户证券交由证券登记结算机构存管，但法律、行政法规和中国证监会另有规定的除外。

第三十五条 证券登记结算机构为证券公司设立客户证券总账和自有证券总账，用以统计证券公司交存的客户证券和自有证券。

证券公司应当委托证券登记结算机构维护其客户及自有证券账户，但法律、行政法规和中国证监会另有规定的除外。

第三十六条 投资者买卖证券，应当与证券公司签订证券交易、托管与结算协议。

证券登记结算机构应当制定和公布证券交易、托管与结算协议中与证券登记结算业务有关的必备条款。必备条款应当包括但不限于以下内容：

（一）证券公司根据客户的委托，按照证券交易规则提出交易申报，根据成交结果完成其与客户的证券和资金的交收，并承担相应的交收责任；客户应当同意集中交易结束后，由证券公司委托证券登记结算机构办理其证券账户与证券公司证券交收账户之间的证券划付；

（二）实行质押式回购交易的，投资者和证券公司应当按照业务规则的规定向证券登记结算机构提交用于回购的质押券。投资者和证券公司之间债权债务关系不影响证券登记结算机构按照业务规则对证券公司提交的质押券行使质押权；

（三）客户出现资金交收违约时，证券公司可以委托证券登记结算机构将客户净买入证券划付到其证券处置账户内，并要求客户在约定期限内补足资金。客户出现证券交收违约时，证券公司可以将相当于证券交收违约金额的资金暂不划付给该客户。

第三十七条　证券公司应当将其与客户之间建立、变更和终止证券托管关系的事项报送证券登记结算机构。

证券登记结算机构应当对上述事项加以记录。

第三十八条　客户要求证券公司将其持有证券转由其他证券公司托管的，相关证券公司应当依据证券交易所及证券登记结算机构有关业务规则予以办理，不得拒绝，但有关法律、行政法规和中国证监会另有规定的除外。

第三十九条　证券公司应当采取有效措施，保证其托管的证券的安全，禁止挪用、盗卖。

证券登记结算机构应当采取有效措施，保证其存管的证券的安全，禁止挪用、盗卖。

第四十条　证券的质押、锁定、冻结或扣划，由托管证券的证券公司和证券登记结算机构按照证券登记结算机构的相关规定办理。

第六章　证券和资金的清算交收

第四十一条　证券公司参与证券和资金的集中清算交收，应当向证券登记结算机构申请取得结算参与人资格，与证券登记结算机构签订结算协议，明确双方的权利义务。

没有取得结算参与人资格的证券公司，应当与结算参与人签订委托结算协议，委托结算参与人代其进行证券和资金的集中清算交收。

证券登记结算机构应当制定并公布结算协议和委托结算协议范本。

第四十二条　证券登记结算机构应当选择符合条件的商业银行作为结算银行，办理资金划付业务。

结算银行的条件，由证券登记结算机构制定。

第四十三条　证券和资金结算实行分级结算原则。证券登记结算机构负责办理证券登记结算机构与结算参与人之间的集中清算交收；结算参与人负责办理结算参与人与客户之间的清算交收。

第四十四条 证券登记结算机构应当设立证券集中交收账户和资金集中交收账户，用以办理与结算参与人的证券和资金的集中清算交收。

结算参与人应当根据证券登记结算机构的规定，申请开立证券交收账户和资金交收账户用以办理证券和资金的交收。同时经营证券自营业务和经纪业务的结算参与人，应当申请开立自营证券、资金交收账户和客户证券、资金交收账户分别用以办理自营业务的证券、资金交收和经纪业务的证券、资金交收。

第四十五条 证券登记结算机构采取多边净额结算方式的，应当根据业务规则作为结算参与人的共同对手方，按照货银对付的原则，以结算参与人为结算单位办理清算交收。

第四十六条 证券登记结算机构与参与多边净额结算的结算参与人签订的结算协议应当包括下列内容：

（一）对于结算参与人负责结算的证券交易合同，该合同双方结算参与人向对手方结算参与人收取证券或资金的权利，以及向对手方结算参与人支付资金或证券的义务一并转让给证券登记结算机构；

（二）受让前项权利和义务后，证券登记结算机构享有原合同双方结算参与人对其对手方结算参与人的权利，并应履行原合同双方结算参与人对其对手方结算参与人的义务。

第四十七条 证券登记结算机构进行多边净额清算时，应当将结算参与人的证券和资金轧差计算出应收应付净额，并在清算结束后将清算结果及时通知结算参与人。

证券登记结算机构采取其他结算方式的，应当按照相关业务规则进行清算。

第四十八条 集中交收前，结算参与人应当向客户收取其应付的证券和资金，并在结算参与人证券交收账户、结算参与人资金交收账户留存足额证券和资金。

结算参与人与客户之间的证券划付，应当委托证券登记结算机构代为办理。

第四十九条 集中交收过程中，证券登记结算机构应当在交收时点，向结算参与人收取其应付的资金和证券，同时交付其应收的证券和资金。交收完成后不可撤销。

结算参与人未能足额履行应付证券或资金交收义务的，不能取得相应的资金或证券。

对于同时经营自营业务以及经纪业务或资产管理业务的结算参与人,如果其客户资金交收账户资金不足的,证券登记结算机构可以动用该结算参与人自营资金交收账户内的资金完成交收。

第五十条 集中交收后,结算参与人应当向客户交付其应收的证券和资金。

结算参与人与客户之间的证券划付,应当委托证券登记结算机构代为办理。

第五十一条 证券登记结算机构应当在结算业务规则中对结算参与人与证券登记结算机构之间的证券和资金的集中交收以及结算参与人与客户之间的证券和资金的交收期限分别做出规定。

结算参与人应当在规定的交收期限内完成证券和资金的交收。

第五十二条 因证券登记结算机构的原因导致清算结果有误的,结算参与人在履行交收责任后可以要求证券登记结算机构予以纠正,并承担结算参与人遭受的直接损失。

第七章 风险防范和交收违约处理

第一节 风险防范和控制措施

第五十三条 证券登记结算机构应当采取下列措施,加强证券登记结算业务的风险防范和控制:

(一)制定完善的风险防范制度和内部控制制度;

(二)建立完善的技术系统,制定由结算参与人共同遵守的技术标准和规范;

(三)建立完善的结算参与人和结算银行准入标准和风险评估体系;

(四)对结算数据和技术系统进行备份,制定业务紧急应变程序和操作流程。

第五十四条 证券登记结算机构应当与证券交易所相互配合,建立证券市场系统性风险的防范制度。

证券登记结算机构应当与证券交易所签订业务合作协议,明确双方的权利义务。

第五十五条 证券登记结算机构应当按照结算风险共担的原则,组织结算参与人建立证券结算互保金,用于在结算参与人交收违约时保障交收的连续进行。

证券结算互保金的筹集、使用、管理和补缴办法,由证券登记结算机构在业务规则中规定。

第五十六条 证券登记结算机构可以视结算参与人的风险状况，采取要求结算参与人提供交收担保等风险控制措施。

结算参与人提供交收担保的具体标准，由证券登记结算机构根据结算参与人的风险程度确定和调整。

证券登记结算机构应当将结算参与人提交的交收担保物与其自有资产隔离，严格按结算参与人分户管理，不得挪用。

第五十七条 结算参与人可以在其资金交收账户内，存放证券结算备付金用于完成交收。

证券登记结算机构应当将结算参与人存放的结算备付金与其自有资金隔离，严格按结算参与人分户管理，不得挪用。

第五十八条 证券登记结算机构应当对质押式回购实行质押品保管库制度，将结算参与人提交的用于融资回购担保的质押券转移到质押品保管库。

第五十九条 证券登记结算机构收取的下列资金和证券，只能按业务规则用于已成交的证券交易的清算交收，不得被强制执行：

（一）证券登记结算机构收取的证券结算风险基金、证券结算互保金，以及交收担保物、回购质押券等用于担保交收的资金和证券；

（二）证券登记结算机构根据本办法设立的证券集中交收账户、资金集中交收账户、专用清偿账户内的证券和资金以及根据业务规则设立的其他专用交收账户内的证券和资金；

（三）结算参与人证券交收账户、结算参与人证券处置账户等结算账户内的证券以及结算参与人资金交收账户内根据成交结果确定的应付资金；

（四）根据成交结果确定的投资者进入交收程序的应付证券和资金；

（五）证券登记结算机构在银行开设的结算备付金等专用存款账户、新股发行验资专户内的资金，以及发行人拟向投资者派发的债息、股息和红利等。

第六十条 证券登记结算机构可以根据组织管理证券登记结算业务的需要，按照有关规定申请授信额度，或将专用清偿账户中的证券用于申请质押贷款，以保障证券登记结算活动的持续正常进行。

第二节 集中交收的违约处理

第六十一条 证券登记结算机构应当设立专用清偿账户，用于在结算参与人发生违约时存放暂不交付或扣划的证券和资金。

第六十二条 结算参与人发生资金交收违约时，应当按照以下程序办理：

（一）违约结算参与人应当向证券登记结算机构发送证券交收划付指令，在该结算参与人当日全部应收证券中指定相当于已交付资金等额的证券种类、数量及对应的证券账户，由证券登记结算机构交付结算参与人；并指定相当于不足金额的证券种类和数量，由证券登记结算机构暂不交付给结算参与人。

（二）证券登记结算机构在规定期限内收到有效证券交收划付指令的，应当依据结算业务规则将相应证券交付结算参与人，将暂不交付的证券划入专用清偿账户，并通知该结算参与人在规定的期限内补足资金或提交交收担保。

证券登记结算机构在规定期限内未收到有效证券交收划付指令的，属于结算参与人重大交收违约情形，证券登记结算机构应当将拟交付给结算参与人的全部证券划入专用清偿账户，暂不交付结算参与人，并通知结算参与人在规定的期限内补足资金或提交交收担保。

暂不交付的证券、补充资金或交收担保不足以弥补违约金额的，证券登记结算机构可以扣划该结算参与人的自营证券，并在转入专用清偿账户后通知结算参与人。

第六十三条 结算参与人发生资金交收违约的，证券登记结算机构应当按照下列顺序动用资金，完成与对手方结算参与人的资金交收：

（一）违约结算参与人的担保物中的现金部分；

（二）证券结算互保金中违约结算参与人交纳的部分；

（三）证券结算互保金中其他结算参与人交纳的部分；

（四）证券结算风险基金；

（五）其他资金。

第六十四条 结算参与人发生证券交收违约时，证券登记结算机构有权暂不交付相当于违约金额的应收资金。

证券登记结算机构应当将暂不划付的资金划入专用清偿账户，并通知该结算参与人。结算参与人应当在规定的期限内补足证券，或者提供证券登记结算机构认可的担保。

第六十五条 结算参与人发生证券交收违约的，证券登记结算机构可以动用下列证券，完成与对手方结算参与人的证券交收：

（一）违约结算参与人提交的用以冲抵的相同证券；

（二）委托证券公司以专用清偿账户中的资金买入的相同证券；

（三）其他来源的相同证券。

第六十六条 违约结算参与人未在规定的期间内补足资金、证券的，证券登记结算机构可以处分违约结算参与人所提供的担保物、质押品保管库中的回购质押券、卖出专用清偿账户内的证券。

前款处置所得，用于补足违约结算参与人欠付的资金、证券和支付相关费用；有剩余的，应当归还该相关违约结算参与人；不足偿付的，证券登记结算机构应当向相关违约结算参与人追偿。

在规定期限内无法追偿的证券或资金，证券登记结算机构可以依法动用证券结算互保金和证券结算风险基金予以弥补。依法动用证券结算互保金和证券结算风险基金弥补损失后，证券登记结算机构应当继续向违约结算参与人追偿。

第六十七条 结算参与人发生资金交收违约或证券交收违约的，证券登记结算机构可以按照有关规定收取违约金。证券登记结算机构收取的违约金应当计入证券结算风险基金。

第六十八条 结算参与人发生重大交收违约情形的，证券登记结算机构可以按照以下程序办理：

（一）暂停、终止办理其部分、全部结算业务，以及中止、撤销结算参与人资格，并提请证券交易所采取停止交易措施。

（二）提请中国证监会按照相关规定采取暂停或撤销其相关证券业务许可；对直接负责的主管人员和其他直接责任人员，单处或并处警告、罚款、撤销任职资格或证券从业资格的处罚措施。

证券登记结算机构提请证券交易所采取停止交易措施的具体办法由证券登记结算机构商证券交易所制订，报中国证监会批准。

第六十九条 证券登记结算机构依法动用证券结算互保金和证券结算风险基金，以及对违约结算参与人采取前条规定的处置措施的，应当在证券登记结算机构年度报告中列示。

第三节 结算参与人与客户交收的违约处理

第七十条 结算参与人可以根据证券登记结算机构的规定，向证券登记结算机构申请开立证券处置账户，用以存放暂不交付给客户的证券。

第七十一条 结算参与人可以视客户的风险状况，采取包括要求客户提供交收担保在内的风险控制措施。

客户提供交收担保的具体标准，由结算参与人与客户在证券交易、托管与结算协议中明确。

第七十二条 客户出现资金交收违约时,结算参与人可以发出指令,委托证券登记结算机构将客户净买入证券划付到其证券处置账户内,并要求客户在约定期限内补足资金。

第七十三条 客户出现证券交收违约时,结算参与人可以将相当于证券交收违约金额的资金暂不划付给该客户。

第七十四条 违约客户未在规定的期间内补足资金、证券的,结算参与人可以将证券处置账户内的相应证券卖出,或用暂不交付的资金补购相应证券。

前款处置所得,用于补足违约客户欠付的资金、证券和支付相关费用;有剩余的,应当归还该客户;尚有不足的,结算参与人有权继续向客户追偿。

第七十五条 结算参与人未及时将客户应收资金支付给客户或未及时委托证券登记结算机构将客户应收证券从其证券交收账户划付到客户证券账户的,结算参与人应当对客户承担违约责任,给客户造成损失的,结算参与人应当承担对客户的赔偿责任。

第七十六条 客户对结算参与人交收违约的,结算参与人不能因此拒绝履行对证券登记结算机构的交收义务,也不得影响已经完成和正在进行的证券和资金的集中交收及证券登记结算机构代为办理的证券划付。

第七十七条 没有取得结算参与人资格的证券公司与其客户之间的结算权利义务关系,参照本办法执行。

第八章 附　　则

第七十八条 本办法下列用语的含义是:

登记,是指证券登记结算机构接受证券发行人的委托,通过设立和维护证券持有人名册确认证券持有人持有证券事实的行为。

托管,是指证券公司接受客户委托,代其保管证券并提供代收红利等权益维护服务的行为。

存管,是指证券登记结算机构接受证券公司委托,集中保管证券公司的客户证券和自有证券,并提供代收红利等权益维护服务的行为。

结算,是指清算和交收。

清算,是指按照确定的规则计算证券和资金的应收应付数额的行为。

交收，是指根据确定的清算结果，通过转移证券和资金履行相关债权债务的行为。

名义持有人，是指受他人指定并代表他人持有证券的机构。

结算参与人，是指经证券登记结算机构核准，有资格参与集中清算交收的证券公司或其他机构。

共同对手方，是指在结算过程中，同时作为所有买方和卖方的交收对手并保证交收顺利完成的主体。

货银对付，是指证券登记结算机构与结算参与人在交收过程中，当且仅当资金交付时给付证券、证券交付时给付资金。

多边净额结算，是指证券登记结算机构将每个结算参与人所有达成交易的应收应付证券或资金予以冲抵轧差，计算出相对每个结算参与人的应收应付证券或资金的净额，再按照应收应付证券或资金的净额与每个结算参与人进行交收。

证券集中交收账户，是指证券登记结算机构为办理多边交收业务开立的结算账户，用于办理结算参与人与证券登记结算机构之间的证券划付。

资金集中交收账户，是指证券登记结算机构为办理多边交收业务开立的结算账户，用于办理结算参与人与证券登记结算机构之间的资金划付。

结算参与人证券交收账户，是指结算参与人向证券登记结算机构申请开立的用于证券交收的结算账户。对于同时经营自营业务以及经纪业务或资产管理业务的结算参与人，其证券交收账户包括自营证券交收账户和客户证券交收账户。

结算参与人资金交收账户，是指结算参与人向证券登记结算机构申请开立的用于资金交收的结算账户。对于同时经营自营业务以及经纪业务或资产管理业务的结算参与人，其资金交收账户包括自营资金交收账户和客户资金交收账户。

专用清偿账户，是指证券登记结算机构开立的结算账户，用于存放结算参与人交收违约时证券登记结算机构暂未交付、扣划的证券和资金。

证券处置账户，是指结算参与人向证券登记结算机构申请开立的结算账户，用于存放客户交收违约时证券公司暂不交付给客户的证券。

质押品保管库，是指证券登记结算机构开立的质押品保管专用账户，用于存放结算参与人提交的用于回购的质押券等质押品。

证券结算备付金，是指结算参与人在其资金交收账户内存放的用于完成资金交收的资金。

证券结算互保金，是指全体结算参与人缴纳的用以在发生交收违约时弥补流动性不足以及交收违约损失的资金。

第七十九条 证券公司以外的机构经中国证监会批准，可以接受证券登记结算机构委托为投资者开立证券账户、可以接受投资者委托托管其证券，或者申请成为结算参与人为客户办理证券和资金的清算交收，有关证券登记结算业务处理参照本办法执行。

第八十条 本办法由中国证监会负责解释、修订。

第八十一条 本办法自2006年7月1日起施行。

全国中小企业股份转让系统有限责任公司管理暂行办法

第一章 总 则

第 一 条 为加强对全国中小企业股份转让系统有限责任公司（以下简称全国股份转让系统公司）的管理，明确其职权与责任，维护股票挂牌转让及相关活动的正常秩序，根据《公司法》、《证券法》等法律、行政法规，制定本办法。

第 二 条 全国中小企业股份转让系统（以下简称全国股份转让系统）是经国务院批准设立的全国性证券交易场所。

第 三 条 股票在全国股份转让系统挂牌的公司（以下简称挂牌公司）为非上市公众公司，股东人数可以超过200人，接受中国证券监督管理委员会（以下简称中国证监会）的统一监督管理。

第 四 条 全国股份转让系统公司负责组织和监督挂牌公司的股票转让及相关活动，实行自律管理。

第 五 条 全国股份转让系统公司应当坚持公益优先的原则，维护公开、公平、公正的市场环境，保证全国股份转让系统的正常运行，为全国股份转让系统各参与人提供优质、高效、低成本的金融服务。

第 六 条 全国股份转让系统的股票挂牌转让及相关活动，必须遵守法律、行政法规和各项规章规定，禁止欺诈、内幕交易、操纵市场等违法违规行为。

第 七 条 中国证监会依法对全国股份转让系统公司、全国股份转让系统的各项业务活动及各参与人实行统一监督管理,维护全国股份转让系统运行秩序,依法查处违法违规行为。

第二章 全国股份转让系统公司的职能

第 八 条 全国股份转让系统公司的职能包括:

(一)建立、维护和完善股票转让相关技术系统和设施;

(二)制定和修改全国股份转让系统业务规则;

(三)接受并审查股票挂牌及其他相关业务申请,安排符合条件的公司股票挂牌;

(四)组织、监督股票转让及相关活动;

(五)对主办券商等全国股份转让系统参与人进行监管;

(六)对挂牌公司及其他信息披露义务人进行监管;

(七)管理和公布全国股份转让系统相关信息;

(八)中国证监会批准的其他职能。

第 九 条 全国股份转让系统公司应当就股票挂牌、股票转让、主办券商管理、挂牌公司管理、投资者适当性管理等依法制定基本业务规则。

全国股份转让系统公司制定与修改基本业务规则,应当经中国证监会批准。制定与修改其他业务规则,应当报中国证监会备案。

第 十 条 全国股份转让系统挂牌新的证券品种应当向中国证监会报告,采用新的转让方式应当报中国证监会批准。

第十一条 全国股份转让系统公司应当为组织公平的股票转让提供保障,公布股票转让即时行情。未经全国股份转让系统公司许可,任何单位和个人不得发布、使用或传播股票转让即时行情。

第十二条 全国股份转让系统公司收取的资金和费用应当符合有关主管部门的规定,并优先用于维护和完善相关技术系统和设施。

全国股份转让系统公司应当制定专项财务管理规则,并报中国证监会备案。

第十三条 全国股份转让系统公司应当从其收取的费用中提取一定比例的金额设立风险基金。风险基金提取和使用的具体办法,由中国证监会另行制定。

第十四条 全国股份转让系统的登记结算业务由中国证券登记结算有限责任公司负责。全国股份转让系统公司应当与其签订业务协议,并报中国证监会备案。

第三章　全国股份转让系统公司的组织结构

第十五条　全国股份转让系统公司应当按照《公司法》等法律、行政法规和中国证监会的规定,制定公司章程,明确股东会、董事会、监事会和经理层之间的职责划分,建立健全内部组织机构,完善公司治理。

全国股份转让系统公司章程的制定和修改,应当经中国证监会批准。

第十六条　全国股份转让系统公司的股东应当具备法律、行政法规和中国证监会规定的资格条件,股东持股比例应当符合中国证监会的有关规定。

全国股份转让系统公司新增股东或原股东转让所持股份的,应当向中国证监会报告。

第十七条　全国股份转让系统公司董事会、监事会的组成及议事规则应当符合有关法律、行政法规和中国证监会的规定,并报中国证监会备案。

第十八条　全国股份转让系统公司董事长、副董事长、监事会主席及高级管理人员由中国证监会提名,任免程序和任期遵守《公司法》和全国股份转让系统公司章程的有关规定。

前款所述高级管理人员的范围,由全国股份转让系统公司章程规定。

第十九条　全国股份转让系统公司应当根据需要设立专门委员会。各专门委员会的组成及议事规则报中国证监会备案。

第四章　全国股份转让系统公司的自律监管

第二十条　全国股份转让系统实行主办券商制度。在全国股份转让系统从事主办券商业务的证券公司称为主办券商。

主办券商业务包括推荐股份公司股票挂牌,对挂牌公司进行持续督导,代理投资者买卖挂牌公司股票,为股票转让提供做市服务及其他全国股份转让系统公司规定的业务。

第二十一条　全国股份转让系统公司依法对股份公司股票挂牌、定向发行等申请及主办券商推荐文件进行审查,出具审查意见。

全国股份转让系统公司应当与符合条件的股份公司签署挂牌协议,确定双方的权利义务关系。

第二十二条 全国股份转让系统公司应当督促申请股票挂牌的股份公司、挂牌公司及其他信息披露义务人,依法履行信息披露义务,真实、准确、完整、及时地披露信息,不得有虚假记载、误导性陈述或者重大遗漏。

第二十三条 挂牌公司应当符合全国股份转让系统持续挂牌条件,不符合持续挂牌条件的,全国股份转让系统公司应当及时作出股票暂停或终止挂牌的决定,及时公告,并报中国证监会备案。

第二十四条 挂牌股票转让可以采取做市方式、协议方式、竞价方式或证监会批准的其他转让方式。

第二十五条 全国股份转让系统实行投资者适当性管理制度。参与股票转让的投资者应当具备一定的证券投资经验和相应的风险识别和承担能力,了解熟悉相关业务规则。

第二十六条 因突发性事件而影响股票转让的正常进行时,全国股份转让系统公司可以采取技术性停牌措施;因不可抗力的突发性事件或者为维护股票转让的正常秩序,可以决定临时停市。

全国股份转让系统公司采取技术性停牌或者决定临时停市,应当及时报告中国证监会。

第二十七条 全国股份转让系统公司应当建立市场监控制度及相应技术系统,配备专门市场监察人员,依法对股票转让实行监控,及时发现、及时制止内幕交易、市场操纵等异常转让行为。

对违反法律法规及业务规则的,全国股份转让系统公司应当及时采取自律监管措施,并视情节轻重或根据监管要求,及时向中国证监会报告。

第二十八条 全国股份转让系统公司应当督促主办券商、律师事务所、会计师事务所等为挂牌转让等相关业务提供服务的证券服务机构和人员,诚实守信、勤勉尽责,严格履行法定职责,遵守法律法规和行业规范,并对出具文件的真实性、准确性、完整性负责。

第二十九条 全国股份转让系统公司发现相关当事人违反法律法规及业务规则的,可以依法采取自律监管措施,并报中国证监会备案。依法应当由中国证监会进行查处的,全国股份转让系统公司应当向中国证监会提出查处建议。

第五章 监督管理

第三十条 全国股份转让系统公司应当向中国证监会报告股东会、

董事会、监事会、总经理办公会议和其他重要会议的会议纪要，全国股份转让系统运行情况，全国股份转让系统公司自律监管职责履行情况、日常工作动态以及中国证监会要求报告的其他信息。

全国股份转让系统公司的其他报告义务，比照执行证券交易所管理有关规定。

第三十一条 中国证监会有权要求全国股份转让系统公司对其章程和业务规则进行修改。

第三十二条 中国证监会依法对全国股份转让系统公司进行监管，开展定期、不定期的现场检查，并对其履职和运营情况进行评估和考核。

全国股份转让系统公司及相关人员违反本办法规定，在监管工作中不履行职责，或者不履行本办法规定的有关义务，中国证监会比照证券交易所管理有关规定进行查处。

第六章　附　　则

第三十三条 全国股份转让系统公司为其他证券品种提供挂牌转让服务的，比照本办法执行。

第三十四条 在证券公司代办股份转让系统的原 STAQ、NET 系统挂牌公司和退市公司及其股份转让相关活动，由全国股份转让系统公司负责监督管理。

第三十五条 本办法公布之日起施行。

转融通业务监督管理试行办法

第一章　总　　则

第 一 条 为了健全融资融券交易机制，拓宽证券公司融资融券业务资金和证券来源，规范转融通业务及相关活动，防范转融通业务风险，根据《证券法》、《证券公司监督管理条例》，制定本办法。

第 二 条 本办法所称转融通业务，是指证券金融公司将自有或者依法筹集的资金和证券出借给证券公司，以供其办理融资融券业务的经营活动。

第 三 条 从事转融通业务及相关活动，应当遵循平等、自愿、公平和诚实信用原则,不得损害社会公共利益。

第 四 条 证券金融公司应当遵守法律、行政法规和本办法的规定,严格防范和控制风险,稳健开展转融通业务。

第 五 条 中国证券监督管理委员会(以下简称证监会)依法对证券金融公司及其相关业务活动进行监督管理。

第二章 证券金融公司

第 六 条 证券金融公司根据国务院的决定设立。证监会根据国务院的决定,履行审批程序。

第 七 条 证券金融公司的组织形式为股份有限公司,注册资本不少于人民币 60 亿元。

证券金融公司的注册资本应当为实收资本,其股东应当用货币出资。

第 八 条 证券金融公司应当依照《公司法》和本办法的规定,制定公司章程,设立股东大会、董事会、监事会等组织机构,规范运作。

第 九 条 证券金融公司董事、监事和高级管理人员的选任,应当经证监会批准。

第 十 条 证券金融公司不以营利为目的,履行下列职责:

(一)为证券公司融资融券业务提供资金和证券的转融通服务;

(二)对证券公司融资融券业务运行情况进行监控;

(三)监测分析全市场融资融券交易情况,运用市场化手段防控风险;

(四)证监会确定的其他职责。

第十一条 证券金融公司变更名称、注册资本、股东、住所、职责范围,制定或者修改公司章程,设立或者撤销分支机构,应当报证监会备案。

第三章 业 务 规 则

第十二条 证券金融公司开展转融通业务,应当以自己的名义,在证券登记结算机构分别开立转融通专用证券账户、转融通担保证券账户和转融通证券交收账户。

转融通专用证券账户用于记录证券金融公司持有的拟向证券公司融出的证券和证券公司归还的证券;转融通担保证券账户用于记录证券公司委托证券金融公司持有、担保证券金融公司因向证券公司转融通所生债权的证券;转融通证券交收账户用于办理证券金融公司与转融通业务有关的证券结算。

第十三条 证券金融公司开展转融通业务,应当以自己的名义,在商业银行开立转融通专用资金账户,在证券登记结算机构分别开立转融通担保资金账户和转融通资金交收账户。

转融通专用资金账户用于存放证券金融公司拟向证券公司融出的资金及证券公司归还的资金;转融通担保资金账户用于记录证券公司交存的、担保证券金融公司因向证券公司转融通所生债权的资金;转融通资金交收账户用于办理证券金融公司与转融通业务有关的资金结算。

第十四条 证券金融公司开展转融通业务,应当了解证券公司的基本情况、业务范围、财务状况、违约记录、风险控制能力等,并以书面和电子的方式予以记录和保存。

第十五条 证券金融公司应当建立客户信用评估机制,对证券公司的信用状况进行评估,并根据评估结果确定和调整对证券公司的授信额度。

第十六条 证券金融公司开展转融通业务,应当与证券公司签订转融通业务合同,约定转融通的资金数额、标的证券的种类和数量、期限、费率、保证金的比例、证券权益处理办法、违约责任等事项。

证券金融公司应当制定转融通业务合同标准格式,报证监会备案。

第十七条 除本条第二款规定的情形外,证券金融公司向证券公司转融通的期限不得超过6个月。转融通的期限,自资金或者证券实际交付之日起算。

证券金融公司可以与证券公司对转融通标的证券暂停交易、终止交易和其他特殊情形下转融通期限的顺延或者缩短作出约定。

第十八条 证券金融公司应当按照国家宏观政策,根据市场状况和风险控制需要,确定和调整转融通费率和保证金的比例。

第十九条 证券金融公司与证券公司签订转融通业务合同后,应当根据证券公司的申请,以证券公司的名义,为其开立转融通担保证券明细账户和转融通担保资金明细账户。

转融通担保证券明细账户是转融通担保证券账户的二级账户,用于记载证券公司委托证券金融公司持有的担保证券的明细数据。转融通担保资金明细账户是转融通担保资金账户的二级账户,用于记载证券公司交存的担保资金的明细数据。

证券金融公司可以委托证券登记结算机构根据清算、交收结果等,对证券公司转融通担保证券明细账户和转融通担保资金明细账户内的数据进行变更。

第二十条 证券金融公司开展转融通业务，应当向证券公司收取一定比例的保证金。保证金可以证券充抵，但货币资金占应收取保证金的比例不得低于15%。

证券金融公司应当确定并公布可充抵保证金证券的种类和折算率。

证券金融公司可以与证券登记结算机构签订合同，委托证券登记结算机构代为管理保证金。

第二十一条 证券公司向证券金融公司交存保证金，采取设立信托的方式。保证金中的证券应当记入转融通担保证券账户，保证金中的资金应当记入转融通担保资金账户。

证券金融公司与证券公司应当约定，转融通担保证券账户内的证券和转融通担保资金账户内的资金，均为担保证券金融公司因向证券公司转融通所生债权的信托财产，因本办法第二十二条第三款规定情形所形成的信托财产对证券金融公司的债权，也归入信托财产。

第二十二条 证券金融公司应当逐日计算证券公司交存的保证金价值与其所欠债务的比例。当该比例低于约定的维持保证金比例时，应当通知证券公司在一定的期限内补交差额，直至达到约定的初始保证金比例。但是，对因本条第三款规定情形导致的差额，证券公司无须补交。

证券公司违约的，证券金融公司可以按照约定处分保证金，以实现对证券公司的债权；处分保证金不足以完全实现对证券公司的债权的，证券金融公司应当依法向证券公司追偿。

经证券公司书面同意，证券金融公司可以有偿使用证券公司交存的保证金。证券金融公司使用保证金的用途、期限、对价等具体事项，由双方通过转融通业务合同约定。

第二十三条 证券金融公司可以根据化解证券公司违约风险的需要，建立转融通互保基金。转融通互保基金的管理办法，由证券金融公司制定，报证监会备案后实施。

第二十四条 市场交易活动出现异常，已经或者可能危及市场稳定，有必要暂停转融通业务的，证券金融公司可以按照业务规则和合同约定，暂停全部或者部分转融通业务并公告。

第二十五条 证券登记结算机构根据证券账户和资金账户持有人发出或者认可的指令，办理转融通业务涉及的证券和资金的划转。

第二十六条 司法机关依法对证券公司转融通担保证券明细账户或

者转融通担保资金明细账户记载的权益采取财产保全或者强制执行措施的，证券金融公司应当处分保证金，在实现因向证券公司转融通所生债权后，协助司法机关执行。

第四章　资金和证券的来源

第二十七条　证券金融公司开展转融通业务，可以使用下列资金和证券：

（一）自有资金和证券；

（二）通过证券交易所的业务平台融入的资金和证券；

（三）通过证券金融公司的业务平台融入的资金；

（四）依法筹集的其他资金和证券。

第二十八条　证券金融公司可以依照《公司法》、《证券法》等有关规定，发行公司债券。

第二十九条　证券金融公司可以向股东或者其他特定投资者借入次级债。证券金融公司借入次级债，应当事先向证监会报告。

证券金融公司借入的次级债，参照证监会对证券公司借入次级债的有关规定，计入净资本。

第三十条　证券金融公司通过证券交易所的业务平台融入资金和证券，按照证券交易所的业务规则办理。证券登记结算机构按照证券交易所业务平台的成交结果，办理有关登记结算。

第三十一条　证券金融公司为履行本办法规定的职责，可以通过其在证券登记结算机构开立的普通证券账户买卖证券。

第五章　权 益 处 理

第三十二条　证券登记结算机构根据转融通担保证券账户内的记录，确认证券金融公司受托持有证券的事实，并以证券金融公司为名义持有人，登记于证券持有人名册。

第三十三条　对转融通担保证券账户内记录的证券，由证券金融公司以自己的名义，行使对证券发行人的权利。证券金融公司行使对证券发行人的权利，应当事先征求委托其持有该证券的证券公司意见，并按照其意见办理。

前款所称对证券发行人的权利，是指请求召开证券持有人会议、参加证券持有人会议、提案、表决、配售股份的认购、请求分配投资收益等因持有证券而产生的权利。

第三十四条 证券登记结算机构受证券发行人委托以证券或者现金形式分派投资收益的，应当分别将分派的证券或者现金记录在转融通担保证券账户或者转融通担保资金账户内，并相应变更证券公司转融通担保证券明细账户或者转融通担保资金明细账户的数据。

第三十五条 证券金融公司根据本办法规定融入证券后、归还证券前，或者证券公司向证券金融公司融入证券后、归还证券前，证券发行人分配投资收益、向证券持有人配售或者无偿派发证券、发行证券持有人有优先认购权的证券的，证券金融公司或者证券公司应当按照约定向融出方支付与所融入证券可得利益相等的证券或者资金。

第三十六条 证券金融公司通过转融通担保证券账户持有的证券不计入其自有证券，证券金融公司无须因该账户内证券数量的变动而履行信息报告、披露或者要约收购义务。

证券公司通过其自营证券账户、融券专用证券账户和转融通担保证券明细账户合计持有一家上市公司股票及其权益的数量或者其增减变动达到规定的比例时，应当依法履行信息报告、披露或者要约收购义务。有一致行动人的，一致行动人与证券公司持有的股票及其权益的数量合并计算。

第六章 监 督 管 理

第三十七条 证券金融公司应当依照本办法的规定制定转融通业务规则，明确账户管理、授信管理、标的证券管理、保证金管理、费率管理、信息披露等事项，报证监会备案后实施。

第三十八条 证券金融公司应当每个交易日公布以下转融通信息：

（一）转融资余额；

（二）转融券余额；

（三）转融通成交数据；

（四）转融通费率。

第三十九条 证券金融公司应当建立合规管理机制，保证公司的经营管理及工作人员的执业行为合法合规。

第四十条 证券金融公司应当建立风险控制机制，有效识别、评估、控制公司经营管理中的各类风险。

第四十一条 证券金融公司应当遵守以下风险控制指标规定:

(一)净资本与各项风险资本准备之和的比例不得低于100%;

(二)对单一证券公司转融通的余额,不得超过证券金融公司净资本的50%;

(三)融出的每种证券余额不得超过该证券上市可流通市值的10%;

(四)充抵保证金的每种证券余额不得超过该证券总市值的15%。

证券金融公司净资本、风险资本准备的计算,参照证监会对证券公司的有关规定执行。证监会另有规定的除外。

第四十二条 证券金融公司不得为他人的债务提供担保。

第四十三条 证券金融公司应当每年按照税后利润的10%提取风险准备金。证监会可以根据防范证券金融公司风险的需要,对提取比例进行调整。

第四十四条 证券金融公司的资金,除用于履行本办法规定职责和维持公司正常运转外,只能用于以下用途:

(一)银行存款;

(二)购买国债、证券投资基金份额等经证监会认可的高流动性金融产品;

(三)购置自用不动产;

(四)证监会认可的其他用途。

第四十五条 证券金融公司应当建立信息系统安全管理机制,保障公司信息系统安全、稳定运行。

第四十六条 证券金融公司应当自每一会计年度结束之日起4个月内,向证监会报送年度报告。年度报告应当包含按照规定编制并经具有证券相关业务资格的会计师事务所审计的财务会计报告。

证券金融公司应当自每月结束之日起7个工作日内,向证监会报送月度报告。月度报告应当包含本办法第四十一条所列各项风险控制指标和转融通业务专项报表,以及证监会要求报送的其他信息。

第四十七条 发生影响或者可能影响公司经营管理的重大事件的,证券金融公司应当立即向证监会报送临时报告,说明事件的起因、目前的状态、可能产生的后果和应对措施。

第四十八条 证券金融公司为履行监控证券公司融资融券业务运行情况的职责,可以制定证券公司融资融券业务监控规则,报证监会备案后实施。

证券公司应当按照规定向证券金融公司报送融资融券的相关数据。

证券公司报送的数据应当真实、准确、完整。

证券交易所、证券登记结算机构、证券金融公司应当建立融资融券信息共享机制。

第四十九条 证券金融公司及其工作人员应当对因履行职责而获悉的信息保密。法律、行政法规和本办法另有规定的除外。

第五十条 证券金融公司应当妥善保存履行本办法规定职责所形成的各类文件、资料，保存期限不少于20年。

第五十一条 证监会为履行监督管理职责，可以要求证券金融公司及其工作人员提供有关信息、资料，并对公司进行现场检查。

第五十二条 证券金融公司或者证券公司违反本办法规定的，由证监会视具体情形，采取责令改正、出具警示函、责令公开说明、责令定期报告等监管措施；应当给予行政处罚的，由证监会对公司及其有关责任人员单处或者并处警告、罚款。

第七章 附 则

第五十三条 证券交易所和证券登记结算机构根据本办法制定配套的交易、结算规则，按照规定报经证监会批准或者备案后实施。

第五十四条 本办法自公布之日起施行。

证券发行上市保荐业务管理办法

第一章 总 则

第 一 条 为了规范证券发行上市保荐业务，提高上市公司质量和证券公司执业水平，保护投资者的合法权益，促进证券市场健康发展，根据《证券法》、《国务院对确需保留的行政审批项目设定行政许可的决定》（国务院令第412号）等有关法律、行政法规，制定本办法。

第 二 条 发行人应当就下列事项聘请具有保荐机构资格的证券公司履行保荐职责：

（一）首次公开发行股票并上市；

（二）上市公司发行新股、可转换公司债券；

（三）中国证券监督管理委员会（以下简称“中国证监会”）认定的其

他情形。

第 三 条 证券公司从事证券发行上市保荐业务,应依照本办法规定向中国证监会申请保荐机构资格。

保荐机构履行保荐职责,应当指定依照本办法规定取得保荐代表人资格的个人具体负责保荐工作。

未经中国证监会核准,任何机构和个人不得从事保荐业务。

第 四 条 保荐机构及其保荐代表人应当遵守法律、行政法规和中国证监会的相关规定,恪守业务规则和行业规范,诚实守信,勤勉尽责,尽职推荐发行人证券发行上市,持续督导发行人履行规范运作、信守承诺、信息披露等义务。

保荐机构及其保荐代表人不得通过从事保荐业务谋取任何不正当利益。

第 五 条 保荐代表人应当遵守职业道德准则,珍视和维护保荐代表人职业声誉,保持应有的职业谨慎,保持和提高专业胜任能力。

保荐代表人应当维护发行人的合法利益,对从事保荐业务过程中获知的发行人信息保密。保荐代表人应当恪守独立履行职责的原则,不因迎合发行人或者满足发行人的不当要求而丧失客观、公正的立场,不得唆使、协助或者参与发行人及证券服务机构实施非法的或者具有欺诈性的行为。

保荐代表人及其配偶不得以任何名义或者方式持有发行人的股份。

第 六 条 同次发行的证券,其发行保荐和上市保荐应当由同一保荐机构承担。保荐机构依法对发行人申请文件、证券发行募集文件进行核查,向中国证监会、证券交易所出具保荐意见。保荐机构应当保证所出具的文件真实、准确、完整。

证券发行规模达到一定数量的,可以采用联合保荐,但参与联合保荐的保荐机构不得超过 2 家。

证券发行的主承销商可以由该保荐机构担任,也可以由其他具有保荐机构资格的证券公司与该保荐机构共同担任。

第 七 条 发行人及其董事、监事、高级管理人员,为证券发行上市制作、出具有关文件的律师事务所、会计师事务所、资产评估机构等证券服务机构及其签字人员,应当依照法律、行政法规和中国证监会的规定,配合保荐机构及其保荐代表人履行保荐职责,并承担相应的责任。

保荐机构及其保荐代表人履行保荐职责,不能减轻或者免除发行人及其董事、监事、高级管理人员、证券服务机构及其签字人员的责任。

第 八 条　中国证监会依法对保荐机构及其保荐代表人进行监督管理。

中国证券业协会对保荐机构及其保荐代表人进行自律管理。

第二章　保荐机构和保荐代表人的资格管理

第 九 条　证券公司申请保荐机构资格,应当具备下列条件:

(一)注册资本不低于人民币 1 亿元,净资本不低于人民币 5000 万元;

(二)具有完善的公司治理和内部控制制度,风险控制指标符合相关规定;

(三)保荐业务部门具有健全的业务规程、内部风险评估和控制系统,内部机构设置合理,具备相应的研究能力、销售能力等后台支持;

(四)具有良好的保荐业务团队且专业结构合理,从业人员不少于 35 人,其中最近 3 年从事保荐相关业务的人员不少于 20 人;

(五)符合保荐代表人资格条件的从业人员不少于 4 人;

(六)最近 3 年内未因重大违法违规行为受到行政处罚;

(七)中国证监会规定的其他条件。

第 十 条　证券公司申请保荐机构资格,应当向中国证监会提交下列材料:

(一)申请报告;

(二)股东(大)会和董事会关于申请保荐机构资格的决议;

(三)公司设立批准文件;

(四)营业执照复印件;

(五)公司治理和公司内部控制制度及执行情况的说明;

(六)董事、监事、高级管理人员和主要股东情况的说明;

(七)内部风险评估和控制系统及执行情况的说明;

(八)保荐业务尽职调查制度、辅导制度、内部核查制度、持续督导制度、持续培训制度和保荐工作底稿制度的建立情况;

(九)符合规定的最近 1 年度净资本计算表、风险资本准备计算表和风险控制指标监管报表;

(十)保荐业务部门机构设置、分工及人员配置情况的说明;

(十一)研究、销售等后台支持部门的情况说明;

(十二)保荐业务负责人、内核负责人、保荐业务部门负责人和内核小组成员名单及其简历；

（十三）证券公司指定联络人的说明；

（十四）证券公司对申请文件真实性、准确性、完整性承担责任的承诺函，并应由其全体董事签字；

（十五）中国证监会要求的其他材料。

第十一条 个人申请保荐代表人资格，应当具备下列条件：

（一）具备3年以上保荐相关业务经历；

（二）最近3年内在本办法第二条规定的境内证券发行项目中担任过项目协办人；

（三）参加中国证监会认可的保荐代表人胜任能力考试且成绩合格有效；

（四）诚实守信，品行良好，无不良诚信记录，最近3年未受到中国证监会的行政处罚；

（五）未负有数额较大到期未清偿的债务；

（六）中国证券业协会规定的其他条件。

第十二条 证券公司和个人应当保证申请文件真实、准确、完整。申请期间，申请文件内容发生重大变化的，应当自变化之日起2个工作日内向中国证监会提交更新资料。

第十三条 中国证监会依法受理、审查申请文件。对保荐机构资格的申请，自受理之日起45个工作日内做出核准或者不予核准的书面决定。

第十四条 证券公司取得保荐机构资格后，应当持续符合本办法第九条规定的条件。保荐机构因重大违法违规行为受到行政处罚的，中国证监会撤销其保荐机构资格；不再具备第九条规定其他条件的，中国证监会可责令其限期整改，逾期仍然不符合要求的，中国证监会撤销其保荐机构资格。

第十五条 中国证监会依法对保荐机构进行注册登记管理。

第十六条 保荐机构的注册登记事项包括：

（一）保荐机构名称、成立时间、注册资本、注册地址、主要办公地址和法定代表人；

（二）保荐机构的主要股东情况；

（三）保荐机构的董事、监事和高级管理人员情况；

（四）保荐机构的保荐业务负责人、内核负责人情况；

（五）保荐机构的保荐业务部门负责人情况；

（六）保荐机构的保荐业务部门机构设置、分工及人员配置情况；

（七）保荐机构的执业情况；

（八）中国证监会要求的其他事项。

第十七条 保荐机构注册登记事项发生变化的，保荐机构应当自变化之日起5个工作日内向中国证监会书面报告，由中国证监会予以变更登记。

第十八条 保荐机构应当于每年4月份向中国证监会报送年度执业报告。年度执业报告应当包括以下内容：

（一）保荐机构、保荐代表人年度执业情况的说明；

（二）保荐机构对保荐代表人尽职调查工作日志检查情况的说明；

（三）保荐机构对保荐代表人的年度考核、评定情况；

（四）保荐机构、保荐代表人其他重大事项的说明；

（五）保荐机构对年度执业报告真实性、准确性、完整性承担责任的承诺函，并应由其法定代表人签字；

（六）中国证监会要求的其他事项。

第三章 保荐职责

第十九条 保荐机构应当尽职推荐发行人证券发行上市。

发行人证券上市后，保荐机构应当持续督导发行人履行规范运作、信守承诺、信息披露等义务。

第二十条 保荐机构推荐发行人证券发行上市，应当遵循诚实守信、勤勉尽责的原则，按照中国证监会对保荐机构尽职调查工作的要求，对发行人进行全面调查，充分了解发行人的经营状况及其面临的风险和问题。

第二十一条 保荐机构在推荐发行人首次公开发行股票并上市前，应当对发行人进行辅导，对发行人的董事、监事和高级管理人员、持有5%以上股份的股东和实际控制人（或者其法定代表人）进行系统的法规知识、证券市场知识培训，使其全面掌握发行上市、规范运作等方面的有关法律法规和规则，知悉信息披露和履行承诺等方面的责任和义务，树立进入证券市场的诚信意识、自律意识和法制意识。

第二十二条 保荐机构辅导工作完成后，应由发行人所在地的中国证监会派出机构进行辅导验收。

第二十三条 保荐机构应当与发行人签订保荐协议，明确双方的权利和义务，按照行业规范协商确定履行保荐职责的相关费用。

保荐协议签订后，保荐机构应在5个工作日内报发行人所在地的中国证监会派出机构备案。

第二十四条 保荐机构应当确信发行人符合法律、行政法规和中国证监会的有关规定，方可推荐其证券发行上市。

保荐机构决定推荐发行人证券发行上市的，可以根据发行人的委托，组织编制申请文件并出具推荐文件。

第二十五条 对发行人申请文件、证券发行募集文件中有证券服务机构及其签字人员出具专业意见的内容，保荐机构应当结合尽职调查过程中获得的信息对其进行审慎核查，对发行人提供的资料和披露的内容进行独立判断。

保荐机构所作的判断与证券服务机构的专业意见存在重大差异的，应当对有关事项进行调查、复核，并可聘请其他证券服务机构提供专业服务。

第二十六条 对发行人申请文件、证券发行募集文件中无证券服务机构及其签字人员专业意见支持的内容，保荐机构应当获得充分的尽职调查证据，在对各种证据进行综合分析的基础上对发行人提供的资料和披露的内容进行独立判断，并有充分理由确信所作的判断与发行人申请文件、证券发行募集文件的内容不存在实质性差异。

第二十七条 保荐机构推荐发行人发行证券，应当向中国证监会提交发行保荐书、保荐代表人专项授权书以及中国证监会要求的其他与保荐业务有关的文件。发行保荐书应当包括下列内容：

（一）逐项说明本次发行是否符合《公司法》、《证券法》规定的发行条件和程序；

（二）逐项说明本次发行是否符合中国证监会的有关规定，并载明得出每项结论的查证过程及事实依据；

（三）发行人存在的主要风险；

（四）对发行人发展前景的评价；

（五）保荐机构内部审核程序简介及内核意见；

（六）保荐机构与发行人的关联关系；

（七）相关承诺事项；

（八）中国证监会要求的其他事项。

第二十八条 保荐机构推荐发行人证券上市，应当向证券交易所提交上市保荐书以及证券交易所要求的其他与保荐业务有关的文件，并报中国证监会备案。上市保荐书应当包括下列内容：

（一）逐项说明本次证券上市是否符合《公司法》、《证券法》及证券交易所规定的上市条件；

（二）对发行人证券上市后持续督导工作的具体安排；

（三）保荐机构与发行人的关联关系；

（四）相关承诺事项；

（五）中国证监会或者证券交易所要求的其他事项。

第二十九条 在发行保荐书和上市保荐书中，保荐机构应当就下列事项做出承诺：

（一）有充分理由确信发行人符合法律法规及中国证监会有关证券发行上市的相关规定；

（二）有充分理由确信发行人申请文件和信息披露资料不存在虚假记载、误导性陈述或者重大遗漏；

（三）有充分理由确信发行人及其董事在申请文件和信息披露资料中表达意见的依据充分合理；

（四）有充分理由确信申请文件和信息披露资料与证券服务机构发表的意见不存在实质性差异；

（五）保证所指定的保荐代表人及本保荐机构的相关人员已勤勉尽责，对发行人申请文件和信息披露资料进行了尽职调查、审慎核查；

（六）保证保荐书、与履行保荐职责有关的其他文件不存在虚假记载、误导性陈述或者重大遗漏；

（七）保证对发行人提供的专业服务和出具的专业意见符合法律、行政法规、中国证监会的规定和行业规范；

（八）自愿接受中国证监会依照本办法采取的监管措施；

（九）中国证监会规定的其他事项。

第三十条 保荐机构提交发行保荐书后，应当配合中国证监会的审核，并承担下列工作：

（一）组织发行人及证券服务机构对中国证监会的意见进行答复；

（二）按照中国证监会的要求对涉及本次证券发行上市的特定事项进行尽职调查或者核查；

（三）指定保荐代表人与中国证监会职能部门进行专业沟通，保荐代表人在发行审核委员会会议上接受委员质询；

（四）中国证监会规定的其他工作。

第三十一条 保荐机构应当针对发行人的具体情况，确定证券发行上市后持续督导的内容，督导发行人履行有关上市公司规范运作、信守承诺和信息披露等义务，审阅信息披露文件及向中国证监会、证券交易所提

交的其他文件,并承担下列工作:

(一)督导发行人有效执行并完善防止控股股东、实际控制人、其他关联方违规占用发行人资源的制度;

(二)督导发行人有效执行并完善防止其董事、监事、高级管理人员利用职务之便损害发行人利益的内控制度;

(三)督导发行人有效执行并完善保障关联交易公允性和合规性的制度,并对关联交易发表意见;

(四)持续关注发行人募集资金的专户存储、投资项目的实施等承诺事项;

(五)持续关注发行人为他人提供担保等事项,并发表意见;

(六)中国证监会、证券交易所规定及保荐协议约定的其他工作。

第三十二条 首次公开发行股票并在主板上市的,持续督导的期间为证券上市当年剩余时间及其后 2 个完整会计年度;主板上市公司发行新股、可转换公司债券的,持续督导的期间为证券上市当年剩余时间及其后 1 个完整会计年度。

首次公开发行股票并在创业板上市的,持续督导的期间为证券上市当年剩余时间及其后 3 个完整会计年度;创业板上市公司发行新股、可转换公司债券的,持续督导的期间为证券上市当年剩余时间及其后 2 个完整会计年度。

首次公开发行股票并在创业板上市的,持续督导期内保荐机构应当自发行人披露年度报告、中期报告之日起 15 个工作日内在中国证监会指定网站披露跟踪报告,对本办法第三十一条所涉及的事项,进行分析并发表独立意见。发行人临时报告披露的信息涉及募集资金、关联交易、委托理财、为他人提供担保等重大事项的,保荐机构应当自临时报告披露之日起 10 个工作日内进行分析并在中国证监会指定网站发表独立意见。

持续督导的期间自证券上市之日起计算。

第三十三条 持续督导期届满,如有尚未完结的保荐工作,保荐机构应当继续完成。

保荐机构在履行保荐职责期间未勤勉尽责的,其责任不因持续督导期届满而免除或者终止。

第四章 保荐业务规程

第三十四条 保荐机构应当建立健全保荐工作的内部控制体系,切实保证保荐业务负责人、内核负责人、保荐业务部门负责人、保荐代表人、项目协办人及其他保荐业务相关人员勤勉尽责,严格控制风险,提高保荐业务整体质量。

第三十五条 保荐机构应当建立健全证券发行上市的尽职调查制度、辅导制度、对发行上市申请文件的内部核查制度、对发行人证券上市后的持续督导制度。

第三十六条 保荐机构应当建立健全对保荐代表人及其他保荐业务相关人员的持续培训制度。

第三十七条 保荐机构应当建立健全工作底稿制度,为每一项目建立独立的保荐工作底稿。

保荐代表人必须为其具体负责的每一项目建立尽职调查工作日志,作为保荐工作底稿的一部分存档备查;保荐机构应当定期对尽职调查工作日志进行检查。

保荐工作底稿应当真实、准确、完整地反映整个保荐工作的全过程,保存期不少于10年。

第三十八条 保荐机构的保荐业务负责人、内核负责人负责监督、执行保荐业务各项制度并承担相应的责任。

第三十九条 保荐机构及其控股股东、实际控制人、重要关联方持有发行人的股份合计超过7%,或者发行人持有、控制保荐机构的股份超过7%的,保荐机构在推荐发行人证券发行上市时,应联合1家无关联保荐机构共同履行保荐职责,且该无关联保荐机构为第一保荐机构。

第四十条 刊登证券发行募集文件前终止保荐协议的,保荐机构和发行人应当自终止之日起5个工作日内分别向中国证监会报告,说明原因。

第四十一条 刊登证券发行募集文件以后直至持续督导工作结束,保荐机构和发行人不得终止保荐协议,但存在合理理由的情形除外。发行人因再次申请发行证券另行聘请保荐机构、保荐机构被中国证监会撤销保荐机构资格的,应当终止保荐协议。

终止保荐协议的,保荐机构和发行人应当自终止之日起5个工作日内向中国证监会、证券交易所报告,说明原因。

第四十二条 持续督导期间,保荐机构被撤销保荐机构资格的,发行人应当在1个月内另行聘请保荐机构,未在规定期限内另行聘请的,中国证监会可以为其指定保荐机构。

第四十三条 另行聘请的保荐机构应当完成原保荐机构未完成的持

续督导工作。

因原保荐机构被撤销保荐机构资格而另行聘请保荐机构的，另行聘请的保荐机构持续督导的时间不得少于1个完整的会计年度。

另行聘请的保荐机构应当自保荐协议签订之日起开展保荐工作并承担相应的责任。原保荐机构在履行保荐职责期间未勤勉尽责的，其责任不因保荐机构的更换而免除或者终止。

第四十四条 保荐机构应当指定2名保荐代表人具体负责1家发行人的保荐工作，出具由法定代表人签字的专项授权书，并确保保荐机构有关部门和人员有效分工协作。保荐机构可以指定1名项目协办人。

第四十五条 证券发行后，保荐机构不得更换保荐代表人，但因保荐代表人离职或者被撤销保荐代表人资格的，应当更换保荐代表人。

保荐机构更换保荐代表人的，应当通知发行人，并在5个工作日内向中国证监会、证券交易所报告，说明原因。原保荐代表人在具体负责保荐工作期间未勤勉尽责的，其责任不因保荐代表人的更换而免除或者终止。

第四十六条 保荐机构法定代表人、保荐业务负责人、内核负责人、保荐代表人和项目协办人应当在发行保荐书上签字，保荐机构法定代表人、保荐代表人应同时在证券发行募集文件上签字。

第四十七条 保荐机构应将履行保荐职责时发表的意见及时告知发行人，同时在保荐工作底稿中保存，并可依照本办法规定公开发表声明、向中国证监会或者证券交易所报告。

第四十八条 持续督导工作结束后，保荐机构应当在发行人公告年度报告之日起的10个工作日内向中国证监会、证券交易所报送保荐总结报告书。保荐机构法定代表人和保荐代表人应当在保荐总结报告书上签字。保荐总结报告书应当包括下列内容：

（一）发行人的基本情况；

（二）保荐工作概述；

（三）履行保荐职责期间发生的重大事项及处理情况；

（四）对发行人配合保荐工作情况的说明及评价；

（五）对证券服务机构参与证券发行上市相关工作情况的说明及评价；

（六）中国证监会要求的其他事项。

第四十九条 保荐代表人及其他保荐业务相关人员属于内幕信息的知情人员，应当遵守法律、行政法规和中国证监会的规定，不得利用内幕信息直接或者间接为保荐机构、本人或者他人谋取不正当利益。

第五章　保荐业务协调

第五十条　保荐机构及其保荐代表人履行保荐职责可对发行人行使下列权利：

（一）要求发行人按照本办法规定和保荐协议约定的方式，及时通报信息；

（二）定期或者不定期对发行人进行回访，查阅保荐工作需要的发行人材料；

（三）列席发行人的股东大会、董事会和监事会；

（四）对发行人的信息披露文件及向中国证监会、证券交易所提交的其他文件进行事前审阅；

（五）对有关部门关注的发行人相关事项进行核查，必要时可聘请相关证券服务机构配合；

（六）按照中国证监会、证券交易所信息披露规定，对发行人违法违规的事项发表公开声明；

（七）中国证监会规定或者保荐协议约定的其他权利。

第五十一条　发行人有下列情形之一的，应当及时通知或者咨询保荐机构，并将相关文件送交保荐机构：

（一）变更募集资金及投资项目等承诺事项；

（二）发生关联交易、为他人提供担保等事项；

（三）履行信息披露义务或者向中国证监会、证券交易所报告有关事项；

（四）发生违法违规行为或者其他重大事项；

（五）中国证监会规定或者保荐协议约定的其他事项。

第五十二条　证券发行前，发行人不配合保荐机构履行保荐职责的，保荐机构应当发表保留意见，并在发行保荐书中予以说明；情节严重的，应当不予保荐，已保荐的应当撤销保荐。

第五十三条　证券发行后，保荐机构有充分理由确信发行人可能存在违法违规行为以及其他不当行为的，应当督促发行人做出说明并限期纠正；情节严重的，应当向中国证监会、证券交易所报告。

第五十四条　保荐机构应当组织协调证券服务机构及其签字人员参与证券发行上市的相关工作。

发行人为证券发行上市聘用的会计师事务所、律师事务所、资产评估机构以及其他证券服务机构，保荐机构有充分理由认为其专业能力存在明显缺陷的，可以向发行人建议更换。

第五十五条 保荐机构对证券服务机构及其签字人员出具的专业意见存有疑义的，应当主动与证券服务机构进行协商，并可要求其做出解释或者出具依据。

第五十六条 保荐机构有充分理由确信证券服务机构及其签字人员出具的专业意见可能存在虚假记载、误导性陈述或重大遗漏等违法违规情形或者其他不当情形的，应当及时发表意见；情节严重的，应当向中国证监会、证券交易所报告。

第五十七条 证券服务机构及其签字人员应当保持专业独立性，对保荐机构提出的疑义或者意见进行审慎的复核判断，并向保荐机构、发行人及时发表意见。

第六章 监管措施和法律责任

第五十八条 中国证监会可以对保荐机构及其保荐代表人从事保荐业务的情况进行定期或者不定期现场检查，保荐机构及其保荐代表人应当积极配合检查，如实提供有关资料，不得拒绝、阻挠、逃避检查，不得谎报、隐匿、销毁相关证据材料。

第五十九条 中国证监会对保荐机构及其相关人员进行持续动态的跟踪管理，记录其业务资格、执业情况、违法违规行为、其他不良行为以及对其采取的监管措施等。保荐信用记录向社会公开。

第六十条 自保荐机构向中国证监会提交保荐文件之日起，保荐机构及其保荐代表人承担相应的责任。

第六十一条 保荐机构资格申请文件存在虚假记载、误导性陈述或者重大遗漏的，中国证监会不予核准；已核准的，撤销其保荐机构资格。

第六十二条 保荐机构、保荐代表人、保荐业务负责人和内核负责人违反本办法，未诚实守信、勤勉尽责地履行相关义务的，中国证监会责令改正，并对其采取监管谈话、重点关注、责令进行业务学习、出具警示函、责令公开说明、认定为不适当人选等监管措施；依法应给予行政处罚的，依照有关规定进行处罚；情节严重涉嫌犯罪的，依法移送司法机关，追究其刑事责任。

第六十三条 保荐机构出现下列情形之一的，中国证监会自确认之日起暂停其保荐机构资格 3 个月；情节严重的，暂停其保荐机构资格 6 个月，并可以责令保荐机构更换保荐业务负责人、内核负责人；情节特别严重的，撤销其保荐机构资格：

（一）向中国证监会、证券交易所提交的与保荐工作相关的文件存在虚假记载、误导性陈述或者重大遗漏；

（二）内部控制制度未有效执行；

（三）尽职调查制度、内部核查制度、持续督导制度、保荐工作底稿制度未有效执行；

（四）保荐工作底稿存在虚假记载、误导性陈述或者重大遗漏；

（五）唆使、协助或者参与发行人及证券服务机构提供存在虚假记载、误导性陈述或者重大遗漏的文件；

（六）唆使、协助或者参与发行人干扰中国证监会及其发行审核委员会的审核工作；

（七）通过从事保荐业务谋取不正当利益；

（八）严重违反诚实守信、勤勉尽责义务的其他情形。

第六十四条 保荐代表人出现下列情形之一的，中国证监会可根据情节轻重，自确认之日起 3 个月到 12 个月内不受理相关保荐代表人具体负责的推荐；情节特别严重的，撤销其保荐代表人资格：

（一）尽职调查工作日志缺失或者遗漏、隐瞒重要问题；

（二）未完成或者未参加辅导工作；

（三）未参加持续督导工作，或者持续督导工作未勤勉尽责；

（四）因保荐业务或其具体负责保荐工作的发行人在保荐期间内受到证券交易所、中国证券业协会公开谴责；

（五）唆使、协助或者参与发行人干扰中国证监会及其发行审核委员会的审核工作；

（六）严重违反诚实守信、勤勉尽责义务的其他情形。

第六十五条 保荐代表人出现下列情形之一的，中国证监会撤销其保荐代表人资格；情节严重的，对其采取证券市场禁入的措施：

（一）在与保荐工作相关文件上签字推荐发行人证券发行上市，但未参加尽职调查工作，或者尽职调查工作不彻底、不充分，明显不符合业务规则和行业规范；

（二）通过从事保荐业务谋取不正当利益；

（三）本人及其配偶持有发行人的股份；

（四）唆使、协助或者参与发行人及证券服务机构提供存在虚假记载、误导性陈述或者重大遗漏的文件；

（五）参与组织编制的与保荐工作相关文件存在虚假记载、误导性陈述或者重大遗漏。

第六十六条 保荐机构、保荐代表人因保荐业务涉嫌违法违规处于立案调查期间的，中国证监会暂不受理该保荐机构的推荐；暂不受理相关保荐代表人具体负责的推荐。

第六十七条 发行人出现下列情形之一的，中国证监会自确认之日起暂停保荐机构的保荐机构资格3个月，撤销相关人员的保荐代表人资格：

（一）证券发行募集文件等申请文件存在虚假记载、误导性陈述或者重大遗漏；

（二）公开发行证券上市当年即亏损；

（三）持续督导期间信息披露文件存在虚假记载、误导性陈述或者重大遗漏。

第六十八条 发行人在持续督导期间出现下列情形之一的，中国证监会可根据情节轻重，自确认之日起3个月到12个月内不受理相关保荐代表人具体负责的推荐；情节特别严重的，撤销相关人员的保荐代表人资格：

（一）证券上市当年累计50%以上募集资金的用途与承诺不符；

（二）公开发行证券并在主板上市当年营业利润比上年下滑50%以上；

（三）首次公开发行股票并上市之日起12个月内控股股东或者实际控制人发生变更；

（四）首次公开发行股票并上市之日起12个月内累计50%以上资产或者主营业务发生重组；

（五）上市公司公开发行新股、可转换公司债券之日起12个月内累计50%以上资产或者主营业务发生重组，且未在证券发行募集文件中披露；

（六）实际盈利低于盈利预测达20%以上；

（七）关联交易显失公允或者程序违规，涉及金额较大；

（八）控股股东、实际控制人或其他关联方违规占用发行人资源，涉及金额较大；

（九）违规为他人提供担保，涉及金额较大；

（十）违规购买或出售资产、借款、委托资产管理等，涉及金额较大；

（十一）董事、监事、高级管理人员侵占发行人利益受到行政处罚或者被追究刑事责任；

（十二）违反上市公司规范运作和信息披露等有关法律法规，情节严重的；

（十三）中国证监会规定的其他情形。

第六十九条 保荐代表人被暂不受理具体负责的推荐或者被撤销保荐代表人资格的，保荐业务负责人、内核负责人应承担相应的责任，对已受理的该保荐代表人具体负责推荐的项目，保荐机构应当撤回推荐；情节严重的，责令保荐机构就各项保荐业务制度限期整改，责令保荐机构更换保荐业务负责人、内核负责人，逾期仍然不符合要求的，撤销其保荐机构资格。

第七十条 保荐机构、保荐业务负责人或者内核负责人在1个自然年度内被采取本办法第六十二条规定监管措施累计5次以上，中国证监会可暂停保荐机构的保荐机构资格3个月，责令保荐机构更换保荐业务负责人、内核负责人。

保荐代表人在2个自然年度内被采取本办法第六十二条规定监管措施累计2次以上，中国证监会可6个月内不受理相关保荐代表人具体负责的推荐。

第七十一条 对中国证监会采取的监管措施，保荐机构及其保荐代表人提出申辩的，如有充分证据证明下列事实且理由成立，中国证监会予以采纳：

（一）发行人或其董事、监事、高级管理人员故意隐瞒重大事实，保荐机构和保荐代表人已履行勤勉尽责义务；

（二）发行人已在证券发行募集文件中做出特别提示，保荐机构和保荐代表人已履行勤勉尽责义务；

（三）发行人因不可抗力致使业绩、募集资金运用等出现异常或者未能履行承诺；

（四）发行人及其董事、监事、高级管理人员在持续督导期间故意违法违规，保荐机构和保荐代表人主动予以揭示，已履行勤勉尽责义务；

（五）保荐机构、保荐代表人已履行勤勉尽责义务的其他情形。

第七十二条 发行人及其董事、监事、高级管理人员违反本办法规定，变更保荐机构后未另行聘请保荐机构，持续督导期间违法违规且拒不纠正，发生重大事项未及时通知保荐机构，或者发生其他严重不配合保荐工作情形的，中国证监会可以责令改正，予以公布并可根据情节轻重采取下列监管措施：

(一)要求发行人每月向中国证监会报告接受保荐机构督导的情况;

(二)要求发行人披露月度财务报告、相关资料;

(三)指定证券服务机构进行核查;

(四)要求证券交易所对发行人证券的交易实行特别提示;

(五)36 个月内不受理其发行证券申请;

(六)将直接负责的主管人员和其他责任人员认定为不适当人选。

第七十三条 证券服务机构及其签字人员违反本办法规定的,中国证监会责令改正,并对相关机构和责任人员采取监管谈话、重点关注、出具警示函、责令公开说明、认定为不适当人选等监管措施。

第七十四条 证券服务机构及其签字人员出具的专业意见存在虚假记载、误导性陈述或重大遗漏,或者因不配合保荐工作而导致严重后果的,中国证监会自确认之日起 6 个月到 36 个月内不受理其文件,并将处理结果予以公布。

第七十五条 发行人及其董事、监事、高级管理人员、证券服务机构及其签字人员违反法律、行政法规,依法应予行政处罚的,依照有关规定进行处罚;涉嫌犯罪的,依法移送司法机关,追究其刑事责任。

第七章 附 则

第七十六条 本办法所称"保荐机构",是指《证券法》第十一条所指"保荐人"。

第七十七条 本办法实施前从事证券发行上市保荐业务的保荐机构,不完全符合本办法规定的,应当在本办法实施之日起 3 个月内达到本办法规定的要求,并由中国证监会组织验收。逾期仍然不符合要求的,中国证监会撤销其保荐机构资格。

第七十八条 本办法自 2008 年 12 月 1 日起施行,《证券发行上市保荐制度暂行办法》(证监会令第 18 号)、《首次公开发行股票辅导工作办法》(证监发〔2001〕125 号)同时废止。

期货交易所管理办法

第一章　总　　则

第 一 条　为了加强对期货交易所的监督管理，明确期货交易所职责，维护期货市场秩序，促进期货市场积极稳妥发展，根据《期货交易管理条例》，制定本办法。

第 二 条　本办法适用于在中华人民共和国境内设立的期货交易所。

第 三 条　本办法所称期货交易所是指依照《期货交易管理条例》和本办法规定设立，不以营利为目的，履行《期货交易管理条例》和本办法规定的职责，按照章程和交易规则实行自律管理的法人。

第 四 条　经中国证券监督管理委员会（以下简称中国证监会）批准，期货交易所可以采取会员制或者公司制的组织形式。

会员制期货交易所的注册资本划分为均等份额，由会员出资认缴。

公司制期货交易所采用股份有限公司的组织形式。

第 五 条　中国证监会依法对期货交易所实行集中统一的监督管理。

第二章　设立、变更与终止

第 六 条　设立期货交易所，由中国证监会审批。未经国务院或者中国证监会批准，任何单位或者个人不得设立期货交易场所或者以任何形式组织期货交易及其相关活动。

第 七 条　经中国证监会批准设立的期货交易所，应当标明“商品交易所”或者“期货交易所”字样。其他任何单位或者个人不得使用期货交易所或者近似的名称。

第 八 条　期货交易所除履行《期货交易管理条例》规定的职责外，还应当履行下列职责：

（一）制定并实施期货交易所的交易规则及其实施细则；

（二）发布市场信息；

（三）监管会员及其客户、指定交割仓库、期货保证金存管银行及期货市场其他参与者的期货业务；

（四）查处违规行为。

第九条 申请设立期货交易所，应当向中国证监会提交下列文件和材料：

（一）申请书；

（二）章程和交易规则草案；

（三）期货交易所的经营计划；

（四）拟加入会员或者股东名单；

（五）理事会成员候选人或者董事会和监事会成员名单及简历；

（六）拟任用高级管理人员的名单及简历；

（七）场地、设备、资金证明文件及情况说明；

（八）中国证监会规定的其他文件、材料。

第十条 期货交易所章程应当载明下列事项：

（一）设立目的和职责；

（二）名称、住所和营业场所；

（三）注册资本及其构成；

（四）营业期限；

（五）组织机构的组成、职责、任期和议事规则；

（六）管理人员的产生、任免及其职责；

（七）基本业务制度；

（八）风险准备金管理制度；

（九）财务会计、内部控制制度；

（十）变更、终止的条件、程序及清算办法；

（十一）章程修改程序；

（十二）需要在章程中规定的其他事项。

第十一条 除本办法第十条规定的事项外，会员制期货交易所章程还应当载明下列事项：

（一）会员资格及其管理办法；

（二）会员的权利和义务；

（三）对会员的纪律处分。

第十二条 期货交易所交易规则应当载明下列事项：

（一）期货交易、结算和交割制度；

（二）风险管理制度和交易异常情况的处理程序；

（三）保证金的管理和使用制度；

（四）期货交易信息的发布办法；

（五）违规、违约行为及其处理办法；

（六）交易纠纷的处理方式；

（七）需要在交易规则中载明的其他事项。

公司制期货交易所还应当在交易规则中载明本办法第十一条规定的事项。

第十三条　期货交易所变更名称、注册资本的，应当事前向中国证监会报告。

第十四条　期货交易所的合并、分立或者变更组织形式，应当事前向中国证监会报告。

期货交易所合并可以采取吸收合并和新设合并两种方式，合并前各方的债权、债务由合并后存续或者新设的期货交易所承继。

期货交易所分立的，其债权、债务由分立后的期货交易所承继。

第十五条　期货交易所联网交易的，应当于决定之日起10日内报告中国证监会。

第十六条　未经中国证监会批准，期货交易所不得设立分所或者其他任何期货交易场所。

第十七条　期货交易所因下列情形之一解散：

（一）章程规定的营业期限届满；

（二）会员大会或者股东大会决定解散；

（三）中国证监会决定关闭。

期货交易所因前款第（一）项、第（二）项情形解散的，应当事前向中国证监会报告。

第十八条　期货交易所因合并、分立或者解散而终止的，由中国证监会予以公告。

期货交易所终止的，应当成立清算组进行清算。清算组制定的清算方案，应当事前向中国证监会报告。

第三章　组织机构

第一节　会员制期货交易所

第十九条　会员制期货交易所设会员大会。会员大会是期货交易所的权力机构，由全体会员组成。

第二十条　会员大会行使下列职权：

（一）审定期货交易所章程、交易规则及其修改草案；
（二）选举和更换会员理事；
（三）审议批准理事会和总经理的工作报告；
（四）审议批准期货交易所的财务预算方案、决算报告；
（五）审议期货交易所风险准备金使用情况；
（六）决定增加或者减少期货交易所注册资本；
（七）决定期货交易所的合并、分立、解散和清算事项；
（八）决定期货交易所理事会提交的其他重大事项；
（九）期货交易所章程规定的其他职权。

第二十一条 会员大会由理事会召集，每年召开一次。

有下列情形之一的，应当召开临时会员大会：
（一）会员理事不足期货交易所章程规定人数的2/3；
（二）1/3以上会员联名提议；
（三）理事会认为必要。

第二十二条 会员大会由理事长主持。召开会员大会，应当将会议审议的事项于会议召开10日前通知会员。临时会员大会不得对通知中未列明的事项作出决议。

第二十三条 会员大会有2/3以上会员参加方为有效。会员大会应当对表决事项制作会议纪要，由出席会议的理事签名。

会员大会结束之日起10日内，期货交易所应当将大会全部文件报告中国证监会。

第二十四条 期货交易所设理事会，每届任期3年。理事会是会员大会的常设机构，对会员大会负责。

第二十五条 理事会行使下列职权：
（一）召集会员大会，并向会员大会报告工作；
（二）拟订期货交易所章程、交易规则及其修改草案，提交会员大会审定；
（三）审议总经理提出的财务预算方案、决算报告，提交会员大会通过；
（四）审议期货交易所合并、分立、解散和清算的方案，提交会员大会通过；
（五）决定专门委员会的设置；
（六）决定会员的接纳和退出；
（七）决定对违规行为的纪律处分；

（八）决定期货交易所变更名称、住所或者营业场所；

（九）审议批准根据章程和交易规则制定的细则和办法；

（十）审议结算担保金的使用情况；

（十一）审议批准风险准备金的使用方案；

（十二）审议批准总经理提出的期货交易所发展规划和年度工作计划；

（十三）审议批准期货交易所对外投资计划；

（十四）监督总经理组织实施会员大会和理事会决议的情况；

（十五）监督期货交易所高级管理人员和其他工作人员遵守国家有关法律、行政法规、规章、政策和期货交易所章程、交易规则及其实施细则的情况；

（十六）组织期货交易所年度财务会计报告的审计工作，决定会计师事务所的聘用和变更事项；

（十七）期货交易所章程规定和会员大会授予的其他职权。

第二十六条　理事会由会员理事和非会员理事组成；其中会员理事由会员大会选举产生，非会员理事由中国证监会委派。

第二十七条　理事会设理事长 1 人、副理事长 1 至 2 人。理事长、副理事长的任免，由中国证监会提名，理事会通过。理事长不得兼任总经理。

第二十八条　理事长行使下列职权：

（一）主持会员大会、理事会会议和理事会日常工作；

（二）组织协调专门委员会的工作；

（三）检查理事会决议的实施情况并向理事会报告。

副理事长协助理事长工作。理事长因故临时不能履行职权的，由理事长指定的副理事长或者理事代其履行职权。

第二十九条　理事会会议至少每半年召开一次。每次会议应当于会议召开 10 日前通知全体理事。

有下列情形之一的，应当召开理事会临时会议：

（一）1/3 以上理事联名提议；

（二）期货交易所章程规定的情形；

（三）中国证监会提议。

理事会召开临时会议，可以另定召集理事会临时会议的通知方式和通知时限。

第三十条　理事会会议须有 2/3 以上理事出席方为有效，其决议须经全体理事1/2以上表决通过。

理事会会议结束之日起10日内,理事会应当将会议决议及其他会议文件报告中国证监会。

第三十一条 理事会会议应当由理事本人出席。理事因故不能出席的,应当以书面形式委托其他理事代为出席;委托书中应当载明授权范围。每位理事只能接受一位理事的委托。

理事会应当对会议表决事项作成会议记录,由出席会议的理事和记录员在会议记录上签名。

第三十二条 理事会可以根据需要设立监察、交易、结算、交割、会员资格审查、纪律处分、调解、财务和技术等专门委员会。

各专门委员会对理事会负责,其职责、任期和人员组成等事项由理事会规定。

第三十三条 期货交易所设总经理1人,副总经理若干人。总经理、副总经理由中国证监会任免。总经理每届任期3年,连任不得超过两届。

总经理是期货交易所的法定代表人,总经理是当然理事。

第三十四条 总经理行使下列职权:

(一)组织实施会员大会、理事会通过的制度和决议;

(二)主持期货交易所的日常工作;

(三)根据章程和交易规则拟订有关细则和办法;

(四)决定结算担保金的使用;

(五)拟订风险准备金的使用方案;

(六)拟订并实施经批准的期货交易所发展规划、年度工作计划;

(七)拟订并实施经批准的期货交易所对外投资计划;

(八)拟订期货交易所财务预算方案、决算报告;

(九)拟订期货交易所合并、分立、解散和清算的方案;

(十)拟订期货交易所变更名称、住所或者营业场所的方案;

(十一)决定期货交易所机构设置方案,聘任和解聘工作人员;

(十二)决定期货交易所员工的工资和奖惩;

(十三)期货交易所章程规定的或者理事会授予的其他职权。

总经理因故临时不能履行职权的,由总经理指定的副总经理代其履行职权。

第三十五条 期货交易所任免中层管理人员,应当在决定之日起10日内向中国证监会报告。

第二节 公司制期货交易所

第三十六条 公司制期货交易所设股东大会。股东大会是期货交易所的权力机构，由全体股东组成。

第三十七条 股东大会行使下列职权：

（一）本办法第二十条第（一）项、第（四）项至第（七）项规定的职权；

（二）选举和更换非由职工代表担任的董事、监事；

（三）审议批准董事会、监事会和总经理的工作报告；

（四）决定期货交易所董事会提交的其他重大事项；

（五）期货交易所章程规定的其他职权。

第三十八条 股东大会会议的召开及议事规则应当符合期货交易所章程的规定。

会议结束之日起10日内，期货交易所应当将会议全部文件报告中国证监会。

第三十九条 期货交易所设董事会，每届任期3年。

第四十条 董事会对股东大会负责，行使下列职权：

（一）召集股东大会会议，并向股东大会报告工作；

（二）拟订期货交易所章程、交易规则及其修改草案，提交股东大会审定；

（三）审议总经理提出的财务预算方案、决算报告，提交股东大会通过；

（四）审议期货交易所合并、分立、解散和清算的方案，提交股东大会通过；

（五）监督总经理组织实施股东大会和董事会决议的情况；

（六）本办法第二十五条第（五）项至第（十三）项、第（十五）项、第（十六）项规定的职权；

（七）期货交易所章程规定和股东大会授予的其他职权。

第四十一条 期货交易所设董事长1人，副董事长1至2人。

董事长、副董事长的任免，由中国证监会提名，董事会通过。董事长不得兼任总经理。

第四十二条 董事长行使下列职权：

（一）主持股东大会、董事会会议和董事会日常工作；

（二）组织协调专门委员会的工作；

（三）检查董事会决议的实施情况并向董事会报告。

副董事长协助董事长工作。董事长因故临时不能履行职权的,由董事长指定的副董事长或者董事代其履行职权。

第四十三条 董事会会议的召开和议事规则应当符合期货交易所章程的规定。

董事会会议结束之日起 10 日内,董事会应当将会议决议及其他会议文件报告中国证监会。

第四十四条 董事会可以根据需要设立本办法第三十二条规定的专门委员会。各专门委员会对董事会负责,其职责、任期和人员组成等事项由董事会规定。

第四十五条 期货交易所应当设独立董事。独立董事由中国证监会提名,股东大会通过。

第四十六条 期货交易所可以设董事会秘书。董事会秘书由中国证监会提名,董事会通过。

董事会秘书负责期货交易所股东大会和董事会会议的筹备、文件保管以及期货交易所股东资料的管理等事宜。

第四十七条 期货交易所设总经理 1 人,副总经理若干人。总经理、副总经理由中国证监会任免。总经理每届任期 3 年,连任不得超过两届。

总经理是期货交易所的法定代表人,总经理应当由董事担任。

第四十八条 总经理行使下列职权:

(一)组织实施股东大会、董事会通过的制度和决议;

(二)本办法第三十四条第(二)项至第(十二)项规定的职权;

(三)期货交易所章程规定或者董事会授予的其他职权。

总经理因故临时不能履行职权的,由总经理指定的副总经理代其履行职权。

第四十九条 期货交易所设监事会,每届任期 3 年。监事会成员不得少于 3 人。监事会设主席 1 人,副主席 1 至 2 人。监事会主席、副主席的任免,由中国证监会提名,监事会通过。

第五十条 监事会行使下列职权:

(一)检查期货交易所财务;

(二)监督期货交易所董事、高级管理人员执行职务行为;

(三)向股东大会会议提出提案;

(四)期货交易所章程规定的其他职权。

第五十一条 监事会会议的召开和议事规则应当符合期货交易所章程的规定。

监事会会议结束之日起10日内,监事会应当将会议决议及其他会议文件报告中国证监会。

第五十二条 本办法第三十五条的规定适用于公司制期货交易所。

第四章 会员管理

第五十三条 期货交易所会员应当是在中华人民共和国境内登记注册的企业法人或者其他经济组织。

第五十四条 取得期货交易所会员资格,应当经期货交易所批准。

期货交易所批准、取消会员的会员资格,应当向中国证监会报告。

第五十五条 期货交易所应当制定会员管理办法,规定会员资格的取得与终止的条件和程序、对会员的监督管理等内容。

第五十六条 会员制期货交易所会员享有下列权利:

(一)参加会员大会,行使选举权、被选举权和表决权;

(二)在期货交易所从事规定的交易、结算和交割等业务;

(三)使用期货交易所提供的交易设施,获得有关期货交易的信息和服务;

(四)按规定转让会员资格;

(五)联名提议召开临时会员大会;

(六)按照期货交易所章程和交易规则行使申诉权;

(七)期货交易所章程规定的其他权利。

第五十七条 会员制期货交易所会员应当履行下列义务:

(一)遵守国家有关法律、行政法规、规章和政策;

(二)遵守期货交易所的章程、交易规则及其实施细则及有关决定;

(三)按规定缴纳各种费用;

(四)执行会员大会、理事会的决议;

(五)接受期货交易所监督管理。

第五十八条 公司制期货交易所会员享有下列权利:

(一)本办法第五十六条第(二)项和第(三)项规定的权利;

(二)按照交易规则行使申诉权;

(三)期货交易所交易规则规定的其他权利。

第五十九条 公司制期货交易所会员应当履行本办法第五十七条第(一)项至第(三)项、第(五)项规定的义务。

第六十条 期货交易所每年应当对会员遵守期货交易所交易规则及

其实施细则的情况进行抽样或者全面检查,并将检查结果报告中国证监会。

期货交易所行使监管职权时,可以按照期货交易所章程和交易规则及其实施细则规定的权限和程序对会员进行调查取证,会员应当配合。

第六十一条 期货交易所实行全员结算制度或者会员分级结算制度,应当事前向中国证监会报告。

第六十二条 实行全员结算制度的期货交易所会员均具有与期货交易所进行结算的资格。

第六十三条 实行全员结算制度的期货交易所会员由期货公司会员和非期货公司会员组成。期货公司会员按照中国证监会批准的业务范围开展相关业务;非期货公司会员不得从事《期货交易管理条例》规定的期货公司业务。

第六十四条 实行全员结算制度的期货交易所对会员结算,会员对其受托的客户结算。

第六十五条 实行会员分级结算制度的期货交易所会员由结算会员和非结算会员组成。结算会员具有与期货交易所进行结算的资格,非结算会员不具有与期货交易所进行结算的资格。

期货交易所对结算会员结算,结算会员对非结算会员结算,非结算会员对其受托的客户结算。

第六十六条 结算会员由交易结算会员、全面结算会员和特别结算会员组成。

全面结算会员、特别结算会员可以为与其签订结算协议的非结算会员办理结算业务。交易结算会员不得为非结算会员办理结算业务。

第六十七条 实行会员分级结算制度的期货交易所可以根据结算会员资信和业务开展情况,限制结算会员的结算业务范围,但应当于3日内报告中国证监会。

第五章 基本业务规则

第六十八条 期货交易所向会员收取的保证金,只能用于担保期货合约的履行,不得查封、冻结、扣划或者强制执行。期货交易所应当在期货保证金存管银行开立专用结算账户,专户存储保证金,不得挪用。

保证金分为结算准备金和交易保证金。结算准备金是指未被合约占用的保证金;交易保证金是指已被合约占用的保证金。

实行会员分级结算制度的期货交易所只向结算会员收取保证金。

第六十九条 期货交易所应当建立保证金管理制度。保证金管理制度应当包括下列内容：

（一）向会员收取保证金的标准和形式；

（二）专用结算账户中会员结算准备金最低余额；

（三）当会员结算准备金余额低于期货交易所规定最低余额时的处置方法。

会员结算准备金最低余额由会员以自有资金向期货交易所缴纳。

第七十条 期货交易所可以接受以下有价证券充抵保证金：

（一）经期货交易所认定的标准仓单；

（二）可流通的国债；

（三）中国证监会认定的其他有价证券。

以前款规定的有价证券充抵保证金的，充抵的期限不得超过该有价证券的有效期限。

第七十一条 标准仓单充抵保证金的，期货交易所以充抵日前一交易日该标准仓单对应品种最近交割月份期货合约的结算价为基准计算价值。

国债充抵保证金的，期货交易所以充抵日前一交易日该国债在上海证券交易所、深圳证券交易所较低的收盘价为基准计算价值。

期货交易所可以根据市场情况对用于充抵保证金的有价证券的基准计算价值进行调整。

第七十二条 有价证券充抵保证金的金额不得高于以下标准中的较低值：

（一）有价证券基准计算价值的80%；

（二）会员在期货交易所专用结算账户中的实有货币资金的4倍。

第七十三条 期货交易的相关亏损、费用、货款和税金等款项，应当以货币资金支付，不得以有价证券充抵的金额支付。

第七十四条 客户以有价证券充抵保证金的，会员应当将收到的有价证券提交期货交易所。

非结算会员的客户以有价证券充抵保证金的，非结算会员应将收到的有价证券提交结算会员，由结算会员提交期货交易所。

第七十五条 客户以有价证券充抵保证金的，期货交易所应当将用于充抵的有价证券的种类和数量如实反映在该客户的交易编码下。

第七十六条 实行会员分级结算制度的期货交易所应当建立结算担

保金制度。结算担保金包括基础结算担保金和变动结算担保金。

结算担保金由结算会员以自有资金向期货交易所缴纳。结算担保金属于结算会员所有,用于应对结算会员违约风险。期货交易所应当按照有关规定管理和使用,不得挪作他用。

期货交易所调整基础结算担保金标准的,应当在调整前报告中国证监会。

第七十七条 期货交易所应当按照手续费收入的20%的比例提取风险准备金,风险准备金应当单独核算,专户存储。

中国证监会可以根据期货交易所业务规模、发展计划以及潜在的风险决定风险准备金的规模。

第七十八条 期货交易实行客户交易编码制度。会员和客户应当遵守一户一码制度,不得混码交易。

第七十九条 期货交易实行限仓制度和套期保值审批制度。

第八十条 期货交易实行大户持仓报告制度。会员或者客户持仓达到期货交易所规定的持仓报告标准的,会员或者客户应当向期货交易所报告。客户未报告的,会员应当向期货交易所报告。

期货交易所可以根据市场风险状况制定并调整持仓报告标准。

第八十一条 期货交易实行当日无负债结算制度。

第八十二条 实行全员结算制度的期货交易所对会员进行风险管理,会员对其受托的客户进行风险管理。

实行会员分级结算制度的期货交易所对结算会员进行风险管理,结算会员对与其签订结算协议的非结算会员进行风险管理,会员对其受托的客户进行风险管理。

第八十三条 会员在期货交易中违约的,应当承担违约责任。

期货交易所先以违约会员的保证金承担该会员的违约责任,保证金不足的,实行全员结算制度的期货交易所应当以违约会员的自有资金、期货交易所风险准备金和期货交易所自有资金承担;实行会员分级结算制度的期货交易所应当以违约会员的自有资金、结算担保金、期货交易所风险准备金和期货交易所自有资金承担。

期货交易所以结算担保金、期货交易所风险准备金和期货交易所自有资金代为承担责任后,由此取得对违约会员的相应追偿权。

第八十四条 有根据认为会员或者客户违反期货交易所交易规则及其实施细则并且对市场正在产生或者即将产生重大影响,为防止违规行为后果进一步扩大,期货交易所可以对该会员或者客户采取下列临时处置措施：

（一）限制入金；

（二）限制出金；

（三）限制开仓；

（四）提高保证金标准；

（五）限期平仓；

（六）强行平仓。

期货交易所按交易规则及其实施细则规定的程序采取前款第（四）项、第（五）项或者第（六）项措施的，应当在采取措施后及时报告中国证监会。

期货交易所对会员或者客户采取临时处置措施，应当按照期货交易所交易规则及其实施细则规定的方式通知会员或者客户，并列明采取临时处置措施的根据。

第八十五条 期货价格出现同方向连续涨跌停板的，期货交易所可以采用调整涨跌停板幅度、提高交易保证金标准及按一定原则减仓等措施化解风险。

第八十六条 期货交易所实行风险警示制度。期货交易所认为必要的，可以分别或同时采取要求会员和客户报告情况、谈话提醒、发布风险提示函等措施，以警示和化解风险。

第八十七条 在期货交易过程中出现以下情形之一的，期货交易所可以宣布进入异常情况，采取紧急措施化解风险：

（一）地震、水灾、火灾等不可抗力或者计算机系统故障等不可归责于期货交易所的原因导致交易无法正常进行；

（二）会员出现结算、交割危机，对市场正在产生或者即将产生重大影响；

（三）出现本办法第八十五条规定的情形经采取相应措施后仍未化解风险；

（四）期货交易所交易规则及其实施细则中规定的其他情形。

期货交易所宣布进入异常情况并决定采取紧急措施前应当报告中国证监会。

第八十八条 期货交易所宣布进入异常情况并决定暂停交易的，暂停交易的期限不得超过 3 个交易日，但经中国证监会批准延长的除外。

第八十九条 期货交易所应当以适当方式发布下列信息：

（一）即时行情；

（二）持仓量、成交量排名情况；

（三）期货交易所交易规则及其实施细则规定的其他信息。

期货交易涉及商品实物交割的，期货交易所还应当发布标准仓单数量和可用库容情况。

第九十条 期货交易所应当编制交易情况周报表、月报表和年报表，并及时公布。

第九十一条 期货交易所对期货交易、结算、交割资料的保存期限应当不少于20年。

第六章 监督管理

第九十二条 期货交易所制定或者修改章程、交易规则，上市、中止、取消或者恢复交易品种，应当经中国证监会批准。期货交易所上市、修改或者终止合约，应当事前向中国证监会报告。

第九十三条 期货交易所应当对违反期货交易所交易规则及其实施细则的行为制定查处办法，并事前向中国证监会报告。

期货交易所对会员及其客户、指定交割仓库、期货保证金存管银行及期货市场其他参与者与期货业务有关的违规行为，应当在前款所称办法规定的职责范围内及时予以查处；超出前款所称办法规定的职责范围的，应当向中国证监会报告。

第九十四条 期货交易所制定或者修改交易规则的实施细则，应当事前向中国证监会报告。

第九十五条 期货交易所的交易结算系统和交易结算业务应当满足期货保证金安全存管监控的要求，真实、准确和完整地反映会员保证金的变动情况。

第九十六条 期货交易所应当按照中国证监会有关期货保证金安全存管监控的规定，向期货保证金安全存管监控机构报送相关信息。

第九十七条 公司制期货交易所收购本期货交易所股份、股东转让所持股份或者对其股份进行其他处置，应当按照中国证监会有关规定进行事前报告。

第九十八条 期货交易所的高级管理人员应当具备中国证监会要求的条件。未经中国证监会批准，期货交易所的理事长、副理事长、董事长、副董事长、监事会主席、监事会副主席、总经理、副总经理、董事会秘书不得在任何营利性组织中兼职。

未经批准，期货交易所的其他工作人员和非会员理事不得以任何形式在期货交易所会员单位及其他与期货交易有关的营利性组织兼职。

第九十九条 期货交易所工作人员应当自觉遵守有关法律、行政法规、规章和政策，恪尽职守，勤勉尽责，诚实信用，具有良好的职业操守。

期货交易所工作人员不得从事期货交易，不得泄漏内幕消息或者利用内幕消息获得非法利益，不得从期货交易所会员、客户处谋取利益。

期货交易所的工作人员履行职务，遇有与本人或者其亲属有利害关系的情形时，应当回避。

第一百条 期货交易所的所得收益按照国家有关规定管理和使用，但应当首先用于保证期货交易场所、设施的运行和改善。

第一百零一条 期货交易所应当向中国证监会履行下列报告义务：

（一）每一年度结束后 4 个月内提交经具有证券、期货相关业务资格的会计师事务所审计的年度财务报告；

（二）每一季度结束后 15 日内、每一年度结束后 30 日内提交有关经营情况和有关法律、行政法规、规章、政策执行情况的季度和年度工作报告；

（三）中国证监会规定的其他事项。

第一百零二条 发生下列重大事项，期货交易所应当及时向中国证监会报告：

（一）发现期货交易所工作人员存在或者可能存在严重违反国家有关法律、行政法规、规章、政策的行为；

（二）期货交易所涉及占其净资产 10% 以上或者对其经营风险有较大影响的诉讼；

（三）期货交易所的重大财务支出、投资事项以及可能带来较大财务或者经营风险的重大财务决策；

（四）中国证监会规定的其他事项。

第一百零三条 中国证监会可以根据市场情况调整期货交易所收取的保证金标准，暂停、恢复或者取消某一期货交易品种的交易。

第一百零四条 中国证监会认为期货市场出现异常情况的，可以决定采取延迟开市、暂停交易、提前闭市等必要的风险处置措施。

第一百零五条 中国证监会认为有必要的，可以对期货交易所高级管理人员实施提示。

第一百零六条 中国证监会派出机构对期货交易所会员进行风险处置，采取监管措施的，经中国证监会批准，期货交易所应当在限制会员资金划转、限制会员开仓、移仓和强行平仓等方面予以配合。

第一百零七条 中国证监会可以向期货交易所派驻督察员。督察员依照中国证监会的有关规定履行职责。

督察员履行职责,期货交易所应当予以配合。

第一百零八条 期货交易所应当按照国家有关规定及时缴纳期货市场监管费。

第七章 法律责任

第一百零九条 期货交易所未按照本办法第十五条、第三十五条、第五十二条、第六十七条、第八十七条、第九十四条、第一百零一条和第一百零二条的规定履行报告义务,或者未按照本办法第二十三条、第三十条、第三十八条、第四十三条、第五十一条和第九十六条的规定报送有关文件、资料和信息的,根据《期货交易管理条例》第六十四条处罚。

第一百一十条 期货交易所有下列行为之一的,根据《期货交易管理条例》第六十五条处罚:

(一)未经报告变更名称或者注册资本;

(二)未经批准设立分所或者其他任何交易场所;

(三)违反有价证券充抵保证金规定;

(四)不按照规定对会员进行检查;

(五)未建立或者未执行客户交易编码制度、保证金管理制度;

(六)交易结算系统和交易结算业务不符合本办法第九十五条的规定。

第一百一十一条 期货交易所工作人员违反本办法第九十九条规定的,根据《期货交易管理条例》第七十八条处罚。

第八章 附 则

第一百一十二条 在中国证监会批准的其他交易场所进行期货交易的,依照本办法的有关规定执行。

第一百一十三条 本办法自 2007 年 4 月 15 日起施行。2002 年 5 月 17 日发布的《期货交易所管理办法》(中国证券监督管理委员会令第 6 号)同时废止。

期货公司监督管理办法

第一章　总　　则

第 一 条　为了规范期货公司经营活动,加强对期货公司监督管理,保护客户合法权益,推进期货市场建设,根据《公司法》和《期货交易管理条例》等法律、行政法规,制定本办法。

第 二 条　在中华人民共和国境内设立的期货公司,适用本办法。

第 三 条　期货公司应当遵守法律、行政法规和中国证券监督管理委员会(以下简称中国证监会)的规定,审慎经营,防范利益冲突,履行对客户的诚信义务。

第 四 条　期货公司的股东、实际控制人和其他关联人不得滥用权利,不得占用期货公司资产或者挪用客户资产,不得侵害期货公司、客户的合法权益。

第 五 条　中国证监会及其派出机构依法对期货公司及其分支机构实行监督管理。

中国期货业协会、期货交易所按照自律规则对期货公司实行自律管理。

期货保证金安全存管监控机构依法对客户保证金安全实施监控。

第二章　设立、变更与业务终止

第 六 条　申请设立期货公司,除应当符合《期货交易管理条例》第十六条规定的条件外,还应当具备下列条件:

(一)具有期货从业人员资格的人员不少于 15 人;

(二)具备任职资格的高级管理人员不少于 3 人。

第 七 条　持有 5% 以上股权的股东为法人或者其他组织的,应当具备下列条件:

(一)实收资本和净资产均不低于人民币 3000 万元;

(二)净资产不低于实收资本的 50%,或有负债低于净资产的 50%,不存在对财务状况产生重大不确定影响的其他风险;

(三)没有较大数额的到期未清偿债务;

（四）近3年未因重大违法违规行为受到行政处罚或者刑事处罚；

（五）未因涉嫌重大违法违规正在被有权机关立案调查或者采取强制措施；

（六）近3年作为公司（含金融机构）的股东或者实际控制人，未有滥用股东权利、逃避股东义务等不诚信行为；

（七）不存在中国证监会根据审慎监管原则认定的其他不适合持有期货公司股权的情形。

第 八 条 持有期货公司5%以上股权的个人股东应当符合本办法第七条第（三）项至第（七）项规定的条件，且其个人金融资产不低于人民币3000万元。

第 九 条 持有期货公司5%以上股权的境外股东，除应当符合本办法第七条规定的条件外，还应当具备下列条件：

（一）依其所在国家或者地区法律设立、合法存续的金融机构；

（二）近3年各项财务指标及监管指标符合所在国家或者地区法律的规定和监管机构的要求；

（三）所在国家或者地区具有完善的期货法律和监督管理制度，其期货监管机构已与中国证监会签订监管合作备忘录，并保持有效的监管合作关系；

（四）期货公司外资持股比例或者拥有的权益比例，累计（包括直接持有和间接持有）不得超过我国期货业对外或者对我国香港特别行政区、澳门特别行政区和台湾地区开放所作的承诺。

境外股东应当以可自由兑换货币或者合法取得的人民币出资。

第 十 条 期货公司有关联关系的股东持股比例合计达到5%的，持股比例最高的股东应当符合本办法第七条至第九条规定的条件。

第十一条 申请设立期货公司，应当向中国证监会提交下列申请材料：

（一）申请书；

（二）公司章程草案；

（三）经营计划；

（四）发起人名单及其审计报告或者个人金融资产证明；

（五）拟任用高级管理人员和从业人员名单、简历和相关资格证明；

（六）拟订的期货业务制度、内部控制制度和风险管理制度文本；

（七）场地、设备、资金证明文件；

（八）律师事务所出具的法律意见书；

（九）中国证监会规定的其他申请材料。

第十二条 外资持有股权的期货公司，应当按照法律、行政法规的规定，向国务院商务主管部门申请办理外商投资企业批准证书，并向外汇管理部门申请办理外汇登记、资本金账户开立以及有关资金结购汇手续。

第十三条 按照本办法设立的期货公司，可以依法从事商品期货经纪业务；从事金融期货经纪、境外期货经纪、期货投资咨询的，应当取得相应业务资格。从事资产管理业务的，应当依法登记备案。

期货公司经批准可以从事中国证监会规定的其他业务。

第十四条 期货公司申请金融期货经纪业务资格，应当具备下列条件：

（一）申请日前 2 个月风险监管指标持续符合规定标准；

（二）具有健全的公司治理、风险管理制度和内部控制制度，并有效执行；

（三）符合中国证监会期货保证金安全存管监控的规定；

（四）业务设施和技术系统符合相关技术规范且运行状况良好；

（五）高级管理人员近 2 年内未受到刑事处罚，未因违法违规经营受到行政处罚，无不良信用记录，且不存在因涉嫌违法违规经营正在被有权机关调查的情形；

（六）不存在被中国证监会及其派出机构采取《期货交易管理条例》第五十五条第二款、第五十六条规定的监管措施的情形；

（七）不存在因涉嫌违法违规正在被有权机关立案调查的情形；

（八）近 2 年内未因违法违规行为受过刑事处罚或者行政处罚。但期货公司控股股东或者实际控制人变更，高级管理人员变更比例超过 50%，对出现上述情形负有责任的高级管理人员和业务负责人已不在公司任职，且已整改完成并经期货公司住所地中国证监会派出机构验收合格的，可不受此限制；

（九）控股股东净资产或者个人金融资产不低于人民币 3000 万元；

（十）中国证监会根据审慎监管原则规定的其他条件。

第十五条 期货公司申请金融期货经纪业务资格，应当向中国证监会提交下列申请材料：

（一）申请书；

（二）加盖公司公章的营业执照和业务许可证复印件；

（三）股东会或者董事会决议文件；

（四）申请日前 2 个月风险监管报表；

（五）公司治理、风险管理制度和内部控制制度执行情况报告；

（六）业务设施和技术系统运行情况报告；

（七）控股股东经具有证券、期货相关业务资格的会计师事务所审计的最近一期财务报告或者个人金融资产证明；

（八）律师事务所出具的法律意见书；

（九）若存在本办法第十四条第（八）项规定的情形的，还应提供期货公司住所地中国证监会派出机构出具的整改验收合格意见书；

（十）中国证监会规定的其他申请材料。

第十六条 期货公司申请境外期货经纪、期货投资咨询以及经批准的其他业务的条件，由中国证监会另行规定。

第十七条 期货公司变更股权有下列情形之一的，应当经中国证监会批准：

（一）变更控股股东、第一大股东；

（二）单个股东或者有关联关系的股东持股比例增加到100%；

（三）单个股东的持股比例或者有关联关系的股东合计持股比例增加到5%以上，且涉及境外股东的。

除前款规定情形外，期货公司单个股东的持股比例或者有关联关系的股东合计持股比例增加到5%以上，应当经期货公司住所地中国证监会派出机构批准。

第十八条 期货公司变更股权有本办法第十七条所列情形的，应当具备下列条件：

（一）拟变更的股权不存在被查封、冻结等情形；

（二）期货公司与股东之间不存在交叉持股的情形，期货公司不存在为股权受让方提供任何形式财务支持的情形；

（三）涉及的股东符合本办法第七条至第十条规定的条件。

第十九条 期货公司变更股权，有本办法第十七条所列情形的，应当提交下列相关申请材料：

（一）申请书；

（二）关于变更股权的决议文件；

（三）股权转让或者变更出资合同，以及有限责任公司其他股东放弃优先购买权的承诺书；

（四）所涉及股东的基本情况报告、变更后期货公司股东股权背景情况图以及期货公司关于变更后股东是否存在关联关系、期货公司是否为股权受让方提供任何形式财务支持的情况说明；

（五）所涉及股东的股东会、董事会或者其他决策机构做出的相关决议；

（六）所涉及股东的审计报告或者个人金融资产证明；

（七）律师事务所出具的法律意见书；

（八）中国证监会规定的其他材料。

期货公司单个境外股东的持股比例或者有关联关系的境外股东合计持股比例增加到5%以上的，还应当提交下列申请材料：

（一）境外股东的章程、营业执照或者注册证书和相关业务资格证书复印件；

（二）境外股东所在国家或者地区的相关监管机构或者中国证监会认可的境外机构出具的关于其符合本办法第七条第（四）项、第（五）项与第九条第一款第（二）项规定条件的说明函。

期货公司发生本办法第十七条规定情形以外的股权变更，应当自完成工商变更登记手续之日起5个工作日内向公司住所地中国证监会派出机构报备下列书面材料：

（一）变更持有5%以下股权股东情况报告；

（二）股权受让方相关背景材料；

（三）股权背景情况图；

（四）股权变更相关文件；

（五）公司章程、准予变更登记文件、营业执照复印件；

（六）中国证监会规定的其他材料。

第二十条 期货公司变更法定代表人，拟任法定代表人应当具备任职条件。期货公司应当自完成相关工商变更登记之日起5个工作日内向住所地中国证监会派出机构提交下列备案材料：

（一）备案报告；

（二）变更后的营业执照副本复印件；

（三）公司决议文件；

（四）法定代表人期货从业资格证明、任职资格证明；

（五）期货公司原《经营期货业务许可证》正、副本原件；

（六）中国证监会要求提交的其他文件。

第二十一条 期货公司变更住所或营业场所，应当妥善处理客户资产，拟迁入的住所和拟使用的设施应当符合业务需要，并自完成相关工商变更登记之日起5个工作日内向住所地中国证监会派出机构报备。期货公司在中国证监会不同派出机构辖区变更住所的，还应当符合下列条件：

（一）符合持续性经营规则；

（二）近2年未因重大违法违规行为受到行政处罚或者刑事处罚；

（三）中国证监会根据审慎监管原则规定的其他条件。

第二十二条 期货公司变更住所或营业场所，应当向拟迁入地中国证监会派出机构提交下列备案材料：

（一）备案报告；

（二）变更后的营业执照副本复印件；

（三）公司决议文件；

（四）关于客户资产处理情况，变更后住所和使用的设施符合期货业务需要的说明；

（五）变更后住所所有权或者使用权证明和消防合格证明；

（六）首席风险官出具的公司符合相关条件的意见；

（七）期货公司原《经营期货业务许可证》正、副本原件；

（八）中国证监会要求提交的其他文件。

期货公司在提交备案材料时，应当将备案材料同时抄报拟迁出地中国证监会派出机构。

第二十三条 期货公司设立营业部、分公司等境内分支机构，应当自完成相关工商设立登记之日起5个工作日内向公司住所地中国证监会派出机构报备。

期货公司设立境内分支机构，应当具备下列条件：

（一）公司治理健全，内部控制制度符合有关规定并有效执行；

（二）申请日前3个月符合风险监管指标标准；

（三）符合有关客户资产保护和期货保证金安全存管监控的规定；

（四）未因涉嫌违法违规经营正在被有权机关调查，近1年内未因违法违规经营受到行政处罚或者刑事处罚；

（五）具有符合业务发展需要的分支机构设立方案；

（六）中国证监会根据审慎监管原则规定的其他条件。

第二十四条 期货公司设立境内分支机构，应当向公司住所地中国证监会派出机构提交下列备案材料：

（一）备案报告；

（二）分支机构营业执照副本复印件；

（三）公司决议文件；

（四）分支机构负责人任职资格证明；

（五）分支机构从业人员名册及期货从业资格证明；

（六）营业场所所有权或者使用权证明和消防合格证明；

（七）首席风险官出具的公司符合相关条件的意见；

（八）中国证监会要求提交的其他文件。

期货公司在提交备案材料时，应当将备案材料同时抄报拟设立分支机构所在地的中国证监会派出机构。

第二十五条 期货公司变更分支机构营业场所的，应当妥善处理客户资产，拟迁入的营业场所和拟使用的设施应当满足业务需要。

本办法所称期货公司变更分支机构营业场所仅限于在中国证监会同一派出机构辖区内变更营业场所。

第二十六条 期货公司终止境内分支机构的，应当先行妥善处理该分支机构客户资产，结清分支机构业务并终止经营活动，并自完成上述工作之日起5个工作日内向分支机构所在地中国证监会派出机构提交下列备案材料：

（一）备案报告；

（二）公司决议文件；

（三）关于处理分支机构客户资产、结清期货业务并终止经营活动情况的说明；

（四）在中国证监会指定报刊上的公告证明；

（五）首席风险官出具的公司符合相关条件的意见；

（六）中国证监会要求提交的其他文件。

期货公司在提交备案材料时，应当将备案材料同时抄报公司住所地的中国证监会派出机构。

第二十七条 期货公司设立、收购、参股或者终止境外期货类经营机构，应当具备下列条件，并应当自公司决议生效之日起5个工作日内向中国证监会报备：

（一）申请日前6个月符合风险监管指标标准；

（二）近2年内未因重大违法违规行为受到行政处罚或者刑事处罚；

（三）具有完备的境外机构管理制度，能够有效隔离风险；

（四）拟设立、收购或者参股机构所在国家或者地区的期货监管机构已与中国证监会签署监管合作备忘录；

（五）中国证监会根据审慎监管原则规定的其他条件。

第二十八条 期货公司设立、收购、参股或者终止境外期货类经营机构，应当自获得境外有关监管机构核准文件之日起5个工作日内向中国证监会提交下列备案材料：

（一）备案报告；

（二）境外期货类经营机构的章程；

（三）境外有关监管部门核准文件；

（四）拟设立、收购、参股境外机构所在国家或者地区的监管机构已与中国证监会签署监管合作谅解备忘录；

（五）中国证监会要求的其他资料。

期货公司变更境外期货类经营机构注册资本或股权的，应当自获得境外有关监管机构核准文件之日起5个工作日内向中国证监会提交下列备案材料：

（一）备案报告；

（二）最近一年经审计的财务报告；

（三）中国证监会要求的其他资料。

第二十九条 期货公司申请设立、收购或者参股境外期货类经营机构，应当按照外汇管理部门相关规定，办理外汇登记、有关资金划转以及结购汇手续。

第三十条 期货公司因遭遇不可抗力等正当事由申请停业的，应当妥善处理客户资产，清退或者转移客户。

期货公司恢复营业的，应当符合期货公司持续性经营规则。停业期限届满后，期货公司未能恢复营业或者不符合持续性经营规则的，中国证监会可以根据《期货交易管理条例》第二十条第一款规定注销其期货业务许可证。

第三十一条 期货公司停业的，应当向中国证监会提交下列申请材料：

（一）申请书；

（二）停业决议文件；

（三）关于处理客户资产、处置或者清退客户情况的报告；

（四）中国证监会规定的其他材料。

第三十二条 期货公司被撤销所有期货业务许可的，应当妥善处理客户资产，结清期货业务；公司继续存续的，应当依法办理名称、营业范围和公司章程等工商变更登记，存续公司不得继续以期货公司名义从事业务，其名称中不得有“期货”或者近似字样。

期货公司解散、破产的，应当先行妥善处理客户资产，结清业务。

第三十三条 期货公司设立、变更、停业、解散、破产、被撤销期货业务许可或者其分支机构设立、变更、终止的，期货公司应当在中国证监会指定的媒体上公告。

第三十四条 期货公司及其分支机构的许可证由中国证监会统一印制。许可证正本或者副本遗失或者灭失的,期货公司应当在30个工作日内在中国证监会指定的媒体上声明作废,并持登载声明向中国证监会重新申领。

第三章 公 司 治 理

第三十五条 期货公司应当按照明晰职责、强化制衡、加强风险管理的原则,建立并完善公司治理。

第三十六条 期货公司与其控股股东、实际控制人在业务、人员、资产、财务等方面应当严格分开,独立经营,独立核算。

未依法经期货公司股东会或者董事会决议,期货公司控股股东、实际控制人不得任免期货公司的董事、监事、高级管理人员,或者非法干预期货公司经营管理活动。

期货公司向股东、实际控制人及其关联人提供服务的,不得降低风险管理要求。

第三十七条 持有期货公司5%以上股权的股东或者实际控制人出现下列情形之一的,应当在3个工作日内通知期货公司:

(一)所持有的期货公司股权被冻结、查封或者被强制执行;

(二)质押所持有的期货公司股权;

(三)决定转让所持有的期货公司股权;

(四)不能正常行使股东权利或者承担股东义务,可能造成期货公司治理的重大缺陷;

(五)涉嫌重大违法违规被有权机关调查或者采取强制措施;

(六)因重大违法违规行为受到行政处罚或者刑事处罚;

(七)变更名称;

(八)合并、分立或者进行重大资产、债务重组;

(九)被采取停业整顿、撤销、接管、托管等监管措施,或者进入解散、破产、关闭程序;

(十)其他可能影响期货公司股权变更或者持续经营的情形。

持有期货公司5%以上股权的股东发生前款规定情形的,期货公司应当自收到通知之日起3个工作日内向期货公司住所地中国证监会派出机构报告。

期货公司实际控制人发生第一款第(五)项至第(九)项所列情形的,期货公司应当自收到通知之日起3个工作日内向住所地中国证监会派出机构报告。

第三十八条 期货公司有下列情形之一的,应当立即书面通知全体股东或进行公告,并向住所地中国证监会派出机构报告:

(一)公司或者其董事、监事、高级管理人员因涉嫌违法违规被有权机关立案调查或者采取强制措施;

(二)公司或者其董事、监事、高级管理人员因违法违规行为受到行政处罚或者刑事处罚;

(三)风险监管指标不符合规定标准;

(四)客户发生重大透支、穿仓,可能影响期货公司持续经营;

(五)发生突发事件,对期货公司或者客户利益产生或者可能产生重大不利影响;

(六)其他可能影响期货公司持续经营的情形。

中国证监会及其派出机构对期货公司及其分支机构采取《期货交易管理条例》第五十五条第二款、第四款或者第五十六条规定的监管措施或者作出行政处罚,期货公司应当书面通知全体股东或进行公告。

第三十九条 期货公司股东会应当按照《公司法》和公司章程,对职权范围内的事项进行审议和表决。股东会每年应当至少召开一次会议。期货公司股东应当按照出资比例或者所持股份比例行使表决权。

第四十条 期货公司应当设立董事会,并按照《公司法》的规定设立监事会或监事,切实保障监事会和监事对公司经营情况的知情权。

期货公司可以设立独立董事,期货公司的独立董事不得在期货公司担任董事会以外的职务,不得与本期货公司存在可能妨碍其作出独立、客观判断的关系。

第四十一条 期货公司应当设首席风险官,对期货公司经营管理行为的合法合规性、风险管理进行监督、检查。

首席风险官发现涉嫌占用、挪用客户保证金等违法违规行为或者可能发生风险的,应当立即向住所地中国证监会派出机构和公司董事会报告。

期货公司拟解聘首席风险官的,应当有正当理由,并向住所地中国证监会派出机构报告。

第四十二条 期货公司的董事长、总经理、首席风险官之间不得存在近亲属关系。董事长和总经理不得由一人兼任。

第四十三条 期货公司应当合理设置业务部门及其职能，建立岗位责任制度，不相容岗位应当分离。交易、结算、财务业务应当由不同部门和人员分开办理。

期货公司应当设立风险管理部门或者岗位，管理和控制期货公司的经营风险。

期货公司应当设立合规审查部门或者岗位，审查和稽核期货公司经营管理的合法合规性。

第四十四条 期货公司应当对分支机构实行集中统一管理，不得与他人合资、合作经营管理分支机构，不得将分支机构承包、租赁或者委托给他人经营管理。

分支机构经营的业务不得超出期货公司的业务范围，并应当符合中国证监会对相关业务的规定。

期货公司应当按照规定对营业部实行统一结算、统一风险管理、统一资金调拨、统一财务管理和会计核算。

第四十五条 期货公司可以按照规定，运用自有资金投资于股票、投资基金、债券等金融类资产，与业务相关的股权以及中国证监会规定的其他业务，但不得从事《期货交易管理条例》禁止的业务。

第四章 业务规则

第一节 一般规定

第四十六条 期货公司应当建立并有效执行风险管理、内部控制、期货保证金存管等业务制度和流程，有效隔离不同业务之间的风险，确保客户资产安全和交易安全。

第四十七条 期货公司应当按照规定实行投资者适当性管理制度，建立执业规范和内部问责机制，了解客户的经济实力、专业知识、投资经历和风险偏好等情况，审慎评估客户的风险承受能力，提供与评估结果相适应的产品或者服务。

期货公司应当向客户全面客观介绍相关法律法规、业务规则、产品或者服务的特征，充分揭示风险，并按照合同的约定，如实向客户提供与交易相关的资料、信息，不得欺诈或者误导客户。

期货公司应充分了解和评估客户风险承受能力，加强对客户的管理。

第四十八条 期货公司应当在营业场所公示业务流程。

期货公司应当提供从业人员资格证明等资料供客户查阅，并在本公司网站和营业场所提示客户可以通过中国期货业协会网站查询。

第四十九条 期货公司应当具有符合行业标准和自身业务发展需要的信息系统,制定信息技术管理制度,按照规定设置信息技术部门或岗位,保障信息系统安全运行。

第五十条 期货公司应当承担投资者投诉处理的首要责任,建立、健全客户投诉处理制度,公开投诉处理流程,妥善处理客户投诉及与客户的纠纷。

第五十一条 期货公司应当建立数据备份制度,对交易、结算、财务等数据进行备份管理。

期货公司应当妥善保存客户资料,除依法接受调查和检查外,应当为客户保密。客户资料保存期限不得少于20年。

第二节 期货经纪业务

第五十二条 期货公司不得接受下列单位和个人的委托,为其进行期货交易:

(一)国家机关和事业单位;

(二)中国证监会及其派出机构、期货交易所、期货保证金安全存管监控机构、中国期货业协会工作人员及其配偶;

(三)期货公司工作人员及其配偶;

(四)证券、期货市场禁止进入者;

(五)未能提供开户证明材料的单位和个人;

(六)中国证监会规定的不得从事期货交易的其他单位和个人。

第五十三条 客户开立账户,应当出具合法有效的单位、个人身份证明或者其他证明材料。

第五十四条 期货公司在为客户开立期货经纪账户前,应当向客户出示《期货交易风险说明书》,由客户签字确认,并签订期货经纪合同。

《〈期货经纪合同〉指引》和《期货交易风险说明书》由中国期货业协会制定。

第五十五条 客户可以通过书面、电话、计算机、互联网等委托方式下达交易指令。

期货公司应当建立交易指令委托管理制度,并与客户就委托方式和程序进行约定。期货公司应当按照客户委托下达交易指令,不得未经客户委托或者未按客户委托内容,擅自进行期货交易。期货公司从业人员不得未经过其依法设立的营业场所私下接受客户委托进行期货交易。

以书面方式下达交易指令的，客户应当填写书面交易指令单；以电话方式下达交易指令的，期货公司应当同步录音；以计算机、互联网等委托方式下达交易指令的，期货公司应当以适当方式保存。以互联网方式下达交易指令的，期货公司应当对互联网交易风险进行特别提示。

第五十六条 期货公司应当在传递交易指令前对客户账户资金和持仓进行验证。

期货公司应当按照时间优先的原则传递客户交易指令。

第五十七条 期货公司应当在每日结算后为客户提供交易结算报告，并提示客户可以通过期货保证金安全存管监控机构进行查询。客户应当按照期货经纪合同约定方式对交易结算报告内容进行确认。

客户对交易结算报告有异议的，应当在期货经纪合同约定的时间内以书面方式提出，期货公司应当在约定时间内进行核实。客户未在约定时间内提出异议的，视为对交易结算报告内容的确认。

第五十八条 期货公司应当制定并执行错单处理业务规则。

第五十九条 期货公司应当按照规定为客户申请、注销交易编码。客户与期货公司的委托关系终止的，应当办理销户手续。期货公司不得将客户未注销的资金账号、交易编码借给他人使用。

第六十条 期货公司可以按照规定委托其他机构或者接受其他机构委托从事中间介绍业务。

第三节 期货投资咨询业务

第六十一条 期货公司可以依法从事期货投资咨询业务，接受客户委托，向客户提供风险管理顾问、研究分析、交易咨询等服务。

第六十二条 期货公司从事期货投资咨询业务，应当与客户签订服务合同，明确约定服务内容、收费标准及纠纷处理方式等事项。

第六十三条 期货公司及其从业人员从事期货投资咨询业务，不得有下列行为：

（一）向客户做获利保证；

（二）以虚假信息、市场传言或者内幕信息为依据向客户提供期货投资咨询服务；

（三）对价格涨跌或者市场走势做出确定性的判断；

（四）利用向客户提供投资建议谋取不正当利益；

（五）利用期货投资咨询活动传播虚假、误导性信息；

（六）以个人名义收取服务报酬；

（七）法律、行政法规和中国证监会规定禁止的其他行为。

第四节　资产管理业务

第六十四条　期货公司可以依法从事资产管理业务，接受客户委托，运用客户资产进行投资。投资收益由客户享有，损失由客户承担。

第六十五条　期货公司从事资产管理业务，应当与客户签订资产管理合同，通过专门账户提供服务。

第六十六条　期货公司可以依法从事下列资产管理业务：

（一）为单一客户办理资产管理业务；

（二）为特定多个客户办理资产管理业务。

第六十七条　资产管理业务的投资范围包括：

（一）期货、期权及其他金融衍生产品；

（二）股票、债券、证券投资基金、集合资产管理计划、央行票据、短期融资券、资产支持证券等；

（三）中国证监会认可的其他投资品种。

第六十八条　期货公司及其从业人员从事资产管理业务，不得有下列行为：

（一）以欺诈手段或者其他不当方式误导、诱导客户；

（二）向客户做出保证其资产本金不受损失或者取得最低收益的承诺；

（三）接受客户委托的初始资产低于中国证监会规定的最低限额；

（四）占用、挪用客户委托资产；

（五）以转移资产管理账户收益或者亏损为目的，在不同账户之间进行买卖，损害客户利益；

（六）以获取佣金或者其他利益为目的，使用客户资产进行不必要的交易；

（七）利用管理的客户资产为第三方谋取不正当利益，进行利益输送；

（八）法律、行政法规以及中国证监会规定禁止的其他行为。

第五章　客户资产保护

第六十九条　客户的保证金和委托资产属于客户资产，归客户所有。客户资产应当与期货公司的自有资产相互独立、分别管理。非因客户本身的债务或者法律、行政法规规定的其他情形，不得查封、冻结、扣划或者强制执行客户资产。期货公司破产或者清算时，客户资产不属于破产财产或者清算财产。

第七十条 期货公司应当在期货保证金存管银行开立期货保证金账户。

期货公司开立、变更或者撤销期货保证金账户的，应于当日向期货保证金安全存管监控机构备案，并通过规定方式向客户披露账户开立、变更或者撤销情况。

第七十一条 客户应当向期货公司登记以本人名义开立的用于存取期货保证金的结算账户。

期货公司和客户应当通过备案的期货保证金账户和登记的期货结算账户转账存取保证金。

第七十二条 期货公司存管的客户保证金应当全额存放在期货保证金账户和期货交易所专用结算账户内，严禁在期货保证金账户和期货交易所专用结算账户之外存放。

第七十三条 期货公司应当按照规定及时向期货保证金安全存管监控机构报送信息。

第七十四条 期货保证金存管银行未按规定向期货保证金安全存管监控机构报送信息，被期货交易所采取自律监管措施或者被中国证监会采取监管措施、处以行政处罚的，期货公司应当暂停在该存管银行开立期货保证金账户，并将期货保证金转存至其他符合规定的期货保证金存管银行。

第七十五条 期货公司应当按照期货交易所规则，缴存结算担保金，并维持最低数额的结算准备金等专用资金，确保客户正常交易。

第七十六条 除依据《期货交易管理条例》第二十八条划转外，任何单位或者个人不得以任何形式占用、挪用客户保证金。

客户在期货交易中违约造成保证金不足的，期货公司应当以风险准备金和自有资金垫付，不得占用其他客户保证金。

期货公司应当按照规定提取、管理和使用风险准备金，不得挪作他用。

第六章 监督管理

第七十七条 期货公司应当按照规定报送年度报告、月度报告等资料。

期货公司法定代表人、经营管理主要负责人、首席风险官、财务负责人应当对年度报告和月度报告签署确认意见；监事会或监事应对年度报告进行审核并提出书面审核意见；期货公司董事应当对年度报告签署确认意见。

期货公司年度报告、月度报告签字人员应当保证报告内容真实、准确、完整；对报告内容有异议的，应当注明意见和理由。

第七十八条 中国证监会及其派出机构可以要求下列机构或者个人，在指定期限内报送与期货公司经营相关的资料：

（一）期货公司及其董事、监事、高级管理人员及其他工作人员；

（二）期货公司股东、实际控制人或者其他关联人；

（三）期货公司控股、参股或者实际控制的企业；

（四）为期货公司提供相关服务的会计师事务所、律师事务所、资产评估机构等中介服务机构。

报送、提供或者披露的资料、信息应当真实、准确、完整，不得有虚假记载、误导性陈述或者重大遗漏。

第七十九条 持有期货公司5%以上股权的股东、实际控制人或者其他关联人在期货公司从事期货交易的，期货公司应当自开户之日起5个工作日内向住所地中国证监会派出机构报告开户情况，并定期报告交易情况。

第八十条 发生下列事项之一的，期货公司应当在5个工作日内向住所地中国证监会派出机构书面报告：

（一）变更公司名称、形式、章程；

（二）发生本办法第十七条规定情形以外的股权或者注册资本变更；

（三）变更分支机构负责人或者营业场所；

（四）作出终止业务等重大决议；

（五）被有权机关立案调查或者采取强制措施；

（六）发生影响或者可能影响期货公司经营管理、财务状况或者客户资产安全等重大事件；

（七）中国证监会规定的其他事项。

上述事项涉及期货公司分支机构的，期货公司应当同时向分支机构住所地中国证监会派出机构书面报告。

第八十一条 期货公司聘请或者解聘会计师事务所的，应当自作出决定之日起5个工作日内向住所地中国证监会派出机构报告；解聘会计师事务所的,应当说明理由。

第八十二条 期货公司应当按照规定,公示基本情况、历史情况、分支机构基本情况、董事及监事信息、高级管理人员及从业人员信息、公司股东信息、公司诚信记录以及中国证监会要求的其他信息。

第八十三条 中国证监会可以按照规定对期货公司进行分类监管。

第八十四条 中国证监会及其派出机构可以对期货公司及其分支机构进行定期或者不定期现场检查。

中国证监会及其派出机构依法进行现场检查时,检查人员不得少于2人,并应当出示合法证件和检查通知书,必要时可以聘请外部专业人士协助检查。

中国证监会及其派出机构可以对期货公司子公司以及期货公司的控股股东、实际控制人进行延伸检查。

第八十五条 中国证监会及其派出机构对期货公司及其分支机构进行检查,有权采取下列措施:

(一)询问期货公司及其分支机构的工作人员,要求其对被检查事项作出解释、说明;

(二)查阅、复制与被检查事项有关的文件、资料;

(三)查询期货公司及其分支机构的客户资产账户;

(四)检查期货公司及其分支机构的信息系统,调阅交易、结算及财务数据。

第八十六条 中国证监会及其派出机构认为期货公司可能存在下列情形之一的,可以要求其聘请中介服务机构进行专项审计、评估或者出具法律意见:

(一)期货公司年度报告、月度报告或者临时报告等存在虚假记载、误导性陈述或者重大遗漏;

(二)违反客户资产保护、期货保证金安全存管监控规定或者风险监管指标管理规定;

(三)中国证监会根据审慎监管原则认定的其他情形。

期货公司应当配合中介服务机构工作。

第八十七条 期货公司违反本办法有关规定的,中国证监会及其派出机构可以对其采取监管谈话、责令改正、出具警示函等监督管理措施。

第八十八条 期货公司或其分支机构有下列情形之一的,中国证监会及其派出机构可以依据《期货交易管理条例》第五十五条规定采取监管措施:

（一）公司治理不健全，部门或者岗位设置存在较大缺陷，关键业务岗位人员缺位或者未履行职责，可能影响期货公司持续经营；

（二）业务规则不健全或者未有效执行，风险管理或者内部控制等存在较大缺陷，经营管理混乱，可能影响期货公司持续经营或者可能损害客户合法权益；

（三）不符合有关客户资产保护或者期货保证金安全存管监控规定，可能影响客户资产安全；

（四）未按规定执行分支机构统一管理制度，经营管理存在较大风险或者风险隐患；

（五）未按规定实行投资者适当性管理制度，存在较大风险或者风险隐患；

（六）未按规定委托或者接受委托从事中间介绍业务；

（七）交易、结算或者财务信息系统存在重大缺陷，可能造成有关数据失真或者损害客户合法权益；

（八）信息系统不符合规定；

（九）股东、实际控制人或者其他关联人停业、发生重大风险或者涉嫌严重违法违规，可能影响期货公司治理或者持续经营；

（十）存在重大纠纷、仲裁、诉讼，可能影响持续经营；

（十一）未按规定进行信息报送、披露或者报送、披露的信息存在虚假记载、误导性陈述或者重大遗漏；

（十二）其他不符合持续性经营规则规定或者出现其他经营风险的情形。

对经过整改仍未达到经营条件的分支机构，中国证监会派出机构有权依法关闭。

第八十九条　期货公司股东、实际控制人、其他关联人，为期货公司提供相关服务的会计师事务所、律师事务所、资产评估机构等中介服务机构违反本办法规定的，中国证监会及其派出机构可以对其采取监管谈话、责令改正、出具警示函等监督管理措施。

第九十条　期货公司的股东、实际控制人或者其他关联人有下列情形之一的，中国证监会及其派出机构可以责令其限期整改：

（一）占用期货公司资产；

（二）直接任免期货公司董事、监事、高级管理人员，或者非法干预期货公司经营管理活动；

（三）股东未按照出资比例或者所持股份比例行使表决权；

（四）报送、提供或者出具的材料、信息或者报告等存在虚假记载、误导性陈述或者重大遗漏。

因前款情形致使期货公司不符合持续性经营规则或者出现经营风险的，中国证监会及其派出机构可以依据《期货交易管理条例》第五十五条的规定责令控股股东转让股权或者限制其行使股东权利。

第九十一条　未经中国证监会或其派出机构批准，任何个人或者单位及其关联人擅自持有期货公司5%以上股权，或者通过提供虚假申请材料等方式成为期货公司股东的，中国证监会或其派出机构可以责令其限期转让股权。该股权在转让之前，不具有表决权、分红权。

第七章　法律责任

第九十二条　期货公司及其分支机构接受未办理开户手续的单位或者个人委托进行期货交易，或者将客户的资金账号、交易编码借给其他单位或者个人使用的，给予警告，单处或者并处3万元以下罚款。

第九十三条　期货公司及其分支机构有下列行为之一的，根据《期货交易管理条例》第六十六条处罚：

（一）未按规定实行投资者适当性管理制度，损害客户合法权益；

（二）未按规定将客户资产与期货公司自有资产相互独立、分别管理；

（三）在期货保证金账户和期货交易所专用结算账户之外存放客户保证金；

（四）占用客户保证金；

（五）向期货保证金安全存管监控机构报送的信息存在虚假记载、误导性陈述或者重大遗漏；

（六）违反期货保证金安全存管监控管理相关规定，损害客户合法权益；

（七）未按规定缴存结算担保金，或者未能维持最低数额的结算准备金等专用资金；

（八）在传递交易指令前未对客户账户资金和持仓进行验证；

（九）违反中国证监会有关结算业务管理规定，损害其他期货公司及其客户合法权益；

（十）信息系统不符合规定，损害客户合法权益；

（十一）违反中国证监会风险监管指标规定；

（十二）违反规定从事期货投资咨询或者资产管理业务，情节严重的；

（十三）违反规定委托或者接受其他机构委托从事中间介绍业务；

（十四）对股东、实际控制人及其关联人降低风险管理要求，侵害其他客户合法权益；

（十五）以合资、合作、联营方式设立分支机构，或者将分支机构承包、出租给他人，或者违反分支机构集中统一管理规定；

（十六）拒不配合、阻碍或者破坏中国证监会及其派出机构的监督管理；

（十七）违反期货投资者保障基金管理规定。

第九十四条 期货公司及其分支机构有下列情形之一的，根据《期货交易管理条例》第六十七条处罚：

（一）发布虚假广告或者进行虚假宣传，诱骗客户参与期货交易；

（二）不按照规定变更或者撤销期货保证金账户，或者不按照规定方式向客户披露期货保证金账户信息。

第九十五条 会计师事务所、律师事务所、资产评估机构等中介服务机构不按照规定履行报告义务，提供或者出具的材料、报告、意见不完整，责令改正，没收业务收入，单处或者并处3万元以下罚款。对直接负责的主管人员和其他责任人员给予警告，并处3万元以下罚款。

第九十六条 未经中国证监会或其派出机构批准，任何个人或者单位及其关联人擅自持有期货公司5%以上股权，或者通过提供虚假申请材料等方式成为期货公司股东，情节严重的，给予警告，单处或者并处3万元以下罚款。

第八章 附 则

第九十七条 经中国证监会批准，其他期货经营机构可以从事特定期货业务。具体办法由中国证监会另行制定。

第九十八条 期货公司参与其他交易场所交易的，应当遵守法律、行政法规及其他交易场所业务规则的规定。

第九十九条 本办法中所称金融资产包括银行存款、股票、债券、基金份额、资产管理计划、银行理财产品、信托计划、保险产品、期货权益等。

第一百条 本办法自公布之日起施行。2005年8月19日发布的《关于香港、澳门服务提供者参股期货经纪公司有关问题的通知》（证监期货字〔2005〕138号）、2007年2月25日发布的《关于加强期货公司客户风险控制有关工作的通知》(证监期货字〔2007〕18号)、2007年4月9日发布的《期货公司管理办法》(证监会令第43号)、2011年11月3日发布的《期货营业部管理规定(试行)》(证监会公告〔2011〕33号)、2012年5月10日发布的《关于期货公司变更注册资本或股权有关问题的规定》(证监会公告〔2012〕11号)同时废止。

期货公司资产管理业务试点办法

第一章 总 则

第一条 为有序开展期货公司资产管理业务(以下简称资产管理业务)试点工作,规范试点期间资产管理业务活动,保护投资者合法权益,根据《期货交易管理条例》相关规定,制定本办法。

第二条 资产管理业务是指期货公司接受单一客户或者特定多个客户的书面委托,根据本办法规定和合同约定,运用客户委托资产进行投资,并按照合同约定收取费用或者报酬的业务活动。

第三条 期货公司从事资产管理业务,应当依法登记备案,遵循公平、公正、诚信、规范的原则,恪守职责、谨慎勤勉,保护客户合法权益,公平对待所有客户,防范利益冲突,禁止各种形式的利益输送,维护期货市场的正常秩序。

客户应当独立承担投资风险,不得损害国家利益、社会公共利益和他人合法权益。

第四条 中国证监会及其派出机构依法对资产管理业务实施监督管理。

第五条 中国期货业协会(以下简称中期协)根据自身职责依法对资产管理业务及有关高级管理人员、业务人员实施自律管理。

期货交易所根据自身职责依法对资产管理业务实施自律管理。

中国期货保证金监控中心公司(以下简称监控中心)依法对资产管理业务实施监测监控。

第二章 业务规范

第六条 资产管理业务的客户应当具有较强资金实力和风险承受

能力。单一客户的起始委托资产不得低于100万元人民币。期货公司可以提高起始委托资产要求。

第七条 期货公司董事、监事、高级管理人员、从业人员及其配偶不得作为本公司资产管理业务的客户。

期货公司股东、实际控制人及其关联人以及期货公司董事、监事、高级管理人员、从业人员的父母、子女成为本公司资产管理业务客户的，应当自签订资产管理合同之日起5个工作日内，向住所地中国证监会派出机构备案，并在本公司网站上披露其关联关系或者亲属关系。

第八条 期货公司应当与客户签订书面资产管理合同，按照合同约定对客户提供资产管理服务，承担资产管理受托责任。

期货公司应当勤勉、专业、合规地为客户制定和执行资产管理投资策略，按照合同约定管理委托资产，控制投资风险。

第九条 资产管理业务的投资范围包括：

（一）期货、期权及其他金融衍生品；

（二）股票、债券、证券投资基金、集合资产管理计划、央行票据、短期融资券、资产支持证券等；

（三）中国证监会认可的其他投资品种。

资产管理业务的投资范围应当遵守合同约定，不得超出前款规定的范围，且应当与客户的风险认知与承受能力相匹配。

第十条 期货公司应当保持客户委托资产与期货公司自有资产相互独立，对不同客户的委托资产独立建账、独立核算、分账管理。

资产管理业务投资期货类品种的，期货公司与客户应当按照期货保证金安全存管有关规定管理和存取委托资产。

期货公司与第三方发生债务纠纷、期货公司破产或者清算时，客户委托资产不得用于清偿期货公司债务，且不属于其破产财产或者清算财产。

第十一条 期货公司不得通过电视、报刊、广播等公开媒体向公众推广、宣传资产管理业务或者招揽客户。

期货公司不得公开宣传资产管理业务的预期收益，不得以夸大资产管理业绩等方式欺诈客户。

第十二条 客户应当以真实身份委托期货公司进行资产管理，委托资产的来源及用途应当符合法律法规规定，不得违反规定向公众集资。

客户应当对委托资产来源及用途的合法性进行书面承诺。

第十三条 期货公司应当向客户充分揭示资产管理业务的风险，说明和解释有关资产管理投资策略和合同条款，并将风险揭示书交客户当面签字或者盖章确认。

第十四条 客户应当对市场及产品风险具有适当的认识，主动了解资产管理投资策略的风险收益特征，结合自身风险承受能力进行自我评估。

期货公司应当对客户适当性进行审慎评估。

第十五条 资产管理合同应当明确约定，由客户自行独立承担投资风险。

期货公司不得向客户承诺或者担保委托资产的最低收益或者分担损失。

期货公司使用的客户承诺书、风险揭示书、资产管理合同文本应当包括中期协制定的合同必备条款，并及时报住所地中国证监会派出机构备案。

第十六条 资产管理业务投资期货类品种的，期货公司应当按照期货市场开户管理规定为客户开立或者撤销所管理的账户（以下简称期货资产管理账户），申请或者注销交易编码，对期货资产管理账户及其交易编码进行单独标识、单独管理。

资产管理业务投资非期货类品种的，期货公司应当遵守相关市场的开户规定，开立或者撤销用于资产管理的联名账户及其他账户。期货公司应当自开立账户之日起5个工作日内向监控中心备案。

开户备案前，期货公司不得开展资产管理交易活动。

第十七条 期货公司应当在资产管理合同中与客户明确约定委托期限、追加或者提取委托资产的方式和时间等。

第十八条 期货公司应当每日向监控中心投资者查询系统提供客户委托资产的盈亏、净值信息。

期货公司和监控中心应当保障客户能够及时查询委托资产的盈亏、净值信息。

第十九条 期货公司可以与客户约定收取一定比例的管理费，并可以约定基于资产管理业绩收取相应的报酬。

第二十条 期货公司应当与客户明确约定风险提示机制，期货公司要根据委托资产的亏损情况及时向客户提示风险。

期货公司应当与客户明确约定，委托期间委托资产亏损达到起始委托资产一定比例时，期货公司应当按照合同约定的方式和时间及时告知客户，客户有权提前终止资产管理委托。

第二十一条 期货公司从事资产管理业务，发生变更投资经理等可能影响客户权益的重大事项时,期货公司应当按照合同约定的方式和时间及时告知客户,客户有权提前终止资产管理委托。

第二十二条 当客户委托资产发生权属变更等重大情形,可能影响资产管理业务正常进行的,期货公司有权按照合同约定提前终止资产管理委托。

第二十三条 期货公司应当与客户在资产管理合同中明确约定资产管理委托终止的具体事由、后续事宜处理、责任承担等相关事项。

资产管理委托终止的,期货公司应当按照合同约定办理下列手续:

(一)及时结清相关费用,将剩余委托资产返还给客户;

(二)及时撤销期货资产管理账户;

(三)及时撤销非期货类投资账户。

第三章 业务管理和风险控制制度

第二十四条 期货公司应当建立健全并有效执行资产管理业务管理制度,加强对资产管理业务的交易监控,防范业务风险,确保公平交易。

第二十五条 期货公司应当对资产管理业务进行集中管理,其人员、业务、场地应当与其他业务部门相互独立,并建立业务隔离墙制度。

第二十六条 期货公司应当有效执行资产管理业务人员管理和业务操作制度,采取有效措施强化内部监督制约和奖惩机制,强化投资经理及相关资产管理人员的职业操守,防范利益冲突和道德风险。

第二十七条 资产管理业务投资经理、交易执行、风险控制等岗位必须相互独立,并配备专职业务人员,不得相互兼任。

期货公司应当将资产管理业务投资经理、交易执行和风险控制等岗位的业务人员及其变动情况,自人员到岗或者变动之日起5个工作日内向住所地中国证监会派出机构备案。

第二十八条 期货公司应当有效执行资产管理业务风险控制制度,对期货资产管理账户日常交易情况和非期货类投资账户进行风险识别、监测,及时执行风险控制措施。

第二十九条 期货公司应当有效执行资产管理业务交易监控制度,对期货资产管理账户之间、期货资产管理账户与期货经纪业务客户账户之间、非期货类投资账户之间进行的可疑交易或者不公平交易行为进行监控,对资产管理投资策略及其执行情况、持仓头寸及其比例进行监控,并于月度结束后5个工作日内向住所地中国证监会派出机构及监控中心报告。

第三十条 期货公司及其资产管理人员不得以获取佣金、转移收益或者亏损等为目的,在同一或者不同账户之间进行不公平交易,损害客户合法权益。

第三十一条 期货公司应当对不同期货资产管理账户之间、期货资产管理账户与期货经纪业务客户账户之间、非期货类投资账户之间同日同向交易、临近交易日的同向交易和反向交易的交易时机和交易价差进行监控和分析,防止不公平交易和利益输送行为。

期货公司应当严格禁止不同期货资产管理账户之间、期货资产管理账户与期货经纪业务客户账户之间、非期货类投资账户之间可能导致不公平交易和利益输送的同日反向交易。

第三十二条 发生以下情形之一的,期货公司资产管理部门应当立即向公司总经理和首席风险官报告:

(一)资产管理业务被交易所调查或者采取风险控制措施,或者被有权机关调查;

(二)客户提前终止资产管理委托;

(三)其他可能影响资产管理业务开展和客户权益的情形。

第三十三条 期货公司首席风险官负责监督资产管理业务有关制度的制定和执行,对资产管理业务的合规性定期检查,并依法履行督促整改和报告义务。

期货公司首席风险官向住所地中国证监会派出机构报送的季度报告、年度报告中应当包括本公司资产管理业务的合规及其检查情况。

第三十四条 期货公司应当按照本办法和期货公司信息公示有关要求,在中期协网站上对资产管理业务试点资格、从业人员、主要投资策略、投资方向及其风险特征等基本情况进行公示。

第四章 账户监测监控

第三十五条 期货公司应当按照期货保证金安全存管规定向监控中心报送期货资产管理账户的数据信息。

期货公司应当每日向监控中心报送非期货类投资账户的盈亏、净值等数据信息。

第三十六条 期货公司期货资产管理账户应当遵守期货交易所风险控制管理规定等相关要求。

第三十七条　期货交易所应当对期货公司的期货资产管理账户及其交易编码进行重点监控，发现期货资产管理账户违法违规交易的，应当按照职责及时处置并报告中国证监会。

第三十八条　监控中心应当对期货公司的期货资产管理账户及其交易编码进行重点监测监控，发现期货资产管理账户重大异常情况的，应当按照职责及时报告中国证监会及其派出机构。

第三十九条　中国证监会派出机构发现资产管理业务存在违法违规或者重大异常情况的，应当对期货公司进行核查或者采取相应监管措施，有关核查结果和监管措施应当及时报告中国证监会。

第五章　监督管理和法律责任

第四十条　期货公司从事资产管理业务，其净资本应当持续符合中国证监会有关期货公司风险监管指标的规定和要求。

第四十一条　期货公司应当按照规定的内容与格式要求，于月度结束后 7 个工作日内向中国证监会及其派出机构报送资产管理业务月度报告。

期货公司应当于年度结束后 3 个月内向中国证监会及其派出机构提交上一年度资产管理业务年度报告。

本条第一款、第二款规定的定期报告应当由期货公司的资产管理业务负责人、首席风险官和总经理签字。

第四十二条　期货公司应当按照《期货公司监督管理办法》规定的年限和要求，妥善保存有关资产管理业务的实施方案、投资策略、客户承诺书、风险揭示书、合同、财务、交易记录、监控记录等业务材料和信息。

第四十三条　资产管理业务提前终止、被交易所调查或者采取风险控制措施，或者被有权机关调查的，期货公司应当立即报告中国证监会及其派出机构。

第四十四条　中国证监会及其派出机构可以对期货公司资产管理业务进行定期或者不定期检查。

第四十五条　期货公司及其业务人员开展资产管理业务不符合本办法规定，涉嫌违法违规或者存在风险隐患的，中国证监会及其派出机构应当依法责令其限期整改，同时可以采取监管谈话、责令更换有关责任人员等监管措施并记入诚信档案。

第四十六条　期货公司限期未能完成整改或者发生下列情形之一

的,中国证监会可以暂停其开展新的资产管理业务:

(一)风险监管指标不符合规定;

(二)高级管理人员和业务人员不符合规定要求;

(三)超出本办法规定或者合同约定的投资范围从事资产管理业务;

(四)其他影响资产管理业务正常开展的情形。

前款规定情形消除并经检查验收后,期货公司可以继续开展新的资产管理业务。

第四十七条 期货公司或者其业务人员开展资产管理业务有下列情形之一,情节严重的,中国证监会可以停止其资产管理业务,并依照《期货交易管理条例》第六十六条、第六十七条等有关规定作出行政处罚;涉嫌犯罪的,依法移送司法机关:

(一)在公开媒体上向公众推广、宣传资产管理业务或者招揽客户;

(二)以夸大资产管理业绩等方式欺诈客户;

(三)接受单一客户的起始委托资产低于本办法规定的最低限额;

(四)明知客户资金来自违规集资,仍接受其委托开展资产管理业务;

(五)接受未对资产来源及用途的合法性进行书面承诺的客户的委托开展资产管理业务;

(六)向客户承诺或者担保委托资产的最低收益或者分担损失;

(七)以获取佣金、转移收益或者亏损等为目的,在同一或者不同账户之间进行不公平交易;

(八)占用、挪用客户委托资产;

(九)以自有资产或者假借他人名义违规参与期货公司资产管理业务;

(十)报送或者提供虚假账户信息;

(十一)其他违反本办法规定的行为。

第六章　附　　则

第四十八条 本办法第二条所称期货公司接受特定多个客户的委托从事资产管理业务的具体规定,由中国证监会另行制定。

第四十九条 期货公司开展资产管理业务,投资于本办法第九条第一款第(二)项规定的非期货类品种的,应当遵守相应法律法规规定及有关监管要求。

第五十条 本办法自 2012 年 9 月 1 日起施行。

中国证监会关于开展创新创业公司债券试点的指导意见

（2017年7月4日　证监会公告〔2017〕10号）

为落实国家创新驱动发展战略，完善债券市场服务实体经济模式，支持创新创业，现就上海证券交易所、深圳证券交易所开展创新创业公司债券试点提出本指导意见。

一、总体要求

（一）指导思想

全面贯彻落实党的十八大和十八届三中、四中、五中、六中全会精神，深入学习贯彻习近平总书记系列重要讲话精神和治国理政新理念新思想新战略，牢固树立和贯彻落实新发展理念，加快实施创新驱动发展战略，充分发挥交易所债券市场支持高科技成长性企业发展、服务实体经济的积极作用，努力探索适合创新创业企业发展的债券市场服务支持新模式。

（二）基本原则

1.遵循现有制度框架。创新创业公司债的发行、交易与信息披露，应当符合《公司法》《证券法》《公司债券发行与交易管理办法》和其他法律法规及部门规章的规定。

2.立足市场需求。充分认识创新创业企业资本形成特点，有效适应创新创业企业、创业投资企业融资需求，借鉴成熟市场经验，在试点推进中有的放矢、有所侧重。

3.加强政策引导。在现行公司债券规制框架下，完善创新创业公司债政策供给，有效对接和引导地方政府金融支持政策，营造优化创新创业企业金融服务良好环境。

4.统筹协调，稳步推进。加强政府、企业和市场协作，整合各方优势，充分发挥证券公司中介机构职能，有效结合高新科技园区创新创业资源聚集优势，有序推动试点开展，积累经验后稳步推广。

（三）试点目标

通过开展创新创业公司债试点，推动资本市场精准服务创新创业，优化种子期、初创期、成长期的创新创业企业的资本形成机制，有效增加创新创业金融供给，完善金融供给结构，探索交易所债券市场服务实体经济新模式，促进资本市场更好地服务于供给侧结构性改革。

二、试点范围

（一）适用范围

本指导意见所称创新创业公司债，是指符合条件的创新创业公司、创业投资公司，依照《公司法》《证券法》《公司债券发行与交易管理办法》和其他法律法规及部门规章发行的公司债券。

创新创业公司，是指从事高新技术产品研发、生产和服务，或者具有创新业态、创新商业模式的中小型公司。创新创业公司发行创新创业公司债，应当就本公司创新创业特征作专项披露；债券承销机构应当依据以下规范性文件进行审慎筛查，发行人是否具有创新创业特征发表明确意见：

1. 国家战略性新兴产业相关发展规划；

2.《国务院关于印发〈中国制造2025〉的通知》（国发〔2015〕28号）及相关政策文件；

3. 国务院及相关部委出台的大众创业万众创新政策文件；

4. 国家及地方高新技术企业认定标准；

5. 其他创新创业相关政策文件。

创业投资公司，是指符合《私募投资基金监督管理暂行办法》、《创业投资企业管理暂行办法》等有关规定，向创新创业企业进行股权投资的公司制创业投资基金和创业投资基金管理机构。发行创新创业公司债募集的资金应专项投资于种子期、初创期、成长期的创新创业公司的股权。

（二）重点支持对象

试点初期，重点支持以下公司发行创新创业公司债：

1. 注册或主要经营地在国家"双创"示范基地、全面创新改革试验区域、国家综合配套改革试验区、国家级经济技术开发区、国家高新技术产业园区和国家自主创新示范区等创新创业资源集聚区域内的公司；

2. 已纳入全国中小企业股份转让系统（新三板）创新层的挂牌公司。

中国证监会将及时总结试点工作成效，根据试点工作开展情况适时扩大试点范围。

三、制度安排

（一）实行专项审

创新创业公司债受理及审核设立专项机制，实行"专人对接、专项审核”，适用“即报即审”政策，提高上市审核、挂牌转让条件确认工作效率。

（二）支持设置转股条款

非公开发行的创新创业公司债，可以附可转换成股份的条款。附可转换成股份条款的创新创业公司债，应当符合中国证监会相关监管规定。债券持有人行使转股权后，发行人股东人数不得超过200人。新三板挂牌公司发行的附可转换成股份条款的创新创业公司债，转换成挂牌公司股份时，减免股份登记费用及转换手续费。

证券交易所、全国中小企业股份转让系统公司、中国证券登记结算有限责任公司应制定相关配套规则。

（三）鼓励业务创新

支持和鼓励证券公司履行社会责任和行业责任，积极开展创新创业公司债中介服务，同时加强创新创业公司债理论研究和业务创新。包括但不限于：

1. 探索创新创业公司债增信机制创新。拓宽抵押、质押品范围，研究以发行人合法拥有的依法可以转让的股权，或者注册商标专用权、专利权、著作权等知识产权为创新创业公司债提供增信等措施。

2. 探索市场化手段有效防范和分散创新创业公司债信用风险。研究设置多样化的偿债保障条款，保持发行人偿债能力，包括控制权变更限制条款、核心资产划转限制条款、交叉违约条款、新增债务限制条款、支出限制条款等。

（四）完善激励机制

证券公司承销创新创业公司债的情况，作为证券公司分类评价中社会责任评价的重要内容。

中国证券业协会应建立创新创业公司债专项信息统计和评估机制，对证券经营机构开展创新创业公司债中介服务的工作成效进行考评。

四、保障措施

（一）加强统筹协调

中国证监会加强统筹协调指导，完善相关政策支持，加强监管，促进各方形成合力，营造金融服务创新创业的良好环境。

（二）推进配套机制建设

证券交易所应当对创新创业公司债进行统一标识，适时与证券指数编制机构合作发布创新创业公司债指数。加强创新创业公司债业务推广和政策培训，提升市场影响力。积极引导商业银行、保险机构、证券公司、证券投资基金等具备风险识别和承担能力的机构投资者依法合规投资创新创业公司债。加强配套产品和机制创新,研究发展信用违约互换等风险管理工具。

(三)加强政策对接和引导

主动对接辖区地方人民政府和高新科技园区,充分研究各地区、各园区现有科技金融支持政策,做好与创新创业公司债政策的对接,推动创新创业公司债纳入地方政府科技金融支持政策体系。

关于修改、废止《证券公司次级债管理规定》等十三部规范性文件的决定

（2017 年 12 月 7 日　证监会公告〔2017〕16 号）

根据《国务院办公厅关于进一步做好"放管服"改革涉及的规章、规范性文件清理工作的通知》（国办发〔2017〕40 号）要求，中国证券监督管理委员会对"放管服"改革涉及的规范性文件进行了清理。经过清理，中国证监会决定：

一、对十部规范性文件的部分条款予以修改。（附件 1）

二、对三部规范性文件予以废止。（附件 2）

本决定自公布之日起施行。

附件：1. 中国证监会决定修改的规范性文件

2. 中国证监会决定废止的规范性文件

附件 1

中国证监会决定修改的规范性文件

一、删去《证券公司次级债管理规定》第八条。

增加一条，作为第九条："证券公司借入或发行次级债，应当自完成之日起（分期发行的，于每期发行完成之日起）5 个工作日内，向公司住所地中国证监会派出机构提交以下备案文件：

"（一）备案报告。应当至少包括以下内容：证券公司借入或发行次级债的概况，证券公司符合借入或发行次级债条件的说明；

"（二）募集说明书或次级债务合同；

"（三）债权人清单。应当包括债权人名称、债权金额、与证券公司等债务当事人关联关系情况；

“(四)债务资金银行进账单;

“(五)中国证监会要求提交的其他文件。”

第十一条修改为:“证券公司变更次级债务合同(含展期),应当自完成之日起5个工作日内,向公司住所地中国证监会派出机构提交以下备案文件:

“(一)备案报告。应当至少包括以下内容:合同变更概况、原因;

“(二)变更后的次级债务合同;

“(三)中国证监会要求提交的其他文件。”

第十二条修改为:“证券公司偿还次级债务,应当自完成之日起5个工作日内,向公司住所地中国证监会派出机构提交备案报告等相关文件。

“证券公司提前偿还次级债务的,应当在备案报告中说明提前偿还次级债务的原因以及是否符合提前偿还条件,还应当提交关于提前偿还次级债务的决议。”

第十三条修改为:“在证券公司借入次级债备案文件齐备的前提下,中国证监会派出机构应当自接收备案文件之日起5个工作日内向备案申请人出具备案回执。相关证券公司在收到备案回执后,可以将已借入的次级债按规定的金额计入净资本。”

删去第十四条、第十七条。

第二十条第一款修改为:“证券公司应在借入或发行次级债之日前至少3个工作日在公司网站公开披露拟借入或发行次级债情况,并及时披露次级债券的后续发行情况。”

二、删去《证券公司业务范围审批暂行规定》第九条第二款中的“法律意见书”。

三、将《关于证券投资基金管理公司在香港设立机构的规定》第三条中的“《证券投资基金管理公司管理办法》(证监会令第22号)”修改为“《证券投资基金管理公司管理办法》(证监会令第84号)”。

删去第四条第五项。

四、删去《非银行金融机构开展证券投资基金托管业务暂行规定》第六条第一款第七项。

五、《关于在发行审核委员会中设立上市公司并购重组审核委员会的决定》中的“《中国证券监督管理委员会发行审核委员会办法》(证监会令第31号)”修改为“《中国证券监督管理委员会发行审核委员会办法》(2006年5月9日证监会令第31号,根据2009年5月13日证监会令第62号《关于修改〈中国证券监督管理委员会发行审核委员会办法〉的决定》第一次修正,根据2017年7月7日证监会令第134号《关于修改〈中国证券监督管理委员会发行审核委员会办法〉的决定》第二次修正)”。

第二条第一项修改为:“(一)根据中国证监会的相关规定构成重组上市的”。

六、将《关于填报〈上市公司并购重组财务顾问专业意见附表〉的规定》中的“《上市公司重大资产重组管理办法》(证监会令第53号)”修改为“《上市公司重大资产重组管理办法》(证监会令第127号)”,“《上市公司收购管理办法》(证监会令第56号)”修改为“《上市公司收购管理办法》(证监会令第108号)”。

删去《附件1　上市公司并购重组财务顾问专业意见附表第1号——上市公司收购》中的9.4.2。

《附件3　上市公司并购重组财务顾问专业意见附表第3号——发行股份购买资产》4.1.1修改为:“上市公司发行新股的定价是否不低于董事会就定向发行作出决议前20个交易日、60个交易日或者120个交易日的公司股票交易均价之一的90%”。

七、将《〈上市公司收购管理办法〉第七十四条有关通过集中竞价交易方式增持上市公司股份的收购完成时点认定的适用意见——证券期货法律适用意见第9号》中的“《上市公司收购管理办法》(证监会令第56号)”修改为“《上市公司收购管理办法》(证监会令第108号)”。

第二条中的“第六十三条第一款第(二)项”修改为“第六十三条第二款第(二)项”,“应当按照《收购办法》的相关规定及时向我会提交豁免申请”修改为“应当按照《收购办法》规定的相关程序办理”。

八、将《中国证券监督管理委员会上市公司并购重组审核委员会工作规程》第二条第一项修改为:“(一)根据中国证监会的相关规定构成重组上市的”。

九、删去《关于规范上市公司与关联方资金往来及上市公司对外担保若干问题的通知》第三条第五款第4项。

十、删去《期货公司金融期货结算业务试行办法》第三条和第二章。

第十五条中的“取得期货交易所交易结算会员资格的期货公司(以下简称交易结算会员期货公司)”修改为“交易结算会员期货公司”。

第十六条中的“取得期货交易所全面结算会员资格的期货公司(以下简称全面结算会员期货公司)”修改为“全面结算会员期货公司”。

删去第四十一条、第四十二条、第四十五条。

此外,对相关规范性文件中的条文序号作相应调整。

《证券公司次级债管理规定》等十部规范性文件根据本决定作相应修改，重新公布。

证券公司次级债管理规定

第 一 条 为规范证券公司次级债管理，维护投资者合法权益，根据《证券法》、《证券公司监督管理条例》等法律、行政法规的规定，制定本规定。

第 二 条 本规定所称证券公司次级债，是指证券公司向股东或机构投资者定向借入的清偿顺序在普通债之后的次级债务（以下简称次级债务），以及证券公司向机构投资者发行的、清偿顺序在普通债之后的有价证券（以下简称次级债券）。次级债务、次级债券为证券公司同一清偿顺序的债务。

前款所称的机构投资者是指：经国家金融监管部门批准设立的金融机构，包括商业银行、证券公司、基金管理公司、信托公司和保险公司等；上述金融机构面向投资者发行的理财产品，包括但不限于银行理财产品、信托产品、投连险产品、基金产品、证券公司资产管理产品等；注册资本不低于人民币 1000 万元的企业法人；合伙人认缴出资总额不低于人民币 5000 万元，实缴出资总额不低于人民币 1000 万元的合伙企业；经中国证监会认可的其他投资者。

证券公司次级债券只能以非公开方式发行，不得采用广告、公开劝诱和变相公开方式。每期债券的机构投资者合计不得超过 200 人。

第 三 条 次级债分为长期次级债和短期次级债。

证券公司借入或发行期限在 1 年以上（不含 1 年）的次级债为长期次级债。

证券公司为满足正常流动性资金需要，借入或发行期限在 3 个月以上（含 3 个月）、1 年以下（含 1 年）的次级债为短期次级债。

第 四 条 长期次级债可按一定比例计入净资本，到期期限在 3、2、1 年以上的，原则上分别按 100%、70%、50% 的比例计入净资本。

短期次级债不计入净资本。证券公司为满足承销股票、债券业务的流动性资金需要而借入或发行的短期次级债，可按照以下标准扣减风险资本准备：

（一）在承销期内，按债务资金与承销业务风险资本准备的孰低值扣减风险资本准备；

（二）承销结束，发生包销情形的，按照债务资金与因包销形成的自营业务风险资本准备的孰低值扣减风险资本准备。

承销结束，未发生包销情况的，借入或发行的短期次级债不得扣减风险资本准备。

第五条 证券公司借入或发行次级债应根据公司章程的规定对以下事项作出决议：

（一）次级债的规模、期限、利率以及展期和利率调整；

（二）借入或募集资金的用途；

（三）与借入或发行次级债相关的其他重要事项；

（四）决议有效期。

第六条 证券公司发行次级债券应提供募集说明书，借入次级债务应与债权人签订次级债务合同。募集说明书和次级债务合同应约定以下事项：

（一）清偿顺序在普通债之后；

（二）次级债的金额、期限、利率；

（三）次级债本息的偿付安排；

（四）借入或募集资金用途；

（五）证券公司应向债权人披露的信息内容和披露时间、方式；

（六）次级债的借入或发行、偿还或兑付应符合本规定；

（七）违约责任。

募集说明书还应载明公司基本情况、财务状况、债券发行、转让范围及约束条件。

第七条 证券公司借入或发行次级债应符合以下条件：

（一）借入或募集资金有合理用途；

（二）次级债应以现金或中国证监会认可的其他形式借入或融入；

（三）借入或发行次级债数额应符合以下规定：

1. 长期次级债计入净资本的数额不得超过净资本（不含长期次级债累计计入净资本的数额）的50%；

2. 净资本与负债的比例、净资产与负债的比例等各项风险控制指标不触及预警标准。

（四）募集说明书内容或次级债务合同条款符合证券公司监管规定。

第八条 证券公司次级债券可在证券交易所或中国证监会认可的交易场所（以下统称交易场所）依法向机构投资者发行、转让。发行或转让后,债券持有人不得超过200人。

次级债券发行或转让后,证券公司应在中国证券登记结算有限责任公司或中国证监会认可的其他登记结算机构(以下统称登记结算机构)办理登记。

证券公司在银行间市场发行次级债券,应事先经中国证监会认可,并遵守银行间市场的相关规定。

第 九 条 证券公司借入或发行次级债,应当自完成之日起(分期发行的,于每期发行完成之日起)5个工作日内,向公司住所地中国证监会派出机构提交以下备案文件:

(一)备案报告。应当至少包括以下内容:证券公司借入或发行次级债的概况,证券公司符合借入或发行次级债条件的说明;

(二)募集说明书或次级债务合同;

(三)债权人清单。应当包括债权人名称、债权金额、与证券公司等债务当事人关联关系情况;

(四)债务资金银行进账单;

(五)中国证监会要求提交的其他文件。

第 十 条 证券公司次级债券的发行、转让、兑付、登记、托管、结算、投资者适当性、信息披露和投资者权益保护等应符合法律法规以及交易场所和登记结算机构的相关规定。

证券公司次级债券可由具备承销业务资格的其他证券公司承销,也可由证券公司自行销售。

第十一条 证券公司变更次级债务合同(含展期),应当自完成之日起5个工作日内,向公司住所地中国证监会派出机构提交以下备案文件:

(一)备案报告。应当至少包括以下内容:合同变更概况、原因;

(二)变更后的次级债务合同;

(三)中国证监会要求提交的其他文件。

第十二条 证券公司偿还次级债务,应当自完成之日起5个工作日内,向公司住所地中国证监会派出机构提交备案报告等相关文件。

证券公司提前偿还次级债务的,应当在备案报告中说明提前偿还次级债务的原因以及是否符合提前偿还条件,还应当提交关于提前偿还次级债务的决议。

第十三条 在证券公司借入次级债备案文件齐备的前提下,中国证监会派出机构应当自接收备案文件之日起5个工作日内向备案申请人出具备案回执。相关证券公司在收到备案回执后,可以将已借入的次级债按规定的金额计入净资本。

第十四条 证券公司提前偿还长期次级债务后1年之内再次借入新的长期次级债务的，新借入的次级债务应先按照提前偿还的长期次级债务剩余到期期限对应的比例计入净资本；在提前偿还的次级债务合同期限届满后，再按规定比例计入净资本。

新借入的长期次级债务数额超出提前偿还的长期次级债务数额的，超出部分的次级债务可按规定比例计入净资本。

第十五条 证券公司向其他证券公司借入长期次级债务或发行长期次级债券的，作为债权人的证券公司在计算自身净资本时应将借出或融出资金全额扣除。

证券公司不得向其实际控制的子公司借入或发行次级债。

第十六条 证券公司风险控制指标不符合规定标准或偿还次级债务后将导致风险控制指标不符合规定标准的，不得偿还到期次级债务本息。次级债务合同应明确约定前述事项。

证券公司到期偿还次级债券不受前款约束。

第十七条 除以下情形外，证券公司不得提前偿还或兑付次级债：

（一）证券公司偿还或兑付全部或部分次级债后，各项风险控制指标符合规定标准且未触及预警指标，净资本数额不低于借入或发行长期次级债时的净资本数额（包括长期次级债计入净资本的数额）；

（二）债权人将次级债权转为股权，且次级债权转为股权符合相关法律法规规定并经批准；

（三）中国证监会认可的其他情形。

第十八条 证券公司应在借入或发行次级债之日前至少3个工作日在公司网站公开披露拟借入或发行次级债情况，并及时披露次级债券的后续发行情况。

证券公司偿还或兑付次级债，应在到期日前至少3个工作日在公司网站公开披露，并在实际偿还或兑付次级债后3个工作日内公开披露偿还或兑付情况。证券公司在交易场所发行次级债券，还应遵守其信息披露的要求。

上市证券公司借入或发行、偿还或兑付次级债的，除应遵守本规定要求外，还应按照上市公司信息披露管理的规定，履行信息披露义务。

第十九条 中国证监会及其派出机构应加强对证券公司次级债存续期间的日常监管，对违反本规定及相关监管要求的，责令其及时改正，并依法采取监管措施。

第二十条 从事证券相关业务的证券类机构借入或发行、偿还或兑付次级债等事项，经中国证监会同意，可参照本规定执行。前款所称的证券类机构，包括但不限于证券金融公司。

第二十一条 本规定自公布之日起施行。《证券公司借入次级债务规定》（证监会公告〔2010〕23 号）同时废止。

证券公司业务范围审批暂行规定

第 一 条 为明确证券公司业务范围审批的有关事项，根据《证券法》和《证券公司监督管理条例》，制定本规定。

第 二 条 证券公司应当在证监会依法批准的范围内经营证券业务和其他业务，不得超范围经营。

第 三 条 证券公司对其证券经纪业务客户提供证券投资咨询服务，不就该项服务与客户单独签订合同、单独收取费用，且收取的证券经纪业务佣金不超过规定上限的，无须取得证券投资咨询业务资格，但应当比照执行证券投资咨询业务的规则。

第 四 条 证券公司进行现金管理，将自有资金投资于依法公开发行的国债、投资级公司债、货币市场基金、央行票据等证监会认可的风险较低、流动性较强的证券，以及证券公司经证监会批准设立的集合资产管理计划、专项资产管理计划，且投资规模不超过其净资本 80% 的，或者因依法履行承销义务而买卖证券的，无须取得证券自营业务资格，但应当比照执行证券自营业务的规则。

第 五 条 经证监会批准，证券公司可以经营《证券法》、《证券公司监督管理条例》和证监会的规章、规范性文件未明确规定的业务（以下称创新业务）。

证券公司经营的创新业务，应当不违反现行法律、行政法规和证监会的规定，风险可测、可控、可承受，且与现有证券业务相关性强，有利于充分利用公司现有营业网点、客户资源、业务专长或者管理经验，有利于优化对客户的服务和改善公司盈利模式。

证券公司经营创新业务，应当建立内部评估和审查机制，对创新业务的合规性、可行性和可能产生的风险进行充分的评估论证，并制定业务管理制度，明确操作流程、风险控制措施和保护客户合法权益的措施。

第 六 条 受同一单位、个人控制或者相互之间存在控制关系的证券公司，不得经营相同的业务。但相关公司采取有效措施，在经营区域或者目标客户群体上作明显区分，相互之间不存在竞争关系的除外。

第七条 证券公司设立时，证监会依照法定条件核准其业务范围。对新设公司核准的业务不超过4种，证监会另有规定的除外。

证券公司变更业务范围应当经证监会批准。变更业务范围分为增加业务种类和减少业务种类。证券公司一次申请增加的业务不得超过2种。

第八条 证券公司增加业务种类，应当符合下列审慎性要求：

（一）增加业务种类后，注册资本符合《证券法》第一百二十七条的规定；

（二）公司治理结构健全，内部管理有效，能有效控制现有及申请增加业务的风险；

（三）最近1年各项风险控制指标持续符合规定，增加业务种类后，净资本符合规定；

（四）最近2年未因重大违法违规行为而受到处罚，最近1年未被采取重大监管措施，无因涉嫌重大违法违规正受到有关机关或者行业自律组织调查的情形；

（五）有拟负责申请增加业务的高级管理人员和适当数量的拟从事申请增加业务的从业人员；

（六）信息系统安全稳定运行，最近1年未发生重大事故；与申请增加业务有关的信息系统符合规定；

（七）取得经营证券业务许可证且持续经营已满1年；再次申请增加业务种类的，距前次申请获准超过6个月；

（八）现有业务经营管理状况良好；

（九）法律、行政法规和证监会的其他要求。

证券公司申请增加的业务属于创新业务的，还应当符合本规定第五条第二款的规定；证券公司经营证券业务的子公司申请增加业务种类，还应当符合《证券公司设立子公司试行规定》第七条的规定。

第九条 证券公司申请增加业务种类，应当向证监会提交下列材料：

（一）申请表；

（二）股东（大）会关于变更业务范围的决议；

（三）与申请增加业务有关的业务管理制度和风险控制制度文本；

（四）公司最近2年合规运行情况的说明；

（五）信息系统安全稳定运行情况的说明；

（六）公司现有业务经营管理情况的说明；

（七）证监会要求提交的其他材料。

证券公司申请增加的业务属于创新业务的，还应当提交业务实施方案、可行性研究报告、公司合规总监出具的业务实施方案合规审查报告；属于受同一单位、个人控制或者相互之间存在控制关系的证券公司已获准经营的业务的，还应当提交业务区分方案、相关公司关于实行业务区分的协议、相关公司股东（大）会关于实行业务区分的决议。

证券公司经营证券业务的子公司申请增加业务种类，还应当提交《证券公司设立子公司试行规定》第八条规定的其他材料。

第 十 条 证监会按照规定，根据审慎监管的原则，对证券公司增加业务种类的申请进行审查，并自受理申请之日起45个工作日内，作出是否批准的决定。

对创新业务，证监会可以组织有关专家进行评审，并可以批准若干证券公司先行试点；根据试点情况，或决定逐步扩大试点范围，在制定相关业务规则后正常推开，或停止批准新的申请。

第十一条 证券公司应当在增加业务种类的申请获得批准后，依法向公司登记机关申请变更登记，并自变更登记之日起15个工作日内，向证监会提交营业执照副本复印件和拟负责申请增加业务的高级管理人员与从业人员的名单、简历、资格证书复印件等材料，申请换发经营证券业务许可证。

证监会收到申请后，通知证券公司住所地派出机构进行现场核查。派出机构应当自收到通知之日起15个工作日内，对证券公司的有关业务设施、信息系统和经营场所等进行核查，并出具核查报告。

经审查和核查，证券公司全面具备规定条件的，证监会予以换发经营证券业务许可证。

第十二条 证券公司在取得换发的经营证券业务许可证前，不得经营申请增加的业务，也不得进行与申请增加的业务有关的宣传推介、联系客户等营销活动。

证券公司获准增加证券经纪、证券资产管理、融资融券等为客户提供服务的业务的，应当在取得换发的经营证券业务许可证后，采取有效措施，开展与该业务有关的法制宣传、知识普及和风险提示等投资者教育活动。

第十三条 证券公司申请减少业务种类，应当向证监会提交申请表、股东（大）会关于变更业务范围的决议、申请减少业务的了结计划；申请减少的业务涉及公众客户的,还应当提交平稳处理客户相关事项的方案及书面承诺。

证券公司应当在减少业务种类的申请获得批准后,按照规定了结业务,向公司登记机关申请变更登记,并自变更登记之日起15个工作日内,持营业执照副本复印件等材料,向证监会申请换发经营证券业务许可证。

第十四条 证券公司应当将按照本规定提交证监会的申请材料,自证监会受理之日起5个工作日,报住所地证监会派出机构备案。

证监会派出机构对证券公司的申请事项或者申请材料的内容有异议的,应当自收到证券公司报备的申请材料之日起10个工作日内,向证监会提出。

第十五条 上市公司并购重组财务顾问业务、证券保荐业务、证券投资基金代销业务和为期货公司提供中间介绍业务的审批,按照现行有关规定执行,不适用本规定。

证券公司获准增加或者减少上述业务种类后,应当依法办理工商变更登记手续,并向证监会申请换发经营证券业务许可证。

第十六条 证监会依照2005年修订前《证券法》向证券公司颁发的经营证券业务许可证(以下称原许可证)继续有效,证券公司可以按照原许可证载明的业务种类与《证券法》第一百二十五条规定业务的对应关系经营业务。原许可证载明的业务种类与《证券法》第一百二十五条规定业务的对应关系见《证券公司业务种类表述方式对照表》。

证券公司因原许可证到期或者载明的事项发生变更,申请换发经营证券业务许可证的,证监会按照前款所称对应关系,对原许可证关于业务种类的表述进行调整。

第十七条 证券公司应当自取得换发的经营证券业务许可证之日起10个工作日内,将经营证券业务许可证副本复印件报住所地证监会派出机构备案。

第十八条 证监会及其派出机构依法对证券公司的业务活动进行监督管理。证券公司违法违规经营业务、风险控制指标不符合规定或者出现其他法定情形的,证监会及其派出机构可以区别情形,依法对其采取限制业务活动、暂停部分业务或者全部业务、撤销业务许可等措施。

第十九条 本规定自2008年12月1日起施行。证监会1999年3月16日发布的《关于进一步加强证券公司监管的若干意见》(证监机构字〔1999〕14号)同时废止。

附件:证券公司业务种类表述方式对照表(略)

关于证券投资基金管理公司在香港设立机构的规定

第 一 条 基金管理公司可以根据自身业务发展需要，到香港地区设立机构（以下统称香港机构），从事资产管理类相关业务。

香港机构可以采取分公司、办事处、子公司及中国证监会允许的其他形式。

第 二 条 基金管理公司到香港地区设立机构前应当对香港的市场状况、监管环境以及法律法规等进行认真研究，充分考虑基金管理公司本身的财务实力和管理能力，结合基金管理公司的长远发展规划，兼顾基金管理公司现有业务的正常运营审慎决策，不应由于到香港设立机构影响基金管理公司本身的业务运营，损害基金持有人的利益。

第 三 条 基金管理公司申请到香港设立机构，应当具备《证券投资基金管理公司管理办法》（证监会令第 84 号）中关于基金管理公司设立分支机构的基本条件，符合公司内部决策程序，有明确的商业目标和商业计划，对香港机构的管理有明确安排，在对香港机构进行出资后公司仍能保持良好的财务状况。

第 四 条 基金管理公司申请到香港设立机构应当报送以下材料（原件 1 份，复印件 1 份）：

（一）申请报告，至少包括香港机构的注册地、组织形式、业务范围、投资金额及对公司本身经营的影响；

（二）董事会或股东会决议；

（三）商业计划书，至少包括对到香港设立机构的必要性、可行性以及香港市场环境和法律环境的分析；

（四）对香港机构的管理安排，至少包括拟任负责人及主要业务人员的安排、对香港机构实施管理的制度和措施、风险隔离措施等；

（五）中国证监会要求的其他材料。

第 五 条 基金管理公司到香港设立机构，应当经董事会或者股东会做出决议后，按照本规定向中国证监会报送申请材料。

第 六 条 申请期间申请材料涉及的事项发生重大变化的，申请人应当自变化发生之日起 5 日内向中国证监会提交更新材料。

第 七 条 中国证监会对基金管理公司到香港设立机构的申请进行审查,自受理之日起60 日内作出批准或者不予批准的决定。

中国证监会的批准决定6 个月内有效,基金管理公司应当在批准决定有效期内到香港设立机构。

第 八 条 基金管理公司应当制定并实施与其香港机构之间的风险隔离措施,加强对香港机构的风险管理,防范由于香港机构的经营风险损害基金管理公司的正常运营。

第 九 条 基金管理公司应当自下列事项发生之日起 15 日内向中国证监会和公司经营所在地中国证监会派出机构报告:

(一)香港机构注册登记及获得香港监管部门业务许可;

(二)作出变更、撤销香港机构决定;

(三)作出变更对香港机构的投资金额、持股比例或者香港机构股权结构决定;

(四)香港机构负责人员变更。

第 十 条 基金管理公司应当按照法律、行政法规和中国证监会的规定将设立、变更或撤销香港机构的事项予以公告。

第十一条 基金管理公司香港机构发生下列情形之一的,基金管理公司应当自发生之日起5 日内向中国证监会和公司经营所在地中国证监会派出机构报告:

(一)机构及其人员受到调查或者处罚;

(二)机构财务状况发生重大变化;

(三)香港监管部门对其现场检查后;

(四)对公司经营产生重大影响的其他事项。

第十二条 基金管理公司参股香港地区资产管理类机构、到其他与中国证监会签署监管合作备忘录的国家和地区设立机构或参股资产管理类机构,参照本规定执行。

第十三条 本规定自发布之日起施行。

非银行金融机构开展证券投资基金托管业务暂行规定

第 一 条 为了规范符合条件的非银行金融机构开展证券投资基金

（以下简称基金）托管业务，维护基金份额持有人合法权益，促进基金行业持续健康发展，根据《证券法》、《证券投资基金法》及《证券投资基金托管业务管理办法》等法律、行政法规及规章，制定本规定。

第二条 本规定所称非银行金融机构是指在中国境内依法设立的除商业银行之外的其他金融机构。

第三条 非银行金融机构向中国证券监督管理委员会（以下简称中国证监会）申请开展基金托管业务，中国证监会依法核准其托管资格。

第四条 中国证监会依法对非银行金融机构从事基金托管业务活动进行监督管理。

中国证券投资基金业协会对非银行金融机构从事基金托管业务活动实行自律管理。

第五条 非银行金融机构申请开展基金托管业务，应当具备下列条件：

（一）最近3个会计年度的年末净资产均不低于20亿元人民币，风险控制指标持续符合监管部门的有关规定；

（二）设有专门的基金托管部门，部门设置能够保证托管业务运营的完整与独立，部门有满足营业需要的固定场所，并配备独立的安全监控系统和托管业务技术系统；

（三）基金托管部门拟任高级管理人员符合法定条件，基金托管部门取得基金从业资格的人员不低于部门员工人数的1/2；拟从事基金清算、核算、投资监督、信息披露、内部稽核监控等业务的执业人员不少于8人，并具有基金从业资格，其中，核算、监督等核心业务岗位人员应当具备2年以上托管业务从业经验；

（四）具备安全保管基金财产、确保基金财产完整与独立的条件，不从事与托管业务潜在重大利益冲突的其他业务，具备安全高效的清算、交割系统，能够为基金办理证券与资金的集中清算、交割；

（五）具备完善的内部稽核监控制度和风险控制制度；

（六）最近3年无重大违法违规记录；

（七）法律、行政法规以及中国证监会规定的其他条件。

第六条 非银行金融机构申请开展基金托管业务，应当向中国证监会报送下列申请材料：

（一）申请书；

（二）具有证券业务资格的会计师事务所出具的净资产专项验资报告，风险控制指标持续符合监管部门有关规定的说明；

（三）设立专门基金托管部门的证明文件，确保部门业务运营完整与独立的说明和承诺，部门内部机构设置和岗位职责规定，办公场所平面图、安全监控系统及托管业务技术系统安装调试报告；

（四）基金托管部门拟任高级管理人员和执业人员基本情况，包括拟任高级管理人员任职材料，拟任执业人员名单、履历、基金从业资格证明复印件、专业培训及岗位配备情况；

（五）安全保管基金财产有关条件的报告，基金清算、交割系统的运行测试报告，基金托管业务备份系统设计方案和应急处理方案、应急处理能力测试报告；

（六）部门业务规章制度；

（七）开办基金托管业务的商业计划书；

（八）中国证监会规定的其他材料。

中国证监会自收到申请材料之日起5个工作日内作出是否受理的决定。中国证监会自受理申请材料之日起20个工作日内作出批准或不予批准的决定。

第 七 条 取得基金托管资格的非银行金融机构为基金托管人。基金托管人应当及时办理基金托管部门高级管理人员的任职手续。

第 八 条 非银行金融机构开展基金托管业务，应当遵守法律法规的规定、基金合同和基金托管协议的约定，恪守职业道德和行为规范，诚实信用、谨慎勤勉，为基金份额持有人利益履行基金托管职责。

非银行金融机构基金托管部门的高级管理人员及其他从业人员应当遵守法律法规及基金从业人员的各项行为规范，忠实、勤勉地履行职责，不得从事损害基金财产和基金份额持有人利益的证券交易及其他活动。

第 九 条 非银行金融机构开展基金托管业务，应当依法履行各项基金托管法定职责，并针对基金托管业务建立科学合理、控制严密、运行高效的内部控制体系。

第 十 条 非银行金融机构开展基金托管业务，应当将所托管的基金财产与其固有财产及其受托管理的各类财产严格分开保管，不得将所托管的基金财产归入其固有财产或其受托管理的各类财产。

第十一条 非银行金融机构开展基金托管业务，应当与本机构其他业务运作保持独立，建立严格的防火墙制度，隔离业务风险，有效执行信息隔离等内部控制制度，切实防范利益冲突和利益输送。

第十二条 非银行金融机构开展基金托管业务，应当对所托管基金财产投资运作的相关信息严格履行保密义务，不得向任何机构或个人泄露相关信息和资料，法律、行政法规和中国证监会另有规定或者基金合同另有约定的除外。

第十三条 非银行金融机构开展基金托管业务，应当为其托管的基金选定具有基金托管资格的商业银行作为资金存管银行，并开立托管资金专门账户，用于托管基金现金资产的归集、存放与支付，该账户不得存放其他性质资金。

第十四条 非银行金融机构开展基金托管业务，应当依法承担作为市场结算参与人的相关职责，为基金办理证券与资金的清算与交割，并与基金管理人签订结算协议或在基金托管协议中约定结算条款，明确双方在基金清算、交割及相关风险控制方面的职责。

第十五条 非银行金融机构开展公开募集基金托管业务，应当从托管费收入中计提风险准备金，用于弥补因其违法违规、违反基金合同、技术故障、操作错误等原因给基金财产或基金份额持有人造成的损失。风险准备金不足以赔偿上述损失的，应当使用其他固有财产进行赔偿。

第十六条 中国证监会依法对非银行金融机构开展基金托管业务情况进行非现场检查和现场检查。

第十七条 非银行金融机构开展基金托管业务违反相关法律法规以及中国证监会规定的，中国证监会依法对非银行金融机构及其直接负责的主管人员和其他直接责任人员采取行政监管措施；依法应予行政处罚的，依照有关规定进行行政处罚；涉嫌犯罪的，依法移送司法机关，追究刑事责任。

第十八条 非银行金融机构开展基金托管业务，本规定没有规定的，适用《证券投资基金法》、《证券投资基金托管业务管理办法》等法律法规以及中国证监会的相关规定。

第十九条 本规定自 2013 年 6 月 1 日起施行。

关于在发行审核委员会中设立上市公司并购重组审核委员会的决定

各上市公司：

为了适应股权分置改革后市场发展的需要，切实保证在上市公司并购重组审核工作中贯彻公开、公平、公正的原则，进一步提高并购重组审核工作的质量和透明度，根据《中华人民共和国证券法》、《中国证券监督管理委员会发行审核委员会办法》(2006 年 5 月 9 日证监会令第 31 号，根据 2009 年 5 月 13 日证监会令第 62 号《关于修改〈中国证券监督管理委员会发行审核委员会办法〉的决定》第一次修正，根据 2017 年 7 月 7 日证监会令第 134 号《关于修改〈中国证券监督管理委员会发行审核委员会办法〉的决定》第二次修正)的规定，中国证券监督管理委员会(以下简称中国证监会)作出如下决定：

一、在发行审核委员会中设立上市公司并购重组审核委员会(以下简称并购重组委)，并购重组委根据有关法律、行政法规和中国证监会的规定，履行以下职责：

(一)审核上市公司并购重组申请是否符合相关条件；

(二)审核财务顾问、会计师事务所、律师事务所、资产评估机构等证券服务机构及相关人员为并购重组申请事项出具的有关材料及意见书；

(三)审核中国证监会有关职能部门出具的初审报告；

(四)依法对并购重组申请事项提出审核意见。

中国证监会依照法定条件和法定程序对并购重组申请事项作出予以核准或不予核准的决定。

二、上市公司并购重组申请事项包括：

(一)根据中国证监会的相关规定构成重组上市的；

(二)上市公司以新增股份向特定对象购买资产的；

(三)上市公司实施合并、分立的；

(四)中国证监会规定的其他并购重组事项。

三、并购重组委的组成方式、委员职责、工作会议程序和监督机制按《中国证券监督管理委员会发行审核委员会办法》的相关规定执行，并制定具体的工作规程。

本决定自发布之日起施行。

关于填报《上市公司并购重组财务顾问专业意见附表》的规定

为进一步推进并购重组的市场化进程，明确上市公司并购重组财务顾问业务尽职调查的关注要点，提高财务顾问专业意见的质量，引导财务顾问勤勉尽责，充分发挥其在并购重组中的作用，提高并购重组的效率和质量，根据《上市公司并购重组财务顾问业务管理办法》（证监会令第54号，以下简称《财务顾问办法》）、《上市公司重大资产重组管理办法》（证监会令第127号，以下简称《重组办法》）、《上市公司收购管理办法》（证监会令第108号，以下简称《收购办法》）等相关规定，制定本规定。

一、财务顾问根据《财务顾问办法》、《重组办法》、《收购办法》等规定，对相关并购重组申请事项出具专业意见的，应当填报相应的《上市公司并购重组财务顾问专业意见附表》（以下简称《专业意见附表》），并将《专业意见附表》作为财务顾问专业意见的附件一并上报。

二、财务顾问需要在审慎核查的基础上针对《专业意见附表》中所述问题回答"是"或"否"；如未能对相关问题进行核查、无法发表核查意见或存在需要说明事项的，应当在备注中加以说明；如有未尽事项需要予以说明的，可以加项说明；如有特别事项需要予以说明的，可以另附书面文件说明。

三、《专业意见附表》规定的关注要点是对财务顾问从事相关并购重组业务的最低要求，财务顾问应当结合个案的实际情况，全面做好尽职调查工作，充分分析和揭示风险。

四、财务顾问及其财务顾问主办人未按规定填报《专业意见附表》，或者申报文件制作质量低下的，中国证监会依据《财务顾问办法》、《重组办法》、《收购办法》等规定对其采取监管措施；财务顾问及其财务顾问主办人所填报的《专业意见附表》存在虚假记载、误导性陈述或者重大遗漏的，中国证监会责令改正并依据《证券法》第二百二十三条的规定予以处罚。

五、本规定自2011年1月1日起施行。

附件：1. 上市公司并购重组财务顾问专业意见附表第1号——上市公司收购

2. 上市公司并购重组财务顾问专业意见附表第2号——重大资产重组

3. 上市公司并购重组财务顾问专业意见附表第3号——发行股份购买资产

4. 上市公司并购重组财务顾问专业意见附表第4号——回购社会公众股份

附件1：

上市公司并购重组财务顾问专业意见附表
第1号——上市公司收购

上市公司名称		财务顾问名称	
证券简称		证券代码	
收购人名称或姓名			
实际控制人是否变化	是□　　否□		
收购方式	通过证券交易所的证券交易□ 协议收购□ 要约收购□ 国有股行政划转或变更□ 间接收购□ 取得上市公司发行的新股□ 执行法院裁定□ 继承□ 赠与□ 其他□（请注明）________________		
方案简介			

序号	核查事项	核查意见		备注与说明
		是	否	
一、收购人基本情况核查				
1.1	收购人身份（收购人如为法人或者其他经济组织填写1.1.1－1.1.6，如为自然人则直接填写1.2.1－1.2.6）	/	/	/
1.1.1	收购人披露的注册地、住所、联系电话、法定代表人与注册登记的情况是否相符			
1.1.2	收购人披露的产权及控制关系，包括投资关系及各层之间的股权关系结构图，及收购人披露的最终控制人（即自然人、国有资产管理部门或其他最终控制人）是否清晰，资料完整，并与实际情况相符			

续表

1.1.3	收购人披露的控股股东及实际控制人的核心企业和核心业务、关联企业，资料完整，并与实际情况相符			
1.1.4	是否已核查收购人的董事、监事、高级管理人员（或者主要负责人）及其近亲属（包括配偶、子女，下同）的身份证明文件			
	上述人员是否未取得其他国家或地区的永久居留权或者护照			
1.1.5	收购人及其关联方是否开设证券账户（注明账户号码）			
	（如为两家以上的上市公司的控股股东或实际控制人）是否未持有其他上市公司5%以上的股份			
	是否披露持股5%以上的上市公司以及银行、信托公司、证券公司、保险公司等其他金融机构的情况			
1.1.6	收购人所披露的实际控制人及控制方式与实际情况是否相符（收购人采用非股权方式实施控制的，应说明具体控制方式）			
1.2	收购人身份（收购人如为自然人）	/	/	/
1.2.1	收购人披露的姓名、身份证号码、住址、通讯方式（包括联系电话）与实际情况是否相符			
1.2.2	是否已核查收购人及其直系亲属的身份证明文件			
	上述人员是否未取得其他国家或地区的永久居留权或者护照			
1.2.3	是否已核查收购人最近5年的职业和职务			
	是否具有相应的管理经验			
1.2.4	收购人与最近5年历次任职的单位是否不存在产权关系			
1.2.5	收购人披露的由其直接或间接控制的企业核心业务、关联企业的主营业务情况是否与实际情况相符			

续表

1.2.6	收购人及其关联方是否开设证券账户（注明账户号码）			
	（如为两家以上的上市公司的控股股东或实际控制人）是否未持有其他上市公司5%以上的股份			
	是否披露持股5%以上的上市公司以及银行、信托公司、证券公司、保险公司等其他金融机构的情况			
1.3	收购人的诚信记录	/	/	/
1.3.1	收购人是否具有银行、海关、税务、环保、工商、社保、安全生产等相关部门出具的最近3年无违规证明			
1.3.2	如收购人设立未满3年，是否提供了银行、海关、税务、环保、工商、社保、安全生产等相关部门出具的收购人的控股股东或实际控制人最近3年的无违规证明			
1.3.3	收购人及其实际控制人、收购人的高级管理人员最近5年内是否未被采取非行政处罚监管措施，是否未受过行政处罚（与证券市场明显无关的除外）、刑事处罚			
1.3.4	收购人是否未涉及与经济纠纷有关的重大民事诉讼或者仲裁，诉讼或者仲裁的结果			
1.3.5	收购人是否未控制其他上市公司			
	被收购人控制其他上市公司的，是否不存在因规范运作问题受到证监会、交易所或者有关部门的立案调查或处罚等问题			
	被收购人控制其他上市公司的，是否不存在因占用其他上市公司资金或由上市公司违规为其提供担保等问题			
1.3.6	收购人及其实际控制人的纳税情况	/	/	说明
1.3.7	收购人及其实际控制人是否不存在其他违规失信记录，如被海关、国土资源、环保等其他监管部门列入重点监管对象			说明
1.4	收购人的主体资格	/	/	/

续表

1.4.1	收购人是否不存在《上市公司收购管理办法》第六条规定的情形			
1.4.2	收购人是否已按照《上市公司收购管理办法》第五十条的规定提供相关文件			
1.5	收购人为多人的,收购人是否在股权、资产、业务、人员等方面存在关系			
	收购人是否说明采取一致行动的目的、一致行动协议或者意向的内容、达成一致行动协议或者意向的时间			
1.6	收购人是否接受了证券市场规范化运作的辅导			
	收购人董事、监事、高级管理人员是否熟悉法律、行政法规和中国证监会的规定			
二、收购目的				
2.1	本次收购的战略考虑	/	/	/
2.1.1	收购人本次收购上市公司是否属于同行业或相关行业的收购			
2.1.2	收购人本次收购是否属于产业性收购			
	是否属于金融性收购			
2.1.3	收购人本次收购后是否自行经营			
	是否维持原经营团队经营			
2.2	收购人是否如实披露其收购目的			
2.3	收购人是否拟在未来 12 个月内继续增持上市公司股份			
2.4	收购人为法人或者其他组织的,是否已披露其做出本次收购决定所履行的相关程序和具体时间			
三、收购人的实力				
3.1	履约能力	/	/	/
3.1.1	以现金支付的,根据收购人过往的财务资料及业务、资产、收入、现金流的最新情况,说明收购人是否具备足额支付能力			
3.1.2	收购人是否如实披露相关支付安排			

续表

3.1.2.1	除收购协议约定的支付款项外，收购人还需要支付其他费用或承担其他附加义务的，如解决原控股股东对上市公司资金的占用、职工安置等，应说明收购人是否具备履行附加义务的能力			
3.1.2.2	如以员工安置费、补偿费抵扣收购价款的，收购人是否已提出员工安置计划			
	相关安排是否已经职工代表大会同意并报有关主管部门批准			
3.1.2.3	如存在以资产抵扣收购价款或者在收购的同时进行资产重组安排的，收购人及交易对方是否已履行相关程序并签署相关协议			
	是否已核查收购人相关资产的权属及定价公允性			
3.1.3	收购人就本次收购做出其他相关承诺的，是否具备履行相关承诺的能力			
3.1.4	收购人是否不存在就上市公司的股份或者其母公司股份进行质押或者对上市公司的阶段性控制作出特殊安排的情况；如有，应在备注中说明			
3.2	收购人的经营和财务状况	/	/	/
3.2.1	收购人是否具有3年以上持续经营记录			
	是否具备持续经营能力和盈利能力			
3.2.2	收购人资产负债率是否处于合理水平			
	是否不存在债务拖欠到期不还的情况			
	如收购人有大额应付账款的，应说明是否影响本次收购的支付能力			
3.2.3	收购人如是专为本次收购而设立的公司，通过核查其实际控制人所控制的业务和资产情况，说明是否具备持续经营能力			
3.2.4	如实际控制人为自然人，且无实业管理经验的，是否已核查该实际控制人的资金来源			
	是否不存在受他人委托进行收购的问题			

续表

3.3	收购人的经营管理能力	/	/	/
3.3.1	基于收购人自身的业务发展情况及经营管理方面的经验和能力,是否足以保证上市公司在被收购后保持正常运营			
3.3.2	收购人所从事的业务、资产规模、财务状况是否不存在影响收购人正常经营管理被收购公司的不利情形			
3.3.3	收购人属于跨行业收购的,是否具备相应的经营管理能力			
四、收购资金来源及收购人的财务资料				
4.1	收购资金是否不是来源于上市公司及其关联方,或者不是由上市公司提供担保、或者通过与上市公司进行交易获得资金的情况			
4.2	如收购资金来源于借贷,是否已核查借贷协议的主要内容,包括借贷方、借贷数额、利息、借贷期限、担保及其他重要条款、偿付本息的计划(如无此计划,也须做出说明)			
4.3	收购人是否计划改变上市公司的分配政策			
4.4	收购人的财务资料	/	/	收购人完整财务报告及审计意见作为收购报告书附件可上网披露,但须在收购报告书中注明
4.4.1	收购人为法人或者其他组织的,在收购报告书正文中是否已披露最近3年财务会计报表			
4.4.2	收购人最近一个会计年度的财务会计报表是否已经具有证券、期货从业资格的会计师事务所审计,并注明审计意见的主要内容			

续表

4.4.3	会计师是否说明公司前两年所采用的会计制度及主要会计政策			
	与最近一年是否一致			
	如不一致,是否做出相应的调整			
4.4.4	如截至收购报告书摘要公告之日,收购人的财务状况较最近一个会计年度的财务会计报告有重大变动的,收购人是否已提供最近一期财务会计报告并予以说明			
4.4.5	如果该法人或其他组织成立不足一年或者是专为本次收购而设立的,是否已比照上述规定披露其实际控制人或者控股公司的财务资料			
4.4.6	收购人为上市公司的,是否已说明刊登其年报的报刊名称及时间			
	收购人为境外投资者的,是否提供依据中国会计准则或国际会计准则编制的财务会计报告			
4.4.7	收购人因业务规模巨大、下属子公司繁多等原因难以按要求提供财务资料的,财务顾问是否就其具体情况进行核查			
	收购人无法按规定提供财务材料的原因是否属实			
	收购人是否具备收购实力			
	收购人是否不存在规避信息披露义务的意图			
五、不同收购方式及特殊收购主体的关注要点				
5.1	协议收购及其过渡期间的行为规范	/	/	/
5.1.1	协议收购的双方是否对自协议签署到股权过户期间公司的经营管理和控制权作出过渡性安排			
5.1.2	收购人是否未通过控股股东提议改选上市公司董事会			
	如改选,收购人推荐的董事是否未超过董事会成员的1/3			

续表

5.1.3	被收购公司是否拟发行股份募集资金			
	是否拟进行重大购买、出售资产及重大投资行为			
5.1.4	被收购公司是否未为收购人及其关联方提供担保或者与其进行其他关联交易			
5.1.5	是否已对过渡期间收购人与上市公司之间的交易和资金往来进行核查			
	是否可以确认在分期付款或者需要履行要约收购义务的情况下,不存在收购人利用上市公司资金、资产和信用为其收购提供财务资助的行为			
5.2	收购人取得上市公司向其发行的新股(定向发行)	/	/	/
5.2.1	是否在上市公司董事会作出定向发行决议的3日内按规定履行披露义务			
5.2.2	以非现金资产认购的,是否披露非现金资产的最近2年经具有证券、期货从业资格的会计师事务所审计的财务会计报告,或经具有证券、期货从业资格的评估机构出具的有效期内的资产评估报告			
5.2.3	非现金资产注入上市公司后,上市公司是否具备持续盈利能力、经营独立性			
5.3	国有股行政划转、变更或国有单位合并	/	/	/
5.3.1	是否取得国有资产管理部门的所有批准			
5.3.2	是否在上市公司所在地国有资产管理部门批准之日起3日内履行披露义务			
5.4	司法裁决	/	/	/
5.4.1	申请执行人(收购人)是否在收到裁定之日起3日内履行披露义务			
5.4.2	上市公司此前是否就股份公开拍卖或仲裁的情况予以披露			
5.5	采取继承、赠与等其他方式,是否按照规定履行披露义务			
5.6	管理层及员工收购	/	/	/
5.6.1	本次管理层收购是否符合《上市公司收购管理办法》第五十一条的规定			

5.6.2	上市公司及其关联方在最近24个月内是否与管理层和其近亲属及其所任职的企业（上市公司除外）不存在资金、业务往来			
	是否不存在资金占用、担保行为及其他利益输送行为			
5.6.3	如还款资金来源于上市公司奖励基金的，奖励基金的提取是否已经过适当的批准程序			
5.6.4	管理层及员工通过法人或者其他组织持有上市公司股份的，是否已核查			
5.6.4.1	所涉及的人员范围、数量、各自的持股比例及分配原则	/	/	
5.6.4.2	该法人或者其他组织的股本结构、组织架构、内部的管理和决策程序	/	/	
5.6.4.3	该法人或者其他组织的章程、股东协议、类似法律文件的主要内容，关于控制权的其他特殊安排	/	/	
5.6.5	如包括员工持股的，是否需经过职工代表大会同意			
5.6.6	以员工安置费、补偿费作为员工持股的资金来源的，经核查，是否已取得员工的同意			
	是否已经有关部门批准			
	是否已全面披露员工在上市公司中拥有权益的股份的情况			
5.6.7	是否不存在利用上市公司分红解决其收购资金来源			
	是否披露对上市公司持续经营的影响			
5.6.8	是否披露还款计划及还款资金来源			
	股权是否未质押给贷款人			
5.7	外资收购（注意：外资收购不仅审查5.9，也要按全部要求核查。其中有无法提供的，要附加说明以详细陈述原因）	/	/	/
5.7.1	外国战略投资者是否符合商务部、证监会等五部委联合发布的2005年第28号令规定的资格条件			

续表

5.7.2	外资收购是否符合反垄断法的规定并履行了相应的程序			
5.7.3	外资收购是否不涉及国家安全的敏感事项并履行了相应的程序			
5.7.4	外国战略投资者是否具备收购上市公司的能力			
5.7.5	外国战略投资者是否作出接受中国司法、仲裁管辖的声明			
5.7.6	外国战略投资者是否有在华机构、代表人并符合1.1.1的要求			
5.7.7	外国战略投资者是否能够提供《上市公司收购管理办法》第五十条规定的文件			
5.7.8	外国战略投资者是否已依法履行披露义务			
5.7.9	外国战略投资者收购上市公司是否取得上市公司董事会和股东大会的批准			
5.7.10	外国战略投资者收购上市公司是否取得相关部门的批准			
5.8	间接收购(控股股东改制导致上市公司控制权发生变化)	/	/	/
5.8.1	如涉及控股股东增资扩股引入新股东而导致上市公司控制权发生变化的,是否已核查向控股股东出资的新股东的实力、资金来源、与上市公司之间的业务往来、出资到位情况			
5.8.2	如控股股东因其股份向多人转让而导致上市公司控制权发生变化的,是否已核查影响控制权发生变更的各方股东的实力、资金来源、相互之间的关系和后续计划及相关安排、公司章程的修改、控股股东和上市公司董事会构成的变化或可能发生的变化等问题;并在备注中对上述情况予以说明			
5.8.3	如控股股东的实际控制人以股权资产作为对控股股东的出资的,是否已核查其他相关出资方的实力、资金来源、与上市公司之间的业务、资金和人员往来情况,并在备注中对上述情况予以说明			

续表

5.8.4	如采取其他方式进行控股股东改制的，应当结合改制的方式，核查改制对上市公司控制权、经营管理等方面的影响，并在备注中说明			
5.9	一致行动			
5.9.1	本次收购是否不存在其他未披露的一致行动人			
5.9.2	收购人是否未通过投资关系、协议、人员、资金安排等方式控制被收购公司控股股东而取得公司实际控制权			
5.9.3	收购人是否未通过没有产权关系的第三方持有被收购公司的股份或者与其他股东就共同控制被收购公司达成一致行动安排，包括但不限于合作、协议、默契及其他一致行动安排			
5.9.4	如多个投资者参与控股股东改制的，应当核查参与改制的各投资者之间是否不存在一致行动关系			
	改制后的公司章程是否未就控制权做出特殊安排			
六、收购程序				
6.1	本次收购是否已经收购人的董事会、股东大会或者类似机构批准			
6.2	收购人本次收购是否已按照相关规定报批或者备案			本次收购需取得的批准包括
6.3	履行各项程序的过程是否符合有关法律、法规、规则和政府主管部门的要求			
6.4	收购人为完成本次收购是否不存在需履行的其他程序			
6.5	上市公司收购人是否依法履行信息披露义务			
七、收购的后续计划及相关承诺				
7.1	是否已核查收购人的收购目的与后续计划的相符性			
7.2	收购人在收购完成后的12个月内是否拟就上市公司经营范围、主营业务进行重大调整			

续表

7.3	收购人在未来12个月内是否拟对上市公司或其子公司的资产和业务进行出售、合并、与他人合资或合作的计划，或上市公司拟购买或置换资产的重组计划			
	该重组计划是否可实施			
7.4	是否不会对上市公司董事会和高级管理人员进行调整；如有，在备注中予以说明			
7.5	是否拟对可能阻碍收购上市公司控制权的公司章程条款进行修改；如有，在备注中予以说明			
7.6	其他对上市公司业务和组织结构有重大影响的计划	/	/	
7.7	是否拟对被收购公司现有员工聘用计划作出重大变动；如有，在备注中予以说明			
八、本次收购对上市公司的影响分析				
8.1	上市公司经营独立性	/	/	/
8.1.1	收购完成后，收购人与被收购公司之间是否做到人员独立、资产完整、财务独立			
8.1.2	上市公司是否具有独立经营能力			
	在采购、生产、销售、知识产权等方面是否保持独立			
8.1.3	收购人与上市公司之间是否不存在持续的关联交易；如不独立（例如对收购人及其关联企业存在严重依赖），在备注中简要说明相关情况及拟采取减少关联交易的措施			
8.2	与上市公司之间的同业竞争问题：收购完成后，收购人与被收购公司之间是否不存在同业竞争或者潜在的同业竞争；如有，在备注中简要说明为避免或消除同业竞争拟采取的措施			
8.3	针对收购人存在的其他特别问题，分析本次收购对上市公司的影响	/	/	
九、申请豁免的特别要求 （适用于收购人触发要约收购义务，拟向中国证监会申请按一般程序（非简易程序）豁免的情形）				
9.1	本次增持方案是否已经取得其他有关部门的批准			

续表

9.2	申请人做出的各项承诺是否已提供必要的保证			
9.3	申请豁免的事项和理由是否充分			
	是否符合有关法律法规的要求			
9.4	申请豁免的理由	/	/	/
9.4.1	是否为实际控制人之下不同主体间的转让			
9.4.2	挽救面临严重财务困难的上市公司而申请豁免要约收购义务的	/	/	/
9.4.2.1	申请人是否提出了切实可行的资产重组方案			
9.4.2.2	申请人是否具备重组的实力			
9.4.2.3	方案的实施是否可以保证上市公司具备持续经营能力			
9.4.2.4	方案是否已经取得公司股东大会的批准			
9.4.2.5	申请人是否已承诺3年不转让其拥有权益的股份			
十、要约收购的特别要求 (在要约收购情况下,除按本表要求对收购人及其收购行为进行核查外,还须核查以下内容)				
10.1	收购人如须履行全面要约收购义务,是否具备相应的收购实力			
10.2	收购人以终止被收购公司的上市地位为目的而发出的全面要约,是否就公司退市后剩余股东的保护作出适当安排			
10.3	披露的要约收购方案,包括要约收购价格、约定条件、要约收购的期限、要约收购的资金安排等,是否符合《上市公司收购管理办法》的规定			

续表

10.4	支付手段为现金的，是否在作出要约收购提示性公告的同时，将不少于收购价款总额的20%作为履约保证金存入证券登记结算机构指定的银行			
10.5	支付手段为证券	/	/	/
10.5.1	是否提供该证券的发行人最近3年经审计的财务会计报告、证券估值报告			
10.5.2	收购人如以在证券交易所上市的债券支付收购价款的，在收购完成后，该债券的可上市交易时间是否不少于1个月			
10.5.3	收购人如以在证券交易所上市交易的证券支付收购价款的，是否将用以支付的全部证券交由证券登记结算机构保管（但上市公司发行新股的除外）			
10.5.4	收购人如以未在证券交易所上市交易的证券支付收购价款的，是否提供现金方式供投资者选择			
	是否详细披露相关证券的保管、送达和程序安排			
十一、其他事项				
11.1	收购人（包括股份持有人、股份控制人以及一致行动人）各成员以及各自的董事、监事、高级管理人员（或者主要负责人）在报告日前24个月内，是否未与下列当事人发生以下交易			如存在相关情形，应予以说明
	如有发生，是否已披露			
11.1.1	是否未与上市公司、上市公司的关联方进行合计金额高于3000万元或者高于被收购公司最近经审计的合并财务报表净资产5%以上的资产交易（前述交易按累计金额计算）			
11.1.2	是否未与上市公司的董事、监事、高级管理人员进行合计金额超过人民币5万元以上的交易			
11.1.3	是否不存在对拟更换的上市公司董事、监事、高级管理人员进行补偿或者存在其他任何类似安排			

续表

11.1.4	是否不存在对上市公司有重大影响的其他正在签署或者谈判的合同、默契或者安排			
11.2	相关当事人是否已经及时、真实、准确、完整地履行了报告和公告义务			
	相关信息是否未出现提前泄露的情形			
	相关当事人是否不存在正在被证券监管部门或者证券交易所调查的情况			
11.3	上市公司控股股东或者实际控制人是否出具过相关承诺			
	是否不存在相关承诺未履行的情形			
	该等承诺未履行是否未对本次收购构成影响			
11.4	经对收购人(包括一致行动人)、收购人的董事、监事、高级管理人员及其直系亲属、为本次收购提供服务的专业机构及执业人员及其直系亲属的证券账户予以核查,上述人员是否不存在有在本次收购前6个月内买卖被收购公司股票的行为			
11.5	上市公司实际控制权发生转移的,原大股东及其关联企业存在占用上市公司资金或由上市公司为其提供担保等问题是否得到解决,如存在,在备注中予以说明			
11.6	被收购上市公司股权权属是否清晰,不存在抵押、司法冻结等情况			
11.7	被收购上市公司是否设置了反收购条款			
	如设置了某些条款,是否披露了该等条款对收购人的收购行为构成障碍			
尽职调查中重点关注的问题及结论性意见				

* 财务顾问对详式权益变动报告书出具核查意见,对于相关信息披露义务人按照收购人的标准填报第一条至第八条的内容。

附件 2：

上市公司并购重组财务顾问专业意见附表
第 2 号——重大资产重组

上市公司名称		独立财务顾问名称	
证券简称		证券代码	
交易类型	购买□　　出售□　　其他方式□		
交易对方		是否构成关联交易	是□　　否□
本次重组概况			
判断构成重大资产重组的依据			
方案简介			

序号	核查事项	核查意见		备注与说明
		是	否	
一、交易对方的情况				
1.1	交易对方的基本情况			
1.1.1	交易对方的名称、企业性质、注册地、主要办公地点、法定代表人、税务登记证号码与实际情况是否相符			
1.1.2	交易对方是否无影响其存续的因素			
1.1.3	交易对方为自然人的，是否未取得其他国家或者地区的永久居留权或者护照			
1.1.4	交易对方阐述的历史沿革是否真实、准确、完整，不存在任何虚假披露			
1.2	交易对方的控制权结构			
1.2.1	交易对方披露的产权及控制关系是否全面、完整、真实			
1.2.2	如交易对方成立不足一年或没有开展实际业务，是否已核查交易对方的控股股东或者实际控制人的情况			

续表

1.2.3	是否已核查交易对方的主要股东及其他管理人的基本情况			
1.3	交易对方的实力	/	/	/
1.3.1	是否已核查交易对方从事的主要业务、行业经验、经营成果及在行业中的地位			
1.3.2	是否已核查交易对方的主要业务发展状况			
1.3.3	是否已核查交易对方的财务状况,包括资产负债情况、经营成果和现金流量情况等			
1.4	交易对方的资信情况	/	/	/
1.4.1	交易对方及其高级管理人员、交易对方的实际控制人及其高级管理人员最近5年内是否未受到过行政处罚(不包括证券市场以外的处罚)、刑事处罚或者涉及与经济纠纷有关的重大民事诉讼或者仲裁			
	交易对方及其高级管理人员最近5年是否未受到与证券市场无关的行政处罚			
1.4.2	交易对方是否未控制其他上市公司			
	如控制其他上市公司的,该上市公司的合规运作情况,是否不存在控股股东占用上市公司资金、利用上市公司违规提供担保等问题			
1.4.3	交易对方是否不存在其他不良记录			
1.5	交易对方与上市公司之间的关系	/	/	/
1.5.1	交易对方与上市公司之间是否不存在关联关系			
1.5.2	交易对方是否未向上市公司推荐董事或者高级管理人员的情况			
1.6	交易对方是否承诺在限定期限内不以任何形式转让其所持股份			
1.7	交易对方是否不存在为他人代为持有股份的情形			

二、上市公司重组中购买资产的状况 (适用于上市公司购买资产、对已设立企业增资、接受附义务的赠与或者托管资产等情况)				
2.1	购买资产所属行业是否符合国家产业政策鼓励范围			
	若不属于,是否不存在影响行业发展的重大政策因素			
2.2	购买资产的经营状况	/	/	/
2.2.1	购买的资产及业务在最近3年内是否有确定的持续经营记录			
2.2.2	交易对方披露的取得并经营该项资产或业务的时间是否真实			
2.2.3	购买资产最近3年是否不存在重大违法违规行为			
2.3	购买资产的财务状况	/	/	/
2.3.1	该项资产是否具有持续盈利能力			
2.3.2	收入和利润中是否不包含较大比例(如30%以上)的非经常性损益			
2.3.3	是否不涉及将导致上市公司财务风险增加且数额较大的异常应收或应付账款			
2.3.4	交易完成后是否未导致上市公司的负债比例过大(如超过70%),属于特殊行业的应在备注中说明			
2.3.5	交易完成后上市公司是否不存在将承担重大担保或其他连带责任,以及其他或有风险问题			
2.3.6	相关资产或业务是否不存在财务会计文件虚假记载;或者其他重大违法行为			
2.4	购买资产的权属状况	/	/	/
2.4.1	权属是否清晰			
2.4.1.1	是否已经办理了相应的权属证明,包括相关资产的所有权、土地使用权、特许经营权、知识产权或其他权益的权属证明			

续表

2.4.1.2	交易对方向上市公司转让前述资产是否不存在政策障碍、抵押或冻结等权利限制			
	是否不会产生诉讼、人员安置纠纷或其他方面的重大风险			
2.4.1.3	该资产正常运营所需要的人员、技术以及采购、营销体系等是否一并购入			
2.4.2	如为完整经营性资产(包括股权或其他可独立核算会计主体的经营性资产)	/	/	/
2.4.2.1	交易对方是否合法拥有该项权益类资产的全部权利			
2.4.2.2	该项权益类资产对应的实物资产和无形资产的权属是否清晰			
2.4.2.3	与该项权益类资产相关的公司发起人是否不存在出资不实或其他影响公司合法存续的情况			
2.4.2.4	属于有限责任公司的,相关股权注入上市公司是否已取得其他股东的同意或者是有证据表明,该股东已经放弃优先购买权			
2.4.2.5	股权对应的资产权属是否清晰			
	是否已办理相应的产权证书			
2.4.3	该项资产(包括该股权所对应的资产)是否无权利负担,如抵押、质押等担保物权			
	是否无禁止转让、限制转让或者被采取强制保全措施的情形			
2.4.4	是否不存在导致该资产受到第三方请求或政府主管部门处罚的事实			
	是否不存在诉讼、仲裁或其他形式的纠纷			
2.4.5	相关公司章程中是否不存在可能对本次交易产生影响的主要内容或相关投资协议			

续表

2.4.6	相关资产是否在最近3年曾进行资产评估或者交易			
	相关资产的评估或者交易价格与本次评估价格相比是否存在差异			
	如有差异,是否已进行合理性分析			
	相关资产在最近3年曾进行资产评估或者交易的,是否在报告书中如实披露			
2.5	资产的独立性	/	/	/
2.5.1	进入上市公司的资产或业务的经营独立性,是否未因受到合同、协议或相关安排约束,如特许经营权、特种行业经营许可等而具有不确定性			
2.5.2	注入上市公司后,上市公司是否直接参与其经营管理,或做出适当安排以保证其正常经营			
2.6	是否不存在控股股东及其关联人以与主业无关资产或低效资产偿还其占用上市公司的资金的情况			
2.7	涉及购买境外资产的,是否对相关资产进行核查,如委托境外中介机构协助核查,则在备注中予以说明(在境外中介机构同意的情况下,有关上述内容的核查,可援引境外中介机构尽职调查意见)			
2.8	交易合同约定的资产交付安排是否不存在可能导致上市公司交付现金或其他资产后不能及时获得对价的风险			
	相关的违约责任是否切实有效			
2.9	拟在重组后发行新股或债券时连续计算业绩的	/	/	/
2.9.1	购买资产的资产和业务是否独立完整,且在最近两年未发生重大变化			
2.9.2	购买资产是否在进入上市公司前已在同一实际控制人之下持续经营两年以上			

续表

2.9.3	购买资产在进入上市公司之前是否实行独立核算,或者虽未独立核算,但与其经营业务相关的收入、费用在会计核算上是否能够清晰划分			
2.9.4	上市公司与该经营实体的主要高级管理人员是否签订聘用合同或者采取其他方式确定聘用关系			
	是否就该经营实体在交易完成后的持续经营和管理作出恰当安排			
2.10	交易标的的重大会计政策或者会计估计是否与上市公司不存在较大差异			
	存在较大差异按规定须进行变更的,是否未对交易标的的利润产生影响			
2.11	购买资产的主要产品工艺与技术是否不属于政策明确限制或者淘汰的落后产能与工艺技术			
2.12	购买资产是否符合我国现行环保政策的相关要求			
三、上市公司重组中出售资产的状况 (适用于上市公司出售资产、以资产作为出资且不控股、对外捐赠、将主要经营性资产委托他人经营等情况)				
3.1	出售资产是否不存在权属不清、限制或禁止转让的情形			
3.2	出售资产是否为上市公司的非主要资产,未对上市公司收入和盈利构成重大影响,未导致上市公司收入和盈利下降			
3.3	出售的资产是否为难以维持经营的低效或无效资产			
3.4	交易合同约定的资产交付安排是否不存在可能导致上市公司交付现金或其他资产后不能及时获得对价的风险			
	相关的违约责任是否切实有效			
四、交易定价的公允性				
4.1	如交易价格以评估值为基准确定	/	/	/

续表

4.1.1	对整体资产评估时，是否对不同资产采取了不同评估方法			
	评估方法的选用是否适当			
4.1.2	评估方法是否与评估目的相适应			
4.1.3	是否充分考虑了相关资产的盈利能力			
4.1.4	是否采用两种以上的评估方法得出的评估结果			
4.1.5	评估的假设前提是否合理			
	预期未来收入增长率、折现率、产品价格、销售量等重要评估参数取值是否合理，特别是交易标的为无形资产时			
4.1.6	被评估的资产权属是否明确，包括权益类资产对应的实物资产和无形资产的权属			
4.1.7	是否不存在因评估增值导致商誉减值而对公司利润产生较大影响的情况			
4.1.8	是否不存在评估增值幅度较大，可能导致上市公司每年承担巨额减值测试造成的费用			
4.2	与市场同类资产相比，本次资产交易定价是否公允、合理			
4.3	是否对购买资产本次交易的定价与最近3年的评估及交易定价进行了比较性分析			
五、债权债务纠纷的风险				
5.1	债务转移			
5.1.1	上市公司向第三方转移债务，是否已获得债权人书面同意并履行了法定程序			
5.1.2	如债务转移仅获得部分债权人同意，其余未获得债权人同意的债务的转移是否作出适当安排保证债务风险的实际转移			
	转移安排是否存在法律障碍和重大风险			
5.2	上市公司向第三方转让债权，是否履行了通知债务人等法定程序			

续表

5.3	上市公司承担他人债务，被承担债务人是否已取得其债权人同意并履行了法定程序			
5.4	上述债权债务转移是否未对上市公司财务状况和经营成果有负面影响			
5.5	资产出售方是否就资产的处置取得了债权人的同意			
六、重组须获得的相关批准				
6.1	程序的合法性	/	/	/
6.1.1	上市公司与交易对方是否已就本次重大资产交易事项履行了必要的内部决策和报备、审批、披露程序			
6.1.2	履行各项程序的过程是否符合有关法律、法规、规则和政府主管部门的政策要求			
6.1.3	重组方案是否已经上市公司股东大会非关联股东表决通过			
6.2	重组后，是否不会导致公司涉及特许领域或其他限制经营类领域			
	如存在前述问题，是否符合现阶段国家产业发展政策或者取得相关主管部门的批准，应特别关注国家对行业准入有明确规定的领域			
七、对上市公司的影响				
7.1	重组的目的与公司战略发展目标是否一致			
	是否增强了上市公司的核心竞争力			
7.2	对上市公司持续经营能力和盈利能力的影响	/	/	/
7.2.1	上市公司购买资产后是否增强其持续经营能力和盈利能力			

续表

7.2.2	交易完成后上市公司(除文化传媒等特殊服务行业外)的主要资产是否不是现金或流动资产;如为“否”,在备注中简要说明			
	主要资产的经营是否具有确定性			
	主要资产不存在导致上市公司持续经营具有重大不确定性的、上市公司不能控制的股权投资、债权投资等情形			
7.2.3	实施重组后,上市公司是否具有确定的资产及业务,且该等资产或业务未因受到合同、协议或相关安排约束而具有不确定性			
7.2.4	实施重组后,上市公司是否不需要取得相应领域的特许或其他许可资格			
	上市公司获取新的许可资格是否不存在重大不确定性			
7.2.5	本次交易设置的条件(包括支付资金、交付资产、交易方式)是否未导致拟进入上市公司的资产带有重大不确定性(如约定公司不能保留上市地位时交易将中止执行并返还原状等),对上市公司持续经营有负面影响或具有重大不确定性			
7.2.6	盈利预测的编制基础和各种假设是否具有现实性			
	盈利预测是否可实现			
7.2.7	如未提供盈利预测,管理层讨论与分析是否充分反映本次重组后公司未来发展的前景、持续经营能力和存在的问题			
7.2.8	交易对方与上市公司就相关资产实际盈利数不足利润预测数的情况签订补偿协议的,相关补偿安排是否可行、合理;相关补偿的提供方是否具备履行补偿的能力			
7.3	对上市公司经营独立性的影响	/	/	/

续表

7.3.1	相关资产是否整体进入上市公司			
	上市公司是否有控制权，在采购、生产、销售和知识产权等方面是否保持独立			
7.3.2	关联交易收入及相应利润在上市公司收入和利润中所占比重是否不超过30%			
7.3.3	进入上市公司的资产是否包括生产经营所必需的商标使用权、专利使用权、安全生产许可证、排污许可证等无形资产（如药品生产许可证等）			
7.3.4	是否不需要向第三方缴纳无形资产使用费			
7.3.5	是否不存在控股股东及实际控制人及其关联方或交易对方及其关联方通过交易占用上市公司资金或增加上市公司风险的情形			
7.4	对上市公司治理结构的影响			
7.4.1	上市公司控股股东或潜在控股股东是否与上市公司保持独立			
	是否不存在通过控制权转移而对上市公司现有资产的安全构成威胁的情形			
7.4.2	重组后，是否能够做到上市公司人员、财务、资产完整，拥有独立的银行账户、依法独立纳税、独立做出财务决策			
7.4.3	生产经营和管理是否能够做到与控股股东分开			
7.4.4	重组后，上市公司与控股股东及其关联企业之间是否不存在同业竞争			
	如有，是否提出切实可行的解决方案			
7.4.5	重组后，是否未有因环境保护、知识产权、产品质量、劳动安全、人身权等原因发生的侵权之债；如存在，在备注中说明对上市公司的影响			
八、相关事宜				
8.1	资产重组是否涉及职工安置			
8.1.1	职工安置是否符合国家政策			

续表

8.1.2	职工是否已妥善安置			
8.1.3	职工安置费用是否由上市公司承担			
8.1.4	安置方案是否经职工代表大会表决	/	/	/
8.2	各专业机构与上市公司之间是否不存在关联关系			
	涉及的独立财务顾问、评估机构、审计机构、法律顾问是否由上市公司聘请;如否,具体情况在备注栏中列明			
8.3	二级市场股票交易核查情况	/	/	/
8.3.1	上市公司二级市场的股票价格是否未出现异常波动			
8.3.2	是否不存在上市公司及其董事、监事、高级管理人员及上述人员的直系亲属参与内幕交易的嫌疑			
8.3.3	是否不存在重组方及其董事、监事、高级管理人员及上述人员的直系亲属参与内幕交易的嫌疑			
8.3.4	是否不存在参与本次重组的各专业机构(包括律师事务所、会计师事务所、财务顾问、资产评估事务所)及相关人员及其直系亲属参与内幕交易的嫌疑			
8.4	相关当事人是否已经及时、真实、准确、完整地履行了报告和公告义务			
	相关信息是否未出现提前泄露的情形			
	相关当事人是否不存在正在被证券监管部门或者证券交易所调查的情形			
8.5	上市公司控股股东或者实际控制人是否出具过相关承诺			
	是否不存在相关承诺未履行的情形			
	如该等承诺未履行是否不会对本次收购构成影响			
8.6	上市公司董事、监事、高级管理人员所作的承诺或声明是否涵盖其应当作出承诺的范围			
	是否表明其已经履行了其应负的诚信义务			
	是否不需要其对承诺的内容和范围进行补充			

续表

8.7	重组报告书是否充分披露了重组后的经营风险、财务风险、管理风险、技术风险、政策风险及其他风险			
	风险对策和措施是否具有可操作性			
8.8	上市公司是否存在连续 12 个月对同一或者相关资产进行购买、出售的情形			
尽职调查中重点关注的问题及结论性意见				

附件3：

上市公司并购重组财务顾问专业意见附表
第3号——发行股份购买资产

<table>
<tr><td>上市公司名称</td><td></td><td>财务顾问名称</td><td></td></tr>
<tr><td>证券简称</td><td></td><td>证券代码</td><td></td></tr>
<tr><td>购买资产类型</td><td colspan="3">完整经营性资产□　　不构成完整经营性资产□</td></tr>
<tr><td>交易对方</td><td colspan="3"></td></tr>
<tr><td>交易对方是否为上市公司控股股东</td><td>是□　　否□</td><td>是否构成关联交易</td><td>是□　　否□</td></tr>
<tr><td>上市公司控制权是否变更</td><td>是□　　否□</td><td>交易完成后是否触发要约收购义务</td><td>是□　　否□</td></tr>
<tr><td>方案简介</td><td colspan="3"></td></tr>
</table>

<table>
<tr><td rowspan="2">序号</td><td rowspan="2">核查事项</td><td colspan="2">核查意见</td><td rowspan="2">备注与说明</td></tr>
<tr><td>是</td><td>否</td></tr>
<tr><td colspan="5">**一、上市公司是否符合发行股份购买资产条件**</td></tr>
<tr><td rowspan="2">1.1</td><td>本次交易是否有利于提高上市公司资产质量、改善公司财务状况和增强持续盈利能力</td><td></td><td></td><td></td></tr>
<tr><td>是否有利于上市公司减少关联交易和避免同业竞争，增强独立性</td><td></td><td></td><td></td></tr>
<tr><td rowspan="2">1.2</td><td>上市公司最近一年及一期财务会计报告是否被注册会计师出具无保留意见审计报告</td><td></td><td></td><td></td></tr>
<tr><td>被出具保留意见、否定意见或者无法表示意见的审计报告的，注册会计师是否专项核查确认</td><td></td><td></td><td></td></tr>
</table>

续表

	该保留意见、否定意见或者无法表示意见所涉及事项的重大影响是否已经消除或者将通过本次交易予以消除			
1.3	上市公司发行股份所购买的资产,是否为权属清晰的经营性资产,并能在约定期限内办理完毕权属转移手续			
1.4	是否符合《上市公司证券发行管理办法》第三十九条的规定			
二、交易对方的情况				
2.1	交易对方的基本情况	/	/	/
2.1.1	交易对方的名称、企业性质、注册地、主要办公地点、法定代表人、税务登记证号码与实际情况是否相符			
2.1.2	交易对方是否无影响其存续的因素			
2.1.3	交易对方为自然人的,是否未取得其他国家或者地区的永久居留权或者护照			
2.1.4	交易对方阐述的历史沿革是否真实、准确、完整,不存在任何虚假披露			
2.2	交易对方的控制权结构	/	/	/
2.2.1	交易对方披露的产权及控制关系是否全面、完整、真实			
2.2.2	如交易对方成立不足一年或没有开展实际业务,是否已核查交易对方的控股股东或者实际控制人的情况			
2.2.3	是否已核查交易对方的主要股东及其他管理人的基本情况			
2.3	交易对方的实力	/	/	/
2.3.1	是否已核查交易对方从事的主要业务、行业经验、经营成果及在行业中的地位			
2.3.2	是否已核查交易对方的主要业务发展状况			
2.3.3	是否已核查交易对方的财务状况,包括资产负债情况、经营成果和现金流量情况等			

续表

2.4	交易对方的资信情况	/	/	/
2.4.1	交易对方及其高级管理人员、交易对方的实际控制人及其高级管理人员最近5年内是否未受到过行政处罚(不包括证券市场以外的处罚)、刑事处罚或者涉及与经济纠纷有关的重大民事诉讼或者仲裁			
	交易对方及高级管理人员最近5年内是否未受到与证券市场无关的行政处罚			
2.4.2	交易对方是否未控制其他上市公司			
	如控制其他上市公司的,该上市公司的合规运作情况,是否不存在控股股东资金占用、违规担保等问题			
2.4.3	交易对方是否不存在其他不良记录			
2.5	交易对方与上市公司之间的关系	/	/	/
2.5.1	交易对方与上市公司之间是否不存在关联关系			
2.5.2	交易对方是否未向上市公司推荐董事或者高级管理人员的情况			
2.6	交易对方是否承诺在限定期限内不以任何形式转让其所持股份			
2.7	交易对方是否不存在为他人代为持有股份的情形			
三、上市公司定向发行所购买资产的情况				
3.1	购买资产所属行业是否符合国家产业政策鼓励范围			
	若不属于,是否不存在影响行业发展的重大政策因素			
3.2	购买资产的经营状况	/	/	/
3.2.1	购买的资产及业务在最近3年内是否有确定的持续经营记录			

续表

3.2.2	交易对方披露的取得并经营该项资产或业务的时间是否真实			
3.2.3	购买资产最近3年是否不存在重大违法违规行为			
3.3	购买资产的财务状况	/	/	/
3.3.1	该项资产是否具有持续盈利能力			
3.3.2	收入和利润中是否不包含较大比例（如30%以上）的非经常性损益			
3.3.3	是否不涉及将导致上市公司财务风险增加且数额较大的异常应收或应付账款			
3.3.4	交易完成后是否未导致上市公司的负债比例过大（如超过70%），属于特殊行业的应在备注中说明			
3.3.5	交易完成后上市公司是否不存在将承担重大担保或其他连带责任，以及其他或有风险			
3.3.6	相关资产或业务是否不存在财务会计文件虚假记载；或者其他重大违法行为			
3.4	购买资产的权属状况	/	/	/
3.4.1	如不构成完整经营性资产	/	/	/
3.4.1.1	权属是否清晰			
3.4.1.2	是否已经办理了相应的权属证明，包括相关资产的所有权、土地使用权、特许经营权、知识产权或其他权益的权属证明			
3.4.1.3	交易对方向上市公司转让前述资产是否不存在政策障碍、抵押或冻结等权利限制			
	是否不会产生诉讼、人员安置纠纷或其他方面的重大风险			
3.4.1.4	该资产正常运营所需要的人员、技术以及采购、营销体系等是否一并购入			
3.4.2	如为完整经营性资产（包括股权或其他可独立核算会计主体的经营性资产）	/	/	/
3.4.2.1	交易对方是否合法拥有该项权益类资产的全部权利			

续表

3.4.2.2	该项权益性资产对应的实物资产和无形资产的权属是否清晰			
3.4.2.3	与该项权益类资产相关的公司发起人是否不存在有出资不实或其他影响公司合法存续的情况			
3.4.2.4	属于有限责任公司的,相关股权注入上市公司是否已取得其他股东的同意或者有证据表明,该股东已经放弃优先购买权			
3.4.2.5	股权对应的资产权属是否清晰			
	是否已办理相应的产权证书			
3.4.3	该项资产(包括该股权所对应的资产)是否无权利负担,如抵押、质押等担保物权			
	是否无禁止转让、限制转让或者被采取强制保全措施的情形			
3.4.4	是否不存在导致该资产受到第三方请求或政府主管部门处罚的事实			
	是否不存在诉讼、仲裁或其他形式的纠纷			
3.4.5	相关公司章程中是否不存在可能对本次交易产生影响的主要内容或相关投资协议			
3.4.6	相关资产是否在最近3年曾进行资产评估或者交易			
	相关资产的评估或者交易价格与本次评估价格相比是否存在差异			
	如有差异是否已进行合理性分析			
	相关资产是否在最近3年曾进行资产评估或者交易,是否在报告书中如实披露			
3.5	资产的独立性	/	/	/
3.5.1	进入上市公司的资产或业务的经营独立性,是否未因受到合同、协议或相关安排约束,如特许经营权、特种行业经营许可等而具有不确定性			

续表

3.5.2	注入上市公司后,上市公司是否直接参与其经营管理,或做出适当安排以保证其正常经营			
3.6	是否不存在控股股东及其关联人以与主业无关资产或低效资产偿还其占用上市公司的资金的情况			
3.7	涉及购买境外资产的,是否对相关资产进行核查,如委托境外中介机构协助核查,则在备注中予以说明(在境外中介机构同意的情况下,有关上述内容的核查,可援引境外中介机构尽职调查意见)			
3.8	交易合同约定的资产交付安排是否不存在可能导致上市公司交付现金或其他资产后不能及时获得对价的风险			
	相关的违约责任是否切实有效			
3.9	拟在重组后发行新股或债券时连续计算业绩的	/	/	/
3.9.1	购买资产的资产和业务是否独立完整,且在最近两年未发生重大变化			
3.9.2	购买资产是否在进入上市公司前已在同一实际控制人之下持续经营两年以上			
3.9.3	购买资产在进入上市公司之前是否实行独立核算,或者虽未独立核算,但与其经营业务相关的收入、费用在会计核算上是否能够清晰划分			
3.9.4	上市公司与该经营实体的主要高级管理人员是否签订聘用合同或者采取其他方式确定聘用关系			
	是否就该经营实体在交易完成后的持续经营和管理作出恰当安排			
3.10	交易标的的重大会计政策或会计估计是否与上市公司不存在较大差异			
	存在较大差异按规定须进行变更的,是否未对交易标的的利润产生影响			

续表

3.11	购买资产的主要产品工艺与技术是否不属于政策明确限制或淘汰的落后产能与工艺技术			
3.12	购买资产是否符合我国现行环保政策的相关要求			
四、交易定价的公允性				
4.1	上市公司发行新股的定价	/	/	/
4.1.1	上市公司发行新股的定价是否不低于董事会就定向发行作出决议前20个交易日、60个交易日或者120个交易日的公司股票交易均价之一的90%			
4.1.2	董事会决议公告前,上市公司股票是否不存在交易异常的情况			
4.2	上市公司购买资产的交易价格如以评估值为基准确定	/	/	/
4.2.1	对整体资产评估时,是否对不同资产采取了不同评估方法			
	评估方法的选用是否适当			
4.2.2	评估方法是否与评估目的相适应			
4.2.3	是否充分考虑了相关资产的盈利能力			
4.2.4	是否采用两种以上的评估方法得出评估结果			
4.2.5	评估的假设前提是否合理			
	预期未来收入增长率、折现率、产品价格、销售量等重要评估参数取值是否合理,特别是交易标的为无形资产时			
4.2.6	被评估的资产权属是否明确,包括权益类资产对应的实物资产和无形资产的权属			
4.2.7	是否不存在因评估增值导致商誉减值而对公司利润产生较大影响的情况			

续表

4.2.8	是否不存在评估增值幅度较大,可能导致上市公司每年承担巨额减值测试造成的费用			
4.3	与市场同类资产相比,本次资产交易定价是否公允、合理			
4.4	是否对购买资产本次交易的定价与最近3年的评估及交易定价进行了比较性分析			
五、定向发行须获得的相关批准				
5.1	程序的合法性	/	/	/
5.1.1	上市公司与交易对方是否已就本次定向发行事项履行了必要的内部决策和报备、审批、披露程序			
5.1.2	履行各项程序的过程是否符合有关法律、法规、规则和政府主管部门的政策要求			
5.1.3	定向发行方案是否已经上市公司股东大会非关联股东表决通过			
5.2	定向发行后,是否未导致公司涉及特许领域或其他限制经营类领域			
	如存在前述问题,是否符合现阶段国家产业发展政策或者取得相关主管部门的批准,应特别关注国家对行业准入有明确规定的领域			
5.3	本次定向发行是否未导致上市公司控制权发生变化			
	如发生变化,交易对方是否按照《上市公司收购管理办法》履行公告、报告义务			
5.4	本次定向发行是否未导致交易对方触发要约收购义务			
	如是,交易对方是否拟申请豁免			
	股东大会是否已同意豁免其要约义务			

续表

六、对上市公司的影响				
6.1	上市公司定向发行后，是否符合上市条件			
6.2	如果本次交易上市公司变更了主营业务，该变更是否增强了上市公司的核心竞争力			
	如果未变更主营业务，定向发行的目的与公司战略发展目标是否一致			
	是否增强了上市公司的核心竞争力			
6.3	对上市公司持续经营能力的影响	/	/	/
6.3.1	上市公司购买的资产是否具有持续经营能力和盈利能力			
6.3.2	交易完成后，上市公司的主要资产是否不为现金或流动资产，或主要资产的经营是否具有不确定性，不会对上市公司持续经营产生重大不确定性（例如主要资产是上市公司不能控制经营的股权投资、债权投资等）			
6.3.3	交易完成后，上市公司是否具有确定的资产及业务，该等资产或业务是否未受到合同、协议或相关安排约束，从而具有确定性			
6.3.4	交易完成后，上市公司是否不需要取得相应领域的特许或其他许可资格			
	上市公司获取新的许可资格是否不存在重大不确定性			
6.3.5	本次交易设置的条件（包括支付资金、交付资产、交易方式）是否未导致拟进入上市公司的资产带有重大不确定性（如约定公司不能保留上市地位时交易将中止执行并返还原状等），对上市公司持续经营有负面影响或具有重大不确定性			
6.3.6	盈利预测的编制基础和各种假设是否具有现实性			
	盈利预测是否可实现			

续表

6.3.7	如未提供盈利预测，管理层讨论与分析是否充分反映本次重组后公司未来发展的前景、持续经营能力和存在的问题			
6.3.8	交易对方与上市公司就相关资产实际盈利数不足利润预测数的情况签订补偿协议的，相关补偿安排是否可行、合理			
6.4	对上市公司经营独立性的影响	/	/	/
6.4.1	相关资产是否整体进入上市公司			
	上市公司是否有控制权			
	在采购、生产、销售和知识产权等方面是否保持独立			
6.4.2	关联交易收入及相应利润在上市公司收入和利润中所占比重是否不超过30%，未影响公司经营的独立性			
6.4.3	进入上市公司的资产是否包括生产经营所必需的无形资产（如商标使用权、专利使用权等）			
	上市公司是否已取得业务经营所需的全部许可、批准和资质证书（如安全生产许可证、排污许可证、药品生产许可证等）			
6.4.4	是否需要向第三方缴纳无形资产使用费			
6.4.5	是否不存在控股股东及其关联方或交易对方及其关联方通过交易占用上市公司资金或增加上市公司风险的情形			
6.5	对上市公司治理结构的影响	/	/	/
6.5.1	上市公司控股股东或潜在控股股东是否与上市公司保持独立，是否不存在通过控制权转移而对上市公司现有资产的稳定性构成威胁			
6.5.2	定向发行后，是否能够做到上市公司人员、财务、资产完整，拥有独立的银行账户；依法独立纳税；独立做出财务决策			
6.5.3	生产经营和行政管理是否能够做到与控股股东分开			

续表

6.5.4	如短期内难以完全做到，是否已做出合理的过渡性安排			
6.5.5	定向发行后，上市公司与控股股东及其关联企业之间是否不存在同业竞争			
	如有，是否提出切实可行的解决方案			
6.5.6	定向发行后，是否不存在出现因环境保护、知识产权、产品质量、劳动安全、人身权等原因发生纠纷的情况；如存在，在备注中说明对上市公司的影响			
七、相关事宜				
7.1	各专业机构与上市公司之间是否不存在关联关系涉及的独立财务顾问、评估机构、审计机构、法律顾问是否由上市公司聘请（具体情况在备注栏中列明）			
7.2	相关当事人是否已经及时、真实、准确、完整地履行了报告和公告义务			
	相关信息是否未出现提前泄露的情形			
	相关当事人是否不存在正在被证券监管部门或者证券交易所调查的情形			
7.3	上市公司控股股东或者实际控制人是否出具过相关承诺			
	是否不存在相关承诺未履行的情形			
	如该等承诺未履行是否对本次收购不构成影响			
7.4	二级市场股票交易核查情况	/	/	/
7.4.1	上市公司二级市场的股票价格是否未出现异常波动			
7.4.2	是否不存在上市公司及其董事、监事、高级管理人员及上述人员的直系亲属参与内幕交易的嫌疑			
7.4.3	是否不存在交易对方及其董事、监事、高级管理人员及上述人员的直系亲属参与内幕交易的嫌疑			

续表

7.4.4	是否不存在参与本次定向发行的各中介机构（包括律师事务所、会计师事务所、财务顾问、资产评估事务所）及相关人员及其直系亲属参与内幕交易的嫌疑			
7.5	上市公司董事、监事、高级管理人员所作的承诺或声明是否涵盖其应当作出承诺的范围			
	是否表明其已经履行了其应负的诚信义务			
	是否不需要其对承诺的内容和范围进行补充			
7.6	定向发行报告书是否充分披露了定向发行后的经营风险、财务风险、管理风险、技术风险、政策风险及其他风险			
	风险对策和此措施是否具有可操作性			
尽职调查中重点关注的问题及结论性意见				

附件4：

上市公司并购重组财务顾问专业意见附表
第4号——回购社会公众股份

上市公司名称		财务顾问名称	
证券简称		证券代码	
回购对象类型	向社会公众回购□		
回购方式	要约□　　其他□（请注明）________________		
回购目的	________________		
方案简介			

序号	核查事项	核查意见		备注与说明
		是	否	
一、上市公司是否符合回购条件				
1.1	公司股票上市是否已满一年			
1.2	公司最近一年是否无重大违法行为			
1.3	回购股份后，上市公司是否具备持续经营能力			
1.4	回购股份后，上市公司的股权分布是否符合上市条件			
二、上市公司回购的必要性及可行性				
2.1	结合上市公司回购的目的、经营情况、财务状况、股票价格表现、公司估值说明上市公司进行回购是否必要			
2.2	回购的可行性	/	/	/
2.2.1	回购资金来源是否合法合规			
2.2.2	如来源于借贷，结合上市公司财务状况、盈利能力、偿债能力、经营情况、现金流转情况说明还款计划是否可行			
	是否不会给上市公司经营带来负面影响			

续表

2.2.3	如来源于自有资金,结合上市公司财务状况、盈利能力、偿债能力、经营情况、现金流转情况说明上市公司是否有能力支付回购款			
	支付回购款是否不影响上市公司的正常经营			
三、交易定价的公允性				
3.1	是否已对上市公司进行估值分析			
3.1.1	是否充分考虑了相关资产的盈利能力			
3.1.2	与市场同类公司相比,本次资产交易定价是否公允、合理			
3.2	要约方式回购股份的,要约价格是否不低于回购报告书公告前30个交易日该种股票每日加权平均价格的算术平均值			
四、回购须获得的相关批准				
4.1	程序的合法性	/	/	/
4.1.1	上市公司是否已就本次回购事项履行了必要的内部决策和报备、审批、披露程序			
4.1.2	履行各项程序的过程是否符合有关法律、法规、规则和政府主管部门的政策要求			
	涉及其他主管部门批准的,是否已得到批准			
4.1.3	是否已履行了债权人催告程序			
	是否已取得主要债权人的同意			
4.1.4	集中竞价方式实施股份回购的,实施回购的时间是否符合相关规定			
五、对上市公司的影响				
5.1	上市公司回购股份后,是否符合上市条件			
5.2	回购目的与上市公司战略发展目标是否一致			
5.3	对上市公司持续经营能力的影响	/	/	/
5.3.1	上市公司回购股份是否未导致上市公司现金短缺,影响上市公司的正常经营			

5.3.2	本次交易设置的条件（包括支付资金、交易方式、回购比例）是否未导致本次回购具有不确定性，如约定公司不能保留上市地位时交易将中止执行并返还原状等，对上市公司持续经营有负面影响或具有重大不确定性			
5.3.3	上市公司回购股份是否未导致上市公司负债比率过大			
	是否未导致公司有财务风险			
5.3.4	是否不存在控股股东或交易对方通过交易占用上市公司资金或增加上市公司风险的情形			
六、相关事宜				
6.1	各专业机构与上市公司间是否不存在关联关系涉及的独立财务顾问、评估机构、审计机构、法律顾问是否由上市公司聘请，具体情况在备注栏中列明			
6.2	相关当事人是否已经及时、真实、准确、完整地履行了报告和公告义务			
	相关信息是否未出现提前泄露的情形			
	相关当事人是否不存在正在被证券监管部门或者证券交易所调查的情形			
6.3	上市公司控股股东或者实际控制人是否出具过相关承诺			
	是否不存在相关承诺未履行的情形			
	如该等承诺未履行是否不会对本次收购构成影响			
6.4	二级市场股票交易核查情况	/	/	/
6.4.1	上市公司二级市场的股票价格是否未出现异常波动			
6.4.2	是否不存在上市公司及其董事、监事、高级管理人员及上述人员的直系亲属参与内幕交易的嫌疑			

续表

6.4.3	是否不存在参与本次回购股份的各专业机构（包括律师事务所、会计师事务所、财务顾问、资产评估事务所）及相关人员及其直系亲属参与内幕交易的嫌疑			
6.4.4	是否不存在上市公司控股股东、实际控制人及其关联方			
	上市公司其关联方是否不存在参与内幕交易的嫌疑			
6.5	上市公司董事、监事、高级管理人员所作的承诺或声明是否涵盖其应当作出承诺的范围			
	是否表明其已经履行了其应负的诚信义务			
	是否不需要其对承诺的内容和范围进行补充			
6.6	回购报告书是否充分披露了回购后的经营风险、财务风险、管理风险、技术风险、政策风险及其他风险			
尽职调查中重点关注的问题及结论性意见				

《上市公司收购管理办法》第七十四条有关通过集中竞价交易方式增持上市公司股份的收购完成时点认定的适用意见——证券期货法律适用意见第9号

为了正确理解与适用《上市公司收购管理办法》第七十四条有关收购人在收购完成后12个月内不得转让其持有的被收购公司股份的规定，我会制定了《〈上市公司收购管理办法〉第七十四条有关通过集中竞价交易方式增持上市公司股份的收购完成时点认定的适用意见——证券期货法律适用意见第9号》，现予公布，请遵照执行。

《上市公司收购管理办法》（证监会令第108号，以下简称《收购办法》）第七十四条第一款规定："在上市公司收购中，收购人持有的被收购公司的股份，在收购完成后12个月内不得转让。"近来，一些通过集中竞价交易方式增持上市公司股份的收购人及其财务顾问等证券服务机构多次向我会咨询对于其收购行为完成时点的认定问题。为明确《收购办法》有关规定，现就《收购办法》第七十四条有关规定提出适用意见如下：

一、收购人通过集中竞价交易方式增持上市公司股份的，当收购人最后一笔增持股份登记过户后，视为其收购行为完成。自此，收购人持有的被收购公司的股份，在12个月内不得转让。

二、在上市公司中拥有权益的股份达到或者超过该公司已发行股份的30%的当事人，自上述事实发生之日起一年后，拟在12个月内通过集中竞价交易方式增加其在该公司中拥有权益的股份不超过该公司已发行股份的2%，并拟根据《收购办法》第六十三条第二款第（二）项的规定申请免除发出要约的，当事人可以选择在增持期届满时进行公告，也可以选择在完成增持计划或者提前终止增持计划时进行公告。当事人在进行前述公告后，应当按照《收购办法》规定的相关程序办理。

中国证券监督管理委员会上市公司并购重组审核委员会工作规程（2014年修订）

第一章 总 则

第一条 为在上市公司并购重组审核工作中贯彻公开、公平、公正的原则，提高并购重组审核工作的质量和透明度，根据《中国证券监督管理委员会发行审核委员会办法》以及上市公司并购重组的相关规定，制定本规程。

第二条 中国证券监督管理委员会（以下简称中国证监会）上市公司并购重组审核委员会（以下简称并购重组委）审核下列并购重组事项的，适用本规程：

（一）根据中国证监会的相关规定构成重组上市的；

（二）上市公司以新增股份向特定对象购买资产的；

（三）上市公司实施合并、分立的；

（四）中国证监会规定的其他情形。

第三条 并购重组委依照《中华人民共和国公司法》、《中华人民共和国证券法》等法律、行政法规和中国证监会的规定，对并购重组申请人的申请文件和中国证监会的初审报告进行审核。

并购重组委依照本规程规定的程序履行职责。

第四条 中国证监会根据并购重组委审核意见，依照法定条件和法定程序对并购重组申请作出予以核准或者不予核准的决定。

第二章 并购重组委的组成

第五条 并购重组委由专业人员组成，人数不多于35名，其中中国证监会的人员不多于7名。

并购重组委根据需要按一定比例设置专职委员。

第六条 中国证监会依照公开、公平、公正的原则，按照行业自律组织或者相关主管单位推荐、社会公示、执业情况核查、差额遴选、中国证监会聘任的程序选聘并购重组委委员。

第 七 条 并购重组委委员每届任期2年,可以连任,连续任期最长不超过4年。

第 八 条 并购重组委委员应当符合下列条件:

(一)坚持原则,公正廉洁,忠于职守,遵守法律、行政法规和规章;

(二)熟悉上市公司并购重组业务及有关的法律、行政法规和规章;

(三)精通所从事行业的专业知识,具有丰富的行业实践经验;

(四)没有违法、违纪记录;

(五)中国证监会规定的其他条件。

第 九 条 并购重组委委员有下列情形之一的,中国证监会应当予以解聘:

(一)违反法律、行政法规和中国证监会的相关规定的;

(二)未按照中国证监会的规定勤勉尽职的;

(三)两次以上无故不出席并购重组委会议的;

(四)本人提出辞职申请,并经中国证监会批准的;

(五)经中国证监会考核认为不适合担任并购重组委委员的其他情形。

并购重组委委员的解聘不受任期是否届满的限制。并购重组委委员解聘后,中国证监会应选聘增补新的委员。

第 十 条 中国证监会组织设立并购重组专家咨询委(以下简称专家咨询委),专家咨询委的具体组成办法、工作职责和工作制度另行制定。

第三章 并购重组委及委员的职责

第十一条 并购重组委的职责是:根据有关法律、行政法规和中国证监会的规定,审核上市公司并购重组申请是否符合相关条件;审核财务顾问、会计师事务所、律师事务所、资产评估机构等证券服务机构及相关人员为并购重组申请事项出具的有关材料及意见书;审核中国证监会出具的初审报告;依法对并购重组申请事项提出审核意见。

第十二条 并购重组委委员以个人身份出席并购重组委会议,依法履行职责,独立发表审核意见并行使表决权。

第十三条 并购重组委委员应当遵守下列规定:

(一)按要求出席并购重组委会议,并在审核工作中勤勉尽职;

（二）保守国家秘密和并购重组当事人的商业秘密；

（三）不得泄露并购重组委会议讨论内容、表决情况以及其他有关情况；

（四）不得利用并购重组委委员身份或者在履行职责中所得到的非公开信息，为本人或者他人直接或者间接谋取利益；

（五）不得直接或间接接受并购重组当事人及相关单位或个人提供的资金、物品等馈赠和其他利益；

（六）不得直接或者以化名、借他人名义买卖上市公司的证券；

（七）不得在履行职责期间私下与并购重组当事人及相关单位或个人进行接触；

（八）不得有与其他并购重组委委员串通表决或诱导其他并购重组委委员表决的行为；

（九）未经授权或许可，不得以并购重组委委员名义对外公开发表言论及从事与并购重组委有关的工作；

（十）中国证监会的其他有关规定。

第十四条 并购重组委委员接受中国证监会聘任后，应当如实申报登记证券账户及持有上市公司证券的情况；持有上市公司证券的，应当在聘任之日起一个月内清理卖出；因故不能卖出的，应当在聘任之日起一个月内提出聘任期间暂停证券交易并锁定账户的申请。

第十五条 并购重组当事人及其他任何单位或者个人以不正当手段对并购重组委委员施加影响的，并购重组委委员应当向中国证监会举报。

第十六条 并购重组委委员审核并购重组申请文件时，有下列情形之一，可能影响公正履行职责的，委员应当及时提出回避：

（一）委员本人或者其亲属担任并购重组当事人或者其聘请的专业机构的董事（含独立董事，下同）、监事、经理或者其他高级管理人员的；

（二）委员本人或者其所在工作单位近两年内为并购重组当事人提供保荐、承销、财务顾问、审计、资产评估、法律、咨询等服务的；

（三）委员本人或者其亲属担任董事、监事、经理或其他高级管理人员的公司或机构与并购重组当事人有商业竞争关系的；

（四）委员与并购重组当事人及其他相关单位或者个人进行过接触的；

（五）委员本人及其亲属持有与并购重组申请事项相关的公司证券或股份的；

（六）委员亲属或者委员所在工作单位与并购重组申请人存在其他

利益冲突的；

（七）中国证监会认定的可能产生利害冲突或者委员认为可能影响其公正履行职责的其他情形。

前款所称亲属，是指并购重组委委员的父母、配偶、子女及其配偶。

第十七条 并购重组申请人及其他相关单位或者个人认为并购重组委委员与其存在利害冲突或者潜在的利害冲突，可能影响并购重组委委员公正履行职责的，可以向中国证监会提出要求有关并购重组委委员予以回避的书面申请，并说明理由。

中国证监会根据并购重组申请人及其他相关单位或者个人提出的书面申请，决定相关并购重组委委员是否回避。

第十八条 并购重组委委员接受聘任后，应当承诺遵守中国证监会对并购重组委委员的有关规定和纪律要求，认真履行职责，接受中国证监会的考核和监督。

第四章 并购重组委会议

第十九条 并购重组委通过召开并购重组委会议进行审核工作，每次参加并购重组委会议的并购重组委委员为5名。

并购重组委设会议召集人。

第二十条 并购重组委委员分成召集人组和专业组，其中专业组分为法律组、会计组、机构投资人组和金融组。分组名单应当在中国证监会网站予以公示。

中国证监会应当按照分组名单及委员排序确定参会委员；对委员提出回避或者因故不能出席会议的原因，应当予以公示，并按所在组的名单顺序递延更换委员。

专业组委员出现轮空的，由专职委员替换。

第二十一条 并购重组委会议审核上市公司并购重组申请事项的，中国证监会在并购重组委会议拟定召开日的4个工作日前将会议审核的申请人名单、会议时间、相关当事人承诺函和参会委员名单在中国证监会网站上予以公示，并于公示的下一工作日将会议通知、工作底稿、并购重组申请文件及中国证监会的初审报告送交参会委员签收。

第二十二条 并购重组委建立公示监督制度，会议公示期间为公示投诉期。如期间发生对拟参会委员的举报且线索明确的，中国证监会应当更换委员，并重新履行公示程序，会议召开日期顺延。

会议公示期间如发生对并购重组申请人的举报且线索明确的，或社会出现负面舆论且所涉事项性质恶劣、影响重大的，中国证监会应当及时启动核查程序，暂停并购重组委会议。

会议公示期间委员因故不能出席会议的，中国证监会应当更换委员，并重新履行公示程序，会议召开日期顺延。

第二十三条 并购重组委会议开始前，委员应当签署与并购重组申请人及其所聘请的证券服务机构或者相关人员接触及回避事项的有关说明，并交由中国证监会留存。

第二十四条 并购重组委委员应当依据法律、行政法规和中国证监会的规定，运用自身的专业知识，独立、客观、公正地对并购重组申请事项进行审核。

并购重组委委员可以通过中国证监会调阅履行职责所必需的与并购重组申请人有关的材料。

并购重组委委员应当以审慎、负责的态度，全面审阅申请人的并购重组申请文件和中国证监会出具的初审报告。并购重组委委员应当在工作底稿上就下述内容提出有依据、明确的审核意见：

（一）对初审报告中提请关注的问题和审核意见有异议的；

（二）申请人存在初审报告提请关注问题以外的其他问题的；

（三）申请人存在尚待调查核实并影响明确判断的重大问题的。

并购重组委委员在并购重组委会议上应当根据自己的工作底稿发表个人审核意见，同时应当根据会议讨论情况，完善个人审核意见并在工作底稿上予以记录。

并购重组委会议在充分讨论的基础上，形成会议对申请人并购重组申请事项的审核意见，并对申请人的并购重组申请是否符合相关条件进行表决。

第二十五条 并购重组委以记名投票方式对并购重组申请进行表决。并购重组委委员不得弃权。

表决票设同意票和反对票。表决投票时同意票数达到 3 票为通过，同意票数未达到 3 票为未通过。

并购重组委委员在投票时应当在表决票上说明理由。

第二十六条 并购重组委会议对申请人的并购重组申请形成审核意见之前，可以要求并购重组当事人及其聘请的证券服务机构的代表到会陈述意见和接受询问。

对于并购重组委委员的任何询问、意见及相关陈述，未经中国证监会同意，并购重组当事人及其他相关单位或者个人均不得对外披露。

第二十七条 并购重组委根据审核工作需要，可以通过中国证监会邀请并购重组委委员以外的行业专家到会提供专业咨询意见，所邀请的专家没有表决权。

第二十八条 并购重组委会议召集人按照中国证监会的有关规定负责召集并购重组委会议，维持会议秩序，组织参会委员发表意见、进行讨论，组织投票、宣读表决结果并负责形成并购重组委会议审核意见。

并购重组委会议结束后，参会委员应当在会议记录、审核意见、表决结果等会议资料上签名确认，同时提交工作底稿。

第二十九条 对于并购重组委会议表决结果为有条件通过的，中国证监会对审核意见的落实情况进行核实，并将核实结果向参会委员进行反馈。

第三十条 并购重组委会议对申请人的并购重组申请投票表决后，中国证监会在网站上公布表决结果。

并购重组委会议对并购重组申请作出的表决结果及提出的审核意见，中国证监会应当于会议结束之日起3个工作日内向并购重组申请人及其聘请的财务顾问进行书面反馈。

第三十一条 并购重组申请人可在表决结果公示之日起10个工作日内向中国证监会提出申诉意见。中国证监会应当要求并购重组委会议召集人组织参会委员对申诉意见做出书面解释、说明。如有必要，中国证监会可以组织召开专家咨询委会议。根据会议意见，决定是否驳回申诉或者重新提交并购重组委会议审核。并购重组委会议重新审核的，原则上仍由原并购重组委委员审核。

第三十二条 并购重组委参会委员认为并购重组委会议表决结果存在显失公正情形的，可在并购重组委会议结束之日起2个工作日内，以书面形式提出异议，并说明理由。经中国证监会调查认为理由充分的，应当重新提请召开并购重组委会议，原则上不由原并购重组委委员审核。

第三十三条 在并购重组委会议对并购重组申请表决通过后至中国证监会作出核准决定前，并购重组申请人发生重大事项，导致与其所报送的并购重组申请文件不一致；或并购重组委会议的审核意见具有前置条件且未能落实的，中国证监会可以提请重新召开并购重组委会议，原则上仍由原并购重组委委员审核。

第三十四条 上市公司并购重组申请经并购重组委审核未获通过且中国证监会作出不予核准决定的，申请人对并购重组方案进行修改补充或提出新方案的,应当按照有关规定履行信息披露义务,财务顾问应审慎履行职责,提供专业服务,进行独立判断,确认符合有关并购重组规定条件的可以重新提出并购重组申请。重新提交并购重组委审核的,原则上仍由原并购重组委委员审核。

第三十五条 中国证监会建立并购重组委审核工作回访制度。通过组织回访,实地了解上市公司并购重组方案实施情况、承诺事项履行情况、审核意见落实情况以及证券服务机构持续督导等情况。

第三十六条 并购重组委应以召开全体会议的形式,对并购重组审核工作中的重大疑难问题及创新性事项进行研究讨论。并购重组委可要求中国证监会组织召开专家咨询委会议,由专家咨询委出具专家意见,提供决策支持。

第三十七条 中国证监会负责安排并购重组委工作会议、送达审核材料、会议记录、起草会议纪要及保管档案等具体工作。

并购重组委审核工作所需费用,由中国证监会支付。

第五章 并购重组委的监督管理

第三十八条 中国证监会负责并购重组委事务的日常管理以及并购重组委委员的考核和监督。

第三十九条 中国证监会对并购重组委实行问责制度。出现并购重组委会议审核意见与表决结果有明显差异的,或事后显示存在重大疏漏的,中国证监会可以要求所有参会的并购重组委委员分别作出解释和说明。

第四十条 并购重组委委员存在违反本规程规定的行为及其他违反并购重组委工作纪律的行为的,中国证监会应当根据情节轻重予以谈话提醒、通报批评、暂停参加并购重组委会议、解聘等处理。

第四十一条 中国证监会建立对并购重组委委员违法违纪行为的举报监督机制。

对有线索举报并购重组委委员存在违法违纪行为的,中国证监会应当进行调查,并根据调查结果予以谈话提醒、通报批评、暂停参加并购重组委会议、解聘等处理;涉嫌犯罪的,依法移交司法机关处理。

第四十二条 中国证监会对并购重组委委员违法违纪的处理措施可以在新闻媒体上公开。

第四十三条 在并购重组委会议召开前,有证据表明并购重组申请人、其他单位或者个人直接或者间接以不正当手段或者其他方式影响、干扰并购重组委委员对并购重组申请的判断和审核的，中国证监会可以暂停召开对有关申请的并购重组委会议。

并购重组申请通过并购重组委会议后，有证据表明并购重组申请人、其他单位或者个人直接或者间接以不正当手段或者其他方式影响、干扰并购重组委委员对并购重组申请的判断和审核的，中国证监会可以暂停核准；情节严重的，中国证监会不予核准。

第六章 附 则

第四十四条 本规程自公布之日起施行。《中国证券监督管理委员会上市公司并购重组审核委员会工作规程》（证监会公告〔2011〕40 号）同时废止。

附件：1. 中国证券监督管理委员会上市公司并购重组审核委员会委员廉洁自律承诺书（略）

2. 中国证券监督管理委员会上市公司并购重组审核委员会委员与并购重组申请人回避及接触事项的有关说明（略）

3. 中国证券监督管理委员会上市公司并购重组审核委员会审核工作底稿（略）

4. 并购重组申请人保证不影响和干扰上市公司并购重组审核委员会审核工作的承诺函（略）

关于规范上市公司与关联方资金往来及上市公司对外担保若干问题的通知

为进一步规范上市公司与控股股东及其他关联方的资金往来，有效控制上市公司对外担保风险，保护投资者合法权益，根据《中华人民共和国公司法》、《中华人民共和国证券法》、《中华人民共和国企业国有资产监督管理暂行条例》等法律法规，现就有关问题通知如下：

一、进一步规范上市公司与控股股东及其他关联方的资金往来

上市公司与控股股东及其他关联方的资金往来，应当遵守以下规定：

（一）控股股东及其他关联方与上市公司发生的经营性资金往来中，

应当严格限制占用上市公司资金。控股股东及其他关联方不得要求上市公司为其垫支工资、福利、保险、广告等期间费用，也不得互相代为承担成本和其他支出；

（二）上市公司不得以下列方式将资金直接或间接地提供给控股股东及其他关联方使用：

1. 有偿或无偿地拆借公司的资金给控股股东及其他关联方使用；

2. 通过银行或非银行金融机构向关联方提供委托贷款；

3. 委托控股股东及其他关联方进行投资活动；

4. 为控股股东及其他关联方开具没有真实交易背景的商业承兑汇票；

5. 代控股股东及其他关联方偿还债务；

6. 中国证监会认定的其他方式。

（三）注册会计师在为上市公司年度财务会计报告进行审计工作中，应当根据上述规定事项，对上市公司存在控股股东及其他关联方占用资金的情况出具专项说明，公司应当就专项说明作出公告。

二、严格控制上市公司的对外担保风险

上市公司全体董事应当审慎对待和严格控制对外担保产生的债务风险，并对违规或失当的对外担保产生的损失依法承担连带责任。控股股东及其他关联方不得强制上市公司为他人提供担保。

上市公司对外担保应当遵守以下规定：

（一）上市公司不得为控股股东及本公司持股百分之五十以下的其他关联方、任何非法人单位或个人提供担保。

（二）上市公司对外担保总额不得超过最近一个会计年度合并会计报表净资产的百分之五十。

（三）上市公司《章程》应当对对外担保的审批程序、被担保对象的资信标准做出规定。对外担保应当取得董事会全体成员三分之二以上签署同意，或者经股东大会批准；不得直接或间接为资产负债率超过百分之七十的被担保对象提供债务担保。

（四）上市公司对外担保必须要求对方提供反担保，且反担保的提供方应当具有实际承担能力。

（五）上市公司必须严格按照《上市规则》、《公司章程》的有关规定，认真履行对外担保情况的信息披露义务，必须按规定向注册会计师如实提供公司全部对外担保事项。

（六）上市公司独立董事应在年度报告中，对上市公司累计和当期对外担保情况、执行上述规定情况进行专项说明,并发表独立意见。

三、加大清理已发生的违规占用资金和担保事项的力度

(一)上市公司应自本《通知》发布之日起一个月内,按照本《通知》规定,对上市公司与控股股东及其他关联方已经发生的资金往来、资金占用以及对外担保情况进行自查。

自查报告应在规定期限内上报公司所在地中国证监会派出机构备案,经各地派出机构审核或检查后,应在最近一期年度报告中作为重大事项予以披露。

(二)国有资产监督管理机构应当指导和协调国有控股上市公司解决违规资金占用、关联担保问题,要求有关控股股东尊重、维护上市公司经营自主权和合法权益,促进上市公司依法经营管理,完善法人治理结构,增强上市公司的市场竞争力。

(三)上市公司董事会应当针对历史形成的资金占用、对外担保问题,制定切实可行的解决措施,保证违反本《通知》规定的资金占用量、对外担保形成的或有债务,在每个会计年度至少下降百分之三十。

(四)上市公司被关联方占用的资金,原则上应当以现金清偿。在符合现行法律法规的条件下,可以探索金融创新的方式进行清偿,但需按法定程序报有关部门批准。

(五)严格控制关联方以非现金资产清偿占用的上市公司资金。关联方拟用非现金资产清偿占用的上市公司资金,应当遵守以下规定:

1. 用于抵偿的资产必须属于上市公司同一业务体系,并有利于增强上市公司独立性和核心竞争力,减少关联交易,不得是尚未投入使用的资产或没有客观明确账面净值的资产。

2. 上市公司应当聘请有证券期货相关业务资格的中介机构对符合以资抵债条件的资产进行评估,以资产评估值或经审计的账面净值作为以资抵债的定价基础,但最终定价不得损害上市公司利益,并充分考虑所占用资金的现值予以折扣。

审计报告和评估报告应当向社会公告。

3. 独立董事应当就上市公司关联方以资抵债方案发表独立意见,或者聘请有证券期货相关业务资格的中介机构出具独立财务顾问报告。

4. 上市公司关联方以资抵债方案须经股东大会审议批准,关联方股东应当回避投票。

四、依法追究违规占用资金和对外担保行为的责任

(一)中国证监会与国务院国有资产监督管理委员会(以下简称"国

资委”)等部门加强监管合作,共同建立规范国有控股股东行为的监管协作机制,加大对违规占用资金和对外担保行为的查处力度,依法追究相关当事人的法律责任。

(二)上市公司及其董事、监事、经理等高级管理人员违反本《通知》规定,中国证监会将责令整改,依法予以处罚,并自发现上市公司存在违反本《通知》规定行为起 12 个月内不受理其再融资申请。

(三)上市公司控股股东违反本《通知》规定或不及时清偿违规占用上市公司资金的,中国证监会不受理其公开发行证券的申请或其他审批事项,并将其资信不良记录向国资委、中国银行业监督管理委员会和有关地方政府通报。

国有控股股东违反本《通知》规定的,国有资产监督管理机构对直接负责的主管人员和直接责任人依法给予纪律处分,直至撤销职务;给上市公司或其他股东利益造成损失的,应当承担相应的赔偿责任。非国有控股股东直接负责的主管人员和直接责任人违反本《通知》规定的,给上市公司造成损失或严重损害其他股东利益的,应负赔偿责任,并由相关部门依法处罚。构成犯罪的,依法追究刑事责任。

五、其他

本《通知》所称“关联方”按财政部《企业会计准则——关联方关系及其交易的披露》规定执行。纳入上市公司合并会计报表范围的子公司对外担保、与关联方之间进行的资金往来适用本《通知》规定。

六、本通知自发布之日起施行。算会员办理金融期货结算业务。

期货公司金融期货结算业务试行办法

第一章　总　　则

第 一 条　为了规范期货公司金融期货结算业务,维护期货市场秩序,防范风险,根据《期货交易管理条例》,制定本办法。

第 二 条　本办法所称期货公司金融期货结算业务,是指期货公司作为实行会员分级结算制度的金融期货交易所(以下简称期货交易所)的结算会员,依据本办法规定从事的结算业务活动。

第 三 条　期货公司从事金融期货结算业务,应当遵守本办法。

第 四 条　中国证监会及其派出机构依法对期货公司从事金融期货

结算业务实行监督管理。

中国期货业协会和期货交易所依法对期货公司的金融期货结算业务实行自律管理。

第二章　业务规则

第五条　交易结算会员期货公司可以受托为客户办理金融期货结算业务，不得接受非结算会员的委托为其办理金融期货结算业务。

第六条　全面结算会员期货公司可以受托为其客户以及非结算会员办理金融期货结算业务。

第七条　全面结算会员期货公司为非结算会员结算，应当签订结算协议。结算协议应当包括下列内容：

（一）交易指令下达方式及审查或者验证措施；

（二）保证金标准；

（三）非结算会员结算准备金最低余额；

（四）风险管理措施、条件及程序；

（五）结算流程；

（六）通知事项、方式及时限；

（七）不可归责于协议双方当事人所造成损失的情形及其处理方式；

（八）协议变更和解除；

（九）违约责任；

（十）争议处理方式；

（十一）双方约定且不违反法律、行政法规规定的其他事项。

第八条　非结算会员的客户申请或者注销其交易编码的，由非结算会员按照期货交易所的规定办理。

第九条　非结算会员下达的交易指令应当经全面结算会员期货公司审查或者验证后进入期货交易所。全面结算会员期货公司可以按照结算协议的约定对非结算会员的指令采取必要的限制措施。

第十条　非结算会员下达的交易指令进入期货交易所后，期货交易所应当及时将委托回报和成交结果反馈给全面结算会员期货公司和非结算会员。

非结算会员对委托回报和成交结果有异议的，应当及时向全面结算会员期货公司和期货交易所提出。

第十一条　全面结算会员期货公司应当在期货保证金存管银行开设

期货保证金账户，用于存放其客户和非结算会员的保证金。

全面结算会员期货公司的期货保证金账户应当与其自有资金账户相互独立、分别管理。

全面结算会员期货公司应当为每个非结算会员开立一个内部专门账户，明细核算。

第十二条 非结算会员是期货公司的，其与全面结算会员期货公司期货业务资金往来，只能通过各自的期货保证金账户办理。

非结算会员的客户出入金，只能通过非结算会员的期货保证金账户办理。

第十三条 全面结算会员期货公司向非结算会员收取的保证金除用于非结算会员的期货交易外，任何机构或者个人不得占用、挪用。

非结算会员向客户收取的保证金属于客户所有，除用于客户的期货交易外，任何机构或者个人不得占用、挪用。

第十四条 全面结算会员期货公司和非结算会员在结算协议中约定全面结算会员期货公司的期货保证金账户中非结算会员结算准备金最低余额的，应当符合中国证监会、期货交易所的有关规定。结算准备金最低余额应当由非结算会员以自有资金向全面结算会员期货公司缴纳。

第十五条 全面结算会员期货公司应当按照结算协议约定的保证金标准向非结算会员收取保证金。

全面结算会员期货公司向非结算会员收取的保证金，不得低于期货交易所向全面结算会员期货公司收取的保证金标准。

第十六条 全面结算会员期货公司应当建立并执行当日无负债结算制度。

期货交易所对全面结算会员期货公司结算后，全面结算会员期货公司应当根据期货交易所结算结果及时对非结算会员进行结算，并出具交易结算报告。

全面结算会员期货公司对非结算会员的所有结算科目的内容、格式、处理方式和处理日期应当与期货交易所保持一致。

全面结算会员期货公司应当确保交易结算报告真实、准确和完整。

第十七条 非结算会员向期货交易所支付的手续费，由期货交易所从全面结算会员期货公司期货保证金账户中划拨。

第十八条 除下列情形外，全面结算会员期货公司不得划转非结算会员保证金：

（一）依据非结算会员的要求支付可用资金；

（二）收取非结算会员应当交存的保证金；

（三）收取非结算会员应当支付的手续费、税款及其他费用；

（四）双方约定且不违反法律、行政法规规定的其他情形。

第十九条 非结算会员应当按照结算协议约定的时间和方式查询交易结算报告。

第二十条 非结算会员对交易结算报告的内容有异议的，应当在结算协议约定的时间内书面向全面结算会员期货公司提出异议；非结算会员对交易结算报告的内容无异议的，应当按照结算协议约定的方式确认。非结算会员在结算协议约定的时间内既未对交易结算报告的内容确认，也未提出异议的，视为对交易结算报告内容的确认。

非结算会员有异议的，全面结算会员期货公司应当在结算协议约定的时间内予以核实。

第二十一条 全面结算会员期货公司应当按照中国证监会、期货交易所的规定，建立对非结算会员的保证金管理制度。

全面结算会员期货公司可以根据非结算会员的资信及市场情况调整保证金标准。

第二十二条 全面结算会员期货公司应当按照期货交易所的规定，建立并执行对非结算会员的限仓制度。

第二十三条 非结算会员客户的持仓达到期货交易所规定的持仓报告标准的，客户应当通过非结算会员向期货交易所报告。客户未报告的，非结算会员应当向期货交易所报告。

第二十四条 非结算会员的结算准备金余额低于规定或者约定最低余额的，应当及时追加保证金或者自行平仓。非结算会员未在结算协议约定的时间内追加保证金或者自行平仓的，全面结算会员期货公司有权对该非结算会员的持仓强行平仓。

第二十五条 非结算会员的结算准备金余额小于零并未能在约定时间内补足的，全面结算会员期货公司应当按照约定的原则和措施对非结算会员或者其客户的持仓强行平仓。

除前款规定外，全面结算会员期货公司可以与非结算会员在结算协议中约定应予强行平仓的其他情形。

第二十六条 期货交易所开市前，非结算会员结算准备金余额小于规定或者约定最低余额的，全面结算会员期货公司应当禁止其开仓。

第二十七条 非结算会员在期货交易中违约的，应当承担违约责任。

全面结算会员期货公司先以该非结算会员的保证金承担该非结算会

员的违约责任;保证金不足的,全面结算会员期货公司应当以风险准备金和自有资金代为承担违约责任,并由此取得对该非结算会员的相应追偿权。

第二十八条 全面结算会员期货公司认为必要的,可以对非结算会员进行风险提示。

第三章 监督管理

第二十九条 全面结算会员期货公司、交易结算会员期货公司应当按照《期货交易所管理办法》和期货交易所交易规则及其实施细则的规定行使结算会员的权利,履行结算会员的义务。

第三十条 全面结算会员期货公司、交易结算会员期货公司应当以自有资金向期货交易所缴纳结算担保金。

全面结算会员期货公司不得向非结算会员收取结算担保金。

第三十一条 全面结算会员期货公司应当建立并实施风险管理、内部控制等制度,保证金融期货结算业务正常进行,确保非结算会员及其客户资金安全。

第三十二条 全面结算会员期货公司应当谨慎、勤勉地办理金融期货结算业务,控制金融期货结算业务风险;建立金融期货结算业务风险隔离机制和保密制度,平等对待本公司客户、非结算会员及其客户,防范利益冲突,不得利用结算业务关系及由此获得的信息损害非结算会员及其客户的合法权益。

非结算会员应当谨慎、勤勉地控制其客户交易风险,不得利用结算业务关系损害为其结算的全面结算会员期货公司及其客户的合法权益。

第三十三条 全面结算会员期货公司调整非结算会员结算准备金最低余额的,应当在当日结算前向期货交易所和期货保证金安全存管监控机构报告。

第三十四条 全面结算会员期货公司应当按规定向期货保证金安全存管监控机构报送非结算会员及非结算会员客户的相关信息。

第四章 附 则

第三十五条 本办法自发布之日起施行。

附件 2

中国证监会决定废止的规范性文件

一、《期货公司董事、监事和高级管理人员任职资格管理办法》实施前后有关人员任职资格的衔接规定（证监会公告〔2008〕23 号　2008 年 5 月 22 日证监会发布）

二、关于暂停大豆油期货交易和禁止借开展食糖中远期合同交易之名进行期货交易的通知（证监发字〔1995〕8 号　1995 年 1 月 11 日证监会、国内贸易部发布）

三、关于证券监管部门行政事业性收费有关事项的公告（证监会公告〔2010〕18 号　2010 年 6 月 4 日证监会发布）

资本市场主体全面实施新审计报告相关准则有关事项的公告

（2017年12月28日　证监会公告〔2017〕19号）

根据《中国证券监督管理委员会公告》〔2016〕35号的有关要求，股票同时在内地和香港交易所上市的公司（A+H股公司），其内地上市部分的财务报表审计业务，已于2017年1月1日起执行新审计报告相关准则。对于股票在上海、深圳证券交易所交易的上市公司（即主板公司、中小板公司、创业板公司）、首次公开发行股票的申请企业（IPO公司）、股票在全国中小企业股份转让系统公开转让的非上市公众公司（新三板公司）中的创新层挂牌公司、面向公众投资者公开发行债券的公司，其财务报表审计业务，应于2018年1月1日（审计报告日在2018年1月1日及以后）起执行新审计报告相关准则（包括新审计报告相关准则中对上市实体做出强制要求的相关规定）。

为做好2018年1月1日起新审计报告相关准则在资本市场的全面实施，现就有关要求公告如下：

一、对于IPO公司，其财务报表审计业务自2018年1月1日起实施新审计报告相关准则，适用关键审计事项准则的期间为2017年及其以后的会计期间，2017年以前的会计期间自愿适用。

二、对于适用《上市公司重大资产重组管理办法》（证监会令第127号）并按照《公开发行证券的公司信息披露内容与格式准则第26号——上市公司重大资产重组》（证监会公告〔2017〕14号）编报的重组交易，标的资产财务报表审计业务自2018年1月1日起实施新审计报告相关准则，适用关键审计事项准则的期间为2017年及其以后的会计期间，2017年以前的会计期间自愿适用。

三、对于申请面向公众投资者公开发行债券的公司，其财务报表审计业务自2018年1月1日起实施新审计报告相关准则，适用关键审计事项准则的期间为2017年及其以后的会计期间。

四、对于新三板创新层挂牌公司，其财务报表审计业务自2018年1月1日起实施新审计报告相关准则。2018年新分入创新层的挂牌公司，其财务报表审计业务自调整之日后实施新审计报告相关准则。对于适用《非上市公众公司重大资产重组管理办法》（证监会令第103号）并按照《非上市公众公司信息披露内容与格式准则第6号——重大资产重组报告书》（证监会公告〔2014〕35号）编报的创新层挂牌公司重大资产重组交易，标的资产与创新层挂牌公司适用同样的新审计报告相关准则要求。

五、对于资本市场其他主体的财务报表审计业务，暂不要求执行新审计报告相关准则中对上市实体作出强制要求的相关规定。对于新审计报告相关准则其他方面的规定，应当于2018年1月1日起执行。

六、具有证券期货相关业务资格的会计师事务所应当做好全面实施新审计报告相关准则的准备工作，总结2017年实施新审计报告相关准则的经验和问题，加强事务所内部学习与培训；强化内部质量管理，严格执行新审计报告相关准则的有关要求，提高执行新审计报告相关准则的质量；注册会计师描述关键审计事项时应考虑被审计单位的具体情况，避免使用一般化或标准化的语言，切实提高审计报告的信息有用性和针对性；上市公司年度报告中索引的源文件构成年度报告的组成部分，注册会计师在执行对其他信息的责任相关程序时应予以关注。

证　　券

发 行 类

关于修改《中国证券监督管理委员会发行审核委员会办法》的决定

（2017 年 7 月 7 日　证监会令第 134 号）

一、第一条修改为："为了保证在股票发行审核工作中贯彻公开、公平、公正的原则，提高股票发行审核工作的质量、效率和透明度，更好地保护投资者合法权益，根据《中华人民共和国证券法》的有关规定，制定本办法。"

二、第二条修改为："中国证券监督管理委员会（以下简称中国证监会）设立发行审核委员会（以下简称发审委）和上市公司并购重组审核委员会（以下简称并购重组委）。

"发审委审核发行人股票发行申请和可转换公司债券等中国证监会认可的其他证券的发行申请（以下统称股票发行申请），适用本办法。

"并购重组委的组成、职责、工作规程等另行制定。"

三、第六条修改为："发审委委员由中国证监会的专业人员和中国证监会外的有关专家组成，由中国证监会聘任。

"发审委委员为 66 名，部分发审委委员可以为专职。

"发审委设会议召集人。"

四、第七条修改为："发审委委员每届任期一年，可以连任，但连续任期最长不超过 2 届。发审委委员每年至少更换一半。

"发审委委员和并购重组委委员不得相互兼任。"

五、增加一条，作为第八条："中国证监会设立发审委遴选委员会，按照依法、公开、择优的原则选聘发审委委员，发审委委员人选向市场公开，接受社会监督。”

六、将第八条改为第九条，修改为：“发审委委员应当符合下列条件：

“（一）具有较高的政治思想素质、理论水平和道德修养；

“（二）坚持原则，公正廉洁，忠于职守，严格遵守国家法律、行政法规和规章；

“（三）熟悉证券、会计业务及有关的法律、行政法规和规章；

“（四）精通所从事行业的专业知识，在所从事的领域内有较高声誉；

“（五）没有违法、违纪记录；

“（六）中国证监会认为需要符合的其他条件。”

七、将第九条改为第十条，增加一款，作为第三款：“发审委委员因违法违规被解聘的，取消其所在单位5年内再次推荐发审委委员的资格，发审委委员为国家机关、事业单位工作人员的，通报其所在单位，由其所在单位作出相应处分。”

八、将第十三条改为第十四条，第五项修改为：“不得与发行人有利害关系，不得直接或间接接受发行人及相关单位或个人提供的资金、物品等馈赠和其他利益，本人及配偶、父母、子女及其配偶不得直接或者以化名、借他人名义持有所核准的发行申请的股票，不得私下与发行人及其他相关单位或个人进行接触。”

增加一项，作为第七项：“中国证监会以外的专职委员受聘期间，执行中国证监会工作人员禁止买卖股票的规定，相关人员所持股票，原则上应当在具备依法转让条件时受聘一个月内清理完毕，中国证监会以外的兼职委员受聘期间，买卖股票的限制措施另行规定。”

原第七项作为第八项。

九、增加一条，作为第三十九条：“中国证监会设立发行审核监察委员会，对发行审核工作进行监察。”

十、将第三十九条改为第四十一条，修改为：“发审委委员存在违反本办法第十四条规定的行为，或者存在对所参加发审委会议应当回避而未提出回避等其他违反发审委工作纪律的行为的，中国证监会应当根据情节轻重对有关发审委委员分别予以谈话提醒、批评、公开谴责、解聘等处理。”

本决定自公布之日起施行。

《中国证券监督管理委员会发行审核委员会办法》根据本决定作相应的修改并对条文顺序作相应调整，重新公布。

中国证券监督管理委员会发行审核委员会办法

（2006年5月8日中国证券监督管理委员会第179次主席办公会议审议通过　根据2009年5月13日、2017年7月7日中国证券监督管理委员会《关于修改〈中国证券监督管理委员会发行审核委员会办法〉的决定》修正）

第一章　总　　则

第 一 条　为了保证在股票发行审核工作中贯彻公开、公平、公正的原则，提高股票发行审核工作的质量、效率和透明度，更好地保护投资者合法权益，根据《中华人民共和国证券法》的有关规定，制定本办法。

第 二 条　中国证券监督管理委员会（以下简称中国证监会）设立发行审核委员会（以下简称发审委）和上市公司并购重组审核委员会（以下简称并购重组委）。

发审委审核发行人股票发行申请和可转换公司债券等中国证监会认可的其他证券的发行申请（以下统称股票发行申请），适用本办法。

并购重组委的组成、职责、工作规程等另行制定。

第 三 条　发审委依照《中华人民共和国证券法》《中华人民共和国公司法》等法律、行政法规和中国证监会的规定，对发行人的股票发行申请文件和中国证监会有关职能部门的初审报告进行审核。

发审委以投票方式对股票发行申请进行表决，提出审核意见。

中国证监会依照法定条件和法定程序作出予以核准或者不予核准股票发行申请的决定。

第 四 条　发审委通过发审委工作会议（以下简称发审委会议）履行职责。

第 五 条　中国证监会负责对发审委事务的日常管理以及对发审委委员的考核和监督。

第二章　发审委的组成

第 六 条　发审委委员由中国证监会的专业人员和中国证监会外的

有关专家组成,由中国证监会聘任。

发审委委员为66名,部分发审委委员可以为专职。

发审委设会议召集人。

第七条 发审委委员每届任期一年,可以连任,但连续任期最长不超过2届。发审委委员每年至少更换一半。

发审委委员和并购重组委委员不得相互兼任。

第八条 中国证监会设立发审委遴选委员会,按照依法、公开、择优的原则选聘发审委委员,发审委委员人选向市场公开,接受社会监督。

第九条 发审委委员应当符合下列条件:

(一)具有较高的政治思想素质、理论水平和道德修养;

(二)坚持原则,公正廉洁,忠于职守,严格遵守国家法律、行政法规和规章;

(三)熟悉证券、会计业务及有关的法律、行政法规和规章;

(四)精通所从事行业的专业知识,在所从事的领域内有较高声誉;

(五)没有违法、违纪记录;

(六)中国证监会认为需要符合的其他条件。

第十条 发审委委员有下列情形之一的,中国证监会应当予以解聘:

(一)违反法律、行政法规、规章和发行审核工作纪律的;

(二)未按照中国证监会的有关规定勤勉尽职的;

(三)本人提出辞职申请的;

(四)2次以上无故不出席发审委会议的;

(五)经中国证监会考核认为不适合担任发审委委员的其他情形。

发审委委员的解聘不受任期是否届满的限制。发审委委员解聘后,中国证监会应及时选聘新的发审委委员。

发审委委员因违法违规被解聘的,取消其所在单位5年内再次推荐发审委委员的资格,发审委委员为国家机关、事业单位工作人员的,通报其所在单位,由其所在单位作出相应处分。

第三章 发审委的职责

第十一条 发审委的职责是:根据有关法律、行政法规和中国证监会的规定,审核股票发行申请是否符合相关条件;审核保荐人、会计师事务所、律师事务所、资产评估机构等证券服务机构及相关人员为股票发行所出具的有关材料及意见书；审核中国证监会有关职能部门出具的初审报告；依法对股票发行申请提出审核意见。

第十二条 发审委委员以个人身份出席发审委会议，依法履行职责，独立发表审核意见并行使表决权。

第十三条 发审委委员可以通过中国证监会有关职能部门调阅履行职责所必需的与发行人有关的资料。

第十四条 发审委委员应当遵守下列规定：

（一）按要求出席发审委会议，并在审核工作中勤勉尽职；

（二）保守国家秘密和发行人的商业秘密；

（三）不得泄露发审委会议讨论内容、表决情况以及其他有关情况；

（四）不得利用发审委委员身份或者在履行职责上所得到的非公开信息，为本人或者他人直接或者间接谋取利益；

（五）不得与发行人有利害关系，不得直接或间接接受发行人及相关单位或个人提供的资金、物品等馈赠和其他利益，本人及配偶、父母、子女及其配偶不得直接或者以化名、借他人名义持有所核准的发行申请的股票，不得私下与发行人及其他相关单位或个人进行接触；

（六）不得有与其他发审委委员串通表决或者诱导其他发审委委员表决的行为；

（七）中国证监会以外的专职委员受聘期间，执行中国证监会工作人员禁止买卖股票的规定，相关人员所持股票，原则上应当在具备依法转让条件时受聘一个月内清理完毕，中国证监会以外的兼职委员受聘期间，买卖股票的限制措施另行规定；

（八）中国证监会的其他有关规定。

第十五条 发审委委员有义务向中国证监会举报任何以不正当手段对其施加影响的发行人及其他相关单位或者个人。

第十六条 发审委委员审核股票发行申请文件时，有下列情形之一的，应及时提出回避：

（一）发审委委员或者其亲属担任发行人或者保荐人的董事（含独立董事，下同）、监事、经理或者其他高级管理人员的；

（二）发审委委员或者其亲属、发审委委员所在工作单位持有发行人的股票，可能影响其公正履行职责的；

（三）发审委委员或者其所在工作单位近两年来为发行人提供保荐、承销、审计、评估、法律、咨询等服务，可能妨碍其公正履行职责的；

（四）发审委委员或者其亲属担任董事、监事、经理或者其他高级管理人员的公司与发行人或者保荐人有行业竞争关系，经认定可能影响其公正履行职责的；

（五）发审委会议召开前，与本次所审核发行人及其他相关单位或者个人进行过接触，可能影响其公正履行职责的；

（六）中国证监会认定的可能产生利害冲突或者发审委委员认为可能影响其公正履行职责的其他情形。

前款所称亲属，是指发审委委员的配偶、父母、子女、兄弟姐妹、配偶的父母、子女的配偶、兄弟姐妹的配偶。

第十七条 发行人及其他相关单位和个人如果认为发审委委员与其存在利害冲突或者潜在的利害冲突，可能影响发审委委员公正履行职责的，可以在报送发审委会议审核的股票发行申请文件时，向中国证监会提出要求有关发审委委员予以回避的书面申请，并说明理由。

中国证监会根据发行人及其他相关单位和个人提出的书面申请，决定相关发审委委员是否回避。

第十八条 发审委委员接受聘任后，应当承诺遵守中国证监会有关对发审委委员的规定和纪律要求，认真履行职责，接受中国证监会的考核和监督。

第四章 发审委会议

第一节 一般规定

第十九条 发审委通过召开发审委会议进行审核工作。

第二十条 发审委会议表决采取记名投票方式。表决票设同意票和反对票，发审委委员不得弃权。发审委委员在投票时应当在表决票上说明理由。

第二十一条 发审委委员应依据法律、行政法规和中国证监会的规定，结合自身的专业知识，独立、客观、公正地对股票发行申请进行审核。

发审委委员应当以审慎、负责的态度，全面审阅发行人的股票发行申请文件和中国证监会有关职能部门出具的初审报告。在审核时，发审委委员应当在工作底稿上填写个人审核意见：

（一）发审委委员对初审报告中提请发审委委员关注的问题和审核意见有异议的，应当在工作底稿上对相关内容提出有依据、明确的审核意见；

（二）发审委委员认为发行人存在初审报告提请关注问题以外的其

他问题的,应当在工作底稿上提出有依据、明确的审核意见;

(三)发审委委员认为发行人存在尚待调查核实并影响明确判断的重大问题的,应当在工作底稿上提出有依据、明确的审核意见。

发审委委员在发审委会议上应当根据自己的工作底稿发表个人审核意见,同时应当根据会议讨论情况,完善个人审核意见并在工作底稿上予以记录。

发审委会议在充分讨论的基础上,形成会议对发行人股票发行申请的审核意见,并对发行人的股票发行申请是否符合相关条件进行表决。

第二十二条 发审委会议召集人按照中国证监会的有关规定负责召集发审委会议,组织发审委委员发表意见、讨论,总结发审委会议审核意见和组织投票等事项。

发审委会议结束后,参会发审委委员应当在会议记录、审核意见、表决结果等会议资料上签名确认,同时提交工作底稿。

第二十三条 发审委会议对发行人的股票发行申请形成审核意见之前,可以请发行人代表和保荐代表人到会陈述和接受发审委委员的询问。

第二十四条 发审委会议对发行人的股票发行申请只进行一次审核。

出现发审委会议审核意见与表决结果有明显差异或者发审委会议表决结果显失公正情况的,中国证监会可以进行调查,并依法做出核准或者不予核准的决定。

第二十五条 中国证监会有关职能部门负责安排发审委会议、送达有关审核材料、对发审委会议讨论情况进行记录、起草发审委会议纪要、保管档案等具体工作。

第二十六条 发审委会议根据审核工作需要,可以邀请发审委委员以外的行业专家到会提供专业咨询意见。发审委委员以外的行业专家没有表决权。

第二十七条 发审委每年应当至少召开一次全体会议,对审核工作进行总结。

第二节 普通程序

第二十八条 发审委会议审核发行人公开发行股票申请和可转换公司债券等中国证监会认可的其他公开发行证券申请,适用本节规定。

第二十九条 中国证监会有关职能部门应当在发审委会议召开5日前,将会议通知、股票发行申请文件及中国证监会有关职能部门的初审报告送达参会发审委委员，并将发审委会议审核的发行人名单、会议时间、发行人承诺函和参会发审委委员名单在中国证监会网站上公布。

第三十条 每次参加发审委会议的发审委委员为7名。表决投票时同意票数达到5票为通过，同意票数未达到5票为未通过。

第三十一条 发审委委员发现存在尚待调查核实并影响明确判断的重大问题，应当在发审委会议前以书面方式提议暂缓表决。发审委会议首先对该股票发行申请是否需要暂缓表决进行投票，同意票数达到5票的，可以对该股票发行申请暂缓表决；同意票数未达到5票的，发审委会议按正常程序对该股票发行申请进行审核。

暂缓表决的发行申请再次提交发审委会议审核时，原则上仍由原发审委委员审核。

发审委会议对发行人的股票发行申请只能暂缓表决一次。

第三十二条 发审委会议对发行人的股票发行申请投票表决后，中国证监会在网站上公布表决结果。

发审委会议对发行人股票发行申请作出的表决结果及提出的审核意见，中国证监会有关职能部门应当向发行人聘请的保荐人进行书面反馈。

第三十三条 在发审委会议对发行人的股票发行申请表决通过后至中国证监会核准前，发行人发生了与所报送的股票发行申请文件不一致的重大事项，中国证监会有关职能部门可以提请发审委召开会后事项发审委会议，对该发行人的股票发行申请文件重新进行审核。会后事项发审委会议的参会发审委委员不受是否审核过该发行人的股票发行申请的限制。

第三节 特别程序

第三十四条 发审委会议审核上市公司非公开发行股票申请和中国证监会认可的其他非公开发行证券申请，适用本节规定。

第三十五条 中国证监会有关职能部门应当在发审委会议召开前，将会议通知、股票发行申请文件及中国证监会有关职能部门的初审报告送达参会发审委委员。

第三十六条 每次参加发审委会议的委员为5名。表决投票时同意票数达到3票为通过，同意票数未达到3票为未通过。

第三十七条 发审委委员在审核上市公司非公开发行股票申请和中国证监会认可的其他非公开发行证券申请时，不得提议暂缓表决。

第三十八条 中国证监会不公布发审委会议审核的发行人名单、会议时间、发行人承诺函、参会发审委委员名单和表决结果。

第五章　对发审委审核工作的监督

第三十九条　中国证监会设立发行审核监察委员会，对发行审核工作进行监察。

第四十条　中国证监会对发审委实行问责制度。出现发审委会议审核意见与表决结果有明显差异的，中国证监会可以要求所有参会发审委委员分别作出解释和说明。

第四十一条　发审委委员存在违反本办法第十四条规定的行为，或者存在对所参加发审委会议应当回避而未提出回避等其他违反发审委工作纪律的行为的，中国证监会应当根据情节轻重对有关发审委委员分别予以谈话提醒、批评、公开谴责、解聘等处理。

第四十二条　中国证监会建立对发审委委员违法、违纪行为的举报监督机制。

对有线索举报发审委委员存在违法、违纪行为的，中国证监会应当进行调查，根据调查结果对有关发审委委员分别予以谈话提醒、批评、解聘等处理；涉嫌犯罪的，依法移交司法机关处理。

第四十三条　中国证监会对发审委委员的批评可以在新闻媒体上公开。

第四十四条　在发审委会议召开前，有证据表明发行人、其他相关单位或者个人直接或者间接以不正当手段影响发审委委员对发行人股票发行申请的判断，或者以其他方式干扰发审委委员审核的，中国证监会可以暂停对有关发行人的发审委会议审核。

发行人股票发行申请通过发审委会议后，有证据表明发行人、其他相关单位或者个人直接或者间接以不正当手段影响发审委委员对发行人股票发行申请的判断的，或者以其他方式干扰发审委委员审核的，中国证监会可以暂停核准；情节严重的，中国证监会不予核准。

第四十五条　发行人聘请的保荐人有义务督促发行人遵守本办法的有关规定。保荐人唆使、协助或者参与干扰发审委工作的，中国证监会按照有关规定在3个月内不受理该保荐人的推荐。

第六章　附　　则

第四十六条　本办法自2006年5月9日起施行。《中国证券监督管理委员会股票发行审核委员会暂行办法》（证监会令第16号）同时废止。

关于修改《证券发行与承销管理办法》的决定

（2017年9月8日　证监会令第135号）

一、第九条第二款、第三款修改为："首次公开发行股票采用询价方式的，公开发行股票后总股本4亿股（含）以下的，网下初始发行比例不低于本次公开发行股票数量的60%；发行后总股本超过4亿股的，网下初始发行比例不低于本次公开发行股票数量的70%。其中，应当安排不低于本次网下发行股票数量的40%优先向通过公开募集方式设立的证券投资基金（以下简称公募基金）、全国社会保障基金（以下简称社保基金）和基本养老保险基金（以下简称养老金）配售，安排一定比例的股票向根据《企业年金基金管理办法》设立的企业年金基金和符合《保险资金运用管理暂行办法》等相关规定的保险资金（以下简称保险资金）配售。公募基金、社保基金、养老金、企业年金基金和保险资金有效申购不足安排数量的，发行人和主承销商可以向其他符合条件的网下投资者配售剩余部分。"

"对网下投资者进行分类配售的，同类投资者获得配售的比例应当相同。公募基金、社保基金、养老金、企业年金基金和保险资金的配售比例应当不低于其他投资者。"

二、删除第十条第四款。

三、第十三条第一款、第二款修改为："网下和网上投资者申购新股、可转换公司债券、可交换公司债券获得配售后，应当按时足额缴付认购资金。网上投资者连续12个月内累计出现3次中签后未足额缴款的情形时，6个月内不得参与新股、可转换公司债券、可交换公司债券申购。"

"网下和网上投资者缴款认购的新股或可转换公司债券数量合计不足本次公开发行数量的70%时，可以中止发行。"

增加一款，作为第三款："除本办法规定的中止发行情形外，发行人和主承销商还可以约定中止发行的其他具体情形并事先披露。中止发行后，在核准文件有效期内，经向中国证监会备案，可重新启动发行。"

四、第十九条增加一款，作为第三款："网上投资者在申购可转换公司债券时无需缴付申购资金。"

本决定自公布之日起施行。

《证券发行与承销管理办法》根据本决定作相应的修改并对条文顺序作相应调整，重新公布。

证券发行与承销管理办法

（2013 年 10 月 8 日中国证券监督管理委员会第 11 次主席办公会议审议通过　根据 2014 年 3 月 21 日、2015 年 12 月 30 日、2017 年 9 月 7 日中国证券监督管理委员会《关于修改〈证券发行与承销管理办法〉的决定》修正）

第一章　总　　则

第 一 条　为规范证券发行与承销行为，保护投资者合法权益，根据《证券法》和《公司法》，制定本办法。

第 二 条　发行人在境内发行股票或者可转换公司债券（以下统称证券）、证券公司在境内承销证券以及投资者认购境内发行的证券，适用本办法。

首次公开发行股票时公司股东公开发售其所持股份（以下简称老股转让）的，还应当符合中国证券监督管理委员会（以下简称中国证监会）的相关规定。

第 三 条　中国证监会依法对证券发行与承销行为进行监督管理。证券交易所、证券登记结算机构和中国证券业协会应当制定相关业务规则（以下简称相关规则），规范证券发行与承销行为。证券公司承销证券，应当依据本办法以及中国证监会有关风险控制和内部控制等相关规定，制定严格的风险管理制度和内部控制制度，加强定价和配售过程管理，落实承销责任。

为证券发行出具相关文件的证券服务机构和人员，应当按照本行业公认的业务标准和道德规范，严格履行法定职责，对其所出具文件的真实性、准确性和完整性承担责任。

第二章　定价与配售

第 四 条　首次公开发行股票，可以通过向网下投资者询价的方式确定股票发行价格，也可以通过发行人与主承销商自主协商直接定价等其他合法可行的方式确定发行价格。公开发行股票数量在 2000 万股(含)以下且无老股转让计划的，应当通过直接定价的方式确定发行价格。发行人和主承销商应当在招股意向书(或招股说明书，下同)和发行公告中披露本次发行股票的定价方式。上市公司发行证券的定价，应当符合中国证监会关于上市公司证券发行的有关规定。

第 五 条　首次公开发行股票，网下投资者须具备丰富的投资经验和良好的定价能力，应当接受中国证券业协会的自律管理，遵守中国证券业协会的自律规则。

网下投资者参与报价时，应当持有一定金额的非限售股份。发行人和主承销商可以根据自律规则，设置网下投资者的具体条件，并在发行公告中预先披露。主承销商应当对网下投资者是否符合预先披露的条件进行核查，对不符合条件的投资者，应当拒绝或剔除其报价。

第 六 条　首次公开发行股票采用询价方式定价的，符合条件的网下机构和个人投资者可以自主决定是否报价，主承销商无正当理由不得拒绝。网下投资者应当遵循独立、客观、诚信的原则合理报价，不得协商报价或者故意压低、抬高价格。

网下投资者报价应当包含每股价格和该价格对应的拟申购股数，且只能有一个报价。非个人投资者应当以机构为单位进行报价。首次公开发行股票价格(或发行价格区间)确定后，提供有效报价的投资者方可参与申购。

第 七 条　首次公开发行股票采用询价方式的，网下投资者报价后，发行人和主承销商应当剔除拟申购总量中报价最高的部分，剔除部分不得低于所有网下投资者拟申购总量的 10%，然后根据剩余报价及拟申购数量协商确定发行价格。剔除部分不得参与网下申购。

公开发行股票数量在 4 亿股(含)以下的，有效报价投资者的数量不少于 10 家；公开发行股票数量在 4 亿股以上的，有效报价投资者的数量不少于 20 家。剔除最高报价部分后有效报价投资者数量不足的，应当中止发行。

第 八 条　首次公开发行股票时，发行人和主承销商可以自主协商确定参与网下询价投资者的条件、有效报价条件、配售原则和配售方式，并按照事先确定的配售原则在有效申购的网下投资者中选择配售股票的对象。

第 九 条 首次公开发行股票采用直接定价方式的，全部向网上投资者发行，不进行网下询价和配售。

首次公开发行股票采用询价方式的，公开发行股票后总股本 4 亿股（含）以下的，网下初始发行比例不低于本次公开发行股票数量的 60%；发行后总股本超过 4 亿股的，网下初始发行比例不低于本次公开发行股票数量的 70%。其中，应当安排不低于本次网下发行股票数量的 40% 优先向通过公开募集方式设立的证券投资基金（以下简称公募基金）、全国社会保障基金（以下简称社保基金）和基本养老保险基金（以下简称养老金）配售，安排一定比例的股票向根据《企业年金基金管理办法》设立的企业年金基金和符合《保险资金运用管理暂行办法》等相关规定的保险资金（以下简称保险资金）配售。公募基金、社保基金、养老金、企业年金基金和保险资金有效申购不足安排数量的，发行人和主承销商可以向其他符合条件的网下投资者配售剩余部分。

对网下投资者进行分类配售的，同类投资者获得配售的比例应当相同。公募基金、社保基金、养老金、企业年金基金和保险资金的配售比例应当不低于其他投资者。

安排向战略投资者配售股票的，应当扣除向战略投资者配售部分后确定网下网上发行比例。

网下投资者可与发行人和主承销商自主约定网下配售股票的持有期限并公开披露。

第 十 条 首次公开发行股票网下投资者申购数量低于网下初始发行量的，发行人和主承销商不得将网下发行部分向网上回拨，应当中止发行。

网上投资者有效申购倍数超过 50 倍、低于 100 倍（含）的，应当从网下向网上回拨，回拨比例为本次公开发行股票数量的 20%；网上投资者有效申购倍数超过 100 倍的，回拨比例为本次公开发行股票数量的 40%；网上投资者有效申购倍数超过 150 倍的，回拨后网下发行比例不超过本次公开发行股票数量的 10%。本款所指公开发行股票数量应按照扣除设定 12 个月及以上限售期的股票数量计算。

网上投资者申购数量不足网上初始发行量的，可回拨给网下投资者。

第十一条 首次公开发行股票，持有一定数量非限售股份的投资者才能参与网上申购。网上投资者应当自主表达申购意向，不得全权委托证券公司进行新股申购。采用其他方式进行网上申购和配售的，应当符合中国证监会的有关规定。

第十二条 首次公开发行股票的网下发行应和网上发行同时进行，网下和网上投资者在申购时无需缴付申购资金。投资者应当自行选择参与网下或网上发行，不得同时参与。

发行人股东拟进行老股转让的，发行人和主承销商应于网下网上申购前协商确定发行价格、发行数量和老股转让数量。采用询价方式且无老股转让计划的，发行人和主承销商可以通过网下询价确定发行价格或发行价格区间。网上投资者申购时仅公告发行价格区间、未确定发行价格的，主承销商应当安排投资者按价格区间上限申购。

第十三条 网下和网上投资者申购新股、可转换公司债券、可交换公司债券获得配售后，应当按时足额缴付认购资金。网上投资者连续12个月内累计出现3次中签后未足额缴款的情形时，6个月内不得参与新股、可转换公司债券、可交换公司债券申购。

网下和网上投资者缴款认购的新股或可转换公司债券数量合计不足本次公开发行数量的70%时，可以中止发行。

除本办法规定的中止发行情形外，发行人和主承销商还可以约定中止发行的其他具体情形并事先披露。中止发行后，在核准文件有效期内，经向中国证监会备案，可重新启动发行。

第十四条 首次公开发行股票数量在4亿股以上的，可以向战略投资者配售股票。发行人应当与战略投资者事先签署配售协议。

发行人和主承销商应当在发行公告中披露战略投资者的选择标准、向战略投资者配售的股票总量、占本次发行股票的比例以及持有期限等。

战略投资者不参与网下询价，且应当承诺获得本次配售的股票持有期限不少于12个月，持有期自本次公开发行的股票上市之日起计算。

第十五条 首次公开发行股票数量在4亿股以上的，发行人和主承销商可以在发行方案中采用超额配售选择权。超额配售选择权的实施应当遵守中国证监会、证券交易所、证券登记结算机构和中国证券业协会的规定。

第十六条 首次公开发行股票网下配售时，发行人和主承销商不得向下列对象配售股票：

（一）发行人及其股东、实际控制人、董事、监事、高级管理人员和其他员工；发行人及其股东、实际控制人、董事、监事、高级管理人员能够直接或间接实施控制、共同控制或施加重大影响的公司，以及该公司控股股东、控股子公司和控股股东控制的其他子公司；

（二）主承销商及其持股比例5%以上的股东，主承销商的董事、监事、高级管理人员和其他员工；主承销商及其持股比例5%以上的股东、董事、监事、高级管理人员能够直接或间接实施控制、共同控制或施加重大影响的公司，以及该公司控股股东、控股子公司和控股股东控制的其他子公司；

（三）承销商及其控股股东、董事、监事、高级管理人员和其他员工；

（四）本条第（一）、（二）、（三）项所述人士的关系密切的家庭成员，包括配偶、子女及其配偶、父母及配偶的父母、兄弟姐妹及其配偶、配偶的兄弟姐妹、子女配偶的父母；

（五）过去6个月内与主承销商存在保荐、承销业务关系的公司及其持股5%以上的股东、实际控制人、董事、监事、高级管理人员，或已与主承销商签署保荐、承销业务合同或达成相关意向的公司及其持股5%以上的股东、实际控制人、董事、监事、高级管理人员；

（六）通过配售可能导致不当行为或不正当利益的其他自然人、法人和组织。

本条第（二）、（三）项规定的禁止配售对象管理的公募基金不受前款规定的限制，但应符合中国证监会的有关规定。

第十七条 发行人和承销商及相关人员不得泄露询价和定价信息；不得以任何方式操纵发行定价；不得劝诱网下投资者抬高报价，不得干扰网下投资者正常报价和申购；不得以提供透支、回扣或者中国证监会认定的其他不正当手段诱使他人申购股票；不得以代持、信托持股等方式谋取不正当利益或向其他相关利益主体输送利益；不得直接或通过其利益相关方向参与认购的投资者提供财务资助或者补偿；不得以自有资金或者变相通过自有资金参与网下配售；不得与网下投资者互相串通，协商报价和配售；不得收取网下投资者回扣或其他相关利益。

第十八条 上市公司发行证券，存在利润分配方案、公积金转增股本方案尚未提交股东大会表决或者虽经股东大会表决通过但未实施的，应当在方案实施后发行。相关方案实施前，主承销商不得承销上市公司发行的证券。

第十九条 上市公司向原股东配售股票（以下简称配股），应当向股权登记日登记在册的股东配售，且配售比例应当相同。

上市公司向不特定对象公开募集股份（以下简称增发）或者发行可

转换公司债券，可以全部或者部分向原股东优先配售，优先配售比例应当在发行公告中披露。

网上投资者在申购可转换公司债券时无需缴付申购资金。

第二十条 上市公司增发或者发行可转换公司债券，主承销商可以对参与网下配售的机构投资者进行分类，对不同类别的机构投资者设定不同的配售比例，对同一类别的机构投资者应当按相同的比例进行配售。主承销商应当在发行公告中明确机构投资者的分类标准。

主承销商未对机构投资者进行分类的，应当在网下配售和网上发行之间建立回拨机制，回拨后两者的获配比例应当一致。

第二十一条 上市公司非公开发行证券的，发行对象及其数量的选择应当符合中国证监会关于上市公司证券发行的相关规定。

第三章 证券承销

第二十二条 发行人和主承销商应当签订承销协议，在承销协议中界定双方的权利义务关系，约定明确的承销基数。采用包销方式的，应当明确包销责任；采用代销方式的，应当约定发行失败后的处理措施。

证券发行依照法律、行政法规的规定应由承销团承销的，组成承销团的承销商应当签订承销团协议，由主承销商负责组织承销工作。证券发行由两家以上证券公司联合主承销的，所有担任主承销商的证券公司应当共同承担主承销责任，履行相关义务。承销团由3家以上承销商组成的，可以设副主承销商，协助主承销商组织承销活动。

承销团成员应当按照承销团协议及承销协议的规定进行承销活动，不得进行虚假承销。

第二十三条 证券公司承销证券，应当依照《证券法》第二十八条的规定采用包销或者代销方式。上市公司非公开发行股票未采用自行销售方式或者上市公司配股的，应当采用代销方式。

第二十四条 股票发行采用代销方式的，应当在发行公告（或认购邀请书）中披露发行失败后的处理措施。股票发行失败后，主承销商应当协助发行人按照发行价并加算银行同期存款利息返还股票认购人。

第二十五条 证券公司实施承销前，应当向中国证监会报送发行与承销方案。

第二十六条 上市公司发行证券期间相关证券的停复牌安排，应当遵守证券交易所的相关规则。

主承销商应当按有关规定及时划付申购资金冻结利息。

第二十七条 投资者申购缴款结束后,发行人和主承销商应当聘请具有证券、期货相关业务资格的会计师事务所对申购和募集资金进行验证,并出具验资报告;还应当聘请律师事务所对网下发行过程、配售行为、参与定价和配售的投资者资质条件及其与发行人和承销商的关联关系、资金划拨等事项进行见证,并出具专项法律意见书。证券上市后10日内,主承销商应当将验资报告、专项法律意见随同承销总结报告等文件一并报中国证监会。

第四章 信息披露

第二十八条 发行人和主承销商在发行过程中,应当按照中国证监会规定的要求编制信息披露文件,履行信息披露义务。发行人和承销商在发行过程中披露的信息,应当真实、准确、完整、及时,不得有虚假记载、误导性陈述或者重大遗漏。

第二十九条 首次公开发行股票申请文件受理后至发行人发行申请经中国证监会核准、依法刊登招股意向书前,发行人及与本次发行有关的当事人不得采取任何公开方式或变相公开方式进行与股票发行相关的推介活动,也不得通过其他利益关联方或委托他人等方式进行相关活动。

第三十条 首次公开发行股票招股意向书刊登后,发行人和主承销商可以向网下投资者进行推介和询价,并通过互联网等方式向公众投资者进行推介。

发行人和主承销商向公众投资者进行推介时,向公众投资者提供的发行人信息的内容及完整性应与向网下投资者提供的信息保持一致。

第三十一条 发行人和主承销商在推介过程中不得夸大宣传,或以虚假广告等不正当手段诱导、误导投资者,不得披露除招股意向书等公开信息以外的发行人其他信息。

承销商应当保留推介、定价、配售等承销过程中的相关资料至少三年并存档备查,包括推介宣传材料、路演现场录音等,如实、全面反映询价、定价和配售过程。

第三十二条 发行人和主承销商应当将发行过程中披露的信息刊登在至少一种中国证监会指定的报刊,同时将其刊登在中国证监会指定的互联网网站,并置备于中国证监会指定的场所,供公众查阅。

第三十三条 发行人披露的招股意向书除不含发行价格、筹资金额以外，其内容与格式应当与招股说明书一致，并与招股说明书具有同等法律效力。

第三十四条 首次公开发行股票的发行人和主承销商应当在发行和承销过程中公开披露以下信息：

（一）招股意向书刊登首日在发行公告中披露发行定价方式、定价程序、参与网下询价投资者条件、股票配售原则、配售方式、有效报价的确定方式、中止发行安排、发行时间安排和路演推介相关安排等信息；发行人股东拟老股转让的，还应披露预计老股转让的数量上限，老股转让股东名称及各自转让老股数量，并明确新股发行与老股转让数量的调整机制。

（二）网上申购前披露每位网下投资者的详细报价情况，包括投资者名称、申购价格及对应的拟申购数量；剔除最高报价有关情况；剔除最高报价部分后网下投资者报价的中位数和加权平均数以及公募基金报价的中位数和加权平均数；有效报价和发行价格（或发行价格区间）的确定过程；发行价格（或发行价格区间）及对应的市盈率；网下网上的发行方式和发行数量；回拨机制；中止发行安排；申购缴款要求等。已公告老股转让方案的，还应披露老股转让和新股发行的确定数量，老股转让股东名称及各自转让老股数量，并应提示投资者关注，发行人将不会获得老股转让部分所得资金。按照发行价格计算的预计募集资金总额低于拟以本次募集资金投资的项目金额的，还应披露相关投资风险。

（三）如公告的发行价格（或发行价格区间上限）市盈率高于同行业上市公司二级市场平均市盈率，发行人和主承销商应当在披露发行价格的同时，在投资风险特别公告中明示该定价可能存在估值过高给投资者带来损失的风险，提醒投资者关注。内容至少包括：

1. 比较分析发行人与同行业上市公司的差异及该差异对估值的影响；提请投资者关注发行价格与网下投资者报价之间存在的差异。

2. 提请投资者关注投资风险，审慎研判发行定价的合理性，理性做出投资决策。

（四）在发行结果公告中披露获配机构投资者名称、个人投资者个人信息以及每个获配投资者的报价、申购数量和获配数量等，并明确说明自主配售的结果是否符合事先公布的配售原则；对于提供有效报价但未参与申购，或实际申购数量明显少于报价时拟申购量的投资者应列表公示并着重说明；缴款后的发行结果公告中披露网上、网下投资者获配未缴款金额以及主承销商的包销比例，列表公示获得配售但未足额缴款的网下投资者；发行后还应披露保荐费用、承销费用、其他中介费用等发行费用信息。

（五）向战略投资者配售股票的，应当在网下配售结果公告中披露战略投资者的名称、认购数量及持有期限等情况。

第三十五条 发行人和主承销商在披露发行市盈率时，应同时披露发行市盈率的计算方式。在进行行业市盈率比较分析时，应当按照中国证监会有关上市公司行业分类指引中制定的行业分类标准确定发行人行业归属，并分析说明行业归属的依据。存在多个市盈率口径时，应当充分列示可供选择的比较基准，并应当按照审慎、充分提示风险的原则选取和披露行业平均市盈率。发行人还可以同时披露市净率等反映发行人所在行业特点的估值指标。

第五章 监管和处罚

第三十六条 中国证监会对证券发行承销过程实施事中事后监管，发现涉嫌违法违规或者存在异常情形的，可责令发行人和承销商暂停或中止发行，对相关事项进行调查处理。

第三十七条 中国证券业协会应当建立对承销商询价、定价、配售行为和网下投资者报价行为的日常监管制度，加强相关行为的监督检查，发现违规情形的，应当及时采取自律监管措施。中国证券业协会还应当建立对网下投资者和承销商的跟踪分析和评价体系，并根据评价结果采取奖惩措施。

第三十八条 发行人、证券公司、证券服务机构、投资者及其直接负责的主管人员和其他直接责任人员有失诚信、违反法律、行政法规或者本办法规定的，中国证监会可以视情节轻重采取责令改正、监管谈话、出具警示函、责令公开说明、认定为不适当人选等监管措施，或者采取市场禁入措施，并记入诚信档案；依法应予行政处罚的，依照有关规定进行处罚；涉嫌犯罪的，依法移送司法机关，追究其刑事责任。

第三十九条 证券公司承销未经核准擅自公开发行的证券的，依照《证券法》第一百九十条的规定处罚。

证券公司承销证券有前款所述情形的，中国证监会可以采取 12 至 36 个月暂不受理其证券承销业务有关文件的监管措施。

第四十条 证券公司及其直接负责的主管人员和其他直接责任人员在承销证券过程中，有下列行为之一的，中国证监会可以采取本办法第三十八条规定的监管措施；情节比较严重的，还可以采取 3 至 12 个月暂不受理其证券承销业务有关文件的监管措施；依法应予行政处罚的，依照《证券法》第一百九十一条的规定予以处罚：

（一）夸大宣传，或以虚假广告等不正当手段诱导、误导投资者；

（二）以不正当竞争手段招揽承销业务；

（三）从事本办法第十七条规定禁止的行为；

（四）向不符合本办法第五条规定的网下投资者配售股票，或向本办法第十六条规定禁止配售的对象配售股票；

（五）未按本办法要求披露有关文件；

（六）未按照事先披露的原则和方式配售股票，或其他未依照披露文件实施的行为；

（七）向投资者提供除招股意向书等公开信息以外的发行人其他信息；

（八）未按照本办法要求保留推介、定价、配售等承销过程中相关资料；

（九）其他违反证券承销业务规定的行为。

第四十一条 发行人及其直接负责的主管人员和其他直接责任人员有下列行为之一的，中国证监会可以采取本办法第三十八条规定的监管措施；构成违反《证券法》相关规定的，依法进行行政处罚：

（一）从事本办法第十七条规定禁止的行为；

（二）夸大宣传，或以虚假广告等不正当手段诱导、误导投资者；

（三）向投资者提供除招股意向书等公开信息以外的发行人信息；

（四）中国证监会认定的其他情形。

第六章 附 则

第四十二条 其他证券的发行与承销比照本办法执行。中国证监会另有规定的，从其规定。

第四十三条 本办法自2013年12月13日起施行。2006年9月17日发布并于2010年10月11日、2012年5月18日修改的《证券发行与承销管理办法》同时废止。

机　构　类

关于修改《证券公司分类监管规定》的决定

（2017 年 7 月 6 日　证监会公告〔2017〕11 号）

现决定对《证券公司分类监管规定》（证监会公告〔2010〕17 号）作如下修改：

一、将第五条第一款中“动态风险监控”修改为“全面风险管理”。

将第五条第一款第（一）项修改为：“资本充足。主要反映证券公司净资本以及以净资本和流动性为核心的风险控制指标情况，体现其资本实力及流动性状况。”

将第五条第一款第（三）项修改为：“全面风险管理。主要反映证券公司识别、计量、监测、预警、报告、防范及处理各类风险的情况，体现其流动性风险、市场风险、信用风险、声誉风险管理能力。”

将第五条第一款第（五）项修改为：“客户管理与权益保护。主要反映证券公司客户资产安全性、客户服务及客户管理水平，体现其操作风险管理能力。”

二、将第六条中“承销与保荐业务”修改为“投行业务”，将“成本管理能力”修改为“综合实力”。

三、将第七条中“证券行业自律组织纪律处分的情况进行评价”修改为“证券期货行业自律组织纪律处分、自律监管措施的情况进行评价”。

四、增加一项，作为第九条第一款第（一）项：“公司被采取出具警示函，责令公开说明，责令参加培训，责令定期报告的，每次扣 0.5 分；”

将原第九条第一款第（一）项改为第（二）项，修改为：“公司被采取出具警示函并在辖区内通报，责令改正，责令增加内部合规检查次数的，每次扣 1 分。”

将原第九条第一款第（二）项改为第（三）项，修改为：“公司被采取责令处分有关人员，或者董事、监事、高级管理人员因对公司违法违规行为负有责任被监管谈话的，每次扣1.5分。”

将原第九条第一款第（十）项改为第（十一）项，修改为：“公司被实施暂停业务许可行政处罚，或者董事、监事、高级管理人员因对公司违法违规行为负有责任被采取终身市场禁入的，每次扣8分；”

将第九条第二款中“子公司被采取的监管措施”修改为“子公司被采取上述措施的”。

五、将第十条修改为：“证券公司被证券期货行业自律组织采取书面自律监管措施的，每次扣0.25分；被采取纪律处分的，每次扣0.5分；证券公司被中国证监会授权履行相关职责的单位采取措施的，比照执行。”

六、将第十一条第一款修改为：“就同一事项对证券公司实施多项行政处罚、监管措施、纪律处分、自律监管措施的，按最高分值扣分，不重复扣分，但因限期整改不到位再次被实施行政处罚、监管措施、纪律处分、自律监管措施的除外；就不同事项实施同一行政处罚、监管措施、纪律处分、自律监管措施的，应当分别计算、合计扣分。”

将第十一条第二款修改为：“证券公司因同一事项在不同评价期被分别实施行政处罚、监管措施、纪律处分、自律监管措施的，按最高分值扣分；同一事项在以前评价期已被扣分但未达到最高分值扣分的，按最高分值与已扣分值的差额扣分。”

七、将第十二条中“动态风险监控”修改为“全面风险管理”。

增加一款，作为第十二条第二款：“证券公司被实施行政处罚预先告知或者因涉嫌证券违法违规行为被立案调查或者发生风险事件，造成严重影响，反映出公司在上述评价指标方面存在问题的，按照本条前款规定对相应的具体评价标准进行扣分。”

八、将第十三条修改为：“证券公司市场竞争力符合以下条件的，按以下原则给予相应加分：

“（一）证券公司上一年度营业收入位于行业前5名、前10名、前20名的，分别加2分、1分、0.5分；

“（二）证券公司上一年度代理买卖证券业务收入位于行业前5名、前10名、前20名，且营业部平均代理买卖证券业务收入位于行业中位数以上的，分别加2分、1分、0.5分或证券公司上一年度营业部平均代理买卖证券业务收入位于行业前5名、前10名、前20名的，分别加2分、1分、0.5分，前述两项按孰高分值加分；

“（三）证券公司上一年度承销与保荐业务、财务顾问业务收入位于行业前5名、前10名、前20名的，分别加2分、1分、0.5分；

“（四）证券公司上一年度资产管理业务收入位于行业前5名、前10名、前20名的，分别加2分、1分、0.5分；

“（五）证券公司上一年度机构客户投研服务收入占经纪业务收入比例达到40%、30%、20%，且经纪业务收入位于行业中位数以上的，分别加2分、1分、0.5分；

“（六）证券公司上一年度境外子公司证券业务收入占营业收入的比例达到40%、30%、20%，且营业收入位于行业中位数以上的，分别加4分、3分、2分；

“（七）证券公司新业务市场竞争力或者信息系统建设投入指标，位于行业前5名、前10名、前20名的，分别加2分、1分、0.5分，具体指标及计算口径由证券业协会依据行业发展情况确定。

“证券公司在评价期内如因违法违规行为被采取本规定第九条第（七）项至第（十二）项所列措施的，或者根据本规定第十二条第二款被扣分的，不适用本条对应业务项的加分，但同一事项在以前评价期已被取消加分的除外。”

九、删去第十四条第（二）项和第（四）项。

将原第十四条第（三）项改为第（二）项，修改为：“证券公司净资本达到规定标准10倍及以上的，每一倍数加0.1分，最高可加3分；”

将原第十三条第（四）项调整至第十四条第（四）项。

十、将第十六条第二款修改为：“中国证监会可以委托中国证券业协会对证券公司的全面风险管理能力、合规管理能力、社会责任履行情况等进行专项评价。”

将第十六条第三款修改为：“中国证监会及其派出机构可以根据证券公司专业评价及专项评价结果，对证券公司评价计分进行调整，每项评价最高可加3分。”

十一、将第十八条中“存在挪用客户资产、违规委托理财、财务信息虚假或股东虚假出资、抽逃出资等违法违规行为的，将公司类别下调3个级别；情节严重的，将公司类别直接认定为D类”修改为“存在挪用客户资产、违规委托理财、财务信息虚假、恶意规避监管或股东虚假出资、抽逃出资等违法违规行为的，将公司分类结果下调3个级别；情节严重的，将公司分类结果直接认定为D类”。

十二、将第三十四条第（一）项修改为：“主要风险控制指标，是指净资本、风险覆盖率、资本杠杆率、流动性覆盖率、净稳定资金率等指标。”

增加三项，作为第三十四条第（三）项、第（四）项、第（五）项：“（三）

本规定第十三条各项业务收入口径由中国证券业协会根据行业发展情况确定并公布。

“(四)本规定第十四条第(二)项净资本数额计算需扣除附属净资本。

“(五)本规定第十条中国证监会授权履行相关职责的单位包括中国证券登记结算有限责任公司、中国证券投资者保护基金有限责任公司、中国证券金融股份有限公司、全国中小企业股份转让系统有限责任公司等。”

本决定自公布之日起施行。

《证券公司分类监管规定》根据本决定作相应的修改,重新公布。

证券公司分类监管规定

(2009年5月26日公布　根据2010年5月14日、
2017年7月6日中国证券监督管理委员会
《关于修改〈证券公司分类监管规定〉的决定》修订)

第一章　总　　则

第 一 条　为有效实施证券公司常规监管,合理配置监管资源,提高监管效率,促进证券公司持续规范发展,根据《证券法》、《证券公司监督管理条例》等有关法律、行政法规的规定,制定本规定。

第 二 条　证券公司分类是指以证券公司风险管理能力为基础,结合公司市场竞争力和持续合规状况,按照本规定评价和确定证券公司的类别。

中国证监会根据市场发展情况和审慎监管原则,在征求行业意见的基础上,制定并适时调整证券公司分类的评价指标与标准。

第 三 条　中国证监会及其派出机构根据证券公司分类结果对不同类别的证券公司实施区别对待的监管政策。

第 四 条　证券公司的分类由中国证监会及其派出机构组织实施。

中国证监会在分类复核中建立专家评审机制,组成专家评审委员会,研究处理证券公司分类工作中遇到的重大问题。专家评审委员会的成员由中国证监会及其派出机构、证券行业自律组织、证券公司有关人员组成。

证券公司分类工作必须坚持依法合规、客观公正的原则。参与证券公司分类工作的人员应当具备相应的专业素质、业务能力和监管经验，在工作中坚持原则、廉洁奉公、勤勉尽责。

第二章　评 价 指 标

第 五 条　证券公司风险管理能力主要根据资本充足、公司治理与合规管理、全面风险管理、信息系统安全、客户权益保护、信息披露等 6 类评价指标，按照《证券公司风险管理能力评价指标与标准》（见附件）进行评价，体现证券公司对流动性风险、合规风险、市场风险、信用风险、技术风险及操作风险等管理能力。

（一）资本充足。主要反映证券公司净资本以及以净资本和流动性为核心的风险控制指标情况，体现其资本实力及流动性状况。

（二）公司治理与合规管理。主要反映证券公司治理和规范运作情况，体现其合规风险管理能力。

（三）全面风险管理。主要反映证券公司识别、计量、监测、预警、报告、防范及处理各类风险的情况，体现其流动性风险、市场风险、信用风险、声誉风险管理能力。

（四）信息系统安全。主要反映证券公司 IT 治理及信息技术系统运行情况，体现其技术风险管理能力。

（五）客户管理与权益保护。主要反映证券公司客户资产安全性、客户服务及客户管理水平，体现其操作风险管理能力。

（六）信息披露。主要反映证券公司报送信息的真实性、准确性、完整性和及时性，体现其会计风险及诚信风险管理能力。

第 六 条　证券公司市场竞争力主要根据证券公司经纪业务、投行业务、资产管理业务、综合实力、创新能力等方面的情况进行评价。

第 七 条　证券公司持续合规状况主要根据司法机关采取的刑事处罚措施，中国证监会及其派出机构采取的行政处罚措施、监管措施及证券期货行业自律组织纪律处分、自律监管措施的情况进行评价。

第三章　评 价 方 法

第 八 条　设定正常经营的证券公司基准分为 100 分。在基准分的基础上,根据证券公司风险管理能力评价指标与标准、市场竞争力、持续合规状况等方面情况,进行相应加分或扣分以确定证券公司的评价计分。

第九条 评价期内证券公司因违法违规行为被中国证监会及其派出机构实施行政处罚、监管措施或者被司法机关刑事处罚的,按以下原则给予相应扣分:

(一)公司被采取出具警示函,责令公开说明,责令参加培训,责令定期报告的,每次扣0.5分;

(二)公司被采取出具警示函并在辖区内通报,责令改正,责令增加内部合规检查次数的,每次扣1分;

(三)公司被采取责令处分有关人员,或者董事、监事、高级管理人员因对公司违法违规行为负有责任被监管谈话的,每次扣1.5分;

(四)公司被采取出具警示函并在全行业通报,责令停止职权或解除职务,责令更换董事、监事、高级管理人员或限制其权利,限制股东权利或责令转让股权的,每次扣2分;

(五)公司被采取公开谴责,限制业务活动,暂不受理与行政许可有关文件,暂停核准新业务或增设、收购营业性分支机构申请的,每次扣2.5分;

(六)董事、监事、高级管理人员因对公司违法违规行为负有责任被认定为不适当人选或被撤销任职资格的,每次扣3分;

(七)公司被实施警告行政处罚,或者董事、监事、高级管理人员因对公司违法违规行为负有责任被采取警告行政处罚措施的,每次扣4分;

(八)公司被实施罚款行政处罚,或者董事、监事、高级管理人员因对公司违法违规行为负有责任被采取罚款行政处罚措施的,每次扣5分;

(九)公司被实施没收违法所得行政处罚,或者董事、监事、高级管理人员因对公司违法违规行为负有责任被实施没收违法所得行政处罚的,每次扣6分;

(十)董事、监事、高级管理人员因对公司违法违规行为负有责任被采取一定期限内市场禁入的,每次扣7分;

(十一)公司被实施暂停业务许可行政处罚,或者董事、监事、高级管理人员因对公司违法违规行为负有责任被采取终身市场禁入的,每次扣8分;

(十二)公司被实施撤销部分业务许可行政处罚或被刑事处罚的,每次扣10分。

证券公司分公司、营业部等分支机构被直接采取上述措施的,按以上原则减半扣分,累计最高扣 5 分;证券公司分支机构负责人等管理人员、保荐代表人等主要业务人员因对公司及分支机构违法违规行为负有责任被直接采取上述措施的,按以上原则减半扣分,累计最高扣 5 分;证券公司控股子公司纳入母公司合并评价的,子公司被采取上述措施的,按以上原则减半扣分。

第 十 条 证券公司被证券期货行业自律组织采取书面自律监管措施的,每次扣 0.25 分;被采取纪律处分的,每次扣 0.5 分;证券公司被中国证监会授权履行相关职责的单位采取措施的,比照执行。

第十一条 就同一事项对证券公司实施多项行政处罚、监管措施、纪律处分、自律监管措施的,按最高分值扣分,不重复扣分,但因限期整改不到位再次被实施行政处罚、监管措施、纪律处分、自律监管措施的除外;就不同事项实施同一行政处罚、监管措施、纪律处分、自律监管措施的,应当分别计算、合计扣分。

证券公司因同一事项在不同评价期被分别实施行政处罚、监管措施、纪律处分、自律监管措施的,按最高分值扣分;同一事项在以前评价期已被扣分但未达到最高分值扣分的,按最高分值与已扣分值的差额扣分。

第十二条 证券公司资本充足、公司治理与合规管理、全面风险管理、信息系统安全、客户权益保护和信息披露等 6 类评价指标存在一定问题,按具体评价标准每项扣 0.5 分。如已被采取监管措施的,按本规定第九条执行,不重复扣分。

证券公司被实施行政处罚预先告知或者因涉嫌证券违法违规行为被立案调查或者发生风险事件,造成严重影响,反映出公司在上述评价指标方面存在问题的,按照本条前款规定对相应的具体评价标准进行扣分。

第十三条 证券公司市场竞争力符合以下条件的,按以下原则给予相应加分:

(一)证券公司上一年度营业收入位于行业前 5 名、前 10 名、前 20 名的,分别加 2 分、1 分、0.5 分;

(二)证券公司上一年度代理买卖证券业务收入位于行业前 5 名、前 10 名、前 20 名,且营业部平均代理买卖证券业务收入位于行业中位数以上的,分别加 2 分、1 分、0.5 分或证券公司上一年度营业部平均代理买卖证券业务收入位于行业前 5 名、前 10 名、前 20 名的,分别加 2 分、1 分、0.5 分,前述两项按孰高分值加分;

(三)证券公司上一年度承销与保荐业务、财务顾问业务收入位于行业前 5 名、前 10 名、前 20 名的,分别加 2 分、1 分、0.5 分;

（四）证券公司上一年度资产管理业务收入位于行业前5名、前10名、前20名的，分别加2分、1分、0.5分；

（五）证券公司上一年度机构客户投研服务收入占经纪业务收入比例达到40%、30%、20%，且经纪业务收入位于行业中位数以上的，分别加2分、1分、0.5分；

（六）证券公司上一年度境外子公司证券业务收入占营业收入的比例达到40%、30%、20%，且营业收入位于行业中位数以上的，分别加4分、3分、2分；

（七）证券公司新业务市场竞争力或者信息系统建设投入指标，位于行业前5名、前10名、前20名的，分别加2分、1分、0.5分。具体指标及计算口径由证券业协会依据行业发展情况确定。

证券公司在评价期内如因违法违规行为被采取本规定第九条第（七）项至第（十二）项所列措施的，或者根据本规定第十二条第二款被扣分的，不适用本条对应业务项的加分，但同一事项在以前评价期已被取消加分的除外。

第十四条 证券公司符合以下条件的，按以下原则给予相应加分：

（一）证券公司最近2个、3个评价期内主要风险控制指标持续达标的，分别加2分、3分；

（二）证券公司净资本达到规定标准10倍及以上的，每一倍数加0.1分，最高可加3分；

（三）证券公司净资本收益率位于行业前5名、前10名、中位数以上的，分别加2分、1分、0.5分；

（四）证券公司上一年度净利润为正且成本管理能力位于行业前5名、前10名、前20名的，分别加2分、1分、0.5分。

第十五条 中国证监会及其派出机构可以根据证券公司在评价期内落实专项监管工作情况，对证券公司的评价计分进行调整，每项最高可加或扣3分。

第十六条 证券公司可以申请中国证监会认可的机构（以下简称专业评价机构）组织专家对其专业管理能力、信息技术系统的稳定与安全、客户服务与管理水平、投资者教育等方面进行专业评价；专业评价机构可针对证券行业内发生的重大事故、技术故障、业务纠纷与客户投诉等情况，对涉及的证券公司进行专业评价。证券公司专业评价的标准和办法另行制定。

中国证监会可以委托中国证券业协会对证券公司的全面风险管理能

力、合规管理能力、社会责任履行情况等进行专项评价。

中国证监会及其派出机构可以根据证券公司专业评价及专项评价结果,对证券公司评价计分进行调整,每项评价最高可加3分。

经专业评价机构评定,证券公司发生的重大事故、技术故障、业务纠纷、客户投诉是由于证券公司管理不善引起的,中国证监会及其派出机构应采取相应的监管措施,进行扣分。

第四章　类 别 划 分

第十七条　中国证监会根据证券公司评价计分的高低,将证券公司分为A(AAA、AA、A)、B(BBB、BB、B)、C(CCC、CC、C)、D、E等5大类11个级别。

被依法采取责令停业整顿、指定其他机构托管、接管、行政重组等风险处置措施的证券公司,评价计分为0分,定为E类公司。评价计分低于60分的证券公司,定为D类公司。

中国证监会每年根据行业发展情况,结合以前年度分类结果,事先确定A、B、C三大类别公司的相对比例,并根据评价计分的分布情况,具体确定各类别、各级别公司的数量,其中B类BB级及以上公司的评价计分应高于基准分100分。

(一)A类公司风险管理能力在行业内最高,能较好地控制新业务、新产品方面的风险;

(二)B类公司风险管理能力在行业内较高,在市场变化中能较好地控制业务扩张的风险;

(三)C类公司风险管理能力与其现有业务相匹配;

(四)D类公司风险管理能力低,潜在风险可能超过公司可承受范围;

(五)E类公司潜在风险已经变为现实风险,已被采取风险处置措施。

第十八条　证券公司在评价期内存在挪用客户资产、违规委托理财、财务信息虚假、恶意规避监管或股东虚假出资、抽逃出资等违法违规行为的,将公司分类结果下调3个级别;情节严重的,将公司分类结果直接认定为D类。

第十九条　证券公司在自评时,若不如实标注存在问题,存在遗漏、隐瞒等情况,将在应扣分事项上加倍扣分;自评时存在隐瞒重大事项或者报送、提供的信息和资料有虚假记载、误导性陈述或重大遗漏的，将视情节轻重将公司分类结果下调1至3个级别。

证券公司未在规定日期之前上报自评结果的，将公司分类结果下调1个级别；未在确定分类结果期限之前上报自评结果的，将公司分类结果直接认定为D类。

第五章　组 织 实 施

第二十条　证券公司分类每年进行一次，评价期为上一年度5月1日至本年度4月30日，涉及的财务数据、业务数据原则上以上一年度经审计报表及中国证券业协会公布的信息为准。

第二十一条　证券公司分类按照证券公司自评、派出机构初审、中国证监会复核的程序进行。

第二十二条　证券公司应当按照本规定的要求进行自评。证券公司应结合自身情况，对照评价指标与标准，如实反映存在的问题及被采取的监管措施，经公司主要负责人和合规负责人签署确认后，将自评结果上报公司住所地中国证监会派出机构。

第二十三条　中国证监会派出机构在证券公司自评的基础上，根据日常监管掌握的情况，对证券公司自评结果进行初审和评价计分，将初审结果上报中国证监会。

在初审过程中，中国证监会派出机构可以就有关问题进行核查，并与证券公司核对情况，确认事实。

第二十四条　中国证监会在派出机构初审的基础上进行复核并确定证券公司的类别，原则上于每年7月15日之前将分类结果书面告知证券公司。

证券公司对其分类结果有异议的，在收到分类结果书面通知之日起1个月内可向中国证监会提出书面申述。中国证监会在收到申述后1个月内予以答复。

第二十五条　对于在自评时隐瞒事项或者报送、提供的信息和资料有虚假记载、误导性陈述或重大遗漏的证券公司，中国证监会派出机构应当对公司主要负责人视情节轻重采取监管谈话等措施，并记入诚信档案。

第二十六条　中国证监会派出机构在日常监管工作中，对证券公司发生的违规行为和异常情况应及时调查、迅速采取适当的监管措施并记入监管档案，在此基础上对证券公司进行客观、公正的初审和评价计分。

中国证监会派出机构对证券公司的违法违规行为是否及时、充分采取相应监管措施，以及证券公司分类初审的质量，是落实辖区监管责任制，考评中国证监会派出机构证券公司监管工作绩效的重要依据。

第二十七条 证券公司状况发生重大变化或者出现异常且足以导致公司分类类别调整的，中国证监会及其派出机构应当根据有关情况及时对相关证券公司的分类进行动态调整；证券公司也可以向派出机构提出调整分类的申请，经派出机构初审后报中国证监会复核确定。

上述分类调整属于调高证券公司类别的，证券公司评价指标应当持续6个月以上满足与调高类别相应的标准。

第六章 分类结果使用

第二十八条 中国证监会按照分类监管原则，对不同类别证券公司规定不同的风险控制指标标准和风险资本准备计算比例，并在监管资源分配、现场检查和非现场检查频率等方面区别对待。

第二十九条 证券公司分类结果将作为证券公司申请增加业务种类、新设营业网点、发行上市等事项的审慎性条件。

第三十条 证券公司分类结果将作为确定新业务、新产品试点范围和推广顺序的依据。

第三十一条 中国证券投资者保护基金公司根据证券公司分类结果，确定不同级别的证券公司缴纳证券投资者保护基金的具体比例。

第三十二条 证券公司分类结果主要供中国证监会及其派出机构使用，证券公司不得将分类结果用于广告、宣传、营销等商业目的。

第七章 附 则

第三十三条 证券公司控股的证券子公司，可以合并纳入母公司分类评价，母子公司合并评价的，母公司的分类结果适用于子公司。

第三十四条 本规定下列用语的含义：

（一）主要风险控制指标，是指净资本、风险覆盖率、资本杠杆率、流动性覆盖率、净稳定资金率等指标。

（二）成本管理能力，是指营业收入与营业支出的比例，用（营业收入－投资收益－公允价值变动收益）/营业支出进行衡量。

（三）本规定第十三条各项业务收入口径由中国证券业协会根据行

业发展情况确定并公布。

(四)本规定第十四条第(二)项净资本数额计算需扣除附属净资本。

(五)本规定第十条中国证监会授权履行相关职责的单位包括中国证券登记结算有限责任公司、中国证券投资者保护基金有限责任公司、中国证券金融股份有限公司、全国中小企业股份转让系统有限责任公司等。

第三十五条 本规定自公布之日起施行。

附件:证券公司风险管理能力评价指标与标准

附件

证券公司风险管理能力评价指标与标准

评价指标	序号	评价标准
1. 资本充足	1.01	净资本绝对数指标符合规定标准
	1.02	风险覆盖率、资本杠杆率、流动性覆盖率、净稳定资金率指标符合规定标准
	1.03	自营业务风控指标符合规定标准
	1.04	融资类业务风控指标符合规定标准
2. 公司治理与合规管理	2.01	股东会、董事会、监事会有效运作,公司股东资格及行为、公司董事、监事、高管人员资质及任免变更符合监管要求
	2.02	内部组织架构和业务管控制度健全有效
	2.03	内部激励约束机制和责任追究制度科学合理并有效执行
	2.04	合规管理制度和机制健全有效,能切实防范合规风险
	2.05	董事会、监事会、高级管理人员、合规总监等合规管理职责明确并落实到位
	2.06	合规保障体系完善并有效执行,能切实保障合规总监独立性、权威性、知情权和合理薪酬待遇。合规总监切实履行职责,并按要求及时向证券监管部门报告违法违规行为或合规风险隐患

续表

评价指标	序号	评价标准
3. 全面风险管理	3.01	建立符合自身发展战略需要的全面风险管理体系,实现风险管理全覆盖、风险监测监控健全有效、风险计量科学合理、风险分析及时全面准确、风险应对机制切实有效
	3.02	风控组织体系独立有效运作,由首席风险官负责全面风险管理工作,配备充足的风险管理专业人员,能够全面、有效履行风险管理职责
	3.03	风险管理制度有效执行,风险管理考核纳入员工绩效考核、风险管理文化建设融入经营管理全过程
	3.04	风险管理信息技术系统及各项业务风险控制机制健全,能及时识别、计量、预警、报告及应对各类风险
	3.05	压力测试机制健全有效并能按要求报送压力测试报告,净资本补足机制和业务规模调整机制健全并能有效实施
4. 信息系统安全	4.01	IT 治理完善,信息系统管理机制独立有效
	4.02	信息系统功能齐备,有效满足客户委托、交易、清算、开户、查询等需求,客户电子资料等信息安全
	4.03	信息系统安全稳定运行,能够避免频繁信息安全事故或重大事故
	4.04	信息系统应急预案有效,能够及时应对信息安全事故
5. 客户权益保护	5.01	客户资产存放管理制度完善,能够有效保障客户资产安全
	5.02	投资者适当性制度和客户服务、客户管理制度健全,能够将适当的产品或服务销售或提供给适当的投资者
	5.03	营销人员管理制度健全,有效防止营销人员损害客户权益。投行、资管等业务勤勉尽责、诚实守信,从源头保障上市公司质量,切实维护客户合法权益
	5.04	客户投诉处理机制有效,能够稳妥处理各类上访、投诉、纠纷,防止群体性事件、恶性个案发生
	5.05	投资者教育融入各项业务流程和服务环节,在防范和打击非法证券活动中积极发挥作用
	5.06	客户管理制度健全,流程完备,措施到位,能够有效落实事前审核、事中监测、事后报告职责,切实防范客户账户使用、资金划转、证券交易过程中的异常行为

续表

评价指标	序号	评价标准
6. 信息披露	6.01	年度报告真实、准确、完整,不存在虚假记载、误导性陈述或重大遗漏,能按规定及时报告和披露
	6.02	综合监管报表真实、准确、完整,不存在虚假记载、误导性陈述或重大遗漏,能按规定及时报告
	6.03	公开披露的信息以及向股东和监管部门报告的信息真实、准确、完整、及时,不存在虚假记载、误导性陈述或重大遗漏
	6.04	重要事项报告和处理机制健全,发生信息安全事故、群体性事件、恶性个案、被其他政府部门实施行政处罚、涉及刑事民事诉讼等重大事项能按规定及时向监管部门报告并及时处理,能及时应对涉及公司的舆论报道
	6.05	按规定使用分类评价结果

基　金

公开募集开放式证券投资基金流动性风险管理规定

（2017 年 8 月 31 日　证监会公告〔2017〕12 号）

第一章　总　则

第 一 条　为加强对公开募集开放式证券投资基金（以下简称开放式基金）流动性风险的管控，进一步规范开放式基金的投资运作活动，完善基金管理人的内部控制，保护投资者的合法权益，根据《证券投资基金法》《公开募集证券投资基金运作管理办法》《货币市场基金监督管理办法》及其他有关法律法规，制定本规定。

第 二 条　本规定所称开放式基金是指基金份额总额在基金合同期限内不固定，基金份额可以在基金合同约定的时间和场所进行申购或者赎回的基金。采取定期开放方式运作的基金在开放期内适用本规定。

第 三 条　本规定所称流动性风险是指基金管理人未能以合理价格及时变现基金资产以支付投资者赎回款项的风险，风险管理的目标是确保基金组合资产的变现能力与投资者赎回需求的匹配与平衡。

第 四 条　基金管理人应当专业审慎、勤勉尽责地管控基金的流动性风险，促使基金稳健投资运作以及基金净值公允计价，确保投资者的合法权益不受损害并得到公平对待。

第二章　管理人内部控

第 五 条　基金管理人应当建立健全开放式基金流动性风险管理的内部控制体系，包括但不限于：严密完备的管理制度、科学规范的业务控制流程、清晰明确的组织架构与职责分工、独立严格的监督制衡与评估机制、灵活有效的应急处置计划等。

第 六 条 基金管理人在实施开放式基金的流动性风险管理时，应当详细分析基金的投资策略、估值方法、历史申购与赎回数据、销售渠道、投资者类型、投资者结构、投资者风险偏好与潜在的流动性要求、基础市场环境等多种因素，按照变现能力对基金所持有的组合资产进行适当分类，审慎评估各类资产的流动性，针对性制定流动性风险管理措施。

第 七 条 基金管理人应当全覆盖、多维度建立以压力测试为核心的开放式基金流动性风险监测与预警制度，区分不同类型开放式基金制定健全有效的流动性风险指标预警监测体系，结合自身风险管理水平与市场情况建立常态化的压力测试工作机制。压力测试应当符合以下要求：

（一）基于个体基金层面，设置不同的压力测试情景及相关模型，充分考虑基金规模、投资策略、投资标的、投资者类型以及市场风险等因素，压力测试的数据基础应当可靠且及时更新；

（二）建立压力测试结果的报告反馈机制，测试结果应当运用到基金的具体投资运作及流动性风险管理等环节；

（三）针对压力测试识别出的流动性风险，制定具体可行的应对预案，预案包括但不限于：预案触发情景、应急程序与措施、应急资金来源、公司董事会、管理层及各部门的职责与权限等；

（四）由专门部门负责压力测试的实施与评估，该部门应当独立于投资管理部门；

（五）压力测试工作底稿与风险应对预案应当留存备查。

第 八 条 开放式基金流动性风险管理的组织架构体系应当健全有效、权责分明、协调制衡。基金管理人董事会对建立开放式基金流动性风险管理内部控制系统和维持其有效性承担最终责任，基金管理人管理层对其有效执行承担主要责任，基金管理人的合规负责人应当监督检查开放式基金流动性风险管理的合法合规情况及公司内部控制情况。

第 九 条 基金管理人应当设立专门的岗位并配备足够的人员负责基金的流动性风险评估与监测，监督流动性风险管理制度的执行情况；相关岗位与人员应当独立于投资管理部门，并具有明确且独立的报告路径。

第 十 条 基金经理应当对所管理基金的流动性风险承担直接责任。基金经理从事开放式基金投资管理活动，应当坚持组合管理、分散投资的基本原则，严格按照法律法规的有关规定和基金合同约定的投资范围与比例限制实施投资管理。

第十一条 基金管理人应当针对流动性风险管理建立严格的考核问

责机制,将流动性风险管理状况纳入基金经理的年度考核评价标准,并与其薪酬奖励挂钩。

第三章 产 品 设 计

第十二条 基金管理人应当在基金产品的初始设计阶段,综合评估分析投资标的流动性、投资策略、投资限制、销售渠道、潜在投资者类型与风险偏好、投资者结构等因素,审慎决定是否采取开放式运作。

拟实施开放式运作的,组合资产的流动性应当与基金合同约定的申购赎回安排相匹配,投资策略应当能够支持不同市场情形下投资者的赎回要求,基金投资者结构、基金估值计价等方面安排能够使投资者得到公平对待。

基金管理人应当针对前述要求形成基金流动性风险评估报告,至少经分管高级管理人员及基金经理评估签字后,在基金注册申请时予以提交。

第十三条 对主要投资于非上市交易的股票、债券及不存在活跃市场需要采用估值技术确定公允价值的投资品种的基金,应当采用封闭或定期开放运作方式。

第十四条 基金管理人新设基金,拟允许单一投资者持有基金份额超过基金总份额50%的,应当采用封闭或定期开放运作方式且定期开放周期不得低于3个月(货币市场基金除外),并采用发起式基金形式,在基金合同、招募说明书等文件中进行充分披露及标识,且不得向个人投资者公开发售。

交易型开放式指数基金及其联接基金可不受前款规定的限制。

第四章 投资交易限

第十五条 同一基金管理人管理的全部开放式基金持有一家上市公司发行的可流通股票,不得超过该上市公司可流通股票的15%;同一基金管理人管理的全部投资组合持有一家上市公司发行的可流通股票,不得超过该上市公司可流通股票的30%。

完全按照有关指数的构成比例进行证券投资的开放式基金以及中国证监会认定的特殊投资组合可不受前述比例限制。

第十六条 单只开放式基金主动投资于流动性受限资产的市值合计

不得超过该基金资产净值的15%。

因证券市场波动、上市公司股票停牌、基金规模变动等基金管理人之外的因素致使基金不符合前款所规定比例限制的，基金管理人不得主动新增流动性受限资产的投资。

第十七条 基金管理人应当加强开放式基金从事逆回购交易的流动性风险和交易对手风险的管理，合理分散逆回购交易的到期日与交易对手的集中度，按照穿透原则对交易对手的财务状况、偿付能力及杠杆水平等进行必要的尽职调查与严格的准入管理，对不同的交易对手实施交易额度管理并进行动态调整。

基金管理人应当建立健全逆回购交易质押品管理制度，根据质押品资质审慎确定质押率水平，持续监测质押品的风险状况与价值变动，质押品按公允价值计算应当足额。基金与私募类证券资管产品及中国证监会认定的其他主体为交易对手开展逆回购交易的，可接受质押品的资质要求应当与基金合同约定的投资范围保持一致。

第十八条 基金管理人应当严格执行有关开放式基金资金头寸管理的相关规定，不得将结算备付金、存出保证金、应收申购款等计入《公开募集证券投资基金运作管理办法》第二十八条所规定的现金类资产范围。

第五章　申购与赎回管理

第十九条 基金管理人应当加强对开放式基金申购环节的管理，合理控制基金份额持有人集中度，审慎确认大额申购申请，在基金合同、招募说明书中应当对拒绝或暂停接受投资者申购申请的情形进行约定；除本规定第十四条、第二十八条约定的基金品种及中国证监会认定的特殊情形外，不得出现接受某一投资者申购申请后导致其份额超过基金总份额50%以上的情形。

当接受申购申请对存量基金份额持有人利益构成潜在重大不利影响时，基金管理人应当采取设定单一投资者申购金额上限或基金单日净申购比例上限、拒绝大额申购、暂停基金申购等措施，切实保护存量基金份额持有人的合法权益。基金管理人基于投资运作与风险控制的需要，可采取上述措施对基金规模予以控制。

第二十条 基金管理人应当对基金组合资产中7个工作日可变现资产的可变现价值进行审慎评估与测算，确保每日确认的净赎回申请不得超过7个工作日可变现资产的可变现价值,但中国证监会规定的特殊基金品种除外。

第二十一条 基金管理人应当强化对开放式基金巨额赎回的事前监测、事中管控与事后评估,并遵守以下要求:

(一)当开放式基金发生巨额赎回且现金类资产不足以支付赎回款项时,应当在充分评估基金组合资产变现能力、投资比例变动与基金单位份额净值波动的基础上,审慎接受、确认赎回申请,切实保护存量基金份额持有人的合法权益;

(二)开放式基金发生巨额赎回的,除依据《公开募集证券投资基金运作管理办法》第二十三条的规定办理赎回申请外,还应当在基金合同中约定,在单个基金份额持有人超过基金总份额一定比例以上的赎回申请等情形下,实施延期办理赎回申请的具体措施。

第六章 流动性风险管理工具

第二十二条 基金管理人经与基金托管人协商,在确保投资者得到公平对待的前提下,可依照法律法规及基金合同的约定,综合运用各类流动性风险管理工具,对赎回申请等进行适度调整,作为特定情形下基金管理人流动性风险管理的辅助措施,包括但不限于:

(一)延期办理巨额赎回申请;

(二)暂停接受赎回申请;

(三)延缓支付赎回款项;

(四)收取短期赎回费;

(五)暂停基金估值;

(六)摆动定价;

(七)中国证监会认定的其他措施。

基金管理人应当围绕前述工具的实施条件、发起部门、决策程序、业务流程等事项,制定清晰的内部制度并定期更新,确保相关工具实施的及时、有序、透明及公平。

前述第(一)、(二)、(三)项措施,应当符合《公开募集证券投资基金运作管理办法》第二十三条至第二十七条等规定。

第二十三条 基金管理人应当强化对投资者短期投资行为的管理,对除货币市场基金与交易型开放式指数基金以外的开放式基金,对持续持有期少于7日的投资者收取不低于1.5%的赎回费,并将上述赎回费全额计入基金财产。前述情形及处理方法应当在基金合同、招募说明书中事先约定。

第二十四条 基金管理人应当按照最大限度保护基金份额持有人利益的原则处理基金估值业务,加强极端市场条件下的估值业务管理。

当前一估值日基金资产净值50%以上的资产出现无可参考的活跃市场价格且采用估值技术仍导致公允价值存在重大不确定性时,经与基金托管人协商确认后,基金管理人应当暂停基金估值,并采取延缓支付赎回款项或暂停接受基金申购赎回申请的措施。前述情形及处理方法应当在基金合同中事先约定。

第二十五条 当开放式基金发生大额申购或赎回情形时,基金管理人可以对除货币市场基金与交易型开放式指数基金以外的开放式基金采用摆动定价机制,以确保基金估值的公平性,摆动定价机制的相关原理与操作方法应在基金合同中事先约定,并需履行相关信息披露义务。

摆动定价机制的处理原则与操作规范由中国证券投资基金业协会另行制定。

第七章 信息披露

第二十六条 基金管理人应当依照基金信息披露相关规定,向投资者披露基金产品主要的流动性风险及其管理方法,以便投资者了解其自身的流动性偏好与基金流动性风险的匹配情况。

(一)基金发售过程中,应当在基金招募说明书等发售文件中披露以下信息:基金申购、赎回安排;拟投资市场、行业及资产的流动性风险评估;巨额赎回情形下的流动性风险管理措施;实施备用的流动性风险管理工具的情形、程序及对投资者的潜在影响等;

(二)基金持续运作过程中,应当在基金年度报告和半年度报告中披露基金组合资产情况及其流动性风险分析等;在发生涉及基金申购、赎回事项调整或潜在影响投资者赎回等重大事项时,及时发布临时公告。

第二十七条 基金运作期间,如报告期内出现单一投资者持有基金份额达到或超过基金总份额20%的情形,为保障其他投资者的权益,基金管理人至少应当在基金定期报告“影响投资者决策的其他重要信息”项下披露该投资者的类别、报告期末持有份额及占比、报告期内持有份额变化情况及产品的特有风险,中国证监会认定的特殊情形除外。

第八章　货币市场基金特别规定

第二十八条　基金管理人新设货币市场基金，拟允许单一投资者持有基金份额比例超过基金总份额50%情形的，除应当符合本规定第十四条要求外，还应当至少符合以下情形之一：

（一）不得采用摊余成本法对基金持有的组合资产进行会计核算；

（二）80%以上的基金资产需投资于现金、国债、中央银行票据、政策性金融债券以及5个交易日内到期的其他金融工具。

第二十九条　基金管理人应当对所管理的采用摊余成本法进行核算的货币市场基金实施规模控制。同一基金管理人所管理采用摊余成本法进行核算的货币市场基金的月末资产净值合计不得超过该基金管理人风险准备金月末余额的200倍。

中国证监会可结合基金管理人对货币市场基金的合规运作情况、风险管理水平与申购赎回机制安排等，适时调整前述倍数，实施差别化监措施。

第三十条　基金管理人应当对所管理的货币市场基金的份额持有人集中度实施严格的监控与管理，根据份额持有人集中度情况对货币市场基金的投资组合实施调整，并遵守以下要求：

（一）当货币市场基金前10名份额持有人的持有份额合计超过基金总份额的50%时，货币市场基金投资组合的平均剩余期限不得超过60天，平均剩余存续期不得超过120天；投资组合中现金、国债、中央银行票据、政策性金融债券以及5个交易日内到期的其他金融工具占基金资产净值的比例合计不得低于30%。

（二）当货币市场基金前10名份额持有人的持有份额合计超过基金总份额的20%时，货币市场基金投资组合的平均剩余期限不得超过90天，平均剩余存续期不得超过180天；投资组合中现金、国债、中央银行票据、政策性金融债券以及5个交易日内到期的其他金融工具占基金资产净值的比例合计不得低于20%。

基金管理人应当在每个交易日10:00前将货币市场基金前一交易日前10名基金份额持有人合计持有比例等信息报送基金托管人，基金托管人依法履行投资监督职责。

第三十一条　对前10名份额持有人的持有份额合计超过基金总份额50%的货币市场基金，当投资组合中现金、国债、中央银行票据、政策性金融债券以及5个交易日内到期的其他金融工具占基金资产净值的比例合计低于10%且偏离度为负时,应当参照《货币市场基金监督管理办法》第十七条的要求,对当日单个基金份额持有人超过基金总份额1%以上的赎回申请征收1%的强制赎回费用。

第三十二条 单只货币市场基金主动投资于流动性受限资产的市值合计不得超过该基金资产净值的10%。被动超过比例限制的,比照本规定第十六条第二款执行。

第三十三条 货币市场基金投资于主体信用评级低于AAA的机构发行的金融工具占基金资产净值的比例合计不得超过10%,其中单一机构发行的金融工具占基金资产净值的比例合计不得超过2%。

前述金融工具包括债券、非金融企业债务融资工具、银行存款、同业存单、相关机构作为原始权益人的资产支持证券及中国证监会认定的其他品种。

货币市场基金拟投资于主体信用评级低于AA+的商业银行的银行存款与同业存单的,应当经基金管理人董事会审议批准,相关交易应当事先征得基金托管人的同意,并作为重大事项履行信息披露程序。

第三十四条 同一基金管理人管理的全部货币市场基金投资同一商业银行的银行存款及其发行的同业存单与债券,不得超过该商业银行最近一个季度末净资产的10%。

第三十五条 因基金份额持有人赎回等基金管理人之外的因素导致货币市场基金投资不符合本规定第三十条、第三十三条及第三十四条要求的,基金管理人应当在10个交易日内进行调整,但中国证监会规定的特殊情形除外。

第三十六条 货币市场基金应当在年度报告、半年度报告中,至少披露报告期末基金前10名份额持有人的类别、持有份额及占总份额的比例等信息。

第三十七条 对于被认定为具有系统重要性的货币市场基金,由中国证监会会同中国人民银行另行制定专门的监管规则。

第九章 监督管理

第三十八条 基金管理人违反本规定的,中国证监会可根据《公开募集证券投资基金运作管理办法》《货币市场基金监督管理办法》等规定,采取责令改正、监管谈话、出具警示函,整改期间暂停受理及审查基金产品募集申请或者其他业务申请等行政监管措施，计入诚信档案；对直接负责的主管人员和其他直接责任人员，可以采取监管谈话、出具警示函、认定为不适当人选等行政监管措施，计入诚信档案。依法应予行政处罚的，依照有关规定进行行政处罚；涉嫌犯罪的，依法移送司法机关，追究刑事责任。

第三十九条 基金管理人在管理开放式基金过程中，由于流动性风险管理不善而发生重大风险事件或者存在重大违法违规行为的，中国证监会可以责令基金管理人提高风险准备金的计提比例或者一次性补足一定金额的风险准备金；情节严重的，可以根据《证券投资基金法》有关规定，对基金管理人采取责令停业整顿、指定其他机构托管、接、取消基金管理资格或者撤销等监管措施。

第十章 附　　则

第四十条 本规定相关释义如下：

（一）第十六条所述流动性受限资产，是指由于法律法规、监、合同或操作障碍等原因无法以合理价格予以变现的资产，包括但不限于到期日在10个交易日以上的逆回购与银行定期存款（含协议约定有条件提前支取的银行存款）、停牌股票、流通受限的新股及非公开发行股票、资产支持证券、因发行人债务违约无法进行转让或交易的债券等；第三十二条所述流动性受限资产，是指货币市场基金依法可投资的符合前述条件的资产，但中国证监会认可的特殊情形除外。

（二）第二十条所述7个工作日可变现资产，具体包括可在交易所、银行间市场正常交易的股票、债券、非金融企业债务融资工具及同业存单，7个工作日内到期或可支取的逆回购、银行存款，7个工作日内能够确认收到的各类应收款项等。

（三）第二十五条所述摆动定价机制，是指当开放式基金遭遇大额申购赎回时，通过调整基金份额净值的方式，将基金调整投资组合的市场冲击成本分配给实际申购、赎回的投资者，从而减少对存量基金份额持有人利益的不利影响，确保投资者的合法权益不受损害并得到公平对待。

（四）基金管理人使用固有资金、公司高级管理人员及基金经理等人员出资认购的基金份额超过基金总份额50%的，不受本规定第十四条、第十九条的限制。

（五）采用摊余成本法进行会计核算的单笔认申购基金份额采用固

定期限锁定持有的理财债券基金,适用本规定第二十九条的要求。

(六)基金管理人依据本规定第三十条对所管理的货币市场基金前10名份额持有人的持有份额占比进行测算时,可不将其固有资金投资的基金份额纳入测算范围。

第四十一条 本规定自2017年10月1日起施行。

基金管理人新发起设立的开放式基金应当符合本规定的要求。本规定施行前存续的开放式基金,按以下要求执行:

(一)不符合本规定第十五条、第三十条、第三十三条和第三十四条的,基金管理人应当自本规定施行之日起6个月内予以调整。

对于被认定为具有系统重要性的货币市场基金的投资调整期限,由中国证监会另行设定。

(二)自本规定施行之日起,基金管理人的风险准备金不符合本规定第二十九条的,不得发起设立新的采用摊余成本法进行核算的货币市场基金与单笔认申购基金份额采用固定期限锁定持有的理财债券基金,并自下个月起将风险准备金的计提比例提高至20%以上。

(三)存续基金拟变更为本规定第十四条或第二十八条约定基金品种的,应当依法履行更新注册等程序。

本规定施行前,单一投资者持有开放式基金份额已达到或超过基金总份额50%的,基金管理人后续不得再接受该单一投资者的申购申请,中国证监会认定的特殊情形除外。

(四)对已经成立或已获核准但尚未完成募集的开放式基金,原基金合同内容不符合本规定的,应当在本规定施行之日起6个月内,修改基金合同并公告。因上述原因导致募集期间的基金合同发生变更的,已经缴纳认购款的投资者可以依法申请退回。

中国证券监督管理委员会关于证券投资基金估值业务的指导意见

（2017年9月5日　证监会公告〔2017〕13号）

为规范证券投资基金（以下简称基金）及时、准确地进行份额净值计量，更好地保护基金份额持有人的合法权益，现就基金估值业务和份额净值计价有关事项制定本指导意见：

一、估值业务基本要求

（一）为准确、及时进行基金估值和份额净值计价，基金管理人应制定基金估值和份额净值计价的业务管理制度，明确基金估值的程序和技术；建立估值委员会，健全估值决策体系；使用可靠的估值业务系统；确保估值人员熟悉各类投资品种的估值原则及具体估值程序；完善相关风险监测、控制和报告机制。

（二）基金管理人对投资品种进行估值时应保持估值程序和技术的一致性。同一基金管理人对管理的不同基金持有的具有相同特征的同一投资品种的估值原则、程序及技术应当一致（中国证监会规定的特殊品种除外）。

为确保估值程序和技术的持续适用性，基金管理人应建立定期复核和审阅机制，以确保相关估值程序和技术不存在重大缺陷。

（三）基金管理人应充分理解相关估值原则及技术，与托管人充分协商，谨慎确定公允价值。托管人在复核、审查基金资产净值和基金份额申购、赎回价格之前，应认真审阅基金管理人采用的估值原则及技术。当对估值原则及技术有异议时，托管人有义务要求基金管理人作出合理解释，通过积极商讨达成一致意见。

（四）基金管理人应履行与基金估值相关的披露义务，应当在半年度和年度报告中披露估值程序、估值技术及重大变化、假设、输入值、对基金资产净值及当期损益的影响等对基金估值有重大影响的信息。

当基金管理人改变估值技术时，应本着最大限度保护基金份额持有人利益的原则及时进行临时公告。

（五）基金管理人改变估值技术，导致基金资产净值的变化在0.25%以上的，应就基金管理人所采用的相关估值技术、假设及输入值的适当性等咨询会计师事务所的专业意见。

会计师事务所在对基金年度财务报告出具审计报告时，应对报告期间基金的估值技术及其重大变化，特别是对估值的适当性，采用外部信息进行估值的客观性和可靠性程度，以及相关披露的充分性和及时性等发表意见。

（六）货币市场基金应按本通知的有关估值原则确定投资品种的影子价格。

二、估值的基本原则

基金管理人在确定相关金融资产和金融负债的公允价值时，应根据《企业会计准则》的规定采用在当前情况下适用并且有足够可利用数据和其他信息支持的估值技术。

（一）对存在活跃市场且能够获取相同资产或负债报价的投资品种，在估值日有报价的，除会计准则规定的例外情况外，应将该报价不加调整地应用于该资产或负债的公允价值计量。估值日无报价且最近交易日后未发生影响公允价值计量的重大事件的，应采用最近交易日的报价确定公允价值。有充足证据表明估值日或最近交易日的报价不能真实反映公允价值的，应对报价进行调整，确定公允价值。

与上述投资品种相同，但具有不同特征的，应以相同资产或负债的公允价值为基础，并在估值技术中考虑不同特征因素的影响。特征是指对资产出售或使用的限制等，如果该限制是针对资产持有者的，那么在估值技术中不应将该限制作为特征考虑。此外，基金管理人不应考虑因其大量持有相关资产或负债所产生的溢价或折价。

（二）对不存在活跃市场的投资品种，应采用在当前情况下适用并且有足够可利用数据和其他信息支持的估值技术确定公允价值。采用估值技术确定公允价值时，应优先使用可观察输入值，只有在无法取得相关资产或负债可观察输入值或取得不切实可行的情况下，才可以使用不可观察输入值。

（三）如经济环境发生重大变化或证券发行人发生影响证券价格的重大事件，使潜在估值调整对前一估值日的基金资产净值的影响在0.25%以上的，应对估值进行调整并确定公允价值。

三、估值工作机制

为提高估值的合理性和可靠性，中国证券投资基金业协会可建立基金估值工作机制,在充分征求行业意见,履行向我会报备程序后,可对没有活跃市场或在活跃市场不存在相同特征的资产或负债报价的投资品种提出估值指引。中国证券投资基金业协会应对其出台的估值指引进行定期评估和修订。

基金管理人和托管人在进行基金估值、计算基金资产净值及相关复核工作时,可参考行业协会的估值指引,但不能免除相关责任。如果基金管理人选择服务机构进行估值,也不能免除管理人相关责任。

四、计价错误的处理及责任承担

(一)基金管理人应制定估值及资产净值计价错误的识别及应急方案。当估值或资产净值计价错误实际发生时,基金管理人应立即纠正,及时采取合理措施防止损失进一步扩大。当错误达到或超过基金资产净值的0.25%时,基金管理人应及时报告我会。

(二)基金管理人和托管人在进行基金估值、计算或复核基金资产净值的过程中,未能遵循相关法律法规规定或基金合同约定,给基金财产或基金份额持有人造成损害的,应分别对各自行为依法承担赔偿责任;因共同行为给基金财产或基金份额持有人造成损害的,应承担连带赔偿责任。

五、附则

公开募集基金执行估值核算时应遵守本指导意见。基金管理公司及其子公司管理的特定客户资产管理计划、证券公司及其子公司管理的资产管理计划、期货公司及其子公司管理的资产管理计划以及经中国证券投资基金业协会登记的私募基金管理人管理的私募投资基金可根据合同约定,参照执行。

证券、期货等行业协会根据行业需求建立估值工作机制的,应参照本指导意见的估值原则。各协会之间应就估值工作加强沟通,对具有相同特征的同一投资品种的估值指引应保持一致。

信息披露规范类

内容与格式准则类

公开发行证券的公司信息披露内容与格式准则第26号——上市公司重大资产重组（2017年修订）

（2017年9月21日　证监会公告〔2017〕14号）

第一章　总　　则

第 一 条　为规范上市公司重大资产重组的信息披露行为，根据《证券法》、《上市公司重大资产重组管理办法》（证监会令第127号，以下简称《重组办法》）及其他相关法律、行政法规及部门规章的规定，制定本准则。

第 二 条　上市公司进行《重组办法》规定的资产交易行为（以下简称重大资产重组），应当按照本准则编制重大资产重组报告书（以下简称重组报告书）等信息披露文件，并按《重组办法》等相关规定予以披露。

上市公司进行需向中国证券监督管理委员会（以下简称中国证监会）申请行政许可的资产交易行为，还应当按照本准则的要求制作和报送申请文件。上市公司未按照本准则的要求制作、报送申请文件的，中国证监会可不予受理或者要求其重新制作、报送。

第 三 条　本准则的规定是对上市公司重大资产重组信息披露或申请文件的最低要求。不论本准则是否有明确规定，凡对上市公司股票及其衍生品交易价格可能产生较大影响或对投资者做出投资决策有重大影响的信息，均应披露或提供。

本准则某些具体要求对当次重大资产重组确实不适用的，上市公司可根据实际情况，在不影响内容完整性的前提下予以适当调整，但应当在披露或申请时作出说明。

中国证监会、证券交易所可以根据监管实际需要，要求上市公司补充披露其他有关信息或提供其他有关文件。

第 四 条 由于涉及国家机密、商业秘密（如核心技术的保密资料、商业合同的具体内容等）等特殊原因，本准则规定的某些信息或文件确实不便披露或提供的，上市公司可以不予披露或提供，但应当在相关章节中详细说明未按本准则要求进行披露或提供的原因。中国证监会认为需要披露或提供的，上市公司应当披露或提供。

第 五 条 重大资产重组有关各方应当及时、公平地披露或提供信息，披露或提供的所有信息应当真实、准确、完整，所描述的事实应当有充分、客观、公正的依据，所引用的数据应当注明资料来源，不得有虚假记载、误导性陈述或者重大遗漏。

上市公司全体董事、监事、高级管理人员及相关证券服务机构及其人员应当按要求在所披露或提供的有关文件上发表声明，确保披露或提供文件的真实性、准确性和完整性。

交易对方应当按要求在所披露或申请的有关文件上发表声明，确保为本次重组所提供的信息的真实性、准确性和完整性。

第 六 条 重大资产重组信息披露文件应当便于投资者阅读，在充分披露的基础上做到逻辑清晰、简明扼要，具有可读性和可理解性。

重大资产重组信息披露文件和申请文件（如涉及）应当作为备查文件，供投资者查阅。

第二章 重组预案

第 七 条 上市公司编制的重组预案应当至少包括以下内容：

（一）重大事项提示、重大风险提示。

（二）本次交易的背景和目的。

（三）本次交易的方案概况。方案介绍中应当披露本次交易是否构成《重组办法》第十三条规定的交易情形（以下简称重组上市）及其判断依据。

（四）上市公司基本情况，包括公司设立情况及曾用名称，最近六十个月的控制权变动情况，最近三年的主营业务发展情况和主要财务指标

(包括总资产、净资产、营业收入、利润总额、净利润、经营活动产生的现金流量净额、资产负债率、毛利率、每股收益等,下同),以及控股股东、实际控制人概况。

(五)交易对方基本情况。交易对方为法人的,应当披露其名称、注册地、法定代表人,与其控股股东、实际控制人之间的产权控制关系结构图,最近三年主要业务发展状况和最近两年主要财务指标,按产业类别划分的下属企业名目等;交易对方为自然人的,应当按照本准则第十五条第(二)项的相关要求披露;交易对方为其他主体的,应当披露其名称、性质及相关协议安排,如为合伙企业,还应当比照第十五条第(一)项相关要求,披露合伙企业及其相关的产权及控制关系、主要合伙人及其他关联人、下属企业名目等情况。

(六)交易标的基本情况,包括报告期(本准则所述报告期指最近两年及一期,如属于重组上市的情形,报告期指最近三年及一期)主要财务指标、主营业务、评估或估值的情况及拟定价等;相关证券服务机构未完成审计、评估或估值、盈利预测审核(如涉及)的,上市公司全体董事应当声明保证相关数据的真实性和合理性,并作出"相关资产经审计的财务数据、评估或估值结果、以及经审核的盈利预测数据(如涉及)将在重大资产重组报告书中予以披露"的特别提示。

上市公司在交易完成后将成为持股型公司的,应当披露作为主要交易标的的企业股权是否为控股权;交易标的为有限责任公司股权的,应当披露是否已取得该公司其他股东的同意或者符合公司章程规定的转让前置条件。

交易标的涉及土地使用权、矿业权等资源类权利的,应当披露是否已取得相应的权属证书、是否已具备相应的开发或开采条件、以及土地出让金、矿业权价款等费用的缴纳情况。

交易标的涉及立项、环保、行业准入、用地、规划、施工建设等有关报批事项的,应当披露是否已取得相应的许可证书或相关主管部门的批复文件。

交易标的未取得许可证书或相关主管部门的批复文件,未披露历史沿革及是否存在出资瑕疵或影响其合法存续的情况等相关信息的(如涉及),上市公司应作出"标的资产××许可证书或相关主管部门的批复文件尚未取得,××事项尚未披露,本次重组存在重大不确定性"的特别提示。

(七)非现金支付方式情况(如涉及)。上市公司发行股份购买资产的，应当披露发行股份的定价及依据、本次发行股份购买资产的董事会决议明确的发行价格调整方案等相关信息。上市公司通过发行优先股、向特定对象发行可转换为股票的公司债券、定向权证等非现金支付方式购买资产的，应当比照前述要求披露相关信息。

交易方案涉及吸收合并的，应当披露换股价格及确定方法、本次吸收合并的董事会决议明确的换股价格调整方案、异议股东权利保护安排、债权人权利保护安排等相关信息。

交易方案涉及募集配套资金的，应当披露募集配套资金的预计金额及占交易总金额的比例、股份发行情况、用途及必要性等相关信息。

（八）本次交易对上市公司的影响，包括但不限于主营业务、盈利能力、关联交易、同业竞争和股权结构的预计变化情况。

（九）本次交易行为涉及有关报批事项的，应当详细说明已向有关主管部门报批的进展情况和尚需呈报批准的程序，并对可能无法获得批准的风险作出特别提示。

（十）本次交易存在其他重大不确定性因素的，应当对相关风险作出充分说明和特别提示。

（十一）上市公司的控股股东及其一致行动人对本次重组的原则性意见，及控股股东及其一致行动人、董事、监事、高级管理人员自本次重组复牌之日起至实施完毕期间的股份减持计划。上市公司披露为无控股股东的，应当比照前述要求，披露第一大股东及持股5%以上股东的意见及减持计划。

（十二）保护投资者合法权益的相关安排。

（十三）本次交易涉及的相关主体买卖上市公司股票的自查情况。

（十四）相关证券服务机构对重组预案已披露内容发表的核查意见。

第三章　重组报告书

第一节　封面、目录、释义

第 八 条　上市公司应当在重组报告书全文文本封面列明重组报告书的标题。重组报告书标题应明确具体交易形式，包括但不限于：××股份有限公司重大资产购买报告书、××股份有限公司重大资产出售报告书、××股份有限公司重大资产置换报告书、××股份有限公司发行股份购买资产报告书或××股份有限公司吸收合并××公司报告书。

资产重组采取两种以上交易形式组合的，应当在标题中列明，如“×

×股份有限公司重大资产置换及发行股份购买资产报告书”;发行股份购买资产同时募集配套资金的,应当在标题中标明“并募集配套资金”,如“××股份有限公司发行股份购买资产并募集配套资金报告书”;资产重组构成关联交易的,还应当在标题中标明“暨关联交易”的字样,如“××股份有限公司重大资产购买暨关联交易报告书”。

同时,封面中应当载明以下内容:

(1)上市公司的名称、股票上市地点、股票简称、股票代码;

(2)交易对方的名称或姓名;

(3)独立财务顾问名称;

(4)重组报告书签署日期。

第九条 重组报告书的目录应当标明各章、节的标题及相应的页码,内容编排应当符合通行的中文惯例。

第十条 上市公司应当在重组报告书中对可能造成投资者理解障碍及有特定含义的术语作出释义,释义应当在目录次页排印。

第二节 重大事项提示

第十一条 上市公司应当在重组报告书扉页中,遵循重要性和相关性原则,以简明扼要的方式,就与本次重组有关的重大事项,进行“重大事项提示”。包括但不限于:

(一)本次重组方案简要介绍。

(二)按《重组办法》规定计算的相关指标、本次重组是否构成关联交易(如构成关联交易,应披露构成关联交易的原因、涉及董事和股东的回避表决安排)、是否构成重组上市及判断依据。

(三)如披露本次交易不构成重组上市,但交易完成后,持有上市公司5%以上股份的股东或者实际控制人持股情况或者控制公司的情况以及上市公司的业务构成都将发生较大变化,应当披露未来六十个月上市公司是否存在维持或变更控制权、调整主营业务的相关安排、承诺、协议等,如存在,应当详细披露主要内容。

(四)本次重组支付方式、募集配套资金安排简要介绍(如涉及)。

(五)交易标的评估或估值情况简要介绍。

(六)本次重组对上市公司影响的简要介绍,列表披露本次重组对上市公司股权结构的影响及对上市公司主要财务指标的影响。

(七)本次重组已履行的和尚未履行的决策程序及报批程序,本次重组方案实施前尚需取得的有关批准。涉及并联审批的,应当明确取得批准前不得实施本次重组方案。

（八）列表披露本次重组相关方作出的重要承诺。

（九）上市公司的控股股东及其一致行动人对本次重组的原则性意见，及控股股东及其一致行动人、董事、监事、高级管理人员自本次重组复牌之日起至实施完毕期间的股份减持计划。上市公司披露为无控股股东的，应当比照前述要求，披露第一大股东及持股5%以上股东的意见及减持计划。

（十）本次重组对中小投资者权益保护的安排，包括但不限于股东大会表决情况、网络投票安排、并购重组摊薄当期每股收益的填补回报安排等。

（十一）其他需要提醒投资者重点关注的事项。

第三节　重大风险提示

第十二条　上市公司应当在重组报告书扉页中针对本次重组的实际情况，遵循重要性和相关性原则，在第十三节“风险因素”基础上，选择若干可能直接或间接对本次重组及重组后上市公司生产经营状况、财务状况和持续盈利能力等产生严重不利影响的风险因素，进行“重大风险提示”。

第四节　本次交易概况

第十三条　介绍本次重组的交易概况，包括但不限于：

（一）交易背景及目的；

（二）本次交易决策过程和批准情况；

（三）本次交易具体方案；

（四）本次重组对上市公司的影响。

第五节　交 易 各 方

第十四条　上市公司基本情况，包括公司设立情况及曾用名称，最近六十个月的控制权变动情况，最近三年的重大资产重组情况、主营业务发展情况和主要财务指标，以及控股股东、实际控制人概况。

上市公司是否因涉嫌犯罪被司法机关立案侦查或者涉嫌违法违规被中国证监会立案调查，最近三年是否受到行政处罚或者刑事处罚，如存在，应当披露相关情况，并说明对本次重组的影响。构成重组上市的，还应当说明上市公司及其最近三年内的控股股东、实际控制人是否存在因涉嫌犯罪正被司法机关立案侦查或涉嫌违法违规被中国证监会立案调查的情形，如存在，涉嫌犯罪或违法违规的行为终止是否已满三年，交易方案是否能够消除该行为可能造成的不良后果，是否影响对相关行为人追究责任。上市公司及其控股股东、实际控制人最近十二个月内是否受到证券交易所公开谴责，是否存在其他重大失信行为。

第十五条 交易对方情况：

（一）交易对方为法人的，应当披露其名称、企业性质、注册地、主要办公地点、法定代表人、注册资本、统一社会信用代码、历史沿革、经营范围，最近三年注册资本变化情况、主要业务发展状况和最近两年主要财务指标，最近一年简要财务报表并注明是否已经审计。

以方框图或者其他有效形式，全面披露交易对方相关的产权及控制关系，包括交易对方的主要股东或权益持有人、股权或权益的间接控制人及各层之间的产权关系结构图，直至自然人、国有资产管理部门或者股东之间达成某种协议或安排的其他机构；以文字简要介绍交易对方的主要股东及其他关联人的基本情况；列示交易对方按产业类别划分的下属企业名目。

交易对方成立不足一个完整会计年度、没有具体经营业务或者是专为本次交易而设立的，则应当按照上述要求披露交易对方的实际控制人或者控股公司的相关资料。

（二）交易对方为自然人的，应当披露其姓名（包括曾用名）、性别、国籍、身份证号码、住所、通讯地址、是否取得其他国家或者地区的居留权、最近三年的职业和职务，并注明每份职业的起止日期和任职单位，是否与任职单位存在产权关系，以及其控制的企业和关联企业的基本情况。

（三）交易对方为其他主体的，应当披露其名称、性质及相关协议安排，并比照本条第（一）项相关要求，披露该主体的基本情况及其相关产权及控制关系，以及该主体下属企业名目等情况。如为合伙企业，应当穿透披露至最终出资人，同时还应披露合伙人、最终出资人与参与本次交易的其他有关主体的关联关系（如有）；交易完成后合伙企业成为上市公司第一大股东或持股5%以上股东的，还应当披露最终出资人的资金来源，合伙企业利润分配、亏损负担及合伙事务执行（含表决权行使）的有关协议安排，本次交易停牌前六个月内及停牌期间合伙人入伙、退伙、转让财产份额、有限合伙人与普通合伙人转变身份的情况及未来存续期间内的类似变动安排（如有）。如为契约型私募基金、券商资产管理计划、基金专户及基金子公司产品、信托计划、理财产品、保险资管计划、专为本次交易设立的公司等,应当比照对合伙企业的上述要求进行披露。

(四)交易对方为多个主体的,应当披露交易对方之间是否存在关联关系及其情况说明。

(五)交易对方与上市公司之间是否存在关联关系及其情况说明,交易对方向上市公司推荐董事或者高级管理人员的情况。

(六)交易对方及其主要管理人员最近五年内受过行政处罚(与证券市场明显无关的除外)、刑事处罚、或者涉及与经济纠纷有关的重大民事诉讼或者仲裁的,应当披露处罚机关或者受理机构的名称、处罚种类、诉讼或者仲裁结果,以及日期、原因和执行情况。

(七)交易对方及其主要管理人员最近五年的诚信情况,包括但不限于:交易对方及其主要管理人员未按期偿还大额债务、未履行承诺、被中国证监会采取行政监管措施或受到证券交易所纪律处分的情况等。

第六节 交易标的

第十六条 交易标的为完整经营性资产的(包括股权或其他构成可独立核算会计主体的经营性资产),应当披露:

(一)该经营性资产的名称、企业性质、注册地、主要办公地点、法定代表人、注册资本、成立日期、统一社会信用代码。

(二)该经营性资产的历史沿革,包括设立情况、历次增减资或股权转让情况、是否存在出资瑕疵或影响其合法存续的情况。

该经营性资产最近三年增减资及股权转让的原因、作价依据及其合理性,股权变动相关方的关联关系,是否履行必要的审议和批准程序,是否符合相关法律法规及公司章程的规定,是否存在违反限制或禁止性规定而转让的情形。

(三)该经营性资产的产权或控制关系,包括其主要股东或权益持有人及持有股权或权益的比例、公司章程中可能对本次交易产生影响的主要内容或相关投资协议、高级管理人员的安排、是否存在影响该资产独立性的协议或其他安排(如让渡经营管理权、收益权等)。

(四)该经营性资产及其对应的主要资产的权属状况、对外担保情况及主要负债、或有负债情况,说明产权是否清晰,是否存在抵押、质押等权利限制,是否涉及诉讼、仲裁、司法强制执行等重大争议或者存在妨碍权属转移的其他情况。

该经营性资产是否因涉嫌犯罪被司法机关立案侦查或者涉嫌违法违规被中国证监会立案调查,是否受到行政处罚或者刑事处罚,如存在,应当披露相关情况,并说明对本次重组的影响。

(五)最近三年主营业务发展情况。如果该经营性资产的主营业务和产品(或服务)分属不同行业,则应按不同行业分别披露相关信息。

(六)报告期经审计的财务指标。除主要财务指标外,还应包括扣除非经常性损益的净利润,同时说明报告期非经常性损益的构成及原因,扣除非经常性损益后净利润的稳定性,非经常性损益(如财政补贴)是否具备持续性。

(七)交易标的为企业股权的,应当披露该企业是否存在出资瑕疵或影响其合法存续的情况;上市公司在交易完成后将成为持股型公司的,应当披露作为主要交易标的的企业股权是否为控股权;交易标的为有限责任公司股权的,应当披露是否已取得该公司其他股东的同意或者符合公司章程规定的股权转让前置条件。

(八)该经营性资产的权益最近三年曾进行与交易、增资或改制相关的评估或估值的,应当披露相关评估或估值的方法、评估或估值结果及其与账面值的增减情况,交易价格、交易对方和增资改制的情况,并列表说明该经营性资产最近三年评估或估值情况与本次重组评估或估值情况的差异原因。

(九)该经营性资产的下属企业构成该经营性资产最近一期经审计的资产总额、营业收入、净资产额或净利润来源20%以上且有重大影响的,应参照上述要求披露该下属企业的相关信息。

第十七条 交易标的不构成完整经营性资产的,应当披露:

(一)相关资产的名称、类别;

(二)相关资产的权属状况,包括产权是否清晰,是否存在抵押、质押等权利限制,是否涉及诉讼、仲裁、司法强制执行等重大争议或者存在妨碍权属转移的其他情况;

(三)相关资产最近三年的运营情况和报告期经审计的财务数据,包括但不限于资产总额、资产净额、可准确核算的收入或费用额;

(四)相关资产在最近三年曾进行评估、估值或者交易的,应当披露评估或估值结果、交易价格、交易对方等情况,并列表说明相关资产最近三年评估或估值情况与本次重组评估或估值情况的差异原因。

第十八条 交易标的涉及土地使用权、矿业权等资源类权利的,应当披露是否已取得相应的权属证书、是否已具备相应的开发或开采条件、以及土地出让金、矿业权价款等费用的缴纳情况。

交易标的涉及立项、环保、行业准入、用地、规划、施工建设等有关报批事项的，应当披露是否已取得相应的许可证书或相关主管部门的批复文件。

交易标的未取得许可证书或相关主管部门的批复文件的（如涉及），上市公司应作出“标的资产××许可证书或相关主管部门的批复文件尚未取得，本次重组存在重大不确定性”的特别提示。

第十九条 交易标的涉及许可他人使用自己所有的资产，或者作为被许可方使用他人资产的，应当简要披露许可合同的主要内容，包括许可人、被许可人、许可使用的具体资产内容、许可方式、许可年限、许可使用费等，以及合同履行情况；充分说明本次重组对上述许可合同效力的影响，该等资产对交易标的持续经营的影响，并就许可的范围、使用的稳定性、协议安排的合理性等进行说明。

第二十条 资产交易涉及债权债务转移的，应当披露该等债权债务的基本情况、已取得债权人书面同意的情况，说明未获得同意部分的债务金额、债务形成原因、到期日，并对该部分债务的处理做出妥善安排，说明交易完成后上市公司是否存在偿债风险和其他或有风险及应对措施。

第二十一条 资产交易涉及重大资产购买的，上市公司应当根据重要性原则，结合行业特点，披露拟购买资产主营业务的具体情况，包括：

（一）主要产品（或服务）所处行业的主管部门、监管体制、主要法律法规及政策等。

（二）主要产品（或服务）的用途及报告期的变化情况。如从事多种产品（或服务）生产经营的，产品（或服务）分类的口径应当前后一致。如产品（或服务）分属不同行业，则应按不同行业分别披露相关信息。

（三）主要产品的工艺流程图或主要服务的流程图。

（四）主要经营模式（通常包括采购模式、生产模式、销售模式）、盈利模式和结算模式。

（五）列表披露报告期各期主要产品（或服务）的产能、产量、期初及期末库存、销量、销售收入，产品（或服务）的主要消费群体、销售价格的变动情况；报告期各期向前五名客户合计的销售额占当期销售总额的百分比，向单个客户的销售比例超过总额的50%或严重依赖于少数客户的，应当披露其名称及销售比例。如该客户为交易对方及其关联方，则应当披露产品最终实现销售的情况。受同一实际控制人控制的销售客户，应当合并计算销售额。

（六）报告期主要产品的原材料和能源及其供应情况，主要原材料和能源的价格变动趋势、主要原材料和能源占成本的比重；报告期各期向前五名供应商合计的采购额占当期采购总额的百分比，向单个供应商的采购比例超过总额的50%或严重依赖于少数供应商的，应当披露其名称及采购比例。受同一实际控制人控制的供应商，应当合并计算采购额。

（七）报告期董事、监事、高级管理人员和核心技术人员，其他主要关联方或持有拟购买资产5%以上股份的股东在前五名供应商或客户中所占的权益。如无，亦应明确说明。

（八）如在境外进行生产经营，应当对有关业务活动进行地域性分析；如在境外拥有资产，应当详细披露该资产的资产规模、所在地、经营管理和盈利情况等具体内容。

（九）存在高危险、重污染情况的，应当披露安全生产和污染治理制度及执行情况、因安全生产及环境保护原因受到处罚的情况、最近三年相关费用成本支出及未来支出的情况，说明是否符合国家关于安全生产和环境保护的要求。

（十）主要产品和服务的质量控制情况，包括质量控制标准、质量控制措施、出现的质量纠纷等。

（十一）主要产品生产技术所处的阶段，如处于基础研究、试生产、小批量生产或大批量生产阶段。

（十二）报告期核心技术人员特点分析及变动情况。

第二十二条 资产交易涉及重大资产购买的，上市公司还应当列表披露与拟购买资产业务相关的主要固定资产、无形资产及特许经营权的具体情况，包括：

（一）生产经营所使用的主要生产设备、房屋建筑物及其取得和使用情况、成新率或尚可使用年限；

（二）商标、专利、非专利技术、土地使用权、水面养殖权、探矿权、采矿权等主要无形资产的数量、取得方式和时间、使用情况、使用期限或保护期、最近一期期末账面价值，以及上述资产对拟购买资产生产经营的重要程度；

（三）拥有的特许经营权的情况，主要包括特许经营权的取得情况，特许经营权的期限、费用标准，以及对拟购买资产持续生产经营的影响。

第二十三条 资产交易涉及重大资产购买的，还应当披露拟购买资产报告期的会计政策及相关会计处理：

（一）收入成本的确认原则和计量方法；

（二）比较分析会计政策和会计估计与同行业或同类资产之间的差异及对拟购买资产利润的影响；

（三）财务报表编制基础，确定合并报表时的重大判断和假设，合并财务报表范围、变化情况及变化原因；

（四）报告期存在资产转移剥离调整的，还应披露资产转移剥离调整的原则、方法和具体剥离情况，及对拟购买资产利润产生的影响；

（五）拟购买资产的重大会计政策或会计估计与上市公司存在较大差异的，报告期发生变更的或者按规定将要进行变更的，应当分析重大会计政策或会计估计的差异或变更对拟购买资产利润产生的影响；

（六）行业特殊的会计处理政策。

第七节　交易标的评估或估值

第二十四条　重大资产重组中相关资产以资产评估结果或估值报告结果作为定价依据的，应当至少披露以下信息：

（一）评估或估值的基本情况（包括账面价值、所采用的评估或估值方法、评估或估值结果、增减值幅度，下同），分析评估或估值增减值主要原因、不同评估或估值方法的评估或估值结果的差异及其原因、最终确定评估或估值结论的理由。

（二）对评估或估值结论有重要影响的评估或估值假设，如宏观和外部环境假设及根据交易标的自身状况所采用的特定假设等。

（三）选用的评估或估值方法和重要评估或估值参数以及相关依据。具体如下：

1. 收益法：具体模型、未来预期收益现金流、折现率确定方法、评估或估值测算过程、非经营性和溢余资产的分析与确认等。

2. 市场法：具体模型、价值比率的选取及理由、可比对象或可比案例的选取原则、调整因素和流动性折扣的考虑测算等。

3. 资产基础法：主要资产的评估或估值方法及选择理由、评估或估值结果等，如：房地产企业的存货、矿产资源类企业的矿业权、生产型企业的主要房屋和关键设备等固定资产以及对未来经营存在重大影响的在建工程、科技创新企业的核心技术等无形资产、持股型企业的长期股权投资等。主要资产采用收益法、市场法评估或估值的，应参照上述收益法或市场法的相关要求进行披露。

（四）引用其他评估机构或估值机构报告内容（如矿业权评估报告、土地估价报告等）、特殊类别资产（如珠宝、林权、生物资产等）相关第三方专业鉴定等资料的,应对其相关专业机构、业务资质、签字评估师或鉴定师、评估或估值情况进行必要披露。

(五)存在评估或估值特殊处理、对评估或估值结论有重大影响事项,应当进行说明并分析其对评估或估值结论的影响;存在前述情况或因评估或估值程序受限造成评估报告或估值报告使用受限的,应提请报告使用者关注。

(六)评估或估值基准日至重组报告书签署日的重要变化事项及其对评估或估值结果的影响。

(七)该交易标的的下属企业构成该交易标的的最近一期经审计的资产总额、营业收入、净资产额或净利润来源20%以上且有重大影响的,应参照上述要求披露。交易标的涉及其他长期股权投资的,应当列表披露评估或估值的基本情况。

第二十五条 上市公司董事会应当对本次交易标的的评估或估值的合理性以及定价的公允性做出分析。包括但不限于:

(一)对资产评估机构或估值机构的独立性、假设前提的合理性、评估或估值方法与目的的相关性发表意见。

(二)结合报告期及未来财务预测的相关情况(包括各产品产销量、销售价格、毛利率、净利润等)、所处行业地位、行业发展趋势、行业竞争及经营情况等,详细说明评估或估值依据的合理性。如果未来预测与报告期财务情况差异较大的,应当分析说明差异的原因及其合理性。

(三)分析交易标的后续经营过程中政策、宏观环境、技术、行业、重大合作协议、经营许可、技术许可、税收优惠等方面的变化趋势、董事会拟采取的应对措施及其对评估或估值的影响。

(四)结合交易标的的经营模式,分析报告期变动频繁且影响较大的指标(如成本、价格、销量、毛利率等方面)对评估或估值的影响,并进行敏感性分析。

(五)分析说明交易标的与上市公司现有业务是否存在显著可量化的协同效应;如有,说明对未来上市公司业绩的影响;交易定价中是否考虑了上述协同效应。

(六)结合交易标的的市场可比交易价格、同行业上市公司的市盈率或者市净率等指标,分析交易定价的公允性。

(七)说明评估或估值基准日至重组报告书披露日交易标的发生的重要变化事项,分析其对交易作价的影响。

(八)如交易定价与评估或估值结果存在较大差异,分析说明差异的原因及其合理性。

第二十六条 上市公司独立董事对评估机构或者估值机构的独立性、评估或者估值假设前提的合理性和交易定价的公允性发表的独立意见。

第八节 本次交易主要合同

第二十七条 上市公司应当披露本次交易合同的主要内容,包括但不限于:

(一)资产出售或购买协议:

1. 合同主体、签订时间;

2. 交易价格及定价依据;

3. 支付方式(一次或分次支付的安排或特别条款、股份发行条款等);

4. 资产交付或过户的时间安排;

5. 交易标的自定价基准日至交割日期间损益的归属;

6. 与资产相关的人员安排;

7. 合同的生效条件和生效时间;

8. 合同附带的任何形式的保留条款、补充协议和前置条件;

9. 违约责任条款。

(二)业绩补偿协议(如有)。

(三)募集配套资金股份认购协议(如有)。

(四)其他重要协议。

第九节 交易的合规性分析

第二十八条 上市公司应当对照《重组办法》第十一条,逐项说明本次交易是否符合《重组办法》的规定。

第二十九条 独立财务顾问和律师对本次交易是否符合《重组办法》的规定发表的明确意见。

其他证券服务机构出具的相关报告的结论性意见。

第十节 管理层讨论与分析

第三十条 上市公司董事会就本次交易对上市公司的影响进行的讨论与分析。该讨论与分析的内容应当着重于董事会已知的、从一般性财务报告分析难以取得且对上市公司未来经营具有影响的重大事项。

第三十一条 本次交易前上市公司财务状况和经营成果的讨论与分析；上市公司主要资产或利润构成在本次交易前一年发生重大变动的，应当详细说明具体变动情况及原因。

第三十二条 结合上市公司情况，对交易标的行业特点和经营情况的讨论与分析：

（一）行业特点：

1. 行业竞争格局和市场化程度，行业内主要企业及其市场份额，市场供求状况及变动原因，行业利润水平的变动趋势及变动原因等；

2. 影响行业发展的有利和不利因素，如产业政策，技术替代，行业发展瓶颈，国际市场冲击等；

3. 进入该行业的主要障碍；

4. 行业技术水平及技术特点，经营模式，周期性，区域性或季节性特征等；

5. 所处行业与上、下游行业之间的关联性，上、下游行业发展状况对该行业及其发展前景的有利和不利影响；

6. 交易标的的出口业务比例较大的，还应当披露产品进口国的有关进口政策、贸易摩擦对出口业务的影响、以及进口国同类产品的竞争格局等情况。

（二）核心竞争力及行业地位：

技术及管理水平、产品（或服务）的市场占有率最近三年的变化情况及未来变化趋势等简要情况。

（三）财务状况分析：

1. 资产、负债的主要构成，分析说明主要资产减值准备提取和商誉减值的确认情况是否与资产实际状况相符；报告期资产结构、负债结构发生重大变化的，还应当分析说明导致变化的主要因素；

2. 报告期流动比率、速动比率、资产负债率、息税折旧摊销前利润及利息保障倍数的变动趋势。交易标的报告期经营活动产生的现金流量净额为负数或者远低于当期净利润的，应当分析原因；

3. 报告期应收账款周转率、存货周转率等反映资产周转能力的财务指标的变动趋势，并结合市场发展、行业竞争状况、生产模式及物流管理、销售模式及赊销政策等情况，分析说明交易标的的资产周转能力；

4. 最近一期末持有金额较大的交易性金融资产、可供出售的金融资产、借与他人款项、委托理财等财务性投资的，应当分析其投资目的、对交易标的资金安排的影响、投资期限、交易标的对投资的监管方案、投资的可回收性及减值准备的计提是否充足。

（四）盈利能力分析：

1. 基于交易标的报告期营业收入的分部数据，结合交易标的具体情况，分别按各产品（或服务）类别及各业务、各地区的收入构成，分析营业收入增减变化的情况及原因；营业收入存在季节性波动的，应当分析季节性因素对各季度经营成果的影响；

2. 结合交易标的所从事主营业务、采用的经营模式及行业竞争情况，分析报告期利润的主要来源、可能影响盈利能力连续性和稳定性的主要因素；

3. 结合利润构成及资产周转能力等说明盈利能力的驱动要素及其可持续性；

4. 按照利润表项目逐项分析报告期经营成果变化的原因，对于变动幅度较大的项目应当重点说明；

5. 列表披露报告期交易标的综合毛利率、分行业毛利率的数据及变动情况；报告期发生重大变化的，还应当用数据说明相关因素对毛利率变动的影响程度；

6. 报告期非经常性损益、投资收益以及少数股东损益对经营成果有重大影响的，应当分析原因及对盈利稳定性的影响。

（五）交易标的报告期财务指标变化较大或报告期财务数据不足以真实、准确、完整反映交易标的经营状况的情况下，应当披露反映标的资产经营状况的其他信息。

第三十三条 就本次交易对上市公司的持续经营能力、未来发展前景、当期每股收益等财务指标和非财务指标的影响进行详细分析：

（一）本次交易对上市公司的持续经营能力影响的分析：

1. 从本次交易完成后的规模效应、产业链整合、运营成本、销售渠道、技术或资产整合等方面，分析本次交易对上市公司盈利能力驱动因素及持续经营能力的影响；

2. 本次交易完成后形成多主业的，结合财务指标分析说明未来各业务构成、经营发展战略和业务管理模式、对上市公司持续经营能力的影响；

3. 结合本次交易完成后将从事的新业务的市场情况、风险因素等，分析说明上市公司未来经营中的优势和劣势；

4. 结合本次交易完成后的资产、负债的主要构成及行业分析说明交易后上市公司资产负债率是否处于合理水平；同时结合上市公司的现金流量状况、可利用的融资渠道及授信额度及或有负债（如担保、诉讼、承诺）等情况，分析说明上市公司的财务安全性。

（二）本次交易对上市公司未来发展前景影响的分析：

1. 结合本次交易在业务、资产、财务、人员、机构等方面的整合计划，分析对上市公司未来发展的影响；

2. 交易当年和未来两年拟执行的发展计划，包括提高竞争能力、市场和业务开拓等方面。

（三）本次交易对上市公司当期每股收益等财务指标和非财务指标影响的分析：

1. 分析本次交易对上市公司主要财务指标及反映上市公司未来持续经营能力的其他重要非财务指标（如每股储量、每股产能或每股用户数等）的影响；如预计交易后将摊薄上市公司当年每股收益的，根据《重组办法》第三十五条披露填补每股收益的具体措施；

2. 预计本次交易对上市公司未来资本性支出的影响，及上市公司为满足该等资本性支出初步拟定的融资计划；

3. 结合本次交易职工安置方案及执行情况，分析其对上市公司的影响；

4. 结合本次交易成本（包括但不限于交易税费、中介机构费用等）的具体情况，分析其对上市公司的影响。

第十一节　财务会计信息

第三十四条　交易标的为完整经营性资产的，报告期的简要财务报表。

第三十五条　依据交易完成后的资产、业务架构编制的上市公司最近一年及一期的简要备考财务报表。

第三十六条　上市公司或相关资产盈利预测的主要数据（如有，包括主营业务收入、利润总额、净利润等）。

第十二节　同业竞争和关联交易

第三十七条　交易标的在报告期是否存在关联交易、关联交易的具体内容、必要性及定价公允性。

第三十八条　本次交易完成后，上市公司与实际控制人及其关联企业之间是否存在同业竞争或关联交易、同业竞争或关联交易的具体内容和拟采取的具体解决或规范措施。

第十三节　风 险 因 素

第三十九条　上市公司应以简明扼要的方式，遵循重要性原则，对本次重组及重组后上市公司的相关风险予以揭示，并进行定量分析，无法进行定量分析的，应有针对性地作出定性描述。

第四十条　上市公司应披露的风险包括但不限于以下内容：

（一）本次重组审批风险。本次重组尚未履行的决策程序及报批程序未能获得批准的风险。

（二）交易标的权属风险。如抵押、质押等权利限制，诉讼、仲裁或司法强制执行等重大争议或者妨碍权属转移的其他情形，可能导致本次重组存在潜在不利影响和风险等。

（三）债权债务转移风险。资产交易涉及债权债务转移的，未获得债权人同意的债务可能给上市公司带来的偿债风险或其他或有风险。

（四）交易标的评估或估值风险。本次评估或估值存在报告期变动频繁且对评估或估值影响较大的指标，该指标的预测对本次评估或估值的影响，进而对交易价格公允性的影响等。

（五）交易标的对上市公司持续经营影响的风险。由于政策、市场、技术、汇率等因素引起的风险：

1. 政策风险。交易标的经营环境和法律环境发生变化导致的政策风险，如财政、金融、税收（如所得税优惠、出口退税等）、贸易、土地使用、产业政策（如属国家限制发展的范围）、行业管理、环境保护等，或可能因重组后生产经营情况发生变化不能继续适用原有的相关政策引致的风险。

2. 市场风险。交易标的主要产品或服务的市场前景、行业经营环境的变化、商业周期或产品生命周期的影响、市场饱和或市场分割、过度依赖单一市场、市场占有率下降和市场竞争的风险等。

3. 经营风险。经营模式发生变化，经营业绩不稳定，主要产品或主要原材料价格波动，过度依赖某一重要原材料、产品（或服务），经营场所过度集中或分散，非经常性损益或投资收益金额较大等。

4. 技术风险。交易标的涉及的技术不成熟、技术尚未产业化、技术缺乏有效保护或保护期限短或保护期限到期、缺乏核心技术或核心技术依赖他人、产品或技术的快速更新换代可能导致现有产品或技术面临被淘汰、核心技术人员流失及核心技术失密等风险。

5. 可能严重影响上市公司持续经营的其他因素，如自然灾害、安全生产、汇率变化、外贸环境等。

（六）整合风险。上市公司管理水平不能适应重组后上市公司规模扩张或业务变化的风险，交易标的与上市公司原有业务、资产、财务、人员、机构等方面的整合风险。

（七）业务转型风险。上市公司所购买资产与现有主营业务没有显著协同效应的，涉及的业务转型升级可能面临的风险。

（八）财务风险。本次重组导致上市公司财务结构发生重大变化的风险。

上市公司和相关各方应全面、审慎评估可能对本次重组以及重组后上市公司产生重大不利影响的所有因素，如有除上述风险之外的因素，应予以充分披露。

第十四节　其他重要事项

第四十一条　本次交易完成后，上市公司是否存在资金、资产被实际控制人或其他关联人占用的情形；上市公司是否存在为实际控制人或其他关联人提供担保的情形。

第四十二条　上市公司负债结构是否合理，是否存在因本次交易大量增加负债（包括或有负债）的情况。

第四十三条　上市公司在最近十二个月内曾发生资产交易的，应当说明与本次交易的关系。

第四十四条　本次交易对上市公司治理机制的影响。

第四十五条　本次交易后上市公司的现金分红政策及相应的安排、董事会对上述情况的说明。

第四十六条　本次交易涉及的相关主体买卖上市公司股票的自查情况。

第四十七条　其他能够影响股东及其他投资者做出合理判断的、有关本次交易的所有信息。

上市公司已披露的媒体说明会、对证券交易所问询函的回复中有关本次交易的信息，应当在重组报告书相应章节进行披露。

第四十八条　独立财务顾问和律师事务所对本次交易出具的结论性意见。

第四十九条　本次交易所聘请的独立财务顾问、律师事务所、会计师事务所、资产评估机构（如有）、估值机构（如有）等专业机构名称、法定代表人、住所、联系电话、传真，以及有关经办人员的姓名。

第五十条　中国证监会要求披露的其他信息。

第五十一条 上市公司应当在重组报告书的显著位置载明："本公司及全体董事、监事、高级管理人员保证本报告书内容的真实、准确、完整，对报告书的虚假记载、误导性陈述或重大遗漏负连带责任"。

第十五节 重组上市

第五十二条 上市公司重大资产重组构成重组上市的，除应按第一节至第十四节规定编制重组报告书外，还应当按照《公开发行证券的公司信息披露内容与格式准则第1号——招股说明书》（以下简称《1号准则》）相关章节的要求，对重组报告书的相关内容加以补充。

需要补充披露的内容包括但不限于：

（一）在"风险因素"部分，补充《1号准则》"风险因素"相关内容；

（二）在"交易标的"部分，补充《1号准则》"发行人基本情况""业务与技术""董事、监事、高级管理人员与核心技术人员"相关内容；

（三）在"交易的合规性分析"部分，逐项说明上市公司购买的资产对应的经营实体是否符合《首次公开发行股票并上市管理办法》（以下简称《首发办法》）规定的发行条件，证券服务机构应当对上市公司购买的资产对应的经营实体是否符合《首发办法》规定的发行条件发表明确的结论性意见；

（四）在"管理层讨论与分析"部分，补充《1号准则》"管理层讨论与分析""业务发展目标"相关内容；

（五）在"财务会计信息"部分，补充《1号准则》"财务会计信息"相关内容；

（六）在"同业竞争和关联交易"部分，补充《1号准则》"同业竞争与关联交易"相关内容；

（七）在"其他重要事项"部分，补充《1号准则》"公司治理""股利分配政策""其他重要事项"相关内容。

第五十三条 上市公司重大资产重组构成重组上市的，上市公司控股股东、实际控制人、董事、监事、高级管理人员及交易对方应当公开承诺：如本次交易所提供或披露的信息涉嫌虚假记载、误导性陈述或者重大遗漏，被司法机关立案侦查或者被中国证监会立案调查的，在形成调查结论以前，不转让在该上市公司拥有权益的股份，并于收到立案稽查通知的两个交易日内将暂停转让的书面申请和股票账户提交上市公司董事会，由董事会代其向证券交易所和登记结算公司申请锁定；未在两个交易日内提交锁定申请的,授权董事会核实后直接向证券交易所和登记结算公司报送本人或本单位的身份信息和账户信息并申请锁定;董事会未向证券交易所和登记结算公司报送本人或本单位的身份信息和账户信息的,授权证券交易所和登记结算公司直接锁定相关股份。如调查结论发现存在违法违规情节,本人或本单位承诺锁定股份自愿用于相关投资者赔偿安排。

第十六节　非现金支付方式

第五十四条　上市公司拟发行股份购买资产的,重组报告书中还应当包括以下内容:

(一)在第六节规定的"交易标的"部分后,加入第七节"发行股份情况",其以下各部分依次顺延。在"发行股份情况"部分应当披露以下内容:

1. 上市公司发行股份的价格、定价原则及合理性分析。上市公司应当披露按照《重组办法》第四十五条计算的董事会就发行股份购买资产作出决议公告日前二十个交易日、六十个交易日或者一百二十个交易日的公司股票交易均价,以及发行股份市场参考价的选择依据及理由,并进行合理性分析。

2. 本次发行股份购买资产的董事会决议明确的发行价格调整方案。发行价格调整方案应当建立在大盘和同行业因素调整基础上,触发发行价格调整的情形应当明确、具体、可操作,并充分说明理由。如出现上市公司发行价格的调整,还应当说明调整程序、是否相应调整交易标的的定价及理由、发行股份数量的变化情况等。

3. 上市公司拟发行股份的种类、每股面值。

4. 上市公司拟发行股份的数量、占发行后总股本的比例。

5. 特定对象所持股份的转让或交易限制,股东关于锁定所持股份的相关承诺。

上市公司发行股份购买资产的,控股股东、实际控制人、董事、监事、高级管理人员及交易对方应当按照本准则第五十三条要求作出公开承诺。

6. 上市公司发行股份前后主要财务数据(如每股收益、每股净资产等)和其他重要经济指标的对照表。

7. 本次发行股份前后上市公司的股权结构,说明本次发行股份是否导致上市公司控制权发生变化。

（二）在第七节规定的“交易标的评估或估值”部分，披露董事会结合股份发行价对应的市盈率、市净率水平以及本次发行对上市公司盈利能力、持续发展能力的影响等对股份发行定价合理性所作的分析。

（三）在第九节规定的“交易的合规性分析”部分，逐项说明是否符合《重组办法》第四十三条的规定。

第五十五条 上市公司拟发行优先股购买资产的，重组报告书中除包括第五十四条第（二）项、第（三）项规定的内容外，还应在“发行股份情况”部分，比照第五十四条第（一）项相关要求，并结合《公开发行证券的公司信息披露内容与格式准则第34号——发行优先股募集说明书》第四节、第六节第三十五条相关要求，披露相关信息。

如本次优先股发行涉及公司章程的，还应披露公司章程相应修订情况。

第五十六条 上市公司拟通过向特定对象发行可转换为股票的公司债券、定向权证等其他支付方式购买资产的，应当比照上述要求，披露相关内容。

第十七节 换股吸收合并

第五十七条 换股吸收合并涉及上市公司的，重组报告书还应当在第六节规定的“交易标的”部分后，加入第七节“换股吸收合并方案”，其以下各部分依次顺延。“换股吸收合并方案”部分应当比照第五十四条相关要求进行披露，此外还应当包括以下内容：

（一）换股各方名称；

（二）换股价格及确定方法；

（三）本次换股吸收合并的董事会决议明确的换股价格调整方案；

（四）本次换股吸收合并对异议股东权利保护的相关安排，如为提供现金选择权，应当披露其安排，包括定价及定价原则、被提供现金选择权的股东范围（异议股东或全体股东）、现金选择权提供方、与换股价格的差异及差异原因；

（五）本次换股吸收合并涉及的债权债务处置及债权人权利保护的相关安排；

（六）本次换股吸收合并涉及的相关资产过户或交付的安排；

（七）本次换股吸收合并涉及的员工安置。

第五十八条 上市公司发行优先股、向特定对象发行可转换为股票的公司债券、定向权证用于与其他公司合并的，应当比照上述要求，披露相关内容。

第十八节　募集配套资金

第五十九条　上市公司发行股份购买资产同时募集部分配套资金的，在重组报告书“发行股份情况”部分还应当披露以下内容：

（一）募集配套资金的金额及占交易总金额的比例。

（二）募集配套资金的股份发行情况。比照第五十四条相关要求，披露上市公司募集配套资金的股份发行情况，包括发行股份的种类、每股面值、定价原则、发行数量及占本次交易前总股本的比例、占发行后总股本的比例。

（三）募集配套资金的用途。包括具体用途、资金安排、测试依据、使用计划进度和预期收益，如募集配套资金用于投资项目的，应当披露项目是否取得相应的许可证书或者有关主管部门的批复文件。

（四）募集配套资金的必要性。结合行业特点、资金用途、前次募集资金使用效率、上市公司及交易标的现有生产经营规模、财务状况、是否有利于提高重组项目的整合绩效等方面，说明募集配套资金的必要性及配套金额是否与之相匹配。

（五）其他信息。本次募集配套资金管理和使用的内部控制制度，募集配套资金使用的分级审批权限、决策程序、风险控制措施及信息披露程序；本次募集配套资金失败的补救措施；对交易标的采取收益法评估时，预测现金流中是否包含了募集配套资金投入带来的收益。

第十九节　重组报告书摘要

第六十条　编制重组报告书摘要的目的是为向公众提供有关本次重组的简要情况，摘要内容必须忠实于重组报告书全文，不得出现与全文相矛盾之处。上市公司编制的重组报告书摘要应当至少包括以下内容：

（一）本准则第三章第一节到第四节部分的内容。

（二）上市公司应当在重组报告书摘要的显著位置载明：

“本重大资产重组报告书摘要的目的仅为向公众提供有关本次重组的简要情况，并不包括重大资产重组报告书全文的各部分内容。重大资产重组报告书全文同时刊载于×××网站；备查文件的查阅方式为：×××。”

“本公司及董事会全体成员保证重大资产重组报告书及其摘要内容的真实、准确、完整，对报告书及其摘要的虚假记载、误导性陈述或重大遗漏负连带责任”。

第四章　证券服务机构报告

第一节　独立财务顾问报告

第六十一条　上市公司应当披露由证券经营机构按照本准则及有关业务准则的规定出具的独立财务顾问报告。独立财务顾问应当至少就以下事项发表明确的结论性意见：

（一）结合对本准则第三章规定的内容进行核查的实际情况，逐项说明本次重组是否符合《重组办法》第十一条的规定；拟发行股份购买资产的，还应当结合核查的实际情况，逐项说明是否符合《重组办法》第四十三条的规定。

（二）本次交易是否构成重组上市，如构成，上市公司购买的资产对应的经营实体是否为股份有限公司或者有限责任公司，是否符合《首发办法》规定的其他发行条件，上市公司及其最近三年内的控股股东、实际控制人是否存在因涉嫌犯罪正被司法机关立案侦查或涉嫌违法违规被中国证监会立案调查的情形，如存在，涉嫌犯罪或违法违规的行为终止是否已满三年，交易方案是否能够消除该行为可能造成的不良后果，是否影响对相关行为人追究责任。上市公司及其控股股东、实际控制人最近十二个月内是否受到证券交易所公开谴责，是否存在其他重大失信行为。本次重大资产重组是否存在中国证监会认定的可能损害投资者合法权益，或者违背公开、公平、公正原则的其他情形。

（三）对本次交易所涉及的资产定价和股份定价（如涉及）进行全面分析，说明定价是否合理。

（四）本次交易根据资产评估结果定价，应当对所选取的评估方法的适当性、评估假设前提的合理性、重要评估参数取值的合理性发表明确意见；本次交易不以资产评估结果作为定价依据的，应当对相关资产的估值方法、参数选择的合理性及其他影响估值结果的指标和因素发表明确意见。

（五）结合上市公司管理层讨论与分析以及盈利预测（如有），分析说明本次交易完成后上市公司的盈利能力和财务状况、本次交易是否有利于上市公司的持续发展、是否存在损害股东合法权益的问题。

（六）对交易完成后上市公司的市场地位、经营业绩、持续发展能力、公司治理机制进行全面分析。

（七）对交易合同约定的资产交付安排是否可能导致上市公司交付现金或其他资产后不能及时获得对价的风险、相关的违约责任是否切实有效，发表明确意见。

（八）对本次重组是否构成关联交易进行核查，并依据核查确认的相关事实发表明确意见。涉及关联交易的，还应当充分分析本次交易的必要性及本次交易是否损害上市公司及非关联股东的利益。

（九）交易对方与上市公司根据《重组办法》第三十五条的规定，就相关资产实际盈利数不足利润预测数的情况签订补偿协议或提出填补每股收益具体措施的，独立财务顾问应当对补偿安排或具体措施的可行性、合理性发表意见（如有）。

第二节 法律意见书

第六十二条 上市公司应当披露由律师事务所按照本准则及有关业务准则的规定出具的法律意见书。律师事务所应当对照中国证监会的各项规定，在充分核查验证的基础上，至少就上市公司本次重组涉及的以下法律问题和事项发表明确的结论性意见：

（一）上市公司和交易对方是否具备相应的主体资格、是否依法有效存续。

（二）本次交易是否构成重组上市，如构成，上市公司购买的资产对应的经营实体是否为股份有限公司或者有限责任公司，是否符合《首发办法》规定的其他发行条件，上市公司及其最近三年内的控股股东、实际控制人是否存在因涉嫌犯罪正被司法机关立案侦查或涉嫌违法违规被中国证监会立案调查的情形，如存在，涉嫌犯罪或违法违规的行为终止是否已满三年，交易方案是否能够消除该行为可能造成的不良后果，是否影响对相关行为人追究责任。上市公司及其控股股东、实际控制人最近十二个月内是否受到证券交易所公开谴责，是否存在其他重大失信行为。本次重大资产重组是否存在中国证监会认定的可能损害投资者合法权益，或者违背公开、公平、公正原则的其他情形。

（三）本次交易是否已履行必要的批准或授权程序，相关的批准和授权是否合法有效；本次交易是否构成关联交易；构成关联交易的，是否已依法履行必要的信息披露义务和审议批准程序；本次交易涉及的须呈报有关主管部门批准的事项是否已获得有效批准；本次交易的相关合同和协议是否合法有效。

（四）交易标的（包括标的股权所涉及企业的主要资产）的权属状况

是否清晰,权属证书是否完备有效;尚未取得完备权属证书的,应说明取得权属证书是否存在法律障碍;交易标的是否存在产权纠纷或潜在纠纷,如有,应说明对本次交易的影响;交易标的是否存在抵押、担保或其他权利受到限制的情况,如有,应说明对本次交易的影响。

(五)本次交易所涉及的债权债务的处理及其他相关权利、义务的处理是否合法有效,其实施或履行是否存在法律障碍和风险。

(六)上市公司、交易对方和其他相关各方是否已履行法定的披露和报告义务,是否存在应当披露而未披露的合同、协议、安排或其他事项。

(七)本次交易是否符合《重组办法》和相关规范性文件规定的原则和实质性条件。

(八)参与上市公司本次交易活动的证券服务机构是否具备必要的资格。

(九)本次交易是否符合相关法律、法规、规章和规范性文件的规定,是否存在法律障碍,是否存在其他可能对本次交易构成影响的法律问题和风险。

第三节　相关财务资料

第六十三条　上市公司应当披露本次交易所涉及的相关资产的财务报告和审计报告。经审计的最近一期财务资料在财务报告截止日后六个月内有效,特别情况下可申请适当延长,但延长时间至多不超过一个月。

有关财务报告和审计报告应当按照与上市公司相同的会计制度和会计政策编制。如不能披露完整财务报告,应当解释原因,并出具对相关资产财务状况和/或经营成果的说明及审计报告。

上市公司拟进行《重组办法》第十三条规定的重大资产重组的,还应当披露依据重组完成后的资产架构编制的上市公司最近一年及一期的备考财务报告和审计报告。其他重大资产重组,应当披露最近一年及一期的备考财务报告和审阅报告。

交易标的的财务资料虽处于前款所述有效期内,但截至重组报告书披露之日,该等资产的财务状况和经营成果发生重大变动的,应当补充披露最近一期的相关财务资料(包括该等资产的财务报告、备考财务资料等)。

第六十四条　根据《重组办法》第二十二条规定,披露盈利预测报告。

盈利预测报告数据包含了非经常性损益项目的,应当特别说明。

第四节　资产评估报告及估值报告

第六十五条　上市公司重大资产重组以评估值为交易标的定价依据的，应当披露相关资产的资产评估报告。

上市公司重大资产重组不以资产评估结果作为定价依据的，应当披露相关资产的估值报告；估值报告中应包括但不限于以下内容：估值目的、估值对象和估值范围、价值类型、估值基准日、估值假设、估值依据、估值方法、估值参数及其他影响估值结果的指标和因素、估值结论、特别事项说明、估值报告日等；估值人员需在估值报告上签字并由所属机构加盖公章。

资产评估机构或估值机构为本次重组而出具的评估或估值资料中应明确声明在评估或估值基准日后××月内（最长十二个月）有效。

第五章　二级市场自查报告

第六十六条　上市公司董事会应当就本次重组申请股票停止交易前或首次作出决议前（孰早）六个月至重组报告书披露之前一日止，上市公司及其董事、监事、高级管理人员，交易对方及其董事、监事、高级管理人员（或主要负责人），相关专业机构及其他知悉本次重大资产交易内幕信息的法人和自然人，以及上述相关人员的直系亲属买卖该上市公司股票及其他相关证券情况进行自查，并制作自查报告。

法人的自查报告中应当列明法人的名称、股票账户、有无买卖股票行为并盖章确认；自然人的自查报告应当列明自然人的姓名、职务、身份证号码、股票账户、有无买卖股票行为，并经本人签字确认。

前述法人及自然人在本条第一款规定的期限内存在买卖上市公司股票行为的，当事人应当书面说明其买卖股票行为是否利用了相关内幕信息；上市公司及相关方应当书面说明相关申请事项的动议时间，买卖股票人员是否参与决策，买卖行为与本次申请事项是否存在关联关系；律师事务所应当对相关当事人及其买卖行为进行核查，对该行为是否涉嫌内幕交易、是否对本次交易构成法律障碍发表明确意见。

第六章　重组实施情况报告书

第六十七条　上市公司编制的重大资产重组实施情况报告书应当至

少披露以下内容：

（一）本次重组的实施过程，相关资产过户或交付、相关债权债务处理以及证券发行登记等事宜的办理状况；

（二）相关实际情况与此前披露的信息是否存在差异（包括相关资产的权属情况及历史财务数据是否如实披露、相关盈利预测或者管理层预计达到的目标是否实现、控股股东及其一致行动人、董事、监事、高级管理人员等特定主体自本次重组复牌之日起至实施完毕期间的股份减持情况是否与计划一致等）；

（三）董事、监事、高级管理人员的更换情况及其他相关人员的调整情况；

（四）重组实施过程中，是否发生上市公司资金、资产被实际控制人或其他关联人占用的情形，或上市公司为实际控制人及其关联人提供担保的情形；

（五）相关协议及承诺的履行情况；

（六）相关后续事项的合规性及风险；

（七）其他需要披露的事项。

独立财务顾问应当对前款所述内容逐项进行核查，并发表明确意见。律师事务所应当对前款所述内容涉及的法律问题逐项进行核查，并发表明确意见。

第七章　重大资产重组申请文件格式和报送方式

第六十八条　向中国证监会初次报送申请文件的，应当提供一份书面材料（原件）、三份电子版（非加密的 Word 等可编辑、可索引模式）及两份重组报告书（复印件）；按照中国证监会要求提交补充材料的，应当提供一份书面材料（原件）、三份电子版（非加密的 Word 等可编辑、可索引模式）。其中书面材料按规定报送原件，如不能提供原件，应当由上市公司聘请的律师事务所提供鉴证意见，或由出文单位盖章，以保证与原件一致。如原出文单位不再存续，可由承继其职权的单位或做出撤销决定的单位出文证明文件的真实性。

第六十九条　申请文件所有需要签名处，均应为签名人亲笔签名，不得以名章、签名章等代替。

申请文件中需要由律师鉴证的文件，律师应在该文件首页注明“以下第××页至第××页与原件一致”，并签名和签署鉴证日期，律师事务所应在该文件首页加盖公章,并在第××页至第××页侧面以公章加盖骑缝章。

第七十条 上市公司应当根据中国证监会对申请文件的反馈意见提供补充材料。相关证券服务机构应对反馈意见相关问题进行尽职调查或补充出具专业意见。

上市公司重大资产重组申请获得中国证监会核准的,上市公司及相关证券服务机构应当根据中国证监会的审核情况重新修订重组报告书及相关证券服务机构的报告或意见,并作出补充披露。上市公司及相关证券服务机构应当在修订的重组报告书及相关证券服务机构报告或意见的首页就补充或修改的内容作出特别提示。

第七十一条 申请文件的纸张应当采用幅面为209×295毫米规格的纸张(标准A4纸张规格)。

第七十二条 申请文件的封面应当标有“××股份有限公司重大资产重组申请文件”字样及重大资产重组报告书标题,侧面应当标注“××股份有限公司重大资产重组申请文件原件”字样。申请文件的扉页应当附有上市公司董事会秘书、联系人、独立财务顾问及其他专业机构的联系人姓名、电话、传真及其他方便的联系方式。

第七十三条 申请文件章与章之间、章与节之间应当有明显的分隔标识。

第七十四条 申请文件中的页码应当与目录中的页码相符。例如,第四部分4-1的页码标注为4-1-1,4-1-2,4-1-3,……4-1-n。

第八章 附 则

第七十五条 本准则由中国证监会负责解释。

第七十六条 本准则自公布之日起施行。

附件:上市公司重大资产重组申请文件目录

0-0 重大资产重组申请文件目录及交易各方和中介机构联系表(包含独立财务顾问、律师事务所、会计师事务所、资产评估机构、估值机构等证券服务机构及其签字人员的名单,包括名称/姓名、组织机构代码、统一社会信用代码/公民身份证号码或其他身份信息)

0-1 并购重组方案概况表

0-2 关于书面文件与电子文件一致的承诺函

0－3 关于本次重大资产重组申报文件不适用内容的说明

第一部分　上市公司重大资产重组报告书及相关文件

1－1 重大资产重组报告书

1－2 重大资产重组的董事会决议和股东大会决议

1－3 上市公司独立董事意见

1－4 公告的其他相关信息披露文件

第二部分　独立财务顾问和律师事务所出具的文件

2－1 独立财务顾问报告

2－2 法律意见书

2－3 关于本次交易产业政策和交易类型的独立财务顾问核查意见

第三部分　本次重大资产重组涉及的财务信息相关文件

3－1 本次重大资产重组涉及的拟购买资产最近两年及一期的财务报告和审计报告(确实无法提供的,应当说明原因及相关资产的财务状况和经营成果)

3－2 本次重大资产重组涉及的拟购买资产的评估报告及评估说明,或者估值报告

3－3 本次重大资产重组涉及的拟出售资产最近两年及一期的财务报告和审计报告(确实无法提供的,应当说明原因及相关资产的财务状况和经营成果)

3－4 本次重大资产重组涉及的拟出售资产的评估报告及评估说明,或者估值报告

3－5 根据本次重大资产重组完成后的架构编制的上市公司最近一年及一期的备考财务报告及其审阅报告

3－6 盈利预测报告和审核报告(如有)

3－7 上市公司董事会、注册会计师关于上市公司最近一年及一期的非标准保留意见审计报告的补充意见(如有)

3－8 交易对方最近一年的财务报告和审计报告(如有)

第四部分　关于重组上市的申请文件要求

4－1 内部控制鉴证报告

4－2 标的资产最近三年及一期的财务报告和审计报告

4－3 标的资产最近三年原始报表及其与申报财务报表的差异比较表及会计师事务所出具的意见

4－4 标的资产最近三年及一期非经常性损益明细表及会计师事务所出具的专项说明

4－5 标的资产最近三年及一期的纳税证明文件

4－6 根据本次重大资产重组完成后的架构编制的上市公司最近一年及一期的备考财务报告及其审计报告

第五部分　本次重大资产重组涉及的有关协议、合同、决议及承诺函

5－1 重大资产重组的协议或合同

5－2 涉及本次重大资产重组的其他重要协议或合同

5－3 交易对方与上市公司就相关资产实际盈利数不足利润预测数的情况签订的补偿协议（如有）

5－4 交易对方内部权力机关批准本次交易事项的相关决议

5－5 涉及本次重大资产重组的承诺函

5－6 涉及本次重大资产重组的媒体说明会召开情况、对证券交易所问询函的回复等已披露信息

第六部分　本次重大资产重组的其他文件

6－1 有关部门对重大资产重组的审批、核准或备案文件

6－2 债权人同意函（如有）

6－3 关于同意职工安置方案的职工代表大会决议或相关文件（涉及职工安置问题的）

6－4 交易对方的营业执照复印件

6－5 拟购买资产的权属证明文件

6－6 与拟购买资产生产经营有关的资质证明或批准文件

6－7 上市公司全体董事和独立财务顾问、律师事务所、会计师事务所、资产评估机构、估值机构等证券服务机构及其签字人员对重大资产重组申请文件真实性、准确性和完整性的承诺书

6－8 独立财务顾问、律师事务所、会计师事务所、资产评估机构、估值机构等证券服务机构对上市公司重大资产重组报告书援引其出具的结论性意见的同意书

6－9 上市公司与交易对方就重大资产重组事宜采取的保密措施及保密制度的说明，并提供与所聘请的证券服务机构签署的保密协议及交易进程备忘录

6－10 上市公司、交易对方和相关证券服务机构以及其他知悉本次重大资产重组内幕信息的单位和自然人在董事会就本次重组申请股票停止交易前或第一次作出决议前（孰早）六个月至重大资产重组报告书披露之前一日止，买卖该上市公司股票及其他相关证券情况的自查报告，并提供证券登记结算机构就前述单位及自然人二级市场交易情况出具的证

明文件

6－11 上市公司及其控股股东、实际控制人、董事、监事和高级管理人员，构成收购人的交易对方、本次重组证券服务机构及其主办人名单，包括名称/姓名、组织机构代码、统一社会信用代码/公民身份证号码或其他身份信息

6－12 本次重大资产重组前十二个月内上市公司购买、出售资产的说明及专业机构意见（如有）

6－13 资产评估结果备案或核准文件（如有）

6－14 中国证监会要求提供的其他文件

公开发行证券的公司信息披露内容与格式准则第2号——年度报告的内容与格式（2017年修订）

（2017年12月26日　证监会公告〔2017〕17号）

第一章　总　　则

第 一 条　为规范上市公司年度报告的编制及信息披露行为，保护投资者合法权益，根据《公司法》《证券法》等法律、法规及中国证券监督管理委员会（以下简称中国证监会）的有关规定，制定本准则。

第 二 条　根据《公司法》《证券法》在中华人民共和国境内公开发行股票并在证券交易所上市的股份有限公司（以下简称公司）应当按照本准则的要求编制和披露年度报告。

第 三 条　本准则的规定是对公司年度报告信息披露的最低要求；对投资者投资决策有重大影响的信息，不论本准则是否有明确规定，公司均应当披露。

鼓励公司结合自身特点，以简明易懂的方式披露对投资者特别是中小投资者决策有用的信息，但披露的信息应当保持持续性，不得选择性披露。

第 四 条　本准则某些具体要求对公司确实不适用的，公司可以根据实际情况在不影响披露内容完整性的前提下做出适当修改，并说明修改原因。

第 五 条　由于国家秘密、商业秘密等特殊原因导致本准则规定的某些信息确实不便披露的，公司可以不予披露，但应当在相关章节详细说明未按本准则要求进行披露的原因。中国证监会认为需要披露的，公司应当披露。公司在编制和披露年度报告时应当严格遵守国家有关保密的法律法规，不得泄露国家保密信息。

第 六 条　在不影响信息披露完整性和不致引起阅读不便的前提

下,公司可以采取相互引证的方法,对年度报告相关部分进行适当的技术处理,以避免不必要的重复和保持文字简洁。

第 七 条 公司年度报告的全文应当遵循本准则第二章的要求进行编制和披露。

公司年度报告摘要应当遵循本准则第三章的要求,并按照附件的格式进行编制和披露。

第 八 条 同时在境内和境外证券市场上市的公司,如果境外证券市场对年度报告的编制和披露要求与本准则不同,应当遵循报告内容从多不从少、报告要求从严不从宽的原则,并应当在同一日公布年度报告。

发行境内上市外资股及其衍生证券并在证券交易所上市的公司,应当同时编制年度报告的外文译本。

第 九 条 公司年度报告中的财务报告应当经具有证券期货相关业务资格的会计师事务所审计,审计报告应当由该所至少两名注册会计师签字。

第 十 条 公司在编制年度报告时应当遵循如下一般要求:

(一)年度报告中引用的数字应当采用阿拉伯数字,货币金额除特别说明外,通常指人民币金额,并以元、千元、万元、百万元或亿元为单位。

(二)公司可以根据有关规定或其他需求,编制年度报告外文译本,同时应当保证中外文文本的一致性,并在外文文本上注明:“本报告分别以中、英(或日、法、俄)文编制,在对中外文文本的理解上发生歧义时,以中文文本为准。”

(三)年度报告封面应当载明公司的中文名称、“年度报告”字样、报告期年份,也可以载明公司的外文名称、徽章、图案等。年度报告的目录应当编排在显著位置。

(四)公司可以在年度报告正文前刊载宣传本公司的照片、图表或致投资者信,但不得刊登任何祝贺性、恭维性或推荐性的词句、题字或照片,不得含有夸大、欺诈、误导或内容不准确、不客观的词句。

(五)公司编制年度报告时可以图文并茂,采用柱状图、饼状图等统计图表,以及必要的产品、服务和业务活动图片进行辅助说明,提高报告的可读性。

(六)公司编制年度报告应当遵循中国证监会上市公司行业分类的有关规定,公司可以增加披露所使用的其他的行业分类数据、资料作为参考。

第十一条 主板(含中小企业板)公司应当在每个会计年度结束之

日起4个月内将年度报告全文刊登在中国证监会指定网站上；同时年度报告摘要只需选择在一种中国证监会指定报纸上刊登，刊登篇幅原则上不超过报纸的1/4版面，也可以刊登在中国证监会指定网站上。

创业板公司应当在每个会计年度结束之日起4个月内将年度报告全文和摘要刊登在中国证监会指定网站上；同时只需选择在一种中国证监会指定报纸上刊登“本公司××××年度报告及摘要已于×年×月×日在中国证监会指定的信息披露网站上披露，请投资者注意查阅”的提示性公告。

公司可以将年度报告刊登在其他媒体上，但不得早于在中国证监会指定媒体披露的时间。

第十二条　在年度报告披露前，内幕信息知情人不得泄露内幕信息，或利用内幕信息牟取不正当利益。

第十三条　公司应当在年度报告披露后，将年度报告原件或具有法律效力的复印件同时置备于公司住所、证券交易所，以供社会公众查阅。

第十四条　公司董事会、监事会及董事、监事、高级管理人员应当保证年度报告内容的真实、准确、完整，不存在虚假记载、误导性陈述或重大遗漏，并承担个别和连带的法律责任。

如有董事、监事、高级管理人员对年度报告内容存在异议或无法保证其真实、准确、完整的，应当单独陈述理由。

第十五条　中国证监会对特殊行业公司信息披露另有规定的，公司应当遵循其规定。

行业主管部门对公司另有规定的，公司在编制和披露年度报告时应当遵循其规定。

第二章　年度报告正文

第一节　重要提示、目录和释义

第十六条　公司应当在年度报告文本扉页刊登如下重要提示：公司董事会、监事会及董事、监事、高级管理人员保证年度报告内容的真实、准确、完整，不存在虚假记载、误导性陈述或重大遗漏，并承担个别和连带的法律责任。

公司负责人、主管会计工作负责人及会计机构负责人（会计主管人员）应当声明并保证年度报告中财务报告的真实、准确、完整。

如有董事、监事、高级管理人员对年度报告内容存在异议或无法保证其真实、准确、完整的,应当声明××无法保证本报告内容的真实、准确、完整,并说明理由,请投资者特别关注。同时,单独列示未出席董事会审议年度报告的董事姓名及原因。

如执行审计的会计师事务所对公司出具了非标准审计报告,重要提示中应当声明××会计师事务所为本公司出具了带强调事项段或其他事项段的无保留意见、保留意见、否定意见或无法表示意见的审计报告,本公司董事会、监事会对相关事项已有详细说明,请投资者注意阅读。

如年度报告涉及未来计划等前瞻性陈述,同时附有相应的警示性陈述,则应当声明该计划不构成公司对投资者的实质承诺,投资者及相关人士均应当对此保持足够的风险认识,并且应当理解计划、预测与承诺之间的差异。

第十七条 公司应当提示需要投资者特别关注的重大风险,并提示投资者注意阅读。

第十八条 公司应当提示经董事会审议的报告期利润分配预案或公积金转增股本预案。

第十九条 公司应当对可能造成投资者理解障碍以及具有特定含义的术语作出通俗易懂的解释,年度报告的释义应当在目录次页排印。

年度报告目录应当标明各章、节的标题及其对应的页码。

第二节 公司简介和主要财务指标

第二十条 公司应当披露如下内容:

(一)公司的中文名称及简称,外文名称及缩写(如有)。

(二)公司的法定代表人。

(三)公司董事会秘书及证券事务代表的姓名、联系地址、电话、传真、电子信箱。

(四)公司注册地址,公司办公地址及其邮政编码,公司网址、电子信箱。

(五)公司选定的信息披露媒体的名称,登载年度报告的中国证监会指定网站的网址,公司年度报告备置地。

(六)公司股票上市交易所、股票简称和股票代码。

(七)其他有关资料:公司聘请的会计师事务所名称、办公地址及签字会计师姓名;公司聘请的报告期内履行持续督导职责的保荐机构或财务顾问的名称、办公地址以及签字的保荐代表人或财务顾问主办人的姓名,以及持续督导的期间。

第二十一条 公司应当采用数据列表方式,提供截至报告期末公司近3年的主要会计数据和财务指标,包括但不限于:总资产、营业收入、归属于上市公司股东的净利润、归属于上市公司股东的扣除非经常性损益的净利润、归属于上市公司股东的净资产、经营活动产生的现金流量净额、净资产收益率、每股收益。

同时发行人民币普通股及境内上市外资股或(和)境外上市外资股的公司,若按不同会计准则计算的净利润和归属于上市公司股东的净资产存在重大差异的,应当列表披露差异情况并说明主要原因。

公司应当采用数据列表方式,分季度提供营业收入、归属于上市公司股东的净利润、归属于上市公司股东的扣除非经常性损益后的净利润、经营活动产生的现金流量净额。如上述财务指标或其加总数与公司已披露季度报告、半年度报告相关财务指标存在重大差异的,应当说明主要原因。

公司在披露"归属于上市公司股东的扣除非经常性损益后的净利润"时,应当同时说明报告期内非经常性损益的项目及金额。

第二十二条 公司主要会计数据和财务指标的计算和披露应当遵循如下要求:

(一)因会计政策变更及会计差错更正等追溯调整或重述以前年度会计数据的,应当披露会计政策变更的原因及会计差错更正的情况,并应当同时披露调整前后的数据。

(二)对非经常性损益、净资产收益率和每股收益的确定和计算,中国证监会另有规定的,应当遵照执行。

(三)编制合并财务报表的公司应当以合并财务报表数据填列或计算以上数据和指标。

(四)如公司成立未满3年,应当披露公司成立后完整会计年度的上述会计数据和财务指标。

(五)财务数据按照时间顺序自左至右排列,左起为报告期的数据,向右依次列示前一期的数据。

第三节 公司业务概要

第二十三条 公司应当简要介绍报告期内公司从事的主要业务,包括但不限于以下内容:

(一)报告期内公司所从事的主要业务、主要产品及其用途、经营模式、主要的业绩驱动因素等内容,应当重点突出报告期内发生的重大变化。

（二）报告期内公司所属行业的发展阶段、周期性特点以及公司所处的行业地位等。

第二十四条 公司应当简要介绍报告期内公司主要资产发生的重大变化，包括但不限于股权资产、固定资产、无形资产、在建工程等。若境外资产占比较高的，应当披露境外资产的形成原因、资产规模、运营模式、收益状况等。

第二十五条 公司应当披露报告期内核心竞争力（包括核心管理团队、关键技术人员、专有设备、专利、非专利技术、特许经营权、土地使用权、水面养殖权、探矿权、采矿权、独特经营方式和盈利模式、允许他人使用自己所有的资源要素或作为被许可方使用他人资源要素等）的重要变化及对公司所产生的影响。如发生因核心管理团队或关键技术人员离职、设备或技术升级换代、特许经营权丧失等导致公司核心竞争力受到严重影响的，公司应当详细分析，并说明拟采取的相应措施。

第四节 经营情况讨论与分析

第二十六条 公司经营情况讨论与分析中应当对财务报告数据与其他必要的统计数据，以及报告期内发生和未来将要发生的重大事项，进行讨论与分析，以有助于投资者了解其经营成果、财务状况及未来可能的变化。公司可以运用逐年比较、数据列表或其他方式对相关事项进行列示，以增进投资者的理解。披露应当遵守以下的原则：

（一）披露内容应当具有充分的可靠性。引用的数据、资料应当有充分的依据，如果引用第三方的数据、资料作为讨论与分析的依据，应当注明来源，并判断第三方的数据、资料是否具有足够的权威性。

（二）披露内容应当具有充分的相关性。公司应当充分考虑并尊重投资者的投资需要，披露的内容应当能够帮助投资者更加充分地理解公司未来变化的趋势。公司应当重点讨论和分析重大的投资项目、资产购买、兼并重组、在建工程、研发项目、人才培养和储备等方面在报告期内的执行情况和未来的计划。

（三）披露内容应当具有充分的关联性。分析与讨论公司的外部环境、市场格局、风险因素等内容时，所述内容应当与公司的经营成果、财务状况具有足够的关联度，应当充分考虑公司的外部经营环境（包括但不限于经济环境、行业环境等）和内部资源条件（包括但不限于资产、技术、人员、经营权等），结合公司的战略和营销等管理政策，以及公司所从事的业务特征，进行有针对性的讨论与分析，并且保持逻辑的连贯性。

（四）鼓励公司披露管理层在经营管理活动中使用的关键业绩指标。可以披露指标的假定条件和计算方法以及公司选择这些指标的依据，重点讨论与分析指标变化的原因和趋势。关键业绩指标由公司根据行业、自身特点，选择对业绩敏感度较高且公司有一定控制能力的要素确定。

（五）讨论与分析应当从业务层面充分解释导致财务数据变动的根本原因及其反映的可能趋势，而不能只是重复财务报告的内容。

（六）公司应当保持业务数据统计口径的一致性、可比性，如确需调整的，公司应当披露变更口径的理由，并同时提供调整后的过去1年的对比数据。

（七）语言表述平实，清晰易懂，力戒空洞、模板化。

第二十七条 公司应当回顾分析在报告期内的主要经营情况。对重要事项的披露应当完整全面，不能有选择地披露。公司应当披露已对报告期产生重要影响以及未对报告期产生影响但对未来具有重要影响的事项等。内容包括但不限于：

（一）主要经营业务。应当包括（但不限于）收入、成本、费用、研发投入、现金流等项目，需要提示变化并分析变化的原因。若公司业务类型、利润构成或利润来源发生重大变动，应当详细说明。

1. 收入与成本：公司应当结合行业特征和自身实际情况，分别按行业、产品及地区说明报告期内公司营业收入构成情况。对于占公司营业收入或营业利润10%以上的行业、产品或地区，应当分项列示其营业收入、营业成本、毛利率，并分析其变动情况。对实物销售收入大于劳务收入的公司，应当按行业口径，披露报告期内的生产量、销售量和库存量情况。若相关数据同比变动在30%以上的，应当说明原因。公司应当披露已签订的重大销售合同截至本报告期的履行情况。

公司应当披露本年度营业成本的主要构成项目，如原材料、人工工资、折旧、能源和动力等在成本总额中的占比情况。如果涉及商业秘密的，公司可以仅披露占比最高或最主要的单个项目。

如果因子公司股权变动导致合并范围变化的，应当提供上年同口径的数据供投资者参考。若报告期内业务、产品或服务发生重大变化或调整，公司应当介绍已推出或宣布推出的新产品及服务，并说明对公司经营及业绩的影响。

公司应当披露主要销售客户和主要供应商的情况，以汇总方式披露公司向前5名客户销售额占年度销售总额的比例，向前5名供应商采购额占年度采购总额的比例,以及前5名客户销售额中关联方销售额占年度销售总额的比例和前5名供应商采购额中关联方采购额占年度采购总额的比例。鼓励公司分别披露前5名客户名称和销售额,前5名供应商名称和采购额,以及其是否与上市公司存在关联关系。属于同一控制人控制的客户或供应商视为同一客户或供应商合并列示,受同一国有资产管理机构实际控制的除外。

2. 费用:若报告期内公司销售费用、管理费用、财务费用等财务数据同比发生重大变动的,应当结合业务模式和费用构成,说明产生变化的主要驱动因素。

3. 研发投入:公司应当说明本年度所进行研发项目的目的、项目进展和拟达到的目标,并预计对公司未来发展的影响。公司应当披露研发人员的数量、占比及其变动情况;说明本年度研发投入总额及占营业收入的比重,如数据较上年发生显著变化,还应当解释变化的原因;应当披露研发投入资本化的比重及变化情况,并对其合理性进行分析。

4. 现金流:结合公司现金流量表相关数据,说明公司经营活动、投资活动和筹资活动产生的现金流量的构成情况,若相关数据同比发生重大变动,公司应当分析主要影响因素。若报告期公司经营活动产生的现金净流量与报告期净利润存在重大差异的,公司应当解释原因。

(二)若本期公司利润构成或利润来源的重大变化源自非主要经营业务,包括但不限于投资收益、公允价值变动损益、资产减值、营业外收支等,应当详细说明涉及金额、形成原因、是否具有可持续性。

(三)资产及负债状况。若报告期内公司资产构成(货币资金、应收款项、存货、投资性房地产、长期股权投资、固定资产、在建工程、短期借款、长期借款等占总资产的比重)同比发生重大变动的,应当说明产生变化的主要影响因素。鼓励公司结合各项营运能力和偿债能力的财务指标进行分析。

公司应当披露截至报告期末的主要资产被查封、扣押、冻结或者被抵押、质押,必须具备一定条件才能变现、无法变现、无法用于抵偿债务的情况,以及该等资产占有、使用、受益和处分权利受到限制的情况和安排。如相关事项已在临时报告披露且无后续进展的,仅需披露该事项概述,并提供临时报告披露网站的相关查询索引。

(四)投资状况。公司应当介绍本年度投资情况,分析报告期内公司投资额同比变化情况。

1. 对报告期内获取的重大的股权投资,公司应当披露被投资公司名称、主要业务、投资份额和持股比例、资金来源、合作方、投资期限、产品类型、预计收益、本期投资盈亏、是否涉诉等信息。

2. 对报告期内正在进行的重大的非股权投资，公司应当披露项目本年度和累计实际投入情况、资金来源、项目的进度及预计收益。若项目已产生收益，应当说明收益情况；未达到计划进度和收益的，应当说明原因。

3. 对报告期内持有的以公允价值计量的境内外股票、基金、债券、信托产品、期货、金融衍生工具等金融资产的初始投资成本、资金来源、报告期内购入或售出及投资收益情况、公允价值变动情况等进行披露。

（五）重大资产和股权出售。公司应当简要分析重大资产和股权出售事项对公司业务连续性、管理层稳定性的影响。公司应当说明上述事项是否按计划如期实施，如已实施完毕，应当说明其对财务状况和经营成果的影响，以及所涉及的金额及其占利润总额的比例；如未按计划实施，应当说明原因及公司已采取的措施。

（六）主要控股参股公司分析。公司应当详细介绍主要子公司的主要业务、注册资本、总资产、净资产、净利润，本年度取得和处置子公司的情况，包括取得和处置的方式及对公司整体生产经营和业绩的影响。如来源于单个子公司的净利润或单个参股公司的投资收益对公司净利润影响达到 10% 以上，还应当介绍该公司主营业务收入、主营业务利润等数据。若单个子公司或参股公司的经营业绩同比出现大幅波动，且对公司合并经营业绩造成重大影响的，公司应当对其业绩波动情况及其变动原因进行分析。

主要子公司或参股公司的经营情况的披露应当参照上市公司经营情况讨论与分析的要求。对于与公司主业关联较小的子公司，应当披露持有目的和未来经营计划；对本年度内投资收益占净利润比例达 50% 以上的公司，应当披露投资收益中占比在 10% 以上的股权投资项目。

若主要子公司或参股公司的经营业绩未出现大幅波动，但其资产规模、构成或其他主要财务指标出现显著变化，并可能在将来对公司业绩造成影响，也应当对变化情况和原因予以说明。

（七）公司控制的结构化主体情况。公司存在其控制下的结构化主体时，应当介绍公司对其控制权方式和控制权内容，并说明公司从中可以获取的利益和对其所承担的风险。另外，公司还应当介绍结构化主体对其提供融资、商品或劳务以支持自身主要经营活动的相关情况。公司控制的结构化主体为《企业会计准则第 41 号——在其他主体中权益的披露》中所规定的“结构化主体”。

第二十八条 公司应当对未来发展进行展望。应当讨论和分析公司未来发展战略、下一年度的经营计划以及公司可能面对的风险，鼓励进行量化分析，主要包括但不限于：

（一）行业格局和趋势。公司应当结合自身的业务规模、经营区域、产品类别以及竞争对手等情况，介绍与公司业务关联的宏观经济层面或行业环境层面的发展趋势，以及公司的行业地位或区域市场地位的变动趋势。公司应当结合主要业务的市场变化情况、营业成本构成的变化情况、市场份额变化情况等因素，分析公司的主要行业优势和困难，并说明变化对公司未来经营业绩和盈利能力的影响。

（二）公司发展战略。公司应当围绕行业壁垒、核心技术替代或扩散、产业链整合、价格竞争、成本波动等方面向投资者提示未来公司发展机遇和挑战，披露公司发展战略，以及拟开展的新业务、拟开发的新产品、拟投资的新项目等。若公司存在多种业务的，还应当说明各项业务的发展规划。分析和讨论应当提供数据支持，并说明数据来源。

公司对未来发展战略的披露，应当结合投资者关注较多的问题，以及公司现阶段所面临的特定环境、公司所处行业及所从事业务特征来进行。重点对公司未来主要经营模式或业务模式是否会发生重大变化，新技术、新产品的开发计划及进展，产能扩张、资产收购等重大投资计划，投资者回报安排等发展战略、发展步骤进行有针对性的描述，以助于投资者了解公司未来发展方向及经营风格。

（三）经营计划。公司应当回顾总结前期披露的发展战略和经营计划在报告期内的进展，对未达到计划目标的情况进行解释。若公司实际经营业绩低于或高于曾公开披露过的本年度盈利预测20%以上的，应当从收入、成本、费用、税负等相关方面说明造成差异的原因。公司应当披露下一年度的经营计划，包括（但不限于）收入、费用、成本计划，及下一年度的经营目标，如销售额的提升、市场份额的扩大、成本下降、研发计划等，为达到上述经营目标拟采取的策略和行动。公司应当同时说明该经营计划并不构成公司对投资者的业绩承诺，提示投资者对此保持足够的风险意识，并且应当理解经营计划与业绩承诺之间的差异。公司应当披露维持公司当前业务并完成在建投资项目所需的资金需求，对公司经营计划涉及的投资资金的来源、成本及使用情况进行简要说明。

（四）可能面对的风险。公司应当针对自身特点，遵循关联性原则和重要性原则披露可能对公司未来发展战略和经营目标的实现产生不利影响的风险因素（例如政策性风险、行业特有风险、业务模式风险、经营风险、环保风险、汇率风险、利率风险、技术风险、产品价格风险、原材料价格及供应风险、财务风险、单一客户依赖风险、商誉等资产的减值风险，以及因设备或技术升级换代、核心技术人员辞职、特许经营权丧失等导致公司核心竞争能力受到严重影响等)，披露的内容应当充分、准确、具体，应当尽量采取定量的方式分析各风险因素对公司当期及未来经营业绩的影响，并介绍已经或计划采取的应对措施。

对于本年度较上一年度的新增风险因素，公司应当对其产生的原因、对公司的影响以及已经采取或拟采取的措施及效果等进行分析。若分析表明相关变化趋势已经、正在或将要对公司的财务状况和经营成果产生重大影响的，公司应当提供管理层对相关变化的基本判断，尽可能定量分析对公司的影响程度。

第五节　重 要 事 项

第二十九条　公司应当披露报告期内普通股利润分配政策，特别是现金分红政策的制定、执行或调整情况，说明利润分配政策是否符合公司章程及审议程序的规定，是否充分保护中小投资者的合法权益，是否由独立董事发表意见，是否有明确的分红标准和分红比例；以及利润分配政策调整或变更的条件和程序是否合规、透明。

公司应当披露近 3 年(包括本报告期)的普通股股利分配方案(预案)、资本公积金转增股本方案(预案)；同时，列表披露近 3 年(包括本报告期)普通股现金红利分配的金额及占归属于上市公司普通股股东的净利润的比例。公司以其他方式进行现金分红的，应当单独披露该种方式计入现金分红的金额和比例。

公司应当披露报告期内现金分红政策的制定及执行情况，并对下列事项进行专项说明：

(一)是否符合公司章程的规定或者股东大会决议的要求；

(二)分红标准和比例是否明确和清晰；

(三)相关的决策程序和机制是否完备；

(四)独立董事是否履职尽责并发挥了应有的作用；

(五)中小股东是否有充分表达意见和诉求的机会，中小股东的合法权益是否得到了充分保护等。

对现金分红政策进行调整或变更的，还应当对调整或变更的条件及程序是否合规和透明等进行详细说明。

对于报告期内盈利且母公司可供普通股股东分配利润为正但未提出

普通股现金利润分配方案预案的公司，应当详细说明原因，同时说明公司未分配利润的用途和使用计划。

优先股股息分配政策及分配情况按第七节的要求进行披露。

第三十条 公司应当披露报告期内履行完毕的，以及截至报告期末尚未履行完毕的，由公司实际控制人、股东、关联方、收购人以及公司等承诺相关方作出的以下承诺事项，包括但不限于：股权分置改革承诺、收购报告书或权益变动报告书中所作承诺、资产重组所作承诺、首次公开发行或再融资所作承诺、股权激励时所作的承诺，以及其他对公司中小股东所作承诺。公司董事会应当说明上述承诺事项在报告期内的履行情况，详细列示承诺方、承诺类型、承诺事项、承诺时间、承诺期限、承诺的履行情况等。如承诺超期未履行完毕的，应当详细说明未完成履行的原因及下一步的工作计划。

如公司资产或项目存在盈利预测，且报告期仍处在盈利预测期间内，公司董事会、相关股东和负责持续督导的中介机构应当就资产或项目是否达到原盈利预测及其原因作出说明。同时，公司应当提供原盈利预测的相关披露查询索引。

第三十一条 公司发生控股股东及其关联方非经营性占用资金情况的，应当充分披露相关的决策程序，以及占用资金的期初金额、发生额、期末余额、占用原因、预计偿还方式及清偿时间。

公司应当同时披露会计师事务所对资金占用的专项审核意见。

第三十二条 公司年度财务报告被会计师事务所出具非标准意见审计报告的，公司应当就所涉及事项作出说明。

公司作出会计政策、会计估计变更或重大会计差错更正的，公司应当披露变更、更正的原因及影响，涉及追溯调整或重述的，应当披露对以往各年度经营成果和财务状况的影响金额。如涉及更换会计师事务所，应当披露是否就相关事项与前任会计师事务所进行了必要的沟通。

同时适用境内外会计准则的公司应当对产生差异的情况进行详细说明。

第三十三条 公司应当披露年度财务报告审计聘任、解聘会计师事务所的情况，报告期内支付给聘任会计师事务所的报酬情况，及目前的审计机构和签字会计师已为公司提供审计服务的连续年限，年限从审计机构与公司首次签订审计业务约定书之日起开始计算。

公司报告期内若聘请了内部控制审计会计师事务所、财务顾问或保荐人，应当披露聘任内部控制审计会计师事务所、财务顾问或保荐人的情况，报告期内支付给内部控制审计会计师事务所、财务顾问或保荐人的报酬情况。

第三十四条 年度报告披露后面临暂停上市情形的公司，应当披露导致暂停上市的原因以及公司拟采取的应对措施。年度报告披露后面临终止上市情形的公司、因重大违法面临暂停上市或终止上市风险的公司和已披露主动退市方案的公司，应当单独披露退市情况专项报告，并提醒投资者予以关注。

第三十五条 公司应当披露报告期内发生的破产重整相关事项，包括向法院申请重整、和解或破产清算，法院受理重整、和解或破产清算，以及公司重整期间发生的法院裁定结果及其他重大事项。执行重整计划的公司应当说明计划的具体内容及执行情况。如相关破产事项已在临时报告披露且后续实施无变化的，仅需披露该事项概述，并提供临时报告披露网站的相关查询索引。

第三十六条 公司应当披露报告期内重大诉讼、仲裁事项。已在上一年度报告中披露，但尚未结案的重大诉讼、仲裁事项，公司应当披露案件进展情况、涉及金额、是否形成预计负债，以及对公司未来的影响。对已经结案的重大诉讼、仲裁事项，公司应当披露案件执行情况。

如以上诉讼、仲裁事项已在临时报告披露且无后续进展的，仅需披露该事项概述，并提供临时报告披露网站的查询索引。如报告期内公司无重大诉讼、仲裁，应当明确说明“本年度公司无重大诉讼、仲裁事项”。

第三十七条 公司及其董事、监事、高级管理人员、控股股东、实际控制人、收购人在报告期内如存在被有权机关调查，被司法机关或纪检部门采取强制措施，被移送司法机关或追究刑事责任，被中国证监会立案调查或行政处罚、被市场禁入、被认定为不适当人选，被环保、安监、税务等其他行政管理部门给予重大行政处罚，以及被证券交易所公开谴责的情形，应当说明原因及结论。

报告期内公司被中国证监会及其派出机构采取行政监管措施并提出限期整改要求的，应当披露整改责任人、整改期限、整改措施，以及整改报告书的指定披露网站及日期。

第三十八条 公司应当披露报告期内公司及其控股股东、实际控制人的诚信状况，包括但不限于：是否存在未履行法院生效判决、所负数额较大的债务到期未清偿等情况。如相关事项已在临时报告披露且无后续进展的，仅需披露该事项概述，并提供临时报告披露网站的相关查询索引。

第三十九条 公司应当披露股权激励计划、员工持股计划或其他员工激励措施在本报告期的具体实施情况。如相关事项已在临时报告披露且后续实施无进展或变化的，仅需披露该事项概述，并提供临时报告披露网站的相关查询索引。

第四十条 公司应当披露报告期内发生的重大关联交易事项。若对于某一关联方，报告期内累计关联交易总额高于3000万元(创业板公司披露标准为1000万元)且占公司最近一期经审计净资产值5%以上，应当按照以下发生关联交易的不同类型分别披露。如已在临时报告披露且后续实施无进展或变化的，仅需披露该事项概述，并提供临时报告披露网站的相关查询索引。

(一)与日常经营相关的关联交易，至少应当披露以下内容：关联交易方、交易内容、定价原则、交易价格、交易金额、占同类交易金额的比例、结算方式；可获得的同类交易市价，如实际交易价与市价存在较大差异，应当说明原因。大额销货退回需披露详细情况。

公司按类别对报告期内发生的日常关联交易进行总额预计的，应当披露日常关联交易事项在报告期内的实际履行情况。

(二)资产或股权收购、出售发生的关联交易，至少应当披露以下内容：关联交易方、交易内容、定价原则、资产的账面价值、评估价值、交易价格、结算方式及交易对公司经营成果和财务状况的影响情况，交易价格与账面价值或评估价值差异较大的，应当说明原因。如相关交易涉及业绩约定的，应当披露报告期内的业绩实现情况。

(三)公司与关联方共同对外投资发生关联交易的，应当至少披露以下内容：共同投资方、被投资企业的名称、主营业务、注册资本、总资产、净资产、净利润、重大在建项目的进展情况。

(四)公司与关联方存在债权债务往来或担保等事项的，应当披露形成原因，债权债务期初余额、本期发生额、期末余额，及其对公司的影响。

(五)其他重大关联交易。

第四十一条 公司应当披露重大合同及其履行情况，包括但不限于：

(一)在报告期内发生或以前期间发生但延续到报告期的托管、承包、租赁其他公司资产或其他公司托管、承包、租赁公司资产的事项，且该事项为公司带来的损益额达到公司当年利润总额的10%以上时，应当详细披露有关合同的主要内容，包括但不限于：有关资产的情况，涉及金额、期限、损益及确定依据，同时应当披露该损益对公司的影响。

(二)重大担保。报告期内履行的及尚未履行完毕的担保合同，包括担保金额、担保期限、担保对象、担保类型（一般担保或连带责任担保）、担保的决策程序等。对于未到期担保合同，如果报告期内发生担保责任或有证据表明有可能承担连带清偿责任，应当明确说明。

公司应当披露报告期内公司及其子公司对外担保（不含对子公司的担保）的发生额和报告期末的担保余额，以及报告期内公司及其子公司对子公司提供担保的发生额和报告期末的担保余额。

公司应当披露全部担保总额及其占公司净资产的比例，并分别列示：公司及其子公司为股东、实际控制人及其关联方提供担保的余额，公司及其子公司直接或间接为资产负债率超过70%的被担保对象提供的担保余额，以及公司及其子公司担保总额超过公司净资产50%部分的金额。

公司担保总额包括报告期末公司及其子公司对外担保余额（不含对子公司的担保）和公司及其子公司对子公司的担保余额，其中子公司的担保余额为该子公司对外担保总额乘以公司持有该子公司的股权比例。

（三）公司应当按照下列类型分别披露报告期内委托理财的资金来源、发生额、未到期余额及逾期未收回金额情况。具体类型包括但不限于银行理财产品、券商理财产品、信托理财产品、其他类（如公募基金产品、私募基金产品）等。

对于单项金额重大的委托理财，或安全性较低、流动性较差、不保本的高风险委托理财，应披露委托理财发生额、未到期余额及逾期未收回金额的具体情况，包括：资金来源、受托机构名称（或受托人姓名）及类型、金额、产品期限、资金投向、报酬确定方式、参考年化收益率、预期收益（如有）、当年度实际收益或损失和实际收回情况；公司还应说明该项委托是否经过法定程序，未来是否还有委托理财计划。公司若就该项委托计提投资减值准备的，应当披露当年度计提金额。

若委托理财出现预期无法收回本金或存在其他可能导致减值的情形，预计对公司具有较大影响的，公司应当说明对财务状况或当期利润的影响。

若公司存在委托贷款事项，也应当比照上述委托行为予以披露。

如相关事项已在临时报告披露且无后续进展的，仅需披露该事项概述，并提供临时报告披露网站的相关查询索引。

（四）其他重大合同。列表披露合同订立双方的名称、签订日期、合同标的所涉及资产的账面价值、评估价值、相关评估机构名称、评估基准日、定价原则以及最终交易价格等，并披露截至报告期末合同的执行情况。临时报告已经披露过的情况，公司应当提供相关披露索引。

第四十二条 鼓励公司结合行业特点，主动披露积极履行社会责任的工作情况，包括但不限于：公司履行社会责任的宗旨和理念，股东和债权人权益保护、职工权益保护、供应商、客户和消费者权益保护、环境保护与可持续发展、公共关系、社会公益事业等方面情况。公司已披露社会责任报告全文的，仅需提供相关的查询索引。

第四十三条 鼓励公司结合自身生产经营情况、战略发展规划、人才与资源优势等开展各项精准扶贫工作，并积极披露报告期内履行扶贫社会责任的具体情况：

（一）精准扶贫规划。公司精准扶贫工作的基本方略、总体目标、主要任务和保障措施。

（二）年度精准扶贫概要。报告期内扶贫计划的总体完成情况、取得的效果等。如扶贫计划未完成的，应说明未按期完成的原因，以及后续改进措施。

（三）精准扶贫成效。分别披露公司报告期内在产业发展扶脱贫、转移就业脱贫、易地搬迁脱贫、教育扶贫、健康扶贫、生态保护扶贫、兜底保障、社会扶贫等方面取得的工作成果。

（四）后续精准扶贫计划。根据公司长期经营战略与扶贫规划，披露下一年度开展精准扶贫工作的计划，以及保障计划实现的主要措施等。

第四十四条 属于环境保护部门公布的重点排污单位的公司或其重要子公司，应当根据法律、法规及部门规章的规定披露以下主要环境信息：

（一）排污信息。包括但不限于主要污染物及特征污染物的名称、排放方式、排放口数量和分布情况、排放浓度和总量、超标排放情况、执行的污染物排放标准、核定的排放总量。

（二）防治污染设施的建设和运行情况。

（三）建设项目环境影响评价及其他环境保护行政许可情况。

（四）突发环境事件应急预案。

（五）环境自行监测方案。

（六）其他应当公开的环境信息。

公司在报告期内以临时报告的形式披露环境信息内容的，应当说明后续进展或变化情况。如相关事项已在临时报告披露且后续实施无进展或变化的，仅需披露该事项概述，并提供临时报告披露网站的相关查询索引。

重点排污单位之外的公司可以参照上述要求披露其环境信息，若不披露的，应当充分说明原因。

鼓励公司自愿披露有利于保护生态、防治污染、履行环境责任的相关信息。环境信息核查机构、鉴证机构、评价机构、指数公司等第三方机构对公司环境信息存在核查、鉴定、评价的，鼓励公司披露相关信息。

第四十五条 公司应当披露其他在报告期内发生的《证券法》《上市公司信息披露管理办法》所规定的重大事件，以及公司董事会判断为重大事件的事项。

如前款所涉重大事项已作为临时报告在指定网站披露，仅需说明信息披露指定网站的相关查询索引及披露日期。

第四十六条 公司的子公司发生的本节所列重大事项，应当视同公司的重大事项予以披露。

第六节 股份变动及股东情况

第四十七条 公司应当按以下要求披露报告期内的普通股股份变动情况：

（一）公司股份变动情况，按照中国证监会对公司股份变动报告规定的内容与格式进行编制。

（二）证券发行与上市情况

1. 介绍报告期内证券发行（不含优先股）情况，包括股票、可转换公司债券、分离交易的可转换公司债券、公司债券及其他衍生证券的种类、发行日期、发行价格（或利率）、发行数量、上市日期、获准上市交易数量、交易终止日期等。

2. 对报告期内因送股、转增股本、配股、增发新股、非公开发行股票、权证行权、实施股权激励计划、企业合并、可转换公司债券转股、减资、内部职工股上市、债券发行或其他原因引起公司股份总数及股东结构的变动、公司资产和负债结构的变动，应当予以说明。

报告期内优先股的股本变动、发行与上市情况按照第七节的要求予以披露。

3. 现存的内部职工股的发行日期、发行价格、发行数量等。

第四十八条 公司应当按照以下要求披露股东和实际控制人情况：

（一）公司股东数量及持股情况，按照中国证监会对公司股份变动报告规定的格式进行编制，应当披露以下内容：

1. 截至报告期末以及年度报告披露日前上一月末的普通股股东总数及表决权恢复的优先股股东总数（如有）。

2. 截至报告期末持有本公司5%以上股份的股东的名称、报告期内股份增减变动的情况、报告期末持股数量、所持股份类别及所持股份质押或冻结的情况。如持股5%以上的股东少于10人,则应当列出至少前10名股东的持股情况。如所持股份中包括无限售条件股份(或已上市流通股份)、有限售条件股份(或未上市流通股份),应当分别披露其数量。

如前10名股东之间存在关联关系或属于《上市公司收购管理办法》规定的一致行动人的,应当予以说明。

如有战略投资者或一般法人因配售新股成为前10名股东的,应当予以注明,并披露约定持股期间的起止日期。

以上列出的股东情况中应当注明代表国家持有股份的单位和外资股东。

(二)公司控股股东情况

若控股股东为法人的,应当披露名称、单位负责人或法定代表人、成立日期、主要经营业务等;若控股股东为自然人的,应当披露其姓名、国籍、是否取得其他国家或地区居留权、主要职业及职务。如报告期内控股股东发生变更,应当列明披露相关信息的指定网站查询索引及日期。

公司应当披露控股股东报告期内控股和参股的其他境内外上市公司的股权情况。

如不存在控股股东,公司应当予以特别说明。

(三)公司实际控制人情况

公司应当比照本条第二款有关控股股东披露的要求,披露公司实际控制人的情况,并以方框图及文字的形式披露公司与实际控制人之间的产权和控制关系。实际控制人应当披露到自然人、国有资产管理机构,或者股东之间达成某种协议或安排的其他机构或自然人,包括以信托方式形成实际控制的情况。

对实际控制人为自然人的,应当披露其过去10年曾控股的境内外上市公司情况。

如实际控制人通过信托或其他资产管理方式控制公司,应当披露信托合同或者其他资产管理安排的主要内容,包括信托或其他资产管理的具体方式,信托管理权限(包括公司股份表决权的行使等),涉及的股份数量及占公司已发行股份的比例,信托或资产管理费用,信托资产处理安排,合同签订的时间、期限及变更、终止的条件,以及其他特别条款等。

如不存在实际控制人的情况,公司应当就认定依据予以特别说明。

如公司最终控制层面存在多位自然人或自然人控制的法人共同持股

的情形，且其中没有一人的持股比例（直接或间接持有下一级控制层面公司的股份比例）超过 50%，各自的持股比例比较接近，公司无法确定实际控制人的，应当披露最终控制层面持股比例在 10% 以上的股东情况；如公司没有持股 10% 以上的股东，则应当披露持股比例 5% 以上的股东情况。

（四）其他持股在 10% 以上的法人股东，应当披露其名称、单位负责人或法定代表人、成立日期、注册资本、主要经营业务或管理活动等情况。

（五）公司前 10 名无限售流通股股东的名称全称、年末持有无限售流通股的数量和种类（A、B、H 股或其他）。投资者通过客户信用交易担保证券账户持有的股票不应计入证券公司自有证券，并与其通过普通证券账户持有的同一家上市公司的证券数量合并计算。

如前 10 名无限售流通股股东之间，以及前 10 名无限售流通股股东和前 10 名股东之间存在关联关系或属于《上市公司收购管理办法》规定的一致行动人的，应当予以说明。

公司在计算上述持股比例时，仅计算普通股和表决权恢复的优先股股数。

（六）报告期末完成股权分置改革的公司应当按照中国证监会对公司股份变动报告规定的格式披露前十名股东中原非流通股股东持有股份的限售条件。

（七）报告期间，上市公司首次公开发行股票、再融资或者构成重组上市的重大资产重组申请或者相关披露文件存在虚假记载、误导性陈述或者重大遗漏，被中国证监会立案稽查的，应当披露控股股东、实际控制人、重组方及其他承诺主体股份限制减持情况。

第七节　优先股相关情况

第四十九条　发行优先股的公司披露年度报告时，应当以专门章节披露优先股有关情况，具体要求参见本准则第五十条至第五十四条的规定。如年度报告其他章节与上述规定要求披露的部分内容相同的，公司可以建立相关查询索引，避免重复。

第五十条　公司应当披露截至报告期末近 3 年优先股的发行与上市情况，包括公开发行或非公开发行的发行日期、发行价格和票面股息率、发行数量、上市日期、获准上市交易数量、终止上市日期、募集资金使用及变更情况等。

符合《上市公司重大资产重组管理办法》规定的条件发行优先股购

买资产的,参照前款规定进行披露。

公司优先股股东数量及持股情况,按照中国证监会对公司股份变动报告规定的格式进行编制,应当披露以下内容:

(一)截至报告期末以及年度报告披露日前一个月末的优先股股东总数。

(二)截至报告期末持有本公司5%以上优先股股份的股东名称、报告期内股份增减变动的情况、报告期末持股数量、所持股份类别及所持股份质押或冻结的情况。如持股5%以上的优先股股东少于10人,则应当列出至少前10名优先股股东的持股情况。如股东所持优先股在除股息分配和剩余财产分配以外的其他条款上具有不同设置,应当分别披露其持股数量。

如前10名优先股股东之间,前10名优先股股东与前10名普通股股东之间存在关联关系或属于《上市公司收购管理办法》规定的一致行动人的,应当予以说明。

以上列出的优先股股东情况中应当注明代表国家持有股份的单位和外资股东。

第五十一条 公司应当披露报告期内优先股的利润分配情况,包括股息率及分配金额、是否符合分配条件和相关程序、股息支付方式、股息是否累积、是否参与剩余利润分配等。同时,列表披露近3年(含报告期)优先股分配金额与分配比例,对于因本会计年度可分配利润不足而累积到下一会计年度的差额或可参与剩余利润分配的部分应当单独说明。

优先股的利润分配政策调整或变更的,公司应当披露原因和变更的程序。报告期内盈利且母公司未分配利润为正,但未对优先股进行利润分配的,公司应当详细披露原因以及未分配利润的用途和使用计划。

如公司章程中涉及优先股分配的其他事项,公司应当予以说明。

第五十二条 报告期内公司进行优先股回购或商业银行发行的优先股转换成普通股的,应当按照以下要求披露相关的回购或转换情况:

(一)优先股的回购情况,包括回购期间、回购价格和定价原则、回购数量和比例、回购的资金总额以及资金来源、回购股份的期限、回购选择权的行使主体、对公司股本结构的影响等,并披露相关的程序。

(二)优先股的转换情况,包括转股条件、转股价格、转换比例、转换选择权的行使主体,对公司股本结构的影响等,并披露相关的程序。

第五十三条 报告期内存在优先股表决权恢复的,公司应当按照以下要求披露相关情况：

（一）公司应当披露相关表决权的恢复、行使情况，包括恢复表决权的优先股数量、比例、有效期间、对公司股本结构的影响等，并披露相关的决议与程序。如果存在公司章程规定的优先股表决权恢复的其他情形，应当予以说明。

（二）如前10名股东、持有5%以上股份的股东或实际控制人所持股份中包含表决权恢复的优先股，公司应当按照本准则第四十八条的规定单独披露表决权恢复的优先股涉及的股东和实际控制人情况。

第五十四条 公司应当披露对优先股采取的会计政策及理由，财务报表及附注中的相关内容应当按照中国证监会制定的有关财务报告规定进行编制。

第八节 董事、监事、高级管理人员和员工情况

第五十五条 公司应当披露董事、监事和高级管理人员的情况，包括：

（一）基本情况。现任及报告期内离任董事、监事、高级管理人员的姓名、性别、年龄、任期起止日期（连任的从首次聘任日起算）、年初和年末持有本公司股份、股票期权、被授予的限制性股票数量、年度内股份增减变动量及增减变动的原因。如为独立董事，需单独注明。报告期如存在任期内董事、监事离任和高级管理人员解聘的，应当说明原因。

（二）现任董事、监事、高级管理人员专业背景、主要工作经历，目前在公司的主要职责。董事、监事、高级管理人员如在股东单位任职，应当说明其职务及任职期间，以及在除股东单位外的其他单位的任职或兼职情况。上市公司应当披露现任及报告期内离任董事、监事和高级管理人员近三年受证券监管机构处罚的情况。

（三）年度报酬情况

董事、监事和高级管理人员报酬的决策程序、报酬确定依据以及实际支付情况。披露每一位现任及报告期内离任董事、监事和高级管理人员在报告期内从公司获得的税前报酬总额（包括基本工资、奖金、津贴、补贴、职工福利费和各项保险费、公积金、年金以及以其他形式从公司获得的报酬）及其全体合计金额，并说明是否在公司关联方获取报酬。

对于董事、高级管理人员获得的股权激励，公司应当按照已解锁股份、未解锁股份、可行权股份、已行权股份、行权价以及报告期末市价单独列示。

第五十六条 公司应当披露母公司和主要子公司的员工情况，包括在职员工的数量、专业构成（如生产人员、销售人员、技术人员、财务人员、行政人员）、教育程度、员工薪酬政策、培训计划以及需公司承担费用的离退休职工人数。

对于劳务外包数量较大的，公司应当披露劳务外包的工时总数和支付的报酬总额。

第九节 公司治理

第五十七条 公司应当披露公司治理的基本状况，说明公司治理的实际状况与中国证监会发布的有关上市公司治理的规范性文件是否存在重大差异，如有重大差异，应当说明具体情况及原因。

公司应当就其与控股股东在业务、人员、资产、机构、财务等方面存在不能保证独立性、不能保持自主经营能力的情况进行说明。存在同业竞争的，公司应当披露相应的解决措施、工作进度及后续工作计划。

第五十八条 公司应当介绍报告期内召开的年度股东大会、临时股东大会的有关情况，包括会议届次、召开日期及会议决议刊登的指定网站的查询索引及披露日期，以及表决权恢复的优先股股东请求召开临时股东大会、召集和主持股东大会、提交股东大会临时提案的情况（如有）。

第五十九条 公司应当披露报告期内每位独立董事履行职责的情况，包括但不限于：独立董事的姓名，独立董事出席董事会的次数、方式，独立董事曾提出异议的有关事项及异议的内容，出席股东大会的次数，独立董事对公司有关建议是否被采纳的说明。

第六十条 公司应当披露董事会下设专门委员会在报告期内提出的重要意见和建议。存在异议事项的，应当披露具体情况。

第六十一条 监事会在报告期内的监督活动中发现公司存在风险的，公司应当披露监事会就有关风险的简要意见、监事会会议召开时间、会议届次、参会监事以及指定披露网站的查询索引及披露日期等信息；否则，公司应当披露监事会对报告期内的监督事项无异议。

第六十二条 鼓励公司详细披露报告期内对高级管理人员的考评机制，以及激励机制的建立、实施情况。

第六十三条 报告期内若发现公司内部控制存在重大缺陷的，应当披露具体情况，包括缺陷发生的时间、对缺陷的具体描述、缺陷对财务报告的潜在影响，已实施或拟实施的整改措施、整改时间、整改责任人及整改效果。

公司若按要求披露内部控制自我评价报告的,应当提供相应的查询索引。

第六十四条 按照规定要求对内部控制进行审计的公司,应当提供相应的查询索引。若会计师事务所出具非标准意见的内部控制审计报告或者内部控制审计报告与董事会的自我评价报告意见不一致的,公司应当解释原因。

第十节 公司债券相关情况

第六十五条 公开发行公司债券的公司披露年度报告时,应当以专门章节披露公司债券相关情况,具体要求参见本准则第六十六条至第六十八条的规定。如年度报告其他章节与上述规定要求披露的部分内容相同的,公司可以建立相关查询索引,避免重复。公司发行多只公司债券的,披露本章节相关事项时应当指明与公司债券的对应关系。

第六十六条 公司应当披露所有公开发行并在证券交易所上市,且在年度报告批准报出日未到期或到期未能全额兑付的公司债券情况,包括:

(一)公司债券名称、简称、代码、发行日、到期日、债券余额、利率、还本付息方式,公司债券上市或转让的交易场所,投资者适当性安排,报告期内公司债券的付息兑付情况。

公司债券附发行人或投资者选择权条款、可交换条款等特殊条款的,公司应当披露报告期内相关条款的执行情况。

(二)债券受托管理人名称、办公地址、联系人及联系电话;报告期内对公司债券进行跟踪评级的资信评级机构名称、办公地址。

报告期内公司聘请的债券受托管理人、资信评级机构发生变更的,应当披露变更的原因、履行的程序、对投资者利益的影响等。

(三)公司债券募集资金使用情况及履行的程序、年末余额、募集资金专项账户运作情况,并说明是否与募集说明书承诺的用途、使用计划及其他约定一致。

(四)资信评级机构根据报告期情况对公司及公司债券作出最新跟踪评级的时间(预计)、评级结果披露地点,提醒投资者关注。

报告期内资信评级机构对公司及公司债券进行不定期跟踪评级的,公司应当披露不定期跟踪评级情况,包括但不限于评级机构、评级报告出具的时间、评级结论及标识所代表的含义等,并重点说明与上一次评级结果的对比情况。如评级发生变化,公司还应当披露相关变化对投资者适当性的影响。

报告期内资信评级机构因公司在中国境内发行其他债券、债务融资工具对公司进行主体评级的，应当披露是否存在评级差异情况。

（五）报告期内公司债券增信机制、偿债计划及其他偿债保障措施发生变更的，公司应当参照《公开发行证券的公司信息披露内容与格式准则第23号——公开发行公司债券募集说明书》第五节的有关规定披露增信机制、偿债计划及其他偿债保障措施的相关情况，说明变更原因，变更是否已取得有权机构批准，以及相关变更对债券持有人利益的影响。

公司债券增信机制、偿债计划及其他偿债保障措施未发生变更的，公司应当披露增信机制、偿债计划及其他偿债保障措施在报告期内的执行情况、变化情况，并说明相关变化对债券持有人利益的影响：

1. 提供保证担保的，如保证人为法人或者其他组织，应当披露保证人报告期末的净资产额、资产负债率、净资产收益率、流动比率、速动比率等主要财务指标（并注明相关财务报告是否经审计），保证人资信状况、累计对外担保余额以及累计对外担保余额占其净资产的比例；如保证人为自然人，应当披露保证人资信状况、代偿能力、资产受限情况、对外担保情况以及可能影响保证权利实现的其他信息；保证人为发行人控股股东或实际控制人的，还应当披露保证人所拥有的除发行人股权外的其他主要资产，以及该部分资产的权利限制及是否存在后续权利限制安排。公司应当着重说明保证人情况与上一年度（或募集说明书）披露情况的变化之处。

2. 提供抵押或质押担保的，应当披露担保物的价值（账面价值和评估值，注明评估时点）变化情况，已经担保的债务总余额以及抵/质押顺序，报告期内担保物的评估、登记、保管等情况。

3. 采用其他方式进行增信的，应当披露报告期内相关增信措施的变化情况等。

4. 公司制定偿债计划或采取其他偿债保障措施的，应当披露报告期内相关计划和措施的执行情况，与募集说明书的相关承诺是否一致等。

5. 公司设置专项偿债账户的，应当披露该账户资金的提取情况，与募集说明书的相关承诺是否一致等。

（六）报告期内债券持有人会议的召开情况，包括召开时间、地点、召开原因、形成的决议等。

（七）报告期内债券受托管理人履行职责的情况。受托管理人在履行职责时可能存在利益冲突情形的，公司应当披露采取的相关风险防范、解决机制。

公司应当说明受托管理人是否已披露报告期受托管理事务报告，以及披露（或预计披露）地址，提醒投资者关注。

第六十七条 公司应当披露公司的相关情况，包括：

（一）采用数据列表方式，披露截至报告期末公司近2年的下列会计数据和财务指标，包括但不限于：息税折旧摊销前利润、流动比率、速动比率、资产负债率、EBITDA全部债务比（息税折旧摊销前利润/全部债务）、利息保障倍数〔息税前利润/（计入财务费用的利息支出+资本化的利息支出）〕、现金利息保障倍数〔（经营活动产生的现金流量净额+现金利息支出+所得税付现）/现金利息支出〕、EBITDA利息保障倍数〔息税折旧摊销前利润/（计入财务费用的利息支出+资本化的利息支出）〕、贷款偿还率（实际贷款偿还额/应偿还贷款额）、利息偿付率（实际支付利息/应付利息）。

若上述会计数据和财务指标同比变动超过30%的，应当披露产生变化的主要原因。

（二）公司发行其他债券和债务融资工具的，应当披露报告期内对其他债券和债务融资工具的付息兑付情况。

（三）报告期内获得的银行授信情况、使用情况以及偿还银行贷款的情况（包括按时偿还、展期及减免情况等）。

（四）报告期内执行公司债券募集说明书相关约定或承诺的情况，并分析相关情况对债券投资者利益的影响。

（五）报告期内发生的《公司债券发行与交易管理办法》第四十五条列示的重大事项，说明该事项的最新进展以及对公司经营情况和偿债能力的影响。

如相关重大事项已在临时报告披露且无后续进展的，仅需披露该事项概述，并提供临时报告披露网站的相关查询索引。

第六十八条 公司债券的保证人为法人或者其他组织的，应当在每个会计年度结束之日起4个月内单独披露保证人报告期财务报表（并注明是否经审计），包括资产负债表、利润表、现金流量表、所有者权益（股东权益）变动表和财务报表附注，并指明保证人所担保公司债券的全称。

第十一节 财 务 报 告

第六十九条 公司应当披露审计报告正文和经审计的财务报表。

财务报表包括公司近两年的比较式资产负债表、比较式利润表和比较式现金流量表，以及比较式所有者权益（股东权益）变动表和财务报表附注。编制合并财务报表的公司，除提供合并财务报表外，还应当提供母公司财务报表。

财务报表附注应当按照中国证监会制定的有关财务报告的规定编制。

第十二节　备查文件目录

第七十条　公司应当披露备查文件的目录，包括：

（一）载有公司负责人、主管会计工作负责人、会计机构负责人（会计主管人员）签名并盖章的财务报表。

（二）载有会计师事务所盖章、注册会计师签名并盖章的审计报告原件。

（三）报告期内在中国证监会指定网站上公开披露过的所有公司文件的正本及公告的原稿。

（四）在其他证券市场公布的年度报告。

公司应当将上述文件的原件或具有法律效力的复印件同时置备于公司住所、证券交易所，以供社会公众查阅。

第三章　年度报告摘要

第一节　重 要 提 示

第七十一条　公司应当在年度报告摘要显要位置刊登如下（但不限于）重要提示：

“本年度报告摘要来自年度报告全文，为全面了解本公司的经营成果、财务状况及未来发展规划，投资者应当到证监会指定媒体仔细阅读年度报告全文。”

如有个别董事、监事、高级管理人员对年度报告内容的真实性、准确性、完整性无法保证或存在异议的，应当声明：“××董事、监事、高级管理人员无法保证本报告内容的真实性、准确性和完整性，理由是：……，请投资者特别关注。”如有董事未出席董事会，应当单独列示其姓名。

如果执行审计的会计师事务所对公司出具了非标准审计报告，重要提示中应当增加以下陈述：“××会计师事务所为本公司出具了带强调事项段的无保留意见（或保留意见、否定意见、无法表示意见）的审计报告，本公司董事会、监事会对相关事项亦有详细说明，请投资者注意阅读。”

公司应当提示董事会决议通过的本报告期普通股及优先股利润分配预案。

第二节 公司基本情况

第七十二条 公司应当以简易图表形式披露如下内容：

(一)公司股票简称、股票代码、股票上市交易所(若报告期初至报告披露日期间公司股票简称发生变更,还应当同时披露变更前的股票简称)。

(二)公司董事会秘书及证券事务代表的姓名、办公地址、电话、电子邮箱。

第七十三条 公司应当对报告期公司从事的主要业务进行简要介绍,包括报告期公司所从事的主要业务和主要产品简介、行业发展变化、市场竞争格局以及公司行业地位等内容。

第七十四条 公司应当采用数据列表方式,提供截至报告期末公司近3年的主要会计数据和财务指标,包括但不限于:总资产、营业收入、归属于上市公司股东的净利润、归属于上市公司股东的扣除非经常性损益的净利润、归属于上市公司股东的净资产、经营活动产生的现金流量净额、净资产收益率、每股收益。

公司应当采用数据列表方式,分季度提供营业收入、归属于上市公司股东的净利润、归属于上市公司股东的扣除非经常性损益的净利润、经营活动产生的现金流量净额。如上述财务指标或其加总数与公司已披露季度报告、半年度报告相关财务指标存在重大差异的,应当说明主要原因。

表格中金额和股本的计量单位可采用万、亿(元、股)等,减少数据位数;基本原则是小数点前最多保留5位,小数点后保留两位。

第七十五条 公司应当披露报告期末及年报披露前一个月末公司普通股股东总数和表决权恢复的优先股股东总数、前10名股东情况、以方框图形式披露公司与实际控制人之间的产权及控制关系。

公司在计算上述持股比例时,仅计算普通股和表决权恢复的优先股股数。

第七十六条 公司应当披露报告期末公司优先股股东总数及前10名股东情况。

第七十七条 公司应当披露所有公开发行并在证券交易所上市,且在年度报告批准报出日未到期或到期未能全额兑付的公司债券情况,包括简称、代码、到期日、债券余额、利率,报告期内公司债券的付息兑付情况,资信评级机构对公司及公司债券作出的最新跟踪评级及评级变化情况,并采用数据列表方式,披露截至报告期末公司近2年的会计数据和财务指标,包括但不限于:资产负债率、EBITDA全部债务比(息税折旧摊销前利润/全部债务)、利息保障倍数〔息税前利润/(计入财务费用的利息支出+资本化的利息支出)〕。

第三节　经营情况讨论与分析

第七十八条　公司应当简要介绍公司报告期内的经营情况,主要围绕公司的市场份额、市场排名、产能和产量及销量、销售价格、成本构成等数据,尽量选择当期重大变化的情况进行讨论,分析公司报告期内经营活动的总体状况,并对以下方面予以提示:

(一)提示主营业务的经营是否存在重大变化。对占公司主营业务收入或主营业务利润10%以上的产品,分别列示其营业收入及营业利润,并提示其中是否存在变化。

(二)提示是否存在需要特别关注的经营季节性或周期性特征(如有)。对于业务年度与会计年度不一致的行业,鼓励披露按业务年度口径汇总的收入、成本、销量、净利润、期末存货的当期和历史数据。

(三)若报告期内公司的营业收入、营业成本、归属于上市公司普通股股东的净利润总额或者构成较前一报告期发生重大变化的,应当予以说明。

(四)面临暂停上市和终止上市情形的,应当披露导致暂停上市或终止上市的原因。

第七十九条　若与上一会计期间相比,公司会计政策、会计估计以及财务报表合并范围发生变化,或报告期因重大会计差错而进行追溯调整,应予以披露,并对其原因和影响数进行说明。

第四章　附　　则

第八十条　本准则所称"控股股东""实际控制人""关联方""关联交易""高级管理人员""重大""累计"等的界定,按照《公司法》《证券法》等法律法规以及《上市公司信息披露管理办法》《优先股试点管理办法》等相关规定执行。

第八十一条　本准则所称"以上""以内"包含本数,"超过""少于"

"低于""以下"不含本数。

第八十二条 本准则自公布之日起施行。《公开发行证券的公司信息披露内容与格式准则第2号——年度报告的内容与格式(2016年修订)》(证监会公告〔2016〕31号)同时废止。

附件:1.年度报告摘要披露格式

2.退市情况专项报告格式

附件1

年度报告摘要披露格式

××××股份有限公司年度报告摘要

第一节 重要提示

公司应当在年度报告摘要显要位置刊登如下(但不限于)重要提示:

1.本年度报告摘要来自年度报告全文,为全面了解本公司的经营成果、财务状况及未来发展规划,投资者应当到证监会指定媒体仔细阅读年度报告全文。

2.如有个别董事、监事、高级管理人员对年度报告内容的真实性、准确性、完整性无法保证或存在异议的,应当声明:

××董事、监事、高级管理人员无法保证本报告内容的真实性、准确性和完整性,理由是:……,请投资者特别关注。

3.如有董事未出席董事会,应当单独列示其姓名。

4.如执行审计的会计师事务所对公司出具了非标准审计报告,应当特别提示:

××会计师事务所为本公司出具了带强调事项段的无保留意见(或保留意见、无法表示意见、否定意见)的审计报告,本公司董事会、监事会对相关事项亦有详细说明,请投资者注意阅读。

5.提示董事会决议通过的本报告期普通股及优先股利润分配预案。

第二节　公司基本情况

1. 公司简介

股票简称		股票代码	
股票上市交易所			
联系人和联系方式	董事会秘书	证券事务代表	
姓名			
办公地址			
电话			
电子信箱			

若报告期初至报告披露日期间公司股票简称发生变更，还应当同时披露变更前的股票简称。

2. 报告期公司主要业务简介

3. 公司主要会计数据和财务指标①

3.1　近3年的主要会计数据和财务指标

	××××年（T年，即本年）	××××年（T－1年）	本年比上年增减（%）	××××年（T－2年）
总资产				
营业收入				
归属于上市公司股东的净利润				
归属于上市公司股东的扣除非经常性损益后的净利润				
归属于上市公司股东的净资产				
经营活动产生的现金流量净额				
加权平均净资产收益率				
每股收益				

① 表格中金额和股本的计量单位可采用万、百万、亿（元、股）等。

3.2　报告期分季度的主要会计数据

	××××年 第一季度	××××年 第二季度	××××年 第三季度	××××年 第四季度
营业收入				
归属于上市公司股东的净利润				
归属于上市公司股东的扣除非经常性损益后的净利润				
经营活动产生的现金流量净额				

若上述财务指标或其加总数与公司已披露季度报告、半年度报告相关财务指标存在重大差异的,应当说明主要原因。

4. 股东情况

4.1　报告期末及年报披露前一个月末的普通股股东总数和表决权恢复的优先股股东总数及前10名股东情况。

4.2　公司与实际控制人之间的产权及控制关系的方框图。

4.3　报告期末公司优先股股东总数及前10名股东情况。

5. 公司债券情况

5.1　在年度报告批准报出日未到期或到期未能全额兑付的公开发行并在证券交易所上市的公司债券情况,包括简称、代码、到期日、债券余额、利率,报告期内公司债券的付息兑付情况,以及资信评级机构对公司及公司债券作出的最新跟踪评级及评级变化情况。

5.2　公司近2年的主要会计数据和财务指标①

	××××年 (T年,即本年)	××××年 (T-1年)	本年比上年增减 (%)
资产负债率			
EBITDA全部债务比			
利息保障倍数			

① 表格中金额的计量单位可采用万、百万、亿(元)等。

第三节　经营情况讨论与分析

1. 报告期内的经营概况

公司应当简要介绍公司报告期内的经营情况，并对以下方面予以提示：

(1)提示主营业务的经营是否存在重大变化。

(2)提示是否存在需要特别关注的经营季节性或周期性特征(如有)。

(3)提示报告期内公司的营业收入、营业成本、归属于上市公司普通股股东的净利润总额或者构成较前一报告期发生的重大变化。

(4)面临暂停上市和终止上市情形的，披露导致暂停上市或终止上市的原因。

2. 与上年度财务报告相比，公司会计政策、会计估计以及财务报表合并范围发生变化的，或报告期因重大会计差错而进行追溯调整，公司应当说明情况、原因及其影响数。

附件 2

退市情况专项报告格式

××××股份有限公司退市情况专项报告格式

一、退市情况概述。

说明公司存在的具体终止上市的情形，如为强制退市的，应当说明导致退市的原因及公司现状；如为主动退市的，应当说明公司申请退市理由、方案及进展情况。

二、退市对公司的影响。

说明退市对公司生产经营及股票交易状态的影响，如停复牌安排、终止上市的预计时间、退市整理期安排等。

三、退市决策程序(如适用)。

说明股东大会就退市决策进行表决的情况，包括关联股东回避表决情况。

四、董事会说明。

强制退市情形的,说明公司董事会拟采取或已采取消除退市的相应措施;主动退市情形的,说明公司董事会关于退市后的发展战略,包括并购重组安排、经营发展计划、重新上市安排等。

五、独立董事意见(如适用)。

就公司退市的原因及退市后的发展战略是否有利于公司长远发展和全体股东利益发表独立意见。

六、财务顾问意见(如适用)。

就公司退市的合法合规性、投资者合法权益保护计划等发表专业意见。

七、投资者保护的安排计划。

说明退市后的去向、交易安排和投资者合法权益保护计划。包括:主动退市情形的公司应当披露异议股东回购请求权、现金选择权等专门安排。强制退市的公司,应当充分评估退市风险,提出应对预案。因重大违法强制退市的公司应当按照相关法规、政策性文件披露公开募集及上市文件中的关于回购股份和依法赔偿投资者的公开承诺及可能面临的诉讼及赔偿风险(如适用)。

八、其他。中国证监会、证券交易所或公司董事会认为有助于说明事件实质的其他内容。

公开发行证券的公司信息披露内容与格式准则第3号——半年度报告的内容与格式(2017年修订)

(2017年12月26日 证监会公告〔2017〕18号)

第一章 总 则

第 一 条 为规范上市公司半年度报告的编制及信息披露行为,保护投资者合法权益,根据《公司法》《证券法》等法律、法规及中国证券监督管理委员会(以下简称中国证监会)的有关规定,制定本准则。

第 二 条 半年度报告是中期报告的一种类型。根据《公司法》《证券法》在中华人民共和国境内公开发行股票并在证券交易所上市的股份有限公司(以下简称公司)应当按照本准则的要求编制和披露半年度报告。

第 三 条 本准则的规定是对公司半年度报告信息披露的最低要求;对投资者投资决策有重大影响的信息,不论本准则是否有明确规定,公司均应当披露。

鼓励公司结合自身特点,以简明易懂的方式披露对投资者特别是中小投资者决策有用的信息,但披露的信息应当保持持续性,不得选择性披露。

第 四 条 本准则某些具体要求对公司确实不适用的,公司可以根据实际情况在不影响披露内容完整性的前提下做出适当修改,并说明修改原因。

第 五 条 由于国家秘密、商业秘密等特殊原因导致本准则规定的某些信息确实不便披露的,公司可以不予披露,但应当在相关章节详细说明未按本准则要求进行披露的原因。中国证监会认为需要披露的,公司应当披露。公司在编制和披露半年度报告时应当严格遵守国家有关保密的法律法规,不得泄露国家保密信息。

第 六 条 在不影响信息披露完整性和不致引起阅读不便的前提

下,公司可以采用相互引证的方法,对半年度报告相关部分进行适当的技术处理,以避免不必要的重复和保持文字简洁。

第 七 条 公司半年度报告的全文应当遵循本准则第二章的要求进行编制和披露。

公司半年度报告摘要应当遵循本准则第三章的要求,并按照附件的格式进行编制和披露。

半年度报告的报告期是指年初至半年度期末的期间。

第 八 条 同时在境内和境外证券市场上市的公司,如果境外证券市场对半年度报告的编制和披露要求与本准则不同,应当遵循报告内容从多不从少、报告要求从严不从宽的原则,并应当在同一日公布半年度报告。

发行境内上市外资股及其衍生证券并在证券交易所上市的公司,应当同时编制半年度报告的外文译本。

第 九 条 公司半年度报告中的财务报告可以不经审计,但中国证监会和证券交易所另有规定的除外。

第 十 条 公司在编制半年度报告时应当遵循如下一般要求:

(一)半年度报告中引用的数字应当采用阿拉伯数字,货币金额除特别说明外,通常指人民币金额,并以元、千元、万元、百万元或亿元为单位。

(二)公司可以根据有关规定或其他需求,编制半年度报告外文译本,同时应当保证中外文文本的一致性,并在外文文本上注明:“本报告分别以中、英(或日、法、俄)文编制,在对中外文文本的理解发生歧义时,以中文文本为准。”

(三)半年度报告封面应当载明公司的中文名称、“半年度报告”字样、报告期间,也可以载明公司的外文名称、徽章、图案等。半年度报告的目录应当编排在显著位置。

(四)公司可以在半年度报告正文前刊载宣传本公司的照片、图表或致投资者信,但不得刊登任何祝贺性、恭维性或推荐性的词句、题字或照片,不得含有夸大、欺诈、误导或内容不准确、不客观的词句。

(五)公司编制半年度报告时可以图文并茂,采用柱状图、饼状图等统计图表,以及必要的产品、服务和业务活动图片进行辅助说明,提高报告的可读性。

(六)公司编制半年度报告应当遵循中国证监会上市公司行业分类的有关规定,公司可以增加披露所使用的其他的行业分类数据、资料作为参考。

第十一条　主板(含中小企业板)公司应当在每个会计年度上半年度结束之日起2个月内将半年度报告全文刊登在中国证监会指定网站上;同时半年度报告摘要只需选择在一种中国证监会指定报纸上刊登,刊登篇幅原则上不超过报纸的1/4版面,也可以刊登在中国证监会指定网站上。

创业板公司应当在每个会计年度上半年度结束之日起2个月内将半年度报告全文和摘要刊登在中国证监会指定网站上;同时只需选择在一种中国证监会指定报纸上刊登“本公司××××半年度报告及摘要已于×年×月×日在中国证监会指定的信息披露网站上披露,请投资者注意查阅”的提示性公告。

公司可以将半年度报告刊登在其他媒体上,但不得早于在中国证监会指定媒体披露的时间。

第十二条　在半年度报告披露前,内幕信息知情人不得泄露内幕信息,或利用内幕信息牟取不正当利益。

第十三条　公司应当在半年度报告披露后,将半年度报告原件或具有法律效力的复印件同时备置于公司住所、证券交易所,以供社会公众查阅。

第十四条　公司董事会、监事会及董事、监事、高级管理人员应当保证半年度报告内容的真实、准确、完整,不存在虚假记载、误导性陈述或重大遗漏,并承担个别和连带的法律责任。

如有董事、监事、高级管理人员对半年度报告内容存在异议或无法保证其真实、准确、完整的,应当单独陈述理由。

第十五条　中国证监会对特殊行业公司信息披露另有规定的,公司应当遵循其规定。

行业主管部门对公司另有规定的,公司在编制和披露半年度报告时应当遵循其规定。

第二章　半年度报告正文

第一节　重要提示、目录和释义

第十六条　公司应当在半年度报告文本扉页刊登如下重要提示:公司董事会、监事会及董事、监事、高级管理人员保证半年度报告内容的真实、准确、完整,不存在虚假记载、误导性陈述或重大遗漏,并承担个别和连带的法律责任。

公司负责人、主管会计工作负责人及会计机构负责人(会计主管人员）应当声明并保证半年度报告中财务报告的真实、准确、完整。

如有董事、监事、高级管理人员对半年度报告内容存在异议或无法保证其真实、准确、完整的，应当声明××无法保证本报告内容的真实、准确、完整，并说明理由，请投资者特别关注。同时，单独列示未出席董事会审议半年度报告的董事姓名及原因。

如半年度财务报告已经审计并被出具非标准审计报告，重要提示中应当声明××会计师事务所为本公司出具了带强调事项段或其他事项段的无保留意见、保留意见、否定意见或无法表示意见的审计报告，本公司董事会、监事会对相关事项已有详细说明，请投资者注意阅读。

如半年度报告涉及未来计划等前瞻性陈述，同时附有相应的警示性陈述，则应当声明该计划不构成公司对投资者的实质承诺，投资者及相关人士均应当对此保持足够的风险认识，并且应当理解计划、预测与承诺之间的差异。

第十七条 公司应当提示需要投资者特别关注的重大风险，并提示投资者注意阅读。

第十八条 公司应当提示经董事会审议的报告期内的半年度利润分配预案或公积金转增股本预案。

第十九条 公司应当对可能造成投资者理解障碍以及具有特定含义的术语作出通俗易懂的解释，半年度报告的释义应当在目录次页排印。

半年度报告目录应当标明各章、节的标题及其对应的页码。

第二节 公司简介和主要财务指标

第二十条 公司应当披露如下内容：

（一）公司的中文名称及简称，外文名称及缩写（如有）。

（二）公司的法定代表人。

（三）公司董事会秘书及证券事务代表的姓名、联系地址、电话、传真、电子信箱。

（四）公司股票上市交易所、股票简称和股票代码。

以下事项在报告期内发生变更并已在临时报告披露的，公司应当列明披露相关信息的指定网站查询索引及日期：

（一）公司注册地址，公司办公地址及其邮政编码，公司网址、电子信箱。

（二）公司选定的信息披露媒体的名称，登载半年度报告的中国证监会指定网站的网址，公司半年度报告备置地。

（三）其他有关资料。

第二十一条 公司应当采用数据列表方式，提供报告期末和上年末（或报告期和上年相同期间）主要会计数据和财务指标及变动比率，包括但不限于：总资产、营业收入、归属于上市公司股东的净利润、归属于上市公司股东的扣除非经常性损益的净利润、归属于上市公司股东的净资产、经营活动产生的现金流量净额、净资产收益率、每股收益。

同时发行人民币普通股及境内上市外资股或（和）境外上市外资股的公司，若按不同会计准则计算的净利润和归属于上市公司股东的净资产存在重大差异的，应当列表披露差异情况并说明主要原因。

公司在披露“归属于上市公司股东的扣除非经常性损益后的净利润”时，应当同时说明报告期内非经常性损益的项目及金额。

上述会计数据和财务指标应当按照《公开发行证券的公司信息披露内容与格式准则第 2 号——年度报告的内容与格式（2017 年修订）》（以下简称《年度报告准则》）以及中国证监会颁布的其他有关信息披露规范的相关规定计算和披露。

第三节 公司业务概要

第二十二条 公司应当简要介绍报告期内公司所从事的主要业务、主要产品及其用途、经营模式、主要的业绩驱动因素等发生的主要变化情况。

第二十三条 公司应当简要介绍报告期内公司主要资产发生的重大变化，包括但不限于股权资产、固定资产、无形资产、在建工程等。若境外资产占比较高的，应当披露境外资产的形成原因、资产规模、运营模式、收益状况等。

第二十四条 公司应当披露报告期内核心竞争力（包括核心管理团队、关键技术人员、专有设备、专利、非专利技术、特许经营权、土地使用权、水面养殖权、探矿权、采矿权、独特经营方式和盈利模式、允许他人使用自己所有的资源要素或作为被许可方使用他人资源要素等）的重要变化及对公司所产生的影响。如发生因核心管理团队或关键技术人员离职、设备或技术升级换代、特许经营权丧失等导致公司核心竞争力受到严重影响的，公司应当详细分析，并说明拟采取的相应措施。

第四节 经营情况讨论与分析

第二十五条 公司经营情况讨论与分析中应当对财务报告的数据和

其他必要的统计数据,以及报告期内发生和未来将要发生的重大事项,进行讨论与分析,以有助于投资者了解其经营成果、财务状况和未来可能的变化。公司可以运用逐年比较、数据列表或其他方式对相关事项进行列示,以增进投资者的理解。公司披露经营情况讨论与分析应当遵守《年度报告准则》第二十六条所列原则。

第二十六条 公司应当回顾分析在报告期内的主要经营情况。对重要事项的披露应当完整全面,不能有选择地披露。公司应当披露已对报告期产生重要影响以及未对报告期产生影响但对未来具有重要影响的事项等。内容包括但不限于:

(一)主要经营业务。应当包括(但不限于)收入、成本、费用、研发投入、现金流等项目,需要提示变化并分析变化的原因。若公司业务类型、利润构成或利润来源发生重大变动,应当详细说明。

(二)若本期公司利润构成或利润来源的重大变化源自非主要经营业务,包括但不限于投资收益、公允价值变动损益、资产减值、营业外收支等,应当详细说明涉及金额、形成原因、是否具有可持续性。

(三)资产及负债状况。若报告期内公司资产构成(货币资金、应收款项、存货、投资性房地产、长期股权投资、固定资产、在建工程、短期借款、长期借款等占总资产的比重)同比发生重大变动的,应当说明产生变化的主要影响因素。鼓励公司结合各项营运能力和偿债能力的财务指标进行分析。

公司应当披露截至报告期末的主要资产被查封、扣押、冻结或者被抵押、质押,必须具备一定条件才能变现、无法变现、无法用于抵偿债务的情况,以及该等资产占有、使用、受益和处分权利受到限制的情况和安排。如相关事项已在临时报告披露且无后续进展的,仅需披露该事项概述,并提供临时报告披露网站的相关查询索引。

(四)投资状况。公司应当介绍本半年度投资情况,分析报告期内公司投资额同比变化情况。

1. 对报告期内获取的重大的股权投资,公司应当披露被投资公司名称、主要业务、投资份额和持股比例、资金来源、合作方、投资期限、产品类型、预计收益、本期投资盈亏、是否涉诉等信息。

2. 对报告期内正在进行的重大的非股权投资,公司应当披露项目本半年度和累计实际投入情况、资金来源、项目的进度及预计收益。若项目已产生收益,应当说明收益情况;未达到计划进度和收益的,应当说明原因。

3. 对报告期内持有的以公允价值计量的境内外股票、基金、债券、信托产品、期货、金融衍生工具等金融资产的初始投资成本、资金来源、报告期内购入或售出及投资收益情况、公允价值变动情况等进行披露。

（五）重大资产和股权出售。公司应当简要分析重大资产和股权出售事项对公司业务连续性、管理层稳定性的影响。公司应当说明上述事项是否按计划如期实施，如已实施完毕，应当说明其对财务状况和经营成果的影响，以及所涉及的金额及其占利润总额的比例；如未按计划实施，应当说明原因及公司已采取的措施。

（六）主要控股参股公司分析。公司应当介绍主要子公司的主要业务、注册资本、总资产、净资产、净利润，本半年度取得和处置子公司的情况，包括取得和处置的方式及对公司整体生产经营和业绩的影响。如来源于单个子公司的净利润或单个参股公司的投资收益对公司净利润影响达到10%以上，还应当介绍该公司主营业务收入、主营业务利润等数据。若单个子公司或参股公司的经营业绩同比出现大幅波动，且对公司合并经营业绩造成重大影响的，公司应当对其业绩波动情况及其变动原因进行分析。

若主要子公司或参股公司的经营业绩未出现大幅波动，但其资产规模、构成或其他主要财务指标出现显著变化，并可能在将来对公司业绩造成影响，也应当对变化情况和原因予以说明。

（七）公司控制的结构化主体情况。公司存在其控制下的结构化主体时，应当介绍公司对其控制权方式和控制权内容，并说明公司从中可以获取的利益和对其所承担的风险。另外，公司还应当介绍结构化主体对其提供融资、商品或劳务以支持自身主要经营活动的相关情况。公司控制的结构化主体为《企业会计准则第41号——在其他主体中权益的披露》中所规定的“结构化主体”。

第二十七条 公司如果预测年初至下一报告期期末的累计净利润可能为亏损或者与上年同期相比发生重大变动，应当予以警示并说明原因。

第二十八条 公司应当针对自身特点，遵循关联性原则和重要性原则披露可能对公司未来发展战略和经营目标的实现产生不利影响的风险因素，披露的内容应当充分、准确、具体，应当尽量采取定量的方式分析各风险因素对公司当期及未来经营业绩的影响，并介绍已经或计划采取的应对措施。

对于报告期内新增的风险因素，公司应当对其产生的原因、对公司的影响以及已经采取或拟采取的措施及效果等进行分析。若分析表明相关变化趋势已经、正在或将要对公司的财务状况和经营成果产生重大影响的，公司应当提供管理层对相关变化的基本判断，尽可能定量分析对公司的影响程度。

第五节 重要事项

第二十九条 公司应当介绍报告期内召开的年度股东大会、临时股东大会的有关情况，包括会议届次、召开日期及会议决议刊登的指定网站的查询索引及披露日期，以及表决权恢复的优先股股东请求召开临时股东大会、召集和主持股东大会、提交股东大会临时提案的情况（如有）。

第三十条 如公司董事会在审议半年度报告时拟定利润分配预案、资本公积金转增股本预案的，公司应当说明上述预案是否符合公司章程及审议程序的规定，是否充分保护中小投资者的合法权益，是否由独立董事发表意见。

第三十一条 公司应当披露报告期内履行完毕的，以及截至报告期末超期未履行完毕的，由公司实际控制人、股东、关联方、收购人以及公司等承诺相关方作出的承诺事项。如承诺超期未履行完毕的，应当详细说明未完成履行的原因及下一步的工作计划。

第三十二条 公司半年度财务报告已经审计的，公司应当披露聘任审计半年度财务报告的会计师事务所的情况及报告期内支付给会计师事务所的报酬情况。更换会计师事务所的，公司应当披露解聘原会计师事务所的原因，以及是否履行了必要的程序。

公司半年度财务报告已经审计，并被出具非标准审计报告的，公司应当就所涉及事项作出说明。

上年年度报告中的财务报告被注册会计师出具非标准审计报告的，公司应当就所涉及事项的变化及处理情况作出说明。

第三十三条 公司应当披露报告期内发生的破产重整相关事项，包括向法院申请重整、和解或破产清算，法院受理重整、和解或破产清算，以及公司重整期间发生的法院裁定结果及其他重大事项。执行重整计划的公司应当说明计划的具体内容及执行情况。如相关破产事项已在临时报告披露且后续实施无变化的，仅需披露该事项概述，并提供临时报告披露网站的相关查询索引。

第三十四条 公司应当披露报告期内重大诉讼、仲裁事项。已在上一年度报告中披露，但尚未结案的重大诉讼、仲裁事项，公司应当披露案件进展情况、涉及金额、是否形成预计负债，以及对公司未来的影响。对已经结案的重大诉讼、仲裁事项,公司应当披露案件执行情况。

如以上诉讼、仲裁事项已在临时报告披露且无后续进展的,仅需披露该事项概述,并提供临时报告披露网站的查询索引。如报告期内公司无重大诉讼、仲裁和媒体质疑事项,应当明确说明“本报告期内无重大诉讼、仲裁事项”。

第三十五条 公司及其董事、监事、高级管理人员、控股股东、实际控制人、收购人在报告期内如存在被有权机关调查,被司法机关或纪检部门采取强制措施,被移送司法机关或追究刑事责任,被中国证监会立案调查或行政处罚、被市场禁入、被认定为不适当人选,被环保、安监、税务等其他行政管理部门给予重大行政处罚,以及被证券交易所公开谴责的情形,应当说明原因及结论。

报告期内公司被中国证监会及其派出机构采取行政监管措施并提出限期整改要求的,应当披露整改责任人、整改期限、整改措施,以及披露整改报告书的指定网站查询索引及日期。

第三十六条 公司应当披露报告期内公司及其控股股东、实际控制人的诚信状况,包括但不限于:是否存在未履行法院生效判决、所负数额较大的债务到期未清偿等情况。如相关事项已在临时报告披露且无后续进展的,仅需披露该事项概述,并提供临时报告披露网站的相关查询索引。

第三十七条 公司应当披露股权激励计划、员工持股计划或其他员工激励措施在本报告期的具体实施情况。如相关事项已在临时报告披露且后续实施无进展或变化的,仅需披露该事项概述,并提供临时报告披露网站的相关查询索引。

第三十八条 公司应当披露报告期内发生的重大关联交易事项。若对于某一关联方,报告期内累计关联交易总额高于3000万元(创业板公司披露标准为1000万元)且占公司最近一期经审计净资产值5%以上,应按照以下发生关联交易的不同类型分别披露。如已在临时报告披露且后续实施无进展或变化的,仅需披露该事项概述,并提供临时报告披露网站的相关查询索引。

(一)与日常经营相关的关联交易,至少应当披露以下内容:关联交易方、交易内容、定价原则、交易价格、交易金额、占同类交易金额的比例、结算方式;可获得的同类交易市价,如实际交易价与市价存在较大差异,应当说明原因。大额销货退回需披露详细情况。

公司按类别对报告期内发生的日常关联交易进行总额预计的,应当披露日常关联交易事项在报告期内的实际履行情况。

（二）资产或股权收购、出售发生的关联交易，至少应当披露以下内容：关联交易方、交易内容、定价原则、资产的账面价值、评估价值、交易价格、结算方式及交易对公司经营成果和财务状况的影响情况，交易价格与账面价值或评估价值差异较大的，应当说明原因。如相关交易涉及业绩约定的，应当披露报告期内的业绩实现情况。

（三）公司与关联方共同对外投资发生关联交易的，应当至少披露以下内容：共同投资方、被投资企业的名称、主营业务、注册资本、总资产、净资产、净利润、重大在建项目的进展情况。

（四）公司与关联方存在债权债务往来或担保等事项的，应当披露形成原因，债权债务期初余额、本期发生额、期末余额，及其对公司的影响。

（五）其他重大关联交易。

第三十九条 公司应当披露重大合同及其履行情况。包括但不限于：

（一）在报告期内发生或以前期间发生但延续到报告期的托管、承包、租赁其他公司资产或其他公司托管、承包、租赁公司资产的事项，且该事项为公司带来的损益额达到近一期经审计利润总额的10%以上时，应当详细披露有关合同的主要内容，包括但不限于：有关资产的情况，涉及金额、期限、损益及确定依据，同时应当披露该损益对公司的影响。

（二）重大担保。报告期内履行的及尚未履行完毕的担保合同，包括担保金额、担保期限、担保对象、担保类型（一般担保或连带责任担保）、担保的决策程序等。对于未到期担保合同，如果报告期内发生担保责任或有证据表明有可能承担连带清偿责任，应当明确说明。

（三）其他重大合同。列表披露合同订立双方的名称、签订日期、合同标的所涉及资产的账面价值、评估价值、相关评估机构名称、评估基准日、定价原则以及最终交易价格等，并披露截至报告期末合同的执行情况。临时报告已经披露过的情况，公司应当提供相关披露索引。

第四十条 属于环境保护部门公布的重点排污单位的公司或其重要子公司，应当根据法律、法规及部门规章的规定披露以下主要环境信息：

（一）排污信息。包括但不限于主要污染物及特征污染物的名称、排放方式、排放口数量和分布情况、排放浓度和总量、超标排放情况、执行的污染物排放标准、核定的排放总量。

（二）防治污染设施的建设和运行情况。

（三）建设项目环境影响评价及其他环境保护行政许可情况。

（四）突发环境事件应急预案。

（五）环境自行监测方案。

（六）其他应当公开的环境信息。

公司在报告期内以临时报告的形式披露环境信息内容的，应当说明后续进展或变化情况。如相关事项已在临时报告披露且后续实施无进展或变化的，仅需披露该事项概述，并提供临时报告披露网站的相关查询索引。

重点排污单位之外的公司可以参照上述要求披露其环境信息，若不披露的，应当充分说明原因。

鼓励公司自愿披露有利于保护生态、防治污染、履行环境责任的相关信息。环境信息核查机构、鉴证机构、评价机构、指数公司等第三方机构对公司环境信息存在核查、鉴定、评价的，鼓励公司披露相关信息。

第四十一条 鼓励公司披露履行精准扶贫社会责任的阶段性进展情况。

第四十二条 公司应当披露其他在报告期内发生的《证券法》《上市公司信息披露管理办法》所规定的重大事件，以及公司董事会判断为重大事件的事项。

如前款所涉重大事项已作为临时报告在指定网站披露，仅需说明信息披露指定网站的相关查询索引及披露日期。

第四十三条 公司的子公司发生的本节所列重大事项，应当视同公司的重大事项予以披露。

第六节 股份变动及股东情况

第四十四条 公司应当按照中国证监会对公司股份变动报告规定的内容与格式编制并披露公司股份变动情况。

如报告期内公司存在证券发行与上市情况，应当列明披露相关信息的指定网站查询索引及日期。

第四十五条 公司股东数量及持股情况，按照中国证监会对公司股份变动报告规定的格式进行编制，应当披露以下内容：

（一）截至报告期末的普通股股东总数及表决权恢复的优先股股东总数（如有）。

（二）截至报告期末持有本公司5%以上股份的股东的名称、报告期内股份增减变动的情况、报告期末持股数量、所持股份类别及所持股份质押或冻结的情况。如持股5%以上的股东少于10人，则应当列出至少前

10 名股东的持股情况。投资者通过客户信用交易担保证券账户持有的股票不应计入证券公司自有证券,并与其通过普通证券账户持有的同一家上市公司的证券数量合并计算。

如所持股份中包括无限售条件股份(或已上市流通股份)、有限售条件股份(或未上市流通股份),应当分别披露其数量。

如前 10 名股东之间存在关联关系或属于《上市公司收购管理办法》规定的一致行动人的,应当予以说明。

如有战略投资者或一般法人因配售新股成为前 10 名股东的,应当予以注明,并披露约定持股期间的起止日期。

以上列出的股东情况中应当注明代表国家持有股份的单位和外资股东。

公司在计算本条所指股东持股数额或比例时,仅计算普通股和表决权恢复的优先股(如有)。

第四十六条 公司控股股东或实际控制人报告期内发生变化的,应当简要披露相关变化情况,并列明临时报告披露相关信息的指定网站查询索引及日期。

第七节 优先股相关情况

第四十七条 发行优先股的公司披露半年度报告,应当以专门章节披露优先股有关情况,具体要求参见本准则第四十八条至第五十一条的规定。如半年度报告其他章节与上述规定要求披露的部分内容相同的,公司可以建立相关查询索引,避免重复。

第四十八条 公司应当披露报告期内优先股的发行与上市情况,包括公开发行或非公开发行的发行日期、发行价格和票面股息率、发行数量、上市日期、获准上市交易数量、终止上市日期、募集资金使用进展及变更情况等。

符合《上市公司重大资产重组管理办法》规定的条件发行优先股购买资产的,参照前款规定进行披露。

公司优先股股东数量及持股情况,按照中国证监会对公司股份变动报告规定的格式进行编制,应当披露以下内容:

(一)截至报告期末的优先股股东总数。

(二)截至报告期末持有本公司 5% 以上优先股股份的股东名称、报告期内股份增减变动的情况、报告期末持股数量、所持股份类别及所持股份质押或冻结的情况。如持股 5% 以上的优先股股东少于 10 人,则应当列出至少前10名优先股股东的持股情况。如所持优先股在除股息分配和剩余财产分配以外的其他条款上具有不同设置,应当分别披露其数量。

如前10名优先股股东之间,前10名优先股股东与前10名普通股股东之间存在关联关系或属于《上市公司收购管理办法》规定的一致行动人的,应当予以说明。

以上列出的优先股股东情况中应当注明代表国家持有股份的单位和外资股东。

第四十九条 报告期内公司进行优先股回购或商业银行发行的优先股转换成普通股的,应当按照以下要求披露相关的回购或转换情况:

(一)优先股的回购情况,包括回购期间、回购价格和定价原则、回购数量和比例、回购的资金总额以及资金来源、回购股份的期限、回购选择权的行使主体、对公司股本结构的影响等,并披露相关的程序。

(二)优先股的转换情况,包括转股条件、转股价格、转换比例、转换选择权的行使主体,对公司股本结构的影响等,并披露相关的程序。

第五十条 报告期内存在优先股表决权恢复的,公司应当披露相关表决权的恢复、行使情况,包括恢复表决权的优先股数量、比例、有效期间、对公司股本结构的影响等,并披露相关的决议与程序。如果存在公司章程规定的优先股表决权恢复的其他情形,应当予以说明。

第五十一条 公司应当披露对优先股采取的会计政策及理由,财务报表及附注中的相关内容应当按照中国证监会制定的有关财务报告规定进行编制。

第八节 董事、监事和高级管理人员情况

第五十二条 公司应当披露现任及报告期内离任董事、监事、高级管理人员在报告期内持有本公司股份、股票期权、被授予的限制性股票数量的变动情况。如为独立董事,需单独注明。

第五十三条 报告期如存在任期内董事、监事离任和高级管理人员解聘的,应当说明原因。

第九节 公司债券相关情况

第五十四条 公开发行公司债券的公司披露半年度报告时,应当以专门章节披露公司债券相关情况,具体要求参见本准则第五十五条至第五十七条的规定。如半年度报告其他章节与上述规定要求披露的部分内容相同的,公司可以建立相关查询索引,避免重复。公司发行多只公司债

券的，披露本章节相关事项时应当指明与公司债券的对应关系。

第五十五条 公司应当披露所有公开发行并在证券交易所上市，且在半年度报告批准报出日未到期或到期未能全额兑付的公司债券情况，包括：

（一）公司债券名称、简称、代码、发行日、到期日、债券余额、利率、还本付息方式，公司债券上市或转让的交易场所，投资者适当性安排，报告期内公司债券的付息兑付情况。

公司债券附发行人或投资者选择权条款、可交换条款等特殊条款的，公司应当披露报告期内相关条款的执行情况。

（二）债券受托管理人名称、办公地址、联系人及联系电话；报告期内对公司债券进行跟踪评级的资信评级机构名称、办公地址。

报告期内公司聘请的债券受托管理人、资信评级机构发生变更的，应当披露变更的原因、履行的程序、对投资者利益的影响等。

（三）公司债券募集资金使用情况及履行的程序、期末余额、募集资金专项账户运作情况，并说明是否与募集说明书承诺的用途、使用计划及其他约定一致。

（四）报告期内资信评级机构对公司及公司债券进行定期和不定期跟踪评级的，公司应当披露定期和不定期跟踪评级情况，包括但不限于评级机构、评级报告出具的时间、评级结论及标识所代表的含义等，并重点说明与上一次评级结果的对比情况。如评级发生变化，公司还应当披露相关变化对投资者适当性的影响。

报告期内资信评级机构因公司在中国境内发行其他债券、债务融资工具对公司进行主体评级的，应当披露是否存在评级差异情况。

（五）报告期内公司债券增信机制、偿债计划及其他偿债保障措施发生变更的，公司应当参照《公开发行证券的公司信息披露内容与格式准则第 23 号——公开发行公司债券募集说明书》第五节的有关规定披露增信机制、偿债计划及其他偿债保障措施的相关情况，说明变更原因，变更是否已取得有权机构批准，以及相关变更对债券持有人利益的影响。

公司债券增信机制、偿债计划及其他偿债保障措施未发生变更的，公司应当披露增信机制、偿债计划及其他偿债保障措施在报告期内的执行情况、变化情况，并说明相关变化对债券持有人利益的影响：

1. 提供保证担保的，如保证人为法人或者其他组织，公司应当披露保证人报告期末的净资产额、资产负债率、净资产收益率、流动比率、速动比率等主要财务指标（并注明相关财务报告是否经审计），保证人资信状况、累计对外担保余额以及累计对外担保余额占其净资产的比例;如保证人为自然人,公司应当披露保证人资信状况、代偿能力、资产受限情况、对外担保情况以及可能影响保证权利实现的其他信息;保证人为发行人控股股东或实际控制人的,公司还应当披露保证人所拥有的除发行人股权外的其他主要资产,以及该部分资产的权利限制及是否存在后续权利限制安排。公司应当着重说明保证人情况在本报告期的变化之处。

2. 提供抵押或质押担保的,公司应当披露担保物的价值(账面价值和评估值,注明评估时点)变化情况,已经担保的债务总余额以及抵/质押顺序,报告期内担保物的评估、登记、保管等情况。

3. 采用其他方式进行增信的,应当披露报告期内相关增信措施的变化情况等。

4. 公司制定偿债计划或采取其他偿债保障措施的,公司应当披露报告期内相关计划和措施的执行情况,与募集说明书的相关承诺是否一致等。

5. 公司设置专项偿债账户的,应当披露该账户资金的提取情况,与募集说明书的相关承诺是否一致等。

(六)报告期内债券持有人会议的召开情况,包括召开时间、地点、召开原因、形成的决议等。

(七)报告期内债券受托管理人履行职责的情况。受托管理人在履行职责时可能存在利益冲突情形的,公司应当披露采取的相关风险防范、解决机制。

第五十六条 公司应当披露公司的相关下列情况,包括:

(一)采用数据列表方式,披露截至报告期末和上年末(或报告期和上年相同期间)下列会计数据和财务指标,包括但不限于:流动比率、速动比率、资产负债率、EBITDA 利息保障倍数〔息税折旧摊销前利润/(计入财务费用的利息支出+资本化的利息支出)〕、贷款偿还率(实际贷款偿还额/应偿还贷款额)、利息偿付率(实际支付利息/应付利息)。

若上述会计数据和财务指标同比变动超过 30% 的,应当披露产生变化的主要原因。

(二)逾期未偿还债项的金额、未按期偿还的原因、后期偿还安排等情况。

(三)公司发行其他债券和债务融资工具的,应当披露报告期内对其他债券和债务融资工具的付息兑付情况。

(四)报告期内获得的银行授信情况、使用情况以及偿还银行贷款的情况（包括按时偿还、展期及减免情况等）。

（五）报告期内执行公司债券募集说明书相关约定或承诺的情况，并分析相关情况对债券投资者利益的影响。

（六）报告期内发生的《公司债券发行与交易管理办法》第四十五条列示的重大事项，说明该事项的最新进展以及对公司经营情况和偿债能力的影响。

如相关重大事项已在临时报告披露且无后续进展的，仅需披露该事项概述，并提供临时报告披露网站的相关查询索引。

第五十七条 公司债券的保证人为法人或者其他组织的，应当在每个会计年度上半年度结束之日起 2 个月内单独披露保证人报告期财务报表（并注明是否经审计），包括资产负债表、利润表、现金流量表、所有者权益（股东权益）变动表，并指明保证人所担保公司债券的全称。

第十节 财务报告

第五十八条 公司应当在半年度报告中披露比较式资产负债表、比较式利润表和比较式现金流量表，以及比较式所有者权益（股东权益）变动表和财务报表附注。除提供合并财务报表外，还应当提供母公司财务报表。

财务报表附注应当按照中国证监会制定的有关财务报告的规定编制。

第五十九条 半年度财务报告未经审计的，公司应当注明“未经审计”字样。半年度财务报告已经审计的，公司应当披露审计意见类型；若被注册会计师出具非标准审计报告，公司还应当披露审计报告正文。

第十一节 备查文件目录

第六十条 公司应当披露备查文件的目录，包括：

（一）载有公司负责人、主管会计工作负责人、会计机构负责人（会计主管人员）签名并盖章的财务报表。

（二）载有会计师事务所盖章、注册会计师签名并盖章的审计报告原件（如有）。

（三）报告期内在中国证监会指定网站上公开披露过的所有公司文件的正本及公告的原稿。

（四）在其他证券市场公布的半年度报告。

公司应当将上述文件的原件或具有法律效力的复印件同时置备于公

司住所、证券交易所，以供社会公众查阅。

第三章　半年度报告摘要

第一节　重要提示

第六十一条　公司应当在半年度报告摘要显著位置刊登如下重要提示：

"本半年度报告摘要来自半年度报告全文，为全面了解本公司的经营成果、财务状况及未来发展规划，投资者应当到证监会指定媒体仔细阅读半年度报告全文。"

如有个别董事、监事、高级管理人员对半年度报告内容的真实性、准确性、完整性无法保证或存在异议的，应当声明："××董事、监事、高级管理人员无法保证本报告内容的真实性、准确性和完整性，理由是：……，请投资者特别关注。"如有董事未出席董事会，应当单独列示其姓名。

如果执行审计的会计师事务所对公司出具了非标准审计报告，重要提示中应当增加以下陈述："××会计师事务所为本公司出具了带强调事项段的无保留意见（或保留意见、否定意见、无法表示意见）的审计报告，本公司董事会、监事会对相关事项亦有详细说明，请投资者注意阅读。"

公司应当提示董事会决议通过的本报告期普通股及优先股利润分配预案。

第二节　公司基本情况

第六十二条　公司应当以简易图表形式披露如下内容：

（一）公司股票简称、股票代码、股票上市交易所（若报告期初至报告披露日期间公司股票简称发生变更，还应当同时披露变更前的股票简称）。

（二）公司董事会秘书及证券事务代表的姓名、办公地址、电话、电子信箱。

第六十三条　公司应当采用列表方式，提供截至报告期末和上年末（或报告期和上年相同期间）公司的主要会计数据和财务指标，包括但不限于：总资产、营业收入、归属于上市公司股东的净利润、归属于上市公司股东的扣除非经常性损益的净利润、归属于上市公司股东的净资产、经营活动产生的现金流量净额、净资产收益率、每股收益。

表格中金额和股本的计量单位可采用万、亿(元、股)等,减少数据位数;基本原则是小数点前最多保留 5 位,小数点后保留两位。

第六十四条 公司应当披露报告期末普通股股东总数和表决权恢复的优先股股东总数、前 10 名股东情况。公司在计算上述持股比例时,仅计算普通股和表决权恢复的优先股股数。公司控股股东或实际控制人报告期内发生变化的,应当列明披露相关信息的指定网站查询索引及日期。

第六十五条 公司应当披露报告期末公司优先股股东总数及前 10 名股东情况。

第六十六条 公司应当列表披露所有公开发行并在证券交易所上市,且在半年度报告批准报出日未到期或到期未能全额兑付的公司债券名称、简称、代码、发行日、到期日、债券余额、利率,并披露公司报告期末和上年末资产负债率等财务指标。

第三节 经营情况讨论与分析

第六十七条 公司应当以图表与文字相结合的形式简明、扼要分析报告期内的财务状况、经营成果及重要事项。

第六十八条 若与上一会计期间相比,公司会计政策、会计估计以及财务报表合并范围发生变化,或报告期因重大会计差错而进行追溯调整,应予以披露,并对其原因和影响数进行说明。

第四章 附 则

第六十九条 本准则所称“控股股东”“实际控制人”“关联方”“关联交易”“高级管理人员”“重大”“累计”等的界定,按照《公司法》《证券法》等法律法规以及《上市公司信息披露管理办法》《优先股试点管理办法》等相关规定执行。

第七十条 本准则所称“以上”“以内”包含本数,“超过”“少于”“低于”“以下”不含本数。

第七十一条 本准则自公布之日起施行。《公开发行证券的公司信息披露内容与格式准则第 3 号——半年度报告的内容与格式(2016 年修订)》(证监会公告〔2016〕32 号)同时废止。

附件:××××股份有限公司半年度报告摘要格式

附件

××××股份有限公司半年度报告摘要格式

一、重要提示

1.1 本半年度报告摘要来自半年度报告全文,为全面了解本公司的经营成果、财务状况及未来发展规划,投资者应当到证监会指定媒体仔细阅读半年度报告全文。

1.2 ××董事、监事、高级管理人员无法保证本报告内容的真实性、准确性和完整性,理由是:……,请投资者特别关注。(如适用)

董事××未出席董事会。(如适用)

1.3 ××会计师事务所为本公司出具了带强调事项段的无保留意见(或保留意见、否定意见、无法表示意见)的审计报告,本公司董事会、监事会对相关事项亦有详细说明,请投资者注意阅读。(如适用)

1.4 董事会决议通过的本报告期普通股及优先股利润分配预案。(如适用)

二、公司基本情况

2.1 公司简介

<table>
<tr><td>股票简称</td><td></td><td colspan="2">股票代码</td><td></td></tr>
<tr><td>股票上市交易所</td><td colspan="4"></td></tr>
<tr><td>联系人和联系方式</td><td colspan="2">董事会秘书</td><td colspan="2">证券事务代表</td></tr>
<tr><td>姓名</td><td colspan="2"></td><td colspan="2"></td></tr>
<tr><td>电话</td><td colspan="2"></td><td colspan="2"></td></tr>
<tr><td>办公地址</td><td colspan="2"></td><td colspan="2"></td></tr>
<tr><td>电子信箱</td><td colspan="2"></td><td colspan="2"></td></tr>
</table>

2.2 主要财务数据

单位：

	本报告期末	上年度末	本报告期末 比上年度末增减(%)
总资产			
归属于上市公司股东的净资产			
	本报告期	上年同期	本报告期比上年 同期增减(%)
经营活动产生的现金流量净额			
营业收入			
归属于上市公司股东的净利润			
归属于上市公司股东的 扣除非经常性损益的净利润			
加权平均净资产收益率			
基本每股收益(元/股)			
稀释每股收益(元/股)			

注:1. 在报告期内公司因派发股票股利、公积金转增股本、拆股而增加或因并股而减少公司总股本,但不影响股东权益金额的,应当根据相关会计准则的规定按最新股本调整并列报基本每股收益和稀释每股收益。

2. 如果报告期末至半年度报告披露日,公司股本因送红股、资本公积转增股本的原因发生变化且不影响股东权益金额的,应当根据相关会计准则的规定按最新股本调整并列报基本每股收益和稀释每股收益。

3. 本报告期对上年度财务数据进行了追溯调整或重述的,上年度末和上年同期应当同时列示追溯调整或重述前后的数据。

2.3 前10名股东持股情况表

报告期末股东总数					
前10名股东持股情况					
股东名称	股东性质	持股 比例(%)	持股 数量	持有有限售条件的 股份数量(持有 非流通的股份数量)	质押或 冻结的 股份数量
上述股东关联关系 或一致行动的说明					

注:1. 完成股权分置改革的公司按照“持有有限售条件的股份数量”列示,未完成股权分置改革的公司按照“持有非流通的股份数量”列示。

2. 股东性质包括国家、国有法人、境内非国有法人、境内自然人、境外法人、境外自然人等。
3. 股份种类包括人民币普通股、优先股、境内上市外资股、境外上市外资股和其他。
4. 已发行优先股的公司,应当参照本表格式另行列示截至报告期末的优先股股东总数、表决权恢复的优先股股东总数、报告期末前 10 名优先股股东持股情况。

2.4　控股股东或实际控制人变更情况

□适用　□不适用

新控股股东名称	
新实际控制人名称	
变更日期	
指定网站查询索引及日期	

2.5　未到期及逾期未兑付公司债情况

□适用　□不适用

债券名称			
债券简称		债券代码	
发行日		到期日	
债券余额		利率	

反映发行人偿债能力的指标:

	报告期末	上年末
资产负债率		
	本报告期	上年同期
EBITDA 利息保障倍数		

关于逾期债项的说明

□适用　□不适用

三、经营情况讨论与分析

3.1 公司应当以图表结合文字形式,简明、扼要分析公司在报告期内的财务状况、经营成果及重要事项。

3.2 与上一会计期间相比,会计政策、会计估计和核算方法发生变化的,公司应当说明情况、原因及其影响。

3.3 报告期内发生重大会计差错更正需追溯重述的,公司应当说明情况、更正金额、原因及其影响。

附　　录

附录一

2017年下半年中国证监会明令废止或停止执行的文件、条款

1. 根据《期货公司风险监管指标管理办法》(2017年4月18日　证监会令第131号),原《期货公司风险监管指标管理试行办法》(证监发〔2007〕55号公布、证监会公告〔2013〕12号修订)、《关于期货公司风险资本准备计算标准的规定》(证监会公告〔2013〕13号)予以废止。

2. 根据《证券公司和证券投资基金管理公司合规管理办法》(2017年6月6日　证监会令第133号),原《证券投资基金管理公司督察长管理规定》(证监基金字〔2006〕85号)、《证券公司合规管理试行规定》(证监会公告〔2008〕30号)予以废止。

3. 根据《公开发行证券的公司信息披露内容与格式准则第26号——上市公司重大资产重组(2017年修订)》(2017年9月21日　证监会公告〔2017〕14号),原《公开发行证券的公司信息披露内容与格式准则第26号——上市公司重大资产重组(2014年修订)》(证监会公告〔2014〕53号)同时废止。

4. 根据《证券交易所管理办法》(2017年11月17日　证监会令第136号),原《证券交易所管理办法》(证监会令第4号)予以废止。

5. 根据《中国证监会关于证券投资基金估值业务的指导意见》(2017年9月5日　证监会公告〔2017〕13号),原《关于证券投资基金执行〈企业会计准则〉估值业务及份额净值计价有关事项的通知》(证监会计字〔2007〕21号)和《关于进一步规范证券投资基金估值业务的指导意见》(证监会公告〔2008〕38号)同时废止。

6. 根据《关于修改、废止〈证券公司次级债管理规定〉等十三部规范性文件的决定》(2017年12月7日　证监会公告〔2017〕16号),原《〈期货公司董事、监事和高级管理人员任职资格管理办法〉实施前后有关人员任职资格的衔接规定》(证监会公告〔2008〕23号)、《关于暂停大豆油期货交易和禁止借开展食糖中远期合同交易之名进行期货交易的通知》(证监发字〔1995〕8号)、《关于证券监管部门行政事业性收费有关事项

的公告》(证监会公告〔2010〕18号)予以废止。

7.根据《公开发行证券的公司信息披露内容与格式准则第2号——年度报告的内容与格式(2017年修订)》(2017年12月26日　证监会公告〔2017〕17号),原《公开发行证券的公司信息披露内容与格式准则第2号——年度报告的内容与格式(2016年修订)》(证监会公告〔2016〕31号)同时废止。

8.根据《公开发行证券的公司信息披露内容与格式准则第3号——半年度报告的内容与格式(2017年修订)》(2017年12月26日　证监会公告〔2017〕18号),原《公开发行证券的公司信息披露内容与格式准则第3号——半年度报告的内容与格式(2016年修订)》(证监会公告〔2016〕32号)同时废止。

附录二　司法解释及其他司法文件

最高人民法院关于适用《中华人民共和国公司法》若干问题的规定（四）

（2017年8月25日　法释〔2017〕16号）

为正确适用《中华人民共和国公司法》，结合人民法院审判实践，现就公司决议效力、股东知情权、利润分配权、优先购买权和股东代表诉讼等案件适用法律问题作出如下规定。

第一条　公司股东、董事、监事等请求确认股东会或者股东大会、董事会决议无效或者不成立的，人民法院应当依法予以受理。

第二条　依据公司法第二十二条第二款请求撤销股东会或者股东大会、董事会决议的原告，应当在起诉时具有公司股东资格。

第三条　原告请求确认股东会或者股东大会、董事会决议不成立、无效或者撤销决议的案件，应当列公司为被告。对决议涉及的其他利害关系人，可以依法列为第三人。

一审法庭辩论终结前，其他有原告资格的人以相同的诉讼请求申请参加前款规定诉讼的，可以列为共同原告。

第四条　股东请求撤销股东会或者股东大会、董事会决议，符合公司法第二十二条第二款规定的，人民法院应当予以支持，但会议召集程序或者表决方式仅有轻微瑕疵，且对决议未产生实质影响的，人民法院不予支持。

第五条　股东会或者股东大会、董事会决议存在下列情形之一，当事人主张决议不成立的，人民法院应当予以支持：

（一）公司未召开会议的，但依据公司法第三十七条第二款或者公司章程规定可以不召开股东会或者股东大会而直接作出决定，并由全体股东在决定文件上签名、盖章的除外；

（二）会议未对决议事项进行表决的；

（三）出席会议的人数或者股东所持表决权不符合公司法或者公司章程规定的；

（四）会议的表决结果未达到公司法或者公司章程规定的通过比例的；

（五）导致决议不成立的其他情形。

第六条 股东会或者股东大会、董事会决议被人民法院判决确认无效或者撤销的，公司依据该决议与善意相对人形成的民事法律关系不受影响。

第七条 股东依据公司法第三十三条、第九十七条或者公司章程的规定，起诉请求查阅或者复制公司特定文件材料的，人民法院应当依法予以受理。

公司有证据证明前款规定的原告在起诉时不具有公司股东资格的，人民法院应当驳回起诉，但原告有初步证据证明在持股期间其合法权益受到损害，请求依法查阅或者复制其持股期间的公司特定文件材料的除外。

第八条 有限责任公司有证据证明股东存在下列情形之一的，人民法院应当认定股东有公司法第三十三条第二款规定的“不正当目的”：

（一）股东自营或者为他人经营与公司主营业务有实质性竞争关系业务的，但公司章程另有规定或者全体股东另有约定的除外；

（二）股东为了向他人通报有关信息查阅公司会计账簿，可能损害公司合法利益的；

（三）股东在向公司提出查阅请求之日前的三年内，曾通过查阅公司会计账簿，向他人通报有关信息损害公司合法利益的；

（四）股东有不正当目的的其他情形。

第九条 公司章程、股东之间的协议等实质性剥夺股东依据公司法第三十三条、第九十七条规定查阅或者复制公司文件材料的权利，公司以此为由拒绝股东查阅或者复制的，人民法院不予支持。

第十条 人民法院审理股东请求查阅或者复制公司特定文件材料的案件，对原告诉讼请求予以支持的，应当在判决中明确查阅或者复制公司特定文件材料的时间、地点和特定文件材料的名录。

股东依据人民法院生效判决查阅公司文件材料的，在该股东在场的情况下，可以由会计师、律师等依法或者依据执业行为规范负有保密义务的中介机构执业人员辅助进行。

第十一条 股东行使知情权后泄露公司商业秘密导致公司合法利益

受到损害,公司请求该股东赔偿相关损失的,人民法院应当予以支持。

根据本规定第十条辅助股东查阅公司文件材料的会计师、律师等泄露公司商业秘密导致公司合法利益受到损害,公司请求其赔偿相关损失的,人民法院应当予以支持。

第十二条 公司董事、高级管理人员等未依法履行职责,导致公司未依法制作或者保存公司法第三十三条、第九十七条规定的公司文件材料,给股东造成损失,股东依法请求负有相应责任的公司董事、高级管理人员承担民事赔偿责任的,人民法院应当予以支持。

第十三条 股东请求公司分配利润案件,应当列公司为被告。

一审法庭辩论终结前,其他股东基于同一分配方案请求分配利润并申请参加诉讼的,应当列为共同原告。

第十四条 股东提交载明具体分配方案的股东会或者股东大会的有效决议,请求公司分配利润,公司拒绝分配利润且其关于无法执行决议的抗辩理由不成立的,人民法院应当判决公司按照决议载明的具体分配方案向股东分配利润。

第十五条 股东未提交载明具体分配方案的股东会或者股东大会决议,请求公司分配利润的,人民法院应当驳回其诉讼请求,但违反法律规定滥用股东权利导致公司不分配利润,给其他股东造成损失的除外。

第十六条 有限责任公司的自然人股东因继承发生变化时,其他股东主张依据公司法第七十一条第三款规定行使优先购买权的,人民法院不予支持,但公司章程另有规定或者全体股东另有约定的除外。

第十七条 有限责任公司的股东向股东以外的人转让股权,应就其股权转让事项以书面或者其他能够确认收悉的合理方式通知其他股东征求同意。其他股东半数以上不同意转让,不同意的股东不购买的,人民法院应当认定视为同意转让。

经股东同意转让的股权,其他股东主张转让股东应当向其以书面或者其他能够确认收悉的合理方式通知转让股权的同等条件的,人民法院应当予以支持。

经股东同意转让的股权,在同等条件下,转让股东以外的其他股东主张优先购买的,人民法院应当予以支持,但转让股东依据本规定第二十条放弃转让的除外。

第十八条 人民法院在判断是否符合公司法第七十一条第三款及本规定所称的“同等条件”时,应当考虑转让股权的数量、价格、支付方式及期限等因素。

第十九条 有限责任公司的股东主张优先购买转让股权的,应当在收到通知后,在公司章程规定的行使期间内提出购买请求。公司章程没有规定行使期间或者规定不明确的,以通知确定的期间为准,通知确定的期间短于三十日或者未明确行使期间的,行使期间为三十日。

第二十条 有限责任公司的转让股东,在其他股东主张优先购买后又不同意转让股权的,对其他股东优先购买的主张,人民法院不予支持,但公司章程另有规定或者全体股东另有约定的除外。其他股东主张转让股东赔偿其损失合理的,人民法院应当予以支持。

第二十一条 有限责任公司的股东向股东以外的人转让股权,未就其股权转让事项征求其他股东意见,或者以欺诈、恶意串通等手段,损害其他股东优先购买权,其他股东主张按照同等条件购买该转让股权的,人民法院应当予以支持,但其他股东自知道或者应当知道行使优先购买权的同等条件之日起三十日内没有主张,或者自股权变更登记之日起超过一年的除外。

前款规定的其他股东仅提出确认股权转让合同及股权变动效力等请求,未同时主张按照同等条件购买转让股权的,人民法院不予支持,但其他股东非因自身原因导致无法行使优先购买权,请求损害赔偿的除外。

股东以外的股权受让人,因股东行使优先购买权而不能实现合同目的的,可以依法请求转让股东承担相应民事责任。

第二十二条 通过拍卖向股东以外的人转让有限责任公司股权的,适用公司法第七十一条第二款、第三款或者第七十二条规定的“书面通知”“通知”“同等条件”时,根据相关法律、司法解释确定。

在依法设立的产权交易场所转让有限责任公司国有股权的,适用公司法第七十一条第二款、第三款或者第七十二条规定的“书面通知”“通知”“同等条件”时,可以参照产权交易场所的交易规则。

第二十三条 监事会或者不设监事会的有限责任公司的监事依据公司法第一百五十一条第一款规定对董事、高级管理人员提起诉讼的,应当列公司为原告,依法由监事会主席或者不设监事会的有限责任公司的监事代表公司进行诉讼。

董事会或者不设董事会的有限责任公司的执行董事依据公司法第一百五十一条第一款规定对监事提起诉讼的,或者依据公司法第一百五十一条第三款规定对他人提起诉讼的,应当列公司为原告,依法由董事长或者执行董事代表公司进行诉讼。

第二十四条 符合公司法第一百五十一条第一款规定条件的股东,

依据公司法第一百五十一条第二款、第三款规定，直接对董事、监事、高级管理人员或者他人提起诉讼的，应当列公司为第三人参加诉讼。

一审法庭辩论终结前，符合公司法第一百五十一条第一款规定条件的其他股东，以相同的诉讼请求申请参加诉讼的，应当列为共同原告。

第二十五条 股东依据公司法第一百五十一条第二款、第三款规定直接提起诉讼的案件，胜诉利益归属于公司。股东请求被告直接向其承担民事责任的，人民法院不予支持。

第二十六条 股东依据公司法第一百五十一条第二款、第三款规定直接提起诉讼的案件，其诉讼请求部分或者全部得到人民法院支持的，公司应当承担股东因参加诉讼支付的合理费用。

第二十七条 本规定自2017年9月1日起施行。

本规定施行后尚未终审的案件，适用本规定；本规定施行前已经终审的案件，或者适用审判监督程序再审的案件，不适用本规定。

最高人民法院印发《关于进一步加强金融审判工作的若干意见》的通知

（2017年8月4日　法发〔2017〕22号）

各省、自治区、直辖市高级人民法院，解放军军事法院，新疆维吾尔自治区高级人民法院生产建设兵团分院：

现将《最高人民法院关于进一步加强金融审判工作的若干意见》印发给你们，请认真贯彻执行。

关于进一步加强金融审判工作的若干意见

金融是国家重要的核心竞争力，金融安全是国家安全的重要组成部分，金融制度是经济社会发展中重要的基础性制度。为充分发挥人民法院金融审判职能作用，促进经济和金融良性循环、健康发展，现提出以下指导意见。

一、统一思想，提高认识，深入学习贯彻习近平总书记在全国金融工作会议上的重要讲话精神

习近平总书记在第五次全国金融工作会议上发表的重要讲话，科学回答了我国金融改革发展稳定中的重大理论和实践问题，具有很强的思想性、指导性、实践性，为做好新形势下金融工作提供了根本遵循，为人民法院金融审判工作指明了方向。全国各级人民法院要深入学习贯彻会议精神，切实把思想和行动统一到以习近平同志为核心的党中央对金融工作的形势分析判断和决策部署上来，牢牢坚持党对金融工作的统一领导，紧紧围绕服务实体经济、防控金融风险、深化金融改革三项任务，积极稳妥开展金融审判工作，切实维护国家金融安全，促进经济和金融良性循环、健康发展。

二、以服务实体经济作为出发点和落脚点，引导和规范金融交易

1. 遵循金融规律，依法审理金融案件。以金融服务实体经济为价值本源，依法审理各类金融案件。对于能够实际降低交易成本，实现普惠金融，合法合规的金融交易模式依法予以保护。对以金融创新为名掩盖金融风险、规避金融监管、进行制度套利的金融违规行为，要以其实际构成的法律关系确定其效力和各方的权利义务。对于以金融创新名义非法吸收公众存款或者集资诈骗，构成犯罪的，依法追究刑事责任。

2. 严格依法规制高利贷，有效降低实体经济的融资成本。金融借款合同的借款人以贷款人同时主张的利息、复利、罚息、违约金和其他费用过高，显著背离实际损失为由，请求对总计超过年利率24%的部分予以调减的，应予支持，以有效降低实体经济的融资成本。规范和引导民间融资秩序，依法否定民间借贷纠纷案件中预扣本金或者利息、变相高息等规避民间借贷利率司法保护上限的合同条款效力。

3. 依法认定新类型担保的法律效力，拓宽中小微企业的融资担保方式。丰富和拓展中小微企业的融资担保方式，除符合合同法第五十二条规定的合同无效情形外，应当依法认定新类型担保合同有效；符合物权法有关担保物权的规定的，还应当依法认定其物权效力，以增强中小微企业融资能力，有效缓解中小微企业融资难、融资贵问题。

4. 规范和促进直接服务实体经济的融资方式，拓宽金融对接实体经济的渠道。依法保护融资租赁、保理等金融资本与实体经济相结合的融资模式，支持和保障金融资本服务实体经济。对名为融资租赁合同、保理合同，实为借款合同的，应当按照实际构成的借款合同关系确定各方的权利义务，防范当事人以预扣租金、保证金等方式变相抬高实体经济融资成本。

5. 优化多层次资本市场体系的法治环境，满足多样化金融需求。依法审理证券、期货民商事纠纷案件，规范资本市场投融资秩序，引导把更多金融资源配置到经济社会发展的重点领域和薄弱环节，更好满足实体经济多样化的金融需求。

6. 准确适用保险法，促进保险业发挥长期稳健风险管理和保障的功能。妥善审理保险合同纠纷案件，依法保障各方当事人利益。充分发挥保险制度的核心功能，管理和分散实体经济运行中的自然灾害、意外事故、法律责任以及信用等风险。依法规范保险合同纠纷当事人、保险中介等各类市场主体行为，防范不同主体的道德风险，构建保险诚信法治体系。

7. 依法审理互联网金融纠纷案件，规范发展互联网金融。依法认定互联网金融所涉具体法律关系，据此确定各方当事人的权利义务。准确界定网络借贷信息中介机构与网络借贷合同当事人之间的居间合同关系。网络借贷信息中介机构与出借人以居间费用形式规避民间借贷利率司法保护上限规定的，应当认定无效。依法严厉打击涉互联网金融或者以互联网金融名义进行的违法犯罪行为，规范和保障互联网金融健康发展。

8. 加强新类型金融案件的研究和应对，统一裁判尺度。高度关注涉及私募股权投资、委托理财、资产管理等新类型金融交易的案件，严格按照合同法、公司法、合伙企业法、信托法等法律规范，确定各方当事人的权利义务。发布指导性案例，通过类案指导，统一裁判尺度。

9. 依法规制国有企业的贷款通道业务，防范无金融资质的国有企业变相从事金融业务。无金融资质的国有企业变相从事金融业务，套取金融机构信贷资金又高利转贷的，应当根据《最高人民法院关于审理民间借贷案件适用法律若干问题的规定》第十四条的规定，依法否定其放贷行为的法律效力，并通过向相应的主管部门提出司法建议等方式，遏制国有企业的贷款通道业务，引导其回归实体经济。

10. 依法打击资金掮客和资金融通中的违法犯罪行为，有效规范金融秩序。对于民间借贷中涉及商业银行工作人员内外勾结进行高利转贷、利益输送，或者金融机构工作人员违法发放贷款，以及公司、企业在申请贷款过程中虚构事实、隐瞒真相骗取贷款、实施贷款诈骗构成犯罪的，依法追究刑事责任。

三、有效防范化解金融风险，切实维护金融安全

11. 依法处置"僵尸企业"推动经济去杠杆。加强破产审判工作和体制机制建设，充分发挥破产程序在依法处置"僵尸企业"中的制度功能。对于已不具备市场竞争力和营运价值的"僵尸企业"，及时进行破产清算，有序退出市场，切实减少无效供给、化解过剩产能、释放生产要素、降低企业杠杆率，为深化供给侧结构性改革提供有力的司法服务和保障。

12. 充分发挥破产重整制度的拯救功能，促进有价值的危困企业再生。健全完善破产企业识别机制，对于虽然丧失清偿能力，但仍能适应市场需要、具有营运价值的企业，要综合运用破产重整、和解制度手段进行拯救，优化资源配置，实现企业再生。破产重整程序要坚持市场化导向，更加重视重整中的营业整合和资产重组，严格依法审慎适用重整计划强制批准权。

13. 积极预防破产案件引发金融风险，维护社会稳定。依法审慎处理可能引发金融风险、影响社会稳定的破产案件，特别是涉及相互、连环担保以及民间融资、非法集资的企业破产案件，避免引发区域性风险和群体性事件。进一步完善上市公司、金融机构等特定主体的破产制度设计，预防个案引发系统性金融风险。严格审查破产程序中的恶意逃废债务行为。依法适用关联企业合并破产、行使破产撤销权和取回权等手段，查找和追回债务人财产。对于隐匿、故意销毁会计账册、会计凭证，拒不执行法院判决、裁定等犯罪行为，依法追究刑事责任。

14. 依法保护金融债权，提升金融债权实现效率。依法打击逃废金融债权的行为，明确责任主体和责任范围，切实保护金融债权。根据具体金融借款合同纠纷案件的特点，分别适用普通程序、简易程序、特别程序、督促程序等不同程序，提高审判效率。有效发挥具有强制执行效力的公证书的作用，降低金融债权实现成本。

15. 依法审理票据纠纷案件，妥善化解票据风险。认真研究应对因违法票据融资行为可能引发的金融风险，准确适用票据法审理票据纠纷案件，有效防范和遏制票据风险，促进票据市场安全稳定发展。

16. 依法审理金融不良债权案件，保障金融不良债权依法处置。加强研究新形势下金融不良债权处置过程中出现的新情况新问题，统一裁判标准，促进金融不良债权处置的市场化、法治化进程。

17. 持续保持对非法集资犯罪打击的高压态势，有效维护社会稳定。依法公正高效审理非法集资案件，严厉打击非法集资犯罪行为。针对非法集资犯罪案件参与人数多、涉案金额大、波及面广、行业和区域相对集中的特点，加强与职能机关、地方政府的信息沟通和协调配合，提升处置效果，切实保障被害人的合法权益，有效维护社会稳定。

18. 依法保障房地产市场平稳健康发展，防范房地产市场的金融风险传导。高度重视房地产市场波动对金融债权的影响，依法妥善审理相关案件，有效防范房地产市场潜在风险对金融稳定和金融安全的传导与冲击。统一借名买房等规避国家房产限购政策的合同效力的裁判标准，引导房产交易回归居住属性。

19. 依法严厉惩治证券犯罪行为，维护资本市场秩序。依法审理欺诈发行股票、债券案件，违规披露、不披露重要信息案件，内幕交易案件，利用未公开信息交易案件和操纵证券、期货市场案件，防范和化解资本市场的系统性风险，促进资本市场的持续健康发展。

20. 加强投资者民事权益的司法保护，维护投资者的财产安全。依法审理证券市场虚假陈述、内幕交易、操纵市场的民事案件，保障证券投资者的合法权益。支持证券投资者保护机构以诉讼代表人的身份接受投资者委托提起诉讼或者提供专门法律服务，拓展投资者维权方式。探索建立证券侵权民事诉讼领域的律师调查令制度，提高投资者的举证能力。依法充分运用专家证人、专家陪审员制度，扩充证券案件审理的知识容量和审理深度，提高证券案件审判的专业性和公信力。引导金融产品提供者及服务提供者切实履行投资者适当性审查义务、信息披露义务和最大损失揭示义务，依法维护投资者的正当权益。

21. 规范整治地方交易场所的违法交易行为，防范和化解区域性金融风险。对地方交易场所未经许可或者超越经营许可范围开展的违法违规交易行为，要严格依照相关法律和行政法规的禁止性规定，否定其法律效力，明确交易场所的民事责任。切实加强涉地方交易场所案件的行政处置工作与司法审判工作的衔接，有效防范区域性金融风险。

22. 依法审理涉地方政府债务纠纷案件，防范地方政府债务风险。依法认定政府违法提供担保的法律责任，规范政府行为。依法认定地方政府利用平台公司融资、政府和社会资本合作（PPP）、投资基金、购买服务等方式变相举债作出的行政行为或者签订的行政协议的性质、效力和责任，明确裁判规则，划出责任边界，有效防范地方政府债务风险的集聚。

23. 依法审理涉外投资案件，加强外部金融风险的防范应对。加强对“一带一路”战略下跨境投资的金融安全与金融风险问题的研究应对，准确认定规避国家外汇管制政策的跨境投资行为的法律效力。

四、依法服务和保障金融改革，建立和完善适应金融审判工作需要的新机制

24. 支持金融监管机构依法履职，监督和促进金融监管机构依法行政。紧密配合金融改革和金融监管机构调整的要求，维护金融监管机构依法履行监管职责。依法审理涉及金融监管机构履行行政许可和审批、作出行政处罚和处理、公开政府信息及不履行法定职责等方面的各类行政案件，积极推动、监督和支持金融监管机构依法行政。

25. 加强与金融监管机构的协调配合，推动完善金融法治体系。探索建立人民法院与金融监管机构之间的沟通机制，定期通报涉及金融风险防范与金融安全的重要案件情况，强化金融监管和金融审判的衔接配合，推动形成统一完善的金融法治体系。

26. 有效引入外部资源，探索完善金融案件的多元化纠纷解决机制。推广证券期货行业、保险行业的诉讼与调解对接机制的成功经验，联合相关金融监管机构、行业协会和投资者保护机构,发挥专业资源优势,防范和化解金融纠纷。进一步畅通当事人的诉求表达和权利救济渠道,通过立案前委派调解、立案后委托调解等方式,促进金融纠纷依法、公正、高效解决,有效维护各方当事人的合法权益。

27. 建立金融审判信息平台,不断提升金融审判的信息化水平。结合“智慧法院”建设,探索建立金融审判信息平台,研究建立以金融机构为当事人的民商事案件信息管理系统,实时反映金融机构涉诉信息。建立重大金融案件的信息专报制度,及时研究应对措施,有效防范金融风险的传导和扩大。充分挖掘运用司法大数据,加强对金融案件的审判管理和分析研判,定期形成金融审判大数据分析报告,研究解决具有普遍性、趋势性的法律问题,为区域性、行业性、系统性金融风险的防范预警和重大决策提供信息支持。

五、加强司法能力建设,不断提升金融审判的专业化水平

28. 根据金融案件特点,探索建立专业化的金融审判机构。根据金融机构分布和金融案件数量情况,在金融案件相对集中的地区选择部分法院设立金融审判庭,探索实行金融案件的集中管辖。在其他金融案件较多的中级人民法院,可以根据案件情况设立专业化的金融审判庭或者金融审判合议庭。

29. 加强金融审判队伍的专业化建设,为金融审判提供人才保障。充实各级人民法院的金融审判队伍,完善与金融监管机构交流挂职、联合开展业务交流等金融审判专业人才的培养机制,有针对性地开展金融审判专题培训,努力造就一支既懂法律、又懂金融的高素质金融审判队伍,不断提升金融审判的专业化水平。

30. 加强金融司法研究,推动金融法治理论与金融审判实践的深度融合。加强与学术机构、高等院校的合作,围绕金融审判实务问题,深入开展金融审判的理论研究,为金融审判提供智力支持。

最高人民法院印发《关于为改善营商环境提供司法保障的若干意见》的通知

（2017 年 8 月 7 日　法发〔2017〕23 号）

各省、自治区、直辖市高级人民法院，解放军军事法院，新疆维吾尔自治区高级人民法院生产建设兵团分院：

现将《最高人民法院关于为改善营商环境提供司法保障的若干意见》印发给你们，请认真贯彻执行。

最高人民法院关于为改善营商环境提供司法保障的若干意见

为改善投资和市场环境，营造稳定公平透明、可预期的营商环境，加快建设开放型经济新体制提供更加有力的司法服务和保障，结合人民法院审判执行工作实际，制定本意见。

一、依法平等保护各类市场主体，推动完善社会主义市场经济主体法律制度

1. 坚持平等保护原则，充分保障各类市场主体的合法权益。全面贯彻平等保护不同所有制主体、不同地区市场主体、不同行业利益主体的工作要求，坚持各类市场主体法律地位平等、权利保护平等和发展机会平等的原则，依法化解各类矛盾纠纷，推动形成平等有序、充满活力的法治化营商环境。严格落实《最高人民法院关于依法平等保护非公有制经济促进非公有制经济健康发展的意见》，为非公有制经济健康发展提供良好的司法环境。

2. 根据《中华人民共和国民法总则》法人制度的规定，进一步完善法人规则体系。针对《中华人民共和国民法总则》法人制度部分的变化，及时总结具体适用过程中存在的问题，区分情况加以研究解决，推动社会主义市场经济法人制度的进一步完善。

3. 加强中小股东保护，推动完善公司治理结构。适时出台公司法相关司法解释，正确处理公司决议效力、股东知情权、利润分配权、优先购买权和股东代表诉讼等纠纷案件，依法加强股东权利保护，促进公司治理规范化，提升我国保护中小股东权益的国际形象，增强社会投资的积极性。

二、准确把握市场准入标准，服务开放型经济新体制建设

4. 做好与商事制度改革的相互衔接，推动形成更加有利于大众创业、万众创新的营商氛围。妥善应对商事登记制度改革对司法审判工作的影响，切实推动解决注册资本认缴登记制改革后的法律适用问题。利用大数据和现代信息技术，积极推动建立全国统一的各类财产权属登记平台和金融交易登记平台，让市场交易更加便利、透明。

5. 准确把握外商投资负面清单制度，促进外资的有效利用。在处理外商投资企业纠纷的案件中，依法落实外商投资管理体制改革的各项举措，准确把握外商投资负面清单制度的内容以及清单变化情况，妥善处理在逐步放开外商投资领域时产生的涉及外资准入限制和股比限制的法律适用问题，形成更加开放、公平、便利的投资环境。

6. 依法审理各类涉外商事海事案件，服务和保障“一带一路”等国家重大战略的实施。充分发挥审判职能作用，依法行使司法管辖权，公正高效审理各类涉外商事海事案件，平等保护中外当事人程序权利和实体权益。按照《最高人民法院关于人民法院为“一带一路”建设提供司法服务和保障的若干意见》，加强与“一带一路”沿线国家的国际司法协助，完善相关工作机制，及时化解争议纠纷，为“一带一路”建设营造良好法治环境。

7. 加强涉自贸试验区民商事审判工作，为开放型经济新体制建设提供司法保障。落实《最高人民法院关于为自由贸易试验区建设提供司法保障的意见》，积极配合自贸试验区政府职能转变、投资领域开放、贸易发展方式转变、金融领域开放创新等各项改革措施，公正高效审理各类涉自贸试验区案件，依法保障自贸试验区建设的制度创新。对案件审理过程中发现与自贸试验区市场规则有关的制度缺陷问题，及时提出司法建议，持续推进自贸试验区法治建设。

8. 适时提出立法、修法建议和制定、修订司法解释，为外商投资提供良好的法制保障。清理涉及外商投资的司法解释及政策文件，对于已与国家对外开放基本政策、原则不符的司法解释及政策文件，及时修订或废止。对于需要通过制定相关法律法规予以解决的问题,及时提出立法、修法建议;对于需要出台司法解释解决的问题,及时出台司法解释。

三、保障市场交易公平公正,切实维护市场交易主体合法权益

9. 加大产权保护力度,夯实良好营商环境的制度基础。严格落实《中共中央、国务院关于完善产权保护制度依法保护产权的意见》及《最高人民法院关于充分发挥审判职能作用切实加强产权司法保护的意见》,完善各类市场交易规则,妥善处理涉产权保护案件,推动建立健全产权保护法律制度体系。深入研究和合理保护新型权利类型,科学界定产权保护边界,妥善调处权利冲突,切实实现产权保护法治化。

10. 依法审理各类合同案件,尊重契约自由,维护契约正义。尊重和保护市场主体的意思自治,合理判断各类交易模式和交易结构创新的合同效力,促进市场在资源配置中起决定性作用,提升市场经济活力。严格按照法律和司法解释规定,认定合同性质、效力、可撤销、可解除等情形,维护契约正义。通过裁判案件以及适时发布指导性案例等形式,向各类市场主体宣示正当的权利行使规则和违反义务的法律后果,强化市场主体的契约意识、规则意识和责任意识。妥善处理民行、民刑交叉问题,厘清法律适用边界,建立相应机制,准确把握裁判尺度。

11. 妥善审理各类金融案件,为优化营商环境提供金融司法支持。依法审理金融借款、担保、票据、证券、期货、保险、信托、民间借贷等案件,保护合法交易,平衡各方利益。以服务实体经济为宗旨,引导和规范各类金融行为。慎重审查各类金融创新的交易模式、合同效力,加快研究出台相应的司法解释和司法政策。严厉打击各类金融违法犯罪行为,维护金融秩序。加强对金融消费者的保护,切实维护其合法权益。加强金融审判机构和队伍的专业化建设,持续提升金融审判专业化水平。

12. 严格依法审理各类知识产权案件,加大知识产权保护力度,提升知识产权保护水平。严格落实《中国知识产权司法保护纲要(2016 - 2020)》,持续推进知识产权审判工作。加强对新兴领域和业态知识产权保护的法律问题研究,适时出台司法解释和司法政策,推动知识产权保护法律法规和制度体系的健全完善。加强知识产权法院体系建设,充分发挥审判机构专门化、审判人员专职化和审判工作专业化的制度优势。进一步发挥知识产权司法监督职能,加大对知识产权授权确权行政行为司法审查的深度和广度,推动完善知识产权诉讼中的权利效力审查机制,合理强化特定情形下民事诉讼对民行交叉纠纷解决的引导作用,促进知识产权行政纠纷的实质性解决。综合运用民事、行政和刑事手段从严惩处各类知识产权侵权违法犯罪行为，依法让侵权者付出相应代价。

13. 推动建立统一开放的社会主义市场体系，促进市场有序竞争。严格依据相关竞争法律法规，规制各类垄断行为和不正当竞争行为，妥善处理破坏市场竞争规则的案件，充分发挥司法裁判对公平竞争市场环境的维护和指引作用。进一步规范行政机关的行政许可和审批行为，并通过建立完善与行政区划适当分离的司法管辖制度等方式，打破部门垄断和地方保护，推动形成权责明确、公平公正、透明高效、法治保障的市场监管格局，为维护公平有序的市场竞争环境提供司法保障。

14. 加强执行工作，充分保障胜诉当事人合法权益的实现。全面构建综合治理执行难工作格局，按照《关于落实"用两到三年时间基本解决执行难问题"的工作纲要》要求，完善执行法律规范体系，加强执行信息化建设，加大执行力度，规范执行行为，切实增强执行威慑，优化执行效果。严格依据刑法及司法解释的规定，依法追究拒不执行人民法院判决、裁定的被执行人、协助执行义务人、担保人的刑事责任。

四、加强破产制度机制建设，完善社会主义市场主体救治和退出机制

15. 完善破产程序启动机制和破产企业识别机制，切实解决破产案件立案难问题。按照法律及司法解释的相关规定，及时受理符合立案条件的破产案件，不得在法定条件之外设置附加条件。全力推进执行案件移送破产审查工作，实现"能够执行的依法执行，整体执行不能符合破产法定条件的依法破产"的良性工作格局。积极探索根据破产案件的难易程度进行繁简分流，推动建立简捷高效的快速审理机制，尝试将部分事实清楚、债权债务关系清晰或者"无产可破"的案件，纳入快速审理范围。

16. 推动完善破产重整、和解制度，促进有价值的危困企业再生。引导破产程序各方充分认识破产重整、和解制度在挽救危困企业方面的重要作用。坚持市场化导向开展破产重整工作，更加重视营业整合和资产重组，严格依法适用强制批准权，以实现重整制度的核心价值和制度目标。积极推动构建庭外兼并重组与庭内破产程序的相互衔接机制，加强对预重整制度的探索研究。研究制定关于破产重整制度的司法解释。

17. 严厉打击各类"逃废债"行为，切实维护市场主体合法权益。严厉打击恶意逃废债务行为，依法适用破产程序中的关联企业合并破产、行使破产撤销权和取回权等手段，查找和追回债务人财产。加大对隐匿、故意销毁会计凭证、会计账簿、财务会计报告等犯罪行为的刑事处罚力度。

18. 协调完善破产配套制度，提升破产法治水平。推动设立破产费用专项基金，为"无产可破"案件提供费用支持。将破产审判工作纳入社会信用体系整体建设,对失信主体加大惩戒力度。推动制定针对破产企业豁免债务、财产处置等环节的税收优惠法律法规,切实减轻破产企业税费负担。协调解决重整或和解成功企业的信用修复问题,促进企业重返市场。推进府院联动破产工作统一协调机制,统筹推进破产程序中的业务协调、信息提供、维护稳定等工作。积极协调政府运用财政奖补资金或设立专项基金,妥善处理职工安置和利益保障问题。

19. 加强破产审判组织和破产管理人队伍的专业化建设,促进破产审判整体工作水平的持续提升。持续推进破产审判庭室的设立与建设工作,提升破产审判组织和人员的专业化水平。研究制定关于破产管理人的相关司法解释,加快破产管理人职业化建设。切实完善破产审判绩效考核等相关配套机制,提高破产审判工作效能。

五、推动社会信用体系建设,为持续优化营商环境提供信用保障

20. 充分运用信息化手段,促进社会信用体系建设的持续完善。探索社会信用体系建设与人民法院审判执行工作的深度融合路径,推动建立健全与市场主体信用信息相关的司法大数据的归集共享和使用机制,加大守信联合激励和失信联合惩戒工作力度。

21. 严厉惩处虚假诉讼行为,推进诉讼诚信建设。严格依照法律规定,追究虚假诉讼、妨害作证等行为人的刑事法律责任。适时出台相关司法解释,明确虚假诉讼罪的定罪量刑标准。完善对提供虚假证据、故意逾期举证等不诚信诉讼行为的规制机制,严厉制裁诉讼失信行为。

22. 强化对失信被执行人的信用惩戒力度,推动完善失信惩戒机制。按照中共中央办公厅、国务院办公厅印发的《关于加快推进失信被执行人信用监督、警示和惩戒机制建设的意见》要求,持续完善公布失信被执行人名单信息、限制被执行人高消费等制度规范,严厉惩戒被执行人失信行为。推动完善让失信主体"一处失信、处处受限"的信用惩戒大格局,促进社会诚信建设,实现长效治理。

最高人民法院印发《关于进一步保护和规范当事人依法行使行政诉权的若干意见》的通知

（2017 年 8 月 31 日　法发〔2017〕25 号）

各省、自治区、直辖市高级人民法院，解放军军事法院，新疆维吾尔自治区高级人民法院生产建设兵团分院：

现将《最高人民法院关于进一步保护和规范当事人依法行使行政诉权的若干意见》印发给你们，请认真贯彻执行。

最高人民法院关于进一步保护和规范当事人依法行使行政诉权的若干意见

新行政诉讼法和立案登记制同步实施以来，各级人民法院坚持司法为民的工作宗旨，进一步强化诉权保护意识，着力从制度上、源头上、根本上解决人民群众反映强烈的“立案难”问题，对依法应当受理的案件有案必立、有诉必理，人民群众的行政诉权得到了充分保护，立案渠道全面畅通，新行政诉讼法实施和立案登记制改革取得了重大成果。但与此同时，阻碍当事人依法行使诉权的现象尚未完全消除；一些当事人滥用诉权，浪费司法资源的现象日益增多。为了更好地保护和规范当事人依法行使诉权，引导当事人合理表达诉求，促进行政争议实质化解，结合行政审判工作实际，提出如下意见：

一、进一步强化诉权保护意识，积极回应人民群众合理期待，有力保障当事人依法合理行使诉权

1. 各级人民法院要高度重视诉权保护，坚持以宪法和法律为依据，以满足人民群众需求为导向，以实质化解行政争议为目标，对于依法应当受理的行政案件，一律登记立案，做到有案必立、有诉必理，切实维护和保障公民、法人和其他组织依法提起行政诉讼的权利。

2. 要切实转变观念，严格贯彻新行政诉讼法的规定，坚决落实立案登记制度，对于符合法定起诉条件的，应当当场登记立案。严禁在法律规定之外，以案件疑难复杂、部门利益权衡、影响年底结案等为由，不接收诉状或者接收诉状后不出具书面凭证。

3. 要不断提高保护公民、法人和其他组织依法行使诉权的意识，对于需要当事人补充起诉材料的，应当一次性全面告知当事人需要补正的内容、补充的材料及补正期限等；对于当事人欠缺法律知识的，人民法院必须做好诉讼引导和法律释明工作。

4. 要坚决清理限制当事人诉权的“土政策”，避免在立案环节进行过度审查，违法将当事人提起诉讼的依据是否充分、事实是否清楚、证据是否确凿、法律关系是否明确等作为立案条件。对于不能当场作出立案决定的，应当严格按照行政诉讼法和司法解释的规定，在七日内决定是否立案。人民法院在七日内既不立案、又不作出不予立案裁定，也未要求当事人补正起诉材料的，当事人可以向上一级人民法院起诉，上一级人民法院认为符合起诉条件的，应当立案、审理或指定其他下级人民法院立案、审理。

5. 对于属于人民法院受案范围的行政案件，人民法院发现没有管辖权的，应当告知当事人向有管辖权的人民法院起诉；已经立案的，应当移送有管辖权的人民法院。对于不属于复议前置的案件，人民法院不得以当事人的起诉未经行政机关复议为由不予立案或者不接收起诉材料。当事人的起诉可能超过起诉期限的，人民法院应当进行认真审查，确因不可抗力或者不可归责于当事人自身原因耽误起诉期限的，人民法院不得以超过起诉期限为由不予立案。

6. 要进一步提高诉讼服务能力，充分利用“大数据”“互联网 +”“人工智能”等现代技术，继续推进诉讼服务大厅、诉讼服务网络、12368 热线、智能服务平台等建设，不断创新工作理念，完善服务举措，为人民群众递交材料、办理手续、领取文书以及立案指导、咨询解答、信息查询等提供一站式、立体化服务，为人民群众依法行使诉权提供优质、便捷、高效的诉讼引导和服务。

7. 要依法保障经济困难和诉讼实施能力较差的当事人的诉权。通过法律援助、司法救助等方式，让行使诉权确有困难的当事人能够顺利进入法院参与诉讼。要积极建立与律师协会、法律援助中心等单位的沟通交流和联动机制，为当事人提供及时有效的法律援助，提高当事人的诉讼实施能力。

8. 要严格执行中共中央办公厅、国务院办公厅印发的《领导干部干预司法活动、插手具体案件处理的记录、通报和责任追究规定》和中央政法委印发的《司法机关内部人员过问案件的记录和责任追究规定》,及时制止和纠正干扰依法立案、故意拖延立案、人为控制立案等违法违规行为。对于阻碍和限制当事人依法行使诉权、干预人民法院依法受理和审理行政案件的机关和个人,人民法院应当如实记录,并按规定报送同级党委政法委,同时可以向其上级机关或监察机关进行通报、提出处理建议。

二、正确引导当事人依法行使诉权,严格规制恶意诉讼和无理缠诉等滥诉行为

9. 要正确理解立案登记制的精神实质,在防止过度审查的同时,也要注意坚持必要审查。人民法院除对新行政诉讼法第四十九条规定的起诉条件依法进行审查外,对于起诉事项没有经过法定复议前置程序处理、起诉确已超过法定起诉期限、起诉人与行政行为之间确实没有利害关系等明显不符合法定起诉条件的,人民法院依法不予立案,但应当向当事人说明不予立案的理由。

10. 要引导当事人依法行使诉权,对于没有新的事实和理由,针对同一事项重复、反复提起诉讼,或者反复提起行政复议继而提起诉讼等违反"一事不再理"原则的起诉,人民法院依法不予立案,并向当事人说明不予立案的理由。当事人针对行政机关未设定其权利义务的重复处理行为、说明性告知行为及过程性行为提起诉讼的,人民法院依法不予立案,并向当事人做好释明工作,避免给当事人造成不必要的诉累。

11. 要准确把握新行政诉讼法第二十五条第一款规定的"利害关系"的法律内涵,依法审查行政机关的行政行为是否确与当事人权利义务的增减得失密切相关,当事人在诉讼中是否确实具有值得保护的实际权益,不得虚化、弱化利害关系的起诉条件。对于确与行政行为有利害关系的起诉,人民法院应当予以立案。

12. 当事人因请求上级行政机关监督和纠正下级行政机关的行政行为,不服上级行政机关作出的处理、答复或者未作处理等层级监督行为提起诉讼,或者不服上级行政机关对下级行政机关作出的通知、命令、答复、回函等内部指示行为提起诉讼的,人民法院在裁定不予立案的同时,可以告知当事人可以依法直接对下级行政机关的行政行为提起诉讼。上述行为如果设定了当事人的权利义务或者对当事人权利义务产生了实际影响,人民法院应当予以立案。

13. 当事人因投诉、举报、检举或者反映问题等事项不服行政机关作出的行政行为而提起诉讼的，人民法院应当认真审查当事人与其投诉、举报、检举或者反映问题等事项之间是否具有利害关系，对于确有利害关系的，应当依法予以立案，不得一概不予受理。对于明显不具有诉讼利益、无法或者没有必要通过司法渠道进行保护的起诉，比如当事人向明显不具有事务、地域或者级别管辖权的行政机关投诉、举报、检举或者反映问题，不服行政机关作出的处理、答复或者未作处理等行为提起诉讼的，人民法院依法不予立案。

14. 要正确区分当事人请求保护合法权益和进行信访之间的区别，防止将当事人请求行政机关履行法定职责当作信访行为对待。当事人因不服信访工作机构依据《信访条例》作出的处理意见、复查意见、复核意见或者不履行《信访条例》规定的职责提起诉讼的，人民法院依法不予立案。但信访答复行为重新设定了当事人的权利义务或者对当事人权利义务产生实际影响的，人民法院应当予以立案。

15. 要依法制止滥用诉权、恶意诉讼等行为。滥用诉权、恶意诉讼消耗行政资源，挤占司法资源，影响公民、法人和其他组织诉权的正常行使，损害司法权威，阻碍法治进步。对于以危害国家主权和领土完整、危害国家安全、破坏国家统一和民族团结、破坏国家宗教政策为目的的起诉，人民法院依法不予立案；对于极个别当事人不以保护合法权益为目的，长期、反复提起大量诉讼，滋扰行政机关，扰乱诉讼秩序的，人民法院依法不予立案。

16. 要充分尊重和保护公民、法人或者其他组织的知情权，依法及时审理当事人提起的涉及申请政府信息公开的案件。但对于当事人明显违反《中华人民共和国政府信息公开条例》立法目的，反复、大量提出政府信息公开申请进而提起行政诉讼，或者当事人提起的诉讼明显没有值得保护的与其自身合法权益相关的实际利益，人民法院依法不予立案。公民、法人或者其他组织申请公开已经公布或其已经知晓的政府信息，或者请求行政机关制作、搜集政府信息或对已有政府信息进行汇总、分析、加工等，不服行政机关作出的处理、答复或者未作处理等行为提起诉讼的，人民法院依法不予立案。

17. 在认定滥用诉权、恶意诉讼的情形时，应当从严掌握标准，要从当事人提起诉讼的数量、周期、目的以及是否具有正当利益等角度，审查其是否具有滥用诉权、恶意诉讼的主观故意。对于属于滥用诉权、恶意诉讼的当事人，要探索建立有效机制，依法及时有效制止。

最高人民检察院、公安部关于印发《最高人民检察院、公安部关于公安机关办理经济犯罪案件的若干规定》的通知

（2017 年 11 月 24 日　公通字〔2017〕25 号）

各省、自治区、直辖市人民检察院、公安厅（局），新疆生产建设兵团人民检察院、公安局：

为了深入贯彻全面推进依法治国的基本方略，认真落实中央司法体制改革和以审判为中心的刑事诉讼制度改革的有关部署要求，进一步规范公安机关办理经济犯罪案件，加强人民检察院的法律监督，最高人民检察院和公安部依据《中华人民共和国刑事诉讼法》等有关法律、法规和规章，经征求最高人民法院等有关部门意见，结合打击经济犯罪工作实际，研究修订了《公安机关办理经济犯罪案件的若干规定》。现将《最高人民检察院公安部关于公安机关办理经济犯罪案件的若干规定》印发给你们，请遵照执行。

各地在执行中遇到的问题，请分别报最高人民检察院和公安部。

最高人民检察院、公安部
关于公安机关办理经济犯罪案件的若干规定

第一章　总　　则

第 一 条　为了规范公安机关办理经济犯罪案件程序，加强人民检察院的法律监督，保证严格、规范、公正、文明执法，依法惩治经济犯罪，维护社会主义市场经济秩序，保护公民、法人和其他组织的合法权益，依据《中华人民共和国刑事诉讼法》等有关法律、法规和规章，结合工作实际，

制定本规定。

第 二 条 公安机关办理经济犯罪案件,应当坚持惩罚犯罪与保障人权并重、实体公正与程序公正并重、查证犯罪与挽回损失并重,严格区分经济犯罪与经济纠纷的界限,不得滥用职权、玩忽职守。

第 三 条 公安机关办理经济犯罪案件,应当坚持平等保护公有制经济与非公有制经济,坚持各类市场主体的诉讼地位平等、法律适用平等、法律责任平等,加强对各种所有制经济产权与合法利益的保护。

第 四 条 公安机关办理经济犯罪案件,应当严格依照法定程序进行,规范使用调查性侦查措施,准确适用限制人身、财产权利的强制性措施。

第 五 条 公安机关办理经济犯罪案件,应当既坚持严格依法办案,又注意办案方法,慎重选择办案时机和方式,注重保障正常的生产经营活动顺利进行。

第 六 条 公安机关办理经济犯罪案件,应当坚持以事实为根据、以法律为准绳,同人民检察院、人民法院分工负责、互相配合、互相制约,以保证准确有效地执行法律。

第 七 条 公安机关、人民检察院应当按照法律规定的证据裁判要求和标准收集、固定、审查、运用证据,没有确实、充分的证据不得认定犯罪事实,严禁刑讯逼供和以威胁、引诱、欺骗以及其他非法方法收集证据,不得强迫任何人证实自己有罪。

第二章 管 辖

第 八 条 经济犯罪案件由犯罪地的公安机关管辖。如果由犯罪嫌疑人居住地的公安机关管辖更为适宜的,可以由犯罪嫌疑人居住地的公安机关管辖。

犯罪地包括犯罪行为发生地和犯罪结果发生地。犯罪行为发生地,包括犯罪行为的实施地以及预备地、开始地、途经地、结束地等与犯罪行为有关的地点;犯罪行为有连续、持续或者继续状态的,犯罪行为连续、持续或者继续实施的地方都属于犯罪行为发生地。犯罪结果发生地,包括犯罪对象被侵害地、犯罪所得的实际取得地、藏匿地、转移地、使用地、销售地。

居住地包括户籍所在地、经常居住地。户籍所在地与经常居住地不一致的,由经常居住地的公安机关管辖。经常居住地是指公民离开户籍所在地最后连续居住一年以上的地方，但是住院就医的除外。

单位涉嫌经济犯罪的，由犯罪地或者所在地公安机关管辖。所在地是指单位登记的住所地。主要营业地或者主要办事机构所在地与登记的住所地不一致的，主要营业地或者主要办事机构所在地为其所在地。

法律、司法解释或者其他规范性文件对有关经济犯罪案件的管辖作出特别规定的，从其规定。

第 九 条 非国家工作人员利用职务上的便利实施经济犯罪的，由犯罪嫌疑人工作单位所在地公安机关管辖。如果由犯罪行为实施地或者犯罪嫌疑人居住地的公安机关管辖更为适宜的，也可以由犯罪行为实施地或者犯罪嫌疑人居住地的公安机关管辖。

第 十 条 上级公安机关必要时可以立案侦查或者组织、指挥、参与侦查下级公安机关管辖的经济犯罪案件。

对重大、疑难、复杂或者跨区域性经济犯罪案件，需要由上级公安机关立案侦查的，下级公安机关可以请求移送上一级公安机关立案侦查。

第十一条 几个公安机关都有权管辖的经济犯罪案件，由最初受理的公安机关管辖。必要时，可以由主要犯罪地的公安机关管辖。对管辖不明确或者有争议的，应当协商管辖；协商不成的，由共同的上级公安机关指定管辖。

主要利用通讯工具、互联网等技术手段实施的经济犯罪案件，由最初发现、受理的公安机关或者主要犯罪地的公安机关管辖。

第十二条 公安机关办理跨区域性涉众型经济犯罪案件，应当坚持统一指挥协调、统一办案要求的原则。

对跨区域性涉众型经济犯罪案件，犯罪地公安机关应当立案侦查，并由一个地方公安机关为主侦查，其他公安机关应当积极协助。必要时，可以并案侦查。

第十三条 上级公安机关指定下级公安机关立案侦查的经济犯罪案件，需要逮捕犯罪嫌疑人的，由侦查该案件的公安机关提请同级人民检察院审查批准；需要移送审查起诉的，由侦查该案件的公安机关移送同级人民检察院审查起诉。

人民检察院受理公安机关移送审查起诉的经济犯罪案件，认为需要依照刑事诉讼法的规定指定审判管辖的，应当协商同级人民法院办理指定管辖有关事宜。

对跨区域性涉众型经济犯罪案件，公安机关指定管辖的，应当事先向同级人民检察院、人民法院通报和协商。

第三章 立案、撤案

第十四条 公安机关对涉嫌经济犯罪线索的报案、控告、举报、自动投案，不论是否有管辖权，都应当接受并登记，由最初受理的公安机关依照法定程序办理，不得以管辖权为由推诿或者拒绝。

经审查，认为有犯罪事实，但不属于其管辖的案件，应当及时移送有管辖权的机关处理。对于不属于其管辖又必须采取紧急措施的，应当先采取紧急措施，再移送主管机关。

第十五条 公安机关接受涉嫌经济犯罪线索的报案、控告、举报、自动投案后，应当立即进行审查，并在七日以内决定是否立案；重大、疑难、复杂线索，经县级以上公安机关负责人批准，立案审查期限可以延长至三十日；特别重大、疑难、复杂或者跨区域性的线索，经上一级公安机关负责人批准，立案审查期限可以再延长三十日。

上级公安机关指定管辖或者书面通知立案的，应当在指定期限以内立案侦查。人民检察院通知立案的，应当在十五日以内立案侦查。

第十六条 公安机关接受行政执法机关移送的涉嫌经济犯罪案件后，移送材料符合相关规定的，应当在三日以内进行审查并决定是否立案，至迟应当在十日以内作出决定。案情重大、疑难、复杂或者跨区域性的，经县级以上公安机关负责人批准，应当在三十日以内决定是否立案。情况特殊的，经上一级公安机关负责人批准，可以再延长三十日作出决定。

第十七条 公安机关经立案审查，同时符合下列条件的，应当立案：

（一）认为有犯罪事实；

（二）涉嫌犯罪数额、结果或者其他情节符合经济犯罪案件的立案追诉标准，需要追究刑事责任；

（三）属于该公安机关管辖。

第十八条 在立案审查中，发现案件事实或者线索不明的，经公安机关办案部门负责人批准，可以依照有关规定采取询问、查询、勘验、鉴定和调取证据材料等不限制被调查对象人身、财产权利的措施。经审查，认为有犯罪事实，需要追究刑事责任的，经县级以上公安机关负责人批准，予以立案。

公安机关立案后，应当采取调查性侦查措施，但是一般不得采取限制人身、财产权利的强制性措施。确有必要采取的，必须严格依照法律规定的条件和程序。严禁在没有证据的情况下,查封、扣押、冻结涉案财物或者拘留、逮捕犯罪嫌疑人。

公安机关立案后,在三十日以内经积极侦查,仍然无法收集到证明有犯罪事实需要对犯罪嫌疑人追究刑事责任的充分证据的,应当立即撤销案件或者终止侦查。重大、疑难、复杂案件,经上一级公安机关负责人批准,可以再延长三十日。

上级公安机关认为不应当立案,责令限期纠正的,或者人民检察院认为不应当立案,通知撤销案件的,公安机关应当及时撤销案件。

第十九条 对有控告人的案件,经审查决定不予立案的,应当在立案审查的期限内制作不予立案通知书,并在三日以内送达控告人。

第二十条 涉嫌经济犯罪的案件与人民法院正在审理或者作出生效裁判文书的民事案件,属于同一法律事实或者有牵连关系,符合下列条件之一的,应当立案:

(一)人民法院在审理民事案件或者执行过程中,发现有经济犯罪嫌疑,裁定不予受理、驳回起诉、中止诉讼、判决驳回诉讼请求或者中止执行生效裁判文书,并将有关材料移送公安机关的;

(二)人民检察院依法通知公安机关立案的;

(三)公安机关认为有证据证明有犯罪事实,需要追究刑事责任,经省级以上公安机关负责人批准的。

有前款第二项、第三项情形的,公安机关立案后,应当严格依照法律规定的条件和程序采取强制措施和侦查措施,并将立案决定书等法律文书及相关案件材料复印件抄送正在审理或者作出生效裁判文书的人民法院并说明立案理由,同时通报与办理民事案件的人民法院同级的人民检察院,必要时可以报告上级公安机关。

在侦查过程中,不得妨碍人民法院民事诉讼活动的正常进行。

第二十一条 公安机关在侦查过程中、人民检察院在审查起诉过程中,发现具有下列情形之一的,应当将立案决定书、起诉意见书等法律文书及相关案件材料复印件抄送正在审理或者作出生效裁判文书的人民法院,由人民法院依法处理:

(一)侦查、审查起诉的经济犯罪案件与人民法院正在审理或者作出生效裁判文书的民事案件属于同一法律事实或者有牵连关系的;

(二)涉案财物已被有关当事人申请执行的。

有前款规定情形的,公安机关、人民检察院应当同时将有关情况通报与办理民事案件的人民法院同级的人民检察院。

公安机关将相关法律文书及案件材料复印件抄送人民法院后一个月以内未收到回复的,必要时,可以报告上级公安机关。

立案侦查、审查起诉的经济犯罪案件与仲裁机构作出仲裁裁决的民事案件属于同一法律事实或者有牵连关系,且人民法院已经受理与该仲裁裁决相关申请的,依照本条第一款至第三款的规定办理。

第二十二条 涉嫌经济犯罪的案件与人民法院正在审理或者作出生效裁判文书以及仲裁机构作出裁决的民事案件有关联但不属同一法律事实的,公安机关可以立案侦查,但是不得以刑事立案为由要求人民法院移送案件、裁定驳回起诉、中止诉讼、判决驳回诉讼请求、中止执行或者撤销判决、裁定,或者要求人民法院撤销仲裁裁决。

第二十三条 人民法院在办理民事案件过程中,认为该案件不属于民事纠纷而有经济犯罪嫌疑需要追究刑事责任,并将涉嫌经济犯罪的线索、材料移送公安机关的,接受案件的公安机关应当立即审查,并在十日以内决定是否立案。公安机关不立案的,应当及时告知人民法院。

第二十四条 人民法院在办理民事案件过程中,发现与民事纠纷虽然不是同一事实但是有关联的经济犯罪线索、材料,并将涉嫌经济犯罪的线索、材料移送公安机关的,接受案件的公安机关应当立即审查,并在十日以内决定是否立案。公安机关不立案的,应当及时告知人民法院。

第二十五条 在侦查过程中,公安机关发现具有下列情形之一的,应当及时撤销案件:

(一)对犯罪嫌疑人解除强制措施之日起十二个月以内,仍然不能移送审查起诉或者依法作其他处理的;

(二)对犯罪嫌疑人未采取强制措施,自立案之日起二年以内,仍然不能移送审查起诉或者依法作其他处理的;

(三)人民检察院通知撤销案件的;

(四)其他符合法律规定的撤销案件情形的。

有前款第一项、第二项情形,但是有证据证明有犯罪事实需要进一步侦查的,经省级以上公安机关负责人批准,可以不撤销案件,继续侦查。

撤销案件后,公安机关应当立即停止侦查活动,并解除相关的侦查措施和强制措施。

撤销案件后,又发现新的事实或者证据,依法需要追究刑事责任的,公安机关应当重新立案侦查。

第二十六条 公安机关接报案件后,报案人、控告人、举报人、被害人及其法定代理人、近亲属查询立案情况的,应当在三日以内告知立案情况并记录在案。对已经立案的，应当告知立案时间、涉嫌罪名、办案单位等情况。

第二十七条 对报案、控告、举报、移送的经济犯罪案件，公安机关作出不予立案决定、撤销案件决定或者逾期未作出是否立案决定有异议的，报案人、控告人、举报人可以申请人民检察院进行立案监督，移送案件的行政执法机关可以建议人民检察院进行立案监督。

人民检察院认为需要公安机关说明不予立案、撤销案件或者逾期未作出是否立案决定的理由的，应当要求公安机关在七日以内说明理由。公安机关应当书面说明理由，连同有关证据材料回复人民检察院。人民检察院认为不予立案或者撤销案件的理由不能成立的，应当通知公安机关立案。人民检察院要求公安机关说明逾期未作出是否立案决定的理由后，公安机关在七日以内既不说明理由又不作出是否立案的决定的，人民检察院应当发出纠正违法通知书予以纠正，经审查案件有关证据材料，认为符合立案条件的，应当通知公安机关立案。

第二十八条 犯罪嫌疑人及其法定代理人、近亲属或者辩护律师对公安机关立案提出异议的，公安机关应当及时受理、认真核查。

有证据证明公安机关可能存在违法介入经济纠纷，或者利用立案实施报复陷害、敲诈勒索以及谋取其他非法利益等违法立案情形的，人民检察院应当要求公安机关书面说明立案的理由。公安机关应当在七日以内书面说明立案的依据和理由，连同有关证据材料回复人民检察院。人民检察院认为立案理由不能成立的，应当通知公安机关撤销案件。

第二十九条 人民检察院发现公安机关在办理经济犯罪案件过程中适用另案处理存在违法或者不当的，可以向公安机关提出书面纠正意见或者检察建议。公安机关应当认真审查，并将结果及时反馈人民检察院。没有采纳的，应当说明理由。

第三十条 依照本规定，报经省级以上公安机关负责人批准立案侦查或者继续侦查的案件，撤销案件时应当经原审批的省级以上公安机关负责人批准。

人民检察院通知撤销案件的，应当立即撤销案件，并报告原审批的省级以上公安机关。

第四章　强制措施

第三十一条 公安机关决定采取强制措施时，应当考虑犯罪嫌疑人涉嫌犯罪情节的轻重程度、有无继续犯罪和逃避或者妨碍侦查的可能性，使所适用的强制措施同犯罪的严重程度、犯罪嫌疑人的社会危险性相适应，依法慎用羁押性强制措施。

采取取保候审、监视居住措施足以防止发生社会危险性的，不得适用羁押性强制措施。

第三十二条 公安机关应当依照法律规定的条件和程序适用取保候审措施。

采取保证金担保方式的，应当综合考虑保证诉讼活动正常进行的需要，犯罪嫌疑人的社会危险性的大小，案件的性质、情节、涉案金额，可能判处刑罚的轻重以及犯罪嫌疑人的经济状况等情况，确定适当的保证金数额。

在取保候审期间，不得中断对经济犯罪案件的侦查。执行取保候审超过三个月的，应当至少每个月讯问一次被取保候审人。

第三十三条 对于被决定采取强制措施并上网追逃的犯罪嫌疑人，经审查发现不构成犯罪或者依法不予追究刑事责任的，应当立即撤销强制措施决定，并按照有关规定，报请省级以上公安机关删除相关信息。

第三十四条 公安机关办理经济犯罪案件应当加强统一审核，依照法律规定的条件和程序逐案逐人审查采取强制措施的合法性和适当性，发现采取强制措施不当的，应当及时撤销或者变更。犯罪嫌疑人在押的，应当立即释放。公安机关释放被逮捕的犯罪嫌疑人或者变更逮捕措施的，应当及时通知作出批准逮捕决定的人民检察院。

犯罪嫌疑人被逮捕后，人民检察院经审查认为不需要继续羁押提出检察建议的，公安机关应当予以调查核实，认为不需要继续羁押的，应当予以释放或者变更强制措施；认为需要继续羁押的，应当说明理由，并在十日以内将处理情况通知人民检察院。

犯罪嫌疑人及其法定代理人、近亲属或者辩护人有权申请人民检察院进行羁押必要性审查。

第五章 侦查取证

第三十五条 公安机关办理经济犯罪案件，应当及时进行侦查，依法全面、客观、及时地收集、调取、固定、审查能够证实犯罪嫌疑人有罪或者无罪、罪重或者罪轻以及与涉案财物有关的各种证据，并防止犯罪嫌疑人逃匿、销毁证据或者转移、隐匿涉案财物。

严禁调取与经济犯罪案件无关的证据材料，不得以侦查犯罪为由滥用侦查措施为他人收集民事诉讼证据。

第三十六条 公安机关办理经济犯罪案件，应当遵守法定程序，遵循有关技术标准，全面、客观、及时地收集、提取电子数据；人民检察院应当围绕真实性、合法性、关联性审查判断电子数据。

依照规定程序通过网络在线提取的电子数据，可以作为证据使用。

第三十七条 公安机关办理经济犯罪案件，需要采取技术侦查措施的，应当严格依照有关法律、规章和规范性文件规定的范围和程序办理。

第三十八条 公安机关办理非法集资、传销以及利用通讯工具、互联网等技术手段实施的经济犯罪案件，确因客观条件的限制无法逐一收集被害人陈述、证人证言等相关证据的，可以结合已收集的言词证据和依法收集并查证属实的物证、书证、视听资料、电子数据等实物证据，综合认定涉案人员人数和涉案资金数额等犯罪事实，做到证据确实、充分。

第三十九条 公安机关办理生产、销售伪劣商品犯罪案件、走私犯罪案件、侵犯知识产权犯罪案件，对同一批次或者同一类型的涉案物品，确因实物数量较大，无法逐一勘验、鉴定、检测、评估的，可以委托或者商请有资格的鉴定机构、专业机构或者行政执法机关依照程序按照一定比例随机抽样勘验、鉴定、检测、评估，并由其制作取样记录和出具相关书面意见。有关抽样勘验、鉴定、检测、评估的结果可以作为该批次或者该类型全部涉案物品的勘验、鉴定、检测、评估结果，但是不符合法定程序，且不能补正或者作出合理解释，可能严重影响案件公正处理的除外。

法律、法规和规范性文件对鉴定机构或者抽样方法另有规定的，从其规定。

第四十条 公安机关办理经济犯罪案件应当与行政执法机关加强联系、密切配合，保证准确有效地执行法律。

公安机关应当根据案件事实、证据和法律规定依法认定案件性质，对案情复杂、疑难，涉及专业性、技术性问题的，可以参考有关行政执法机关的认定意见。

行政执法机关对经济犯罪案件中有关行为性质的认定，不是案件进入刑事诉讼程序的必经程序或者前置条件。法律、法规和规章另有规定的，从其规定。

第四十一条 公安机关办理重大、疑难、复杂的经济犯罪案件，可以听取人民检察院的意见，人民检察院认为确有必要时，可以派员适时介入侦查活动，对收集证据、适用法律提出意见，监督侦查活动是否合法。对人民检察院提出的意见,公安机关应当认真审查,并将结果及时反馈人民检察院。没有采纳的,应当说明理由。

第四十二条 公安机关办理跨区域性的重大经济犯罪案件,应当向人民检察院通报立案侦查情况,人民检察院可以根据通报情况调度办案力量,开展指导协调等工作。需要逮捕犯罪嫌疑人的,公安机关应当提前与人民检察院沟通。

第四十三条 人民检察院在审查逮捕、审查起诉中发现公安机关办案人员以非法方法收集犯罪嫌疑人供述、被害人陈述、证人证言等证据材料的,应当依法排除非法证据并提出纠正意见。需要重新调查取证的,经县级以上公安机关负责人批准,应当另行指派办案人员重新调查取证。必要时,人民检察院也可以自行收集犯罪嫌疑人供述、被害人陈述、证人证言等证据材料。

公安机关发现收集物证、书证不符合法定程序,可能严重影响司法公正的,应当要求办案人员予以补正或者作出合理解释;不能补正或者作出合理解释的,应当依法予以排除,不得作为提请批准逮捕、移送审查起诉的依据。

人民检察院发现收集物证、书证不符合法定程序,可能严重影响司法公正的,应当要求公安机关予以补正或者作出合理解释,不能补正或者作出合理解释的,应当依法予以排除,不得作为批准逮捕、提起公诉的依据。

第四十四条 对民事诉讼中的证据材料,公安机关在立案后应当依照刑事诉讼法以及相关司法解释的规定进行审查或者重新收集。未经查证核实的证据材料,不得作为刑事证据使用。

第四十五条 人民检察院已经作出不起诉决定的案件,公安机关不得针对同一法律事实的同一犯罪嫌疑人继续侦查或者补充侦查,但是有新的事实或者证据的,可以重新立案侦查。

第六章 涉案财物的控制和处置

第四十六条 查封、扣押、冻结以及处置涉案财物,应当依照法律规定的条件和程序进行。除法律法规和规范性文件另有规定以外,公安机关不得在诉讼程序终结之前处置涉案财物。严格区分违法所得、其他涉案财产与合法财产,严格区分企业法人财产与股东个人财产,严格区分犯罪嫌疑人个人财产与家庭成员财产,不得超权限、超范围、超数额、超时限查封、扣押、冻结,并注意保护利害关系人的合法权益。

对涉众型经济犯罪案件，需要追缴、返还涉案财物的，应当坚持统一资产处置原则。公安机关移送审查起诉时，应当将有关涉案财物及其清单随案移送人民检察院。人民检察院提起公诉时，应当将有关涉案财物及其清单一并移送受理案件的人民法院，并提出处理意见。

第四十七条 对依照有关规定可以分割的土地、房屋等涉案不动产，应当只对与案件有关的部分进行查封。

对不可分割的土地、房屋等涉案不动产或者车辆、船舶、航空器以及大型机器、设备等特定动产，可以查封、扣押、冻结犯罪嫌疑人提供的与涉案金额相当的其他财物。犯罪嫌疑人不能提供的，可以予以整体查封。

冻结涉案账户的款项数额，应当与涉案金额相当。

第四十八条 对自动投案时主动提交的涉案财物和权属证书等，公安机关可以先行接收，如实登记并出具接收财物凭证，根据立案和侦查情况决定是否查封、扣押、冻结。

第四十九条 已被依法查封、冻结的涉案财物，公安机关不得重复查封、冻结，但是可以轮候查封、冻结。

已被人民法院采取民事财产保全措施的涉案财物，依照前款规定办理。

第五十条 对不宜查封、扣押、冻结的经营性涉案财物，在保证侦查活动正常进行的同时，可以允许有关当事人继续合理使用，并采取必要的保值保管措施，以减少侦查办案对正常办公和合法生产经营的影响。必要时，可以申请当地政府指定有关部门或者委托有关机构代管。

第五十一条 对查封、扣押、冻结的涉案财物及其孳息，以及作为证据使用的实物，公安机关应当如实登记，妥善保管，随案移送，并与人民检察院及时交接，变更法律手续。

在查封、扣押、冻结涉案财物时，应当收集、固定与涉案财物来源、权属、性质等有关的证据材料并随案移送。对不宜移送或者依法不移送的实物，应当将其清单、照片或者其他证明文件随案移送。

第五十二条 涉嫌犯罪事实查证属实后，对有证据证明权属关系明确的被害人合法财产及其孳息，及时返还不损害其他被害人或者利害关系人的利益、不影响诉讼正常进行的，可以在登记、拍照或者录像、估价后，经县级以上公安机关负责人批准，开具发还清单，在诉讼程序终结之前返还被害人。办案人员应当在案卷中注明返还的理由，将原物照片、清单和被害人的领取手续存卷备查。

具有下列情形之一的，不得在诉讼程序终结之前返还：

（一）涉嫌犯罪事实尚未查清的；

（二）涉案财物及其孳息的权属关系不明确或者存在争议的；

（三）案件需要变更管辖的；

（四）可能损害其他被害人或者利害关系人利益的；

（五）可能影响诉讼程序正常进行的；

（六）其他不宜返还的。

第五十三条　有下列情形之一的，除依照有关法律法规和规范性文件另行处理的以外，应当立即解除对涉案财物的查封、扣押、冻结措施，并及时返还有关当事人：

（一）公安机关决定撤销案件或者对犯罪嫌疑人终止侦查的；

（二）人民检察院通知撤销案件或者作出不起诉决定的；

（三）人民法院作出生效判决、裁定应当返还的。

第五十四条　犯罪分子违法所得的一切财物及其孳息，应当予以追缴或者责令退赔。

发现犯罪嫌疑人将经济犯罪违法所得和其他涉案财物用于清偿债务、转让或者设定其他权利负担，具有下列情形之一的，应当依法查封、扣押、冻结：

（一）他人明知是经济犯罪违法所得和其他涉案财物而接受的；

（二）他人无偿或者以明显低于市场价格取得上述财物的；

（三）他人通过非法债务清偿或者违法犯罪活动取得上述财物的；

（四）他人通过其他恶意方式取得上述财物的。

他人明知是经济犯罪违法所得及其产生的收益，通过虚构债权债务关系、虚假交易等方式予以窝藏、转移、收购、代为销售或者以其他方法掩饰、隐瞒，构成犯罪的，应当依法追究刑事责任。

第五十五条　具有下列情形之一，依照刑法规定应当追缴其违法所得及其他涉案财物的，经县级以上公安机关负责人批准，公安机关应当出具没收违法所得意见书，连同相关证据材料一并移送同级人民检察院：

（一）重大的走私、金融诈骗、洗钱犯罪案件，犯罪嫌疑人逃匿，在通缉一年后不能到案的；

（二）犯罪嫌疑人死亡的；

（三）涉嫌重大走私、金融诈骗、洗钱犯罪的单位被撤销、注销，直接负责的主管人员和其他直接责任人员逃匿、死亡，导致案件无法适用普通刑事诉讼程序审理的。

犯罪嫌疑人死亡，现有证据证明其存在违法所得及其他涉案财物应当予以没收的，公安机关可以继续调查，并依法进行查封、扣押、冻结。

第七章　办 案 协 作

第五十六条　公安机关办理经济犯罪案件，应当加强协作和配合，依法履行协查、协办等职责。

上级公安机关应当加强监督、协调和指导，及时解决跨区域性协作的争议事项。

第五十七条　办理经济犯罪案件需要异地公安机关协作的，委托地公安机关应当对案件的管辖、定性、证据认定以及所采取的侦查措施负责，办理有关的法律文书和手续，并对协作事项承担法律责任。但是协作地公安机关超权限、超范围采取相关措施的，应当承担相应的法律责任。

第五十八条　办理经济犯罪案件需要异地公安机关协作的，由委托地的县级以上公安机关制作办案协作函件和有关法律文书，通过协作地的县级以上公安机关联系有关协作事宜。协作地公安机关接到委托地公安机关请求协作的函件后，应当指定主管业务部门办理。

各省、自治区、直辖市公安机关根据本地实际情况，就需要外省、自治区、直辖市公安机关协助对犯罪嫌疑人采取强制措施或者查封、扣押、冻结涉案财物事项制定相关审批程序。

第五十九条　协作地公安机关应当对委托地公安机关出具的法律文书和手续予以审核，对法律文书和手续完备的，协作地公安机关应当及时无条件予以配合，不得收取任何形式的费用。

第六十条　委托地公安机关派员赴异地公安机关请求协助查询资料、调查取证等事项时，应当出具办案协作函件和有关法律文书。

委托地公安机关认为不需要派员赴异地的，可以将办案协作函件和有关法律文书寄送协作地公安机关，协作地公安机关协查不得超过十五日；案情重大、情况紧急的，协作地公安机关应当在七日以内回复；因特殊情况不能按时回复的，协作地公安机关应当及时向委托地公安机关说明情况。

必要时，委托地公安机关可以将办案协作函件和有关法律文书通过电传、网络等保密手段或者相关工作机制传至协作地公安机关，协作地公安机关应当及时协查。

第六十一条　委托地公安机关派员赴异地公安机关请求协助采取强制措施或者搜查，查封、扣押、冻结涉案财物等事项时，应当持办案协作函件、有关侦查措施或者强制措施的法律文书、工作证件及相关案件材料，与协作地县级以上公安机关联系，协作地公安机关应当派员协助执行。

第六十二条 对不及时采取措施，有可能导致犯罪嫌疑人逃匿，或者有可能转移涉案财物以及重要证据的，委托地公安机关可以商请紧急协作，将办案协作函件和有关法律文书通过电传、网络等保密手段传至协作地县级以上公安机关，协作地公安机关收到协作函件后，应当及时采取措施，落实协作事项。委托地公安机关应当立即派员携带法律文书前往协作地办理有关事宜。

第六十三条 协作地公安机关在协作过程中，发现委托地公安机关明显存在违反法律规定的行为时，应当及时向委托地公安机关提出并报上一级公安机关。跨省协作的，应当通过协作地的省级公安机关通报委托地的省级公安机关，协商处理。未能达成一致意见的，协作地的省级公安机关应当及时报告公安部。

第六十四条 立案地公安机关赴其他省、自治区、直辖市办案，应当按照有关规定呈报上级公安机关审查批准。

第八章　保障诉讼参与人合法权益

第六十五条 公安机关办理经济犯罪案件，应当尊重和保障人权，保障犯罪嫌疑人、被害人和其他诉讼参与人依法享有的辩护权和其他诉讼权利，在职责范围内依法保障律师的执业权利。

第六十六条 辩护律师向公安机关了解犯罪嫌疑人涉嫌的罪名以及现已查明的该罪的主要事实，犯罪嫌疑人被采取、变更、解除强制措施，延长侦查羁押期限、移送审查起诉等案件有关情况的，公安机关应当依法将上述情况告知辩护律师，并记录在案。

第六十七条 辩护律师向公安机关提交与经济犯罪案件有关的申诉、控告等材料的，公安机关应当在执法办案场所予以接收，当面了解有关情况并记录在案。对辩护律师提供的材料，公安机关应当及时依法审查，并在三十日以内予以答复。

第六十八条 被害人、犯罪嫌疑人及其法定代理人、近亲属或者律师对案件管辖有异议，向立案侦查的公安机关提出申诉的，接受申诉的公安机关应当在接到申诉后的七日以内予以答复。

第六十九条 犯罪嫌疑人及其法定代理人、近亲属或者辩护人认为公安机关所采取的强制措施超过法定期限，有权向原批准或者决定的公安机关提出申诉,接受该项申诉的公安机关应当在接到申诉之日起三十日以内审查完毕并作出决定,将结果书面通知申诉人。对超过法定期限的强制措施,应当立即解除或者变更。

第七十条 辩护人、诉讼代理人认为公安机关阻碍其依法行使诉讼权利并向人民检察院申诉或者控告,人民检察院经审查情况属实后通知公安机关予以纠正的,公安机关应当立即纠正,并将监督执行情况书面答复人民检察院。

第七十一条 辩护人、诉讼代理人对公安机关侦查活动有异议的,可以向有关公安机关提出申诉、控告,或者提请人民检察院依法监督。

第九章 执法监督与责任追究

第七十二条 公安机关应当依据《中华人民共和国人民警察法》等有关法律法规和规范性文件的规定,加强对办理经济犯罪案件活动的执法监督和督察工作。

上级公安机关发现下级公安机关存在违反法律和有关规定行为的,应当责令其限期纠正。必要时,上级公安机关可以就其违法行为直接作出相关处理决定。

人民检察院发现公安机关办理经济犯罪案件中存在违法行为的,或者对有关当事人及其辩护律师、诉讼代理人、利害关系人的申诉、控告事项查证属实的,应当通知公安机关予以纠正。

第七十三条 具有下列情形之一的,公安机关应当责令依法纠正,或者直接作出撤销、变更或者纠正决定。对发生执法过错的,应当根据办案人员在办案中各自承担的职责,区分不同情况,分别追究案件审批人、审核人、办案人及其他直接责任人的责任。构成犯罪的,依法追究刑事责任。

(一)越权管辖或者推诿管辖的;

(二)违反规定立案、不予立案或者撤销案件的;

(三)违反规定对犯罪嫌疑人采取强制措施的;

(四)违反规定对财物采取查封、扣押、冻结措施的;

(五)违反规定处置涉案财物的;

(六)拒不履行办案协作职责,或者阻碍异地公安机关依法办案的;

(七)阻碍当事人、辩护人、诉讼代理人依法行使诉讼权利的;

(八)其他应当予以追究责任的。

对于导致国家赔偿的责任人员，应当依据《中华人民共和国国家赔偿法》的有关规定，追偿其部分或者全部赔偿费用。

第七十四条 公安机关在受理、立案、移送以及涉案财物处置等过程中，与人民检察院、人民法院以及仲裁机构发生争议的，应当协商解决。必要时，可以报告上级公安机关协调解决。上级公安机关应当加强监督，依法处理。

人民检察院发现公安机关存在执法不当行为的，可以向公安机关提出书面纠正意见或者检察建议。公安机关应当认真审查，并将结果及时反馈人民检察院。没有采纳的，应当说明理由。

第七十五条 公安机关办理经济犯罪案件应当加强执法安全防范工作，规范执法办案活动，执行执法办案规定，加强执法监督，对执法不当造成严重后果的，依据相关规定追究责任。

第十章　附　　则

第七十六条 本规定所称的“经济犯罪案件”，主要是指公安机关经济犯罪侦查部门按照有关规定依法管辖的各种刑事案件，但以资助方式实施的帮助恐怖活动案件，不适用本规定。

公安机关其他办案部门依法管辖刑法分则第三章规定的破坏社会主义市场经济秩序犯罪有关案件的，适用本规定。

第七十七条 本规定所称的“调查性侦查措施”，是指公安机关在办理经济犯罪案件过程中，依照法律规定进行的专门调查工作和有关侦查措施，但是不包括限制犯罪嫌疑人人身、财产权利的强制性措施。

第七十八条 本规定所称的“涉众型经济犯罪案件”，是指基于同一法律事实、利益受损人数众多、可能影响社会秩序稳定的经济犯罪案件，包括但不限于非法吸收公众存款，集资诈骗，组织、领导传销活动，擅自设立金融机构，擅自发行股票、公司企业债券等犯罪。

第七十九条 本规定所称的“跨区域性”，是指涉及两个以上县级行政区域。

第八十条 本规定自 2018 年 1 月 1 日起施行。2005 年 12 月 31 日发布的《公安机关办理经济犯罪案件的若干规定》（公通字〔2005〕101 号）同时废止。本规定发布以前最高人民检察院、公安部制定的关于办理经济犯罪案件的规范性文件与本规定不一致的，适用本规定。

附录三　其他部委发布的相关部门规章及规范性文件

国家发展改革委办公厅关于发挥政府出资产业投资基金引导作用推进市场化银行债权转股权相关工作的通知

（2017 年 7 月 15 日　发改办财金〔2017〕1238 号）

各省、自治区、直辖市及计划单列市发展改革委，新疆生产建设兵团发展改革委：

为加快推进供给侧结构性改革，切实贯彻中央经济工作会议精神和政府工作报告部署，积极推动《关于积极稳妥降低企业杠杆率的意见》（国发〔2016〕54 号）及附件《关于市场化银行债权转股股权的指导意见》（以下简称《指导意见》）、《政府出资产业投资基金管理暂行办法》（发改财金规〔2016〕2800 号）落实，充分发挥政府出资产业投资基金在市场化银行债权转股权（以下简称市场化债转股）中的积极作用，加大对市场化债转股工作的支持力度，现将有关事项通知如下：

一、充分认识政府出资产业投资基金对推进市场化债转股相关工作的重要意义。通过政府出资产业投资基金支持符合区域规划、区域政策、产业政策、投资政策及其他国家宏观管理政策的有发展前景的高负债企业实施市场化债转股，有助于发挥政府资金的引导作用和放大效应，吸引社会资金参与市场化债转股，有效降低相关领域内企业杠杆率，防范企业债务风险，帮助企业降本增效，实现优胜劣汰，是发挥市场配置资源决定性作用和更好发挥政府作用的重要结合点。

二、政府出资产业投资基金投资的市场化债转股项目应符合《政府出资产业投资基金管理暂行办法》（发改财金规〔2016〕2800 号）第三章关于投资领域的规定，市场化债转股对象企业须满足《指导意见》所明确的相关要求。

三、支持现有政府出资产业投资基金或新设政府出资市场化债转股专项基金按以下方式参与市场化债转股项目：

（一）以权益投资的方式参与《指导意见》所列各类实施机构发起的市场化债转股项目；

（二）以出资参股符合条件的实施机构发起设立的债转股投资基金的方式参与市场化债转股项目；

（三）以经基金章程、合伙协议或基金协议明确或约定的符合国家法律法规和有关规范性文件的其他投资形式参与市场化债转股项目。

四、鼓励有条件有需求的地区探索新设政府出资市场化债转股专项基金开展市场化债转股，新设政府出资市场化债转股专项基金可以吸引符合条件的银行和市场化债转股实施机构以及其他各类社会资本参与。在符合相关规定的前提下，支持政府出资产业投资基金除政府外的其他出资人申请发行企业债券，通过基金投入市场化债转股项目，有效拓宽市场化债转股筹资渠道。

五、政府出资产业投资基金各出资方应当按照“利益共享、风险共担”的原则，明确约定收益分配和亏损分担方式。针对市场化债转股项目普遍存在的投资期限较长、收益较低、不确定性高情况，政府出资部分可以适当让利，提高社会资本参与市场化债转股项目的积极性。

各省、自治区、直辖市，各计划单列市，新疆生产建设兵团发展改革委可以根据本地区具体情况制定支持政府出资产业投资基金参与市场化债转股的具体办法，积极稳妥开展市场化债转股工作。

国家发展改革委办公厅关于印发《农村产业融合发展专项债券发行指引》的通知

（2017 年 8 月 1 日　发改办财金规〔2017〕1340 号）

各省、自治区、直辖市及计划单列市、新疆生产建设兵团发展改革委：

为贯彻落实《国务院办公厅关于推进农村一二三产业融合发展的指导意见》（国办发〔2015〕93 号）精神，积极发挥企业债券融资对农村产业融合发展的作用，现将我委制定的《农村产业融合发展专项债券发行指引》印发你们，请认真贯彻执行。

附件：农村产业融合发展专项债券发行指引

附件

农村产业融合发展专项债券发行指引

为贯彻落实《国务院办公厅关于推进农村一二三产业融合发展的指导意见》（国办发〔2015〕93 号）精神，积极发挥企业债券融资对农村产业融合发展的作用，根据《公司法》、《证券法》、《企业债券管理条例》等法律法规和规范性文件，制定本指引。

一、适用范围和支持重点

农村产业融合发展专项债券，是指以建立更加完善的农业产业链条、培育更加丰富的农村新产业新业态、打造更加高效的产业组织方式、构建更加紧密的利益联结机制为导向，募集资金用于农村产业融合发展项目的企业债券，重点包括以下六类项目：

（一）产城融合型农村产业融合发展项目，主要包括推动农村产业融合发展与新型城镇化建设有机结合，培育农产品加工、休闲旅游等“农字号”特色小城镇，建设农村产业融合发展园区等。

（二）农业内部融合型农村产业融合发展项目，主要包括以农牧结合、农林结合、循环发展为导向，发展农林牧渔结合、绿色生态循环农业项目等。

（三）产业链延伸型农村产业融合发展项目，主要包括以农业向后延伸或者农产品加工业、农业生产生活服务业向农业延伸为重点，建设农业生产性服务设施、农产品加工和仓储物流、营销网点等。

（四）农业多功能拓展型农村产业融合发展项目，主要包括通过推进农业与旅游、教育、文化、健康、养老等产业深度融合，拓展农业新的功能，建设休闲农业、乡村旅游、农事教育体验、文化创意农业、农村生态康养和能源农业等新业态项目。

（五）新技术渗透型农村产业融合发展项目，主要包括以信息技术、物联网技术等新技术在农业中的应用为重点，发展"互联网 + 现代农业"，建设涉农电子商务、智慧农业等项目。

（六）多业态复合型农村产业融合发展项目，主要包括同时兼有上述几种类型或者融合其中两个以上类型的项目。

二、发行条件

（一）农业产业化龙头企业申请发行农村产业融合发展专项债券，需满足以下所列条件：1. 企业资产规模不低于 3 亿元或者年度涉农业务收入不低于 2 亿元；2. 拟投资农村产业融合发展项目总投资不低于 1 亿元。鼓励通过保底收购价 + 二次分配、农民参股持股等方式与农民建立紧密利益联结机制的项目申请发行农村产业融合发展专项债券。

（二）以小微企业增信集合债券形式发行农村产业融合发展专项债券，募集资金用于农村产业融合小微企业发展的，可将《小微企业增信集合债券发行管理规定》中委托贷款集中度的要求放宽为"对单个委贷对象发放的委贷资金累计余额不得超过 5000 万元且不得超过小微债募集资金规模的 10%"。

（三）优化农村产业融合发展专项债券品种方案设计，可根据资金回流的具体情况科学设计债券发行方案，支持合理灵活设置债券期限、选择权及还本付息方式。根据农业项目投资较大、回收期长的特点，支持发债企业发行 10 年期及以上的长期限企业债券或可续期债券。

三、审核要求

（一）在相关手续齐备、偿债保障措施完善的基础上，农村产业融合发展专项债券比照我委"加快和简化审核类"债券审核程序，提高审核效率。

（二）在偿债保障措施完善的情况下，允许企业使用不超过50%的债券募集资金用于补充营运资金。

（三）鼓励上市公司及其子公司发行农村产业融合发展专项债券。

国家发展改革委办公厅关于印发《社会领域产业专项债券发行指引》的通知

（2017 年 8 月 1 日　发改办财金规〔2017〕1341 号）

各省、自治区、直辖市及计划单列市、新疆生产建设兵团发展改革委：

为贯彻落实《国务院办公厅关于进一步激发社会领域投资活力的意见》（国办发〔2017〕21 号）精神，积极发挥企业债券融资对社会领域产业发展的作用，现将我委制定的《社会领域产业专项债券发行指引》印发你们，请认真贯彻执行。

附件：社会领域产业专项债券发行指引见

附件

社会领域产业专项债券发行指引

为贯彻落实《国务院办公厅关于进一步激发社会领域投资活力的意见》（国办发〔2017〕21 号）精神，积极发挥企业债券融资对社会领域产业发展的作用，根据《公司法》、《证券法》、《企业债券管理条例》等法律法规和规范性文件，制定本指引。

一、适用范围和支持重点

社会领域产业专项债券，是指由市场化运营的公司法人主体发行（公立医疗卫生机构、公立学校等公益性质主体除外），募集资金主要用于社会领域产业经营性项目建设，或者其他经营性领域配套社会领域产业相关设施建设的企业债券。社会领域产业专项债券包括但不限于以下专项债券类型：

（一）健康产业专项债券，主要用于为群众提供医疗、健康管理等健康服务项目。

（二）养老产业专项债券，主要用于为老年人提供生活照料、康复护理等服务设施设备，以及开发康复辅助器具产品用品项目。

（三）教育培训产业专项债券，主要用于建设教育培训服务设施设备、提供教育培训服务、生产直接服务教育发展的教学教具产品的项目。

（四）文化产业专项债券，主要用于新闻出版发行、广播电视电影、文化艺术服务、文化创意和设计服务等文化产品生产项目，以及直接为文化产品生产服务的文化产业园区等项目。

（五）体育产业专项债券，主要用于体育产业基地、体育综合体、体育场馆、健身休闲、开发体育产品用品等项目，以及支持冰雪、足球、水上、航空、户外、体育公园等设施建设。

（六）旅游产业专项债券，主要用于旅游基础设施建设、旅游产品和服务开发等项目。

支持企业发行专项债券，同时用于多个社会领域产业项目或社会领域产业融合项目。发债企业可使用债券资金收购、改造其他社会机构的相关设施，或扩大社会领域产业投资基金资本规模。

二、发行条件

（一）优化社会领域产业专项债券品种方案设计，可根据资金回流的具体情况科学设计债券发行方案，支持合理灵活设置债券期限、选择权及还本付息方式。鼓励企业发行可续期债券，用于剧场等文化消费设施、文化产业园区、体育馆、民营医院、教育培训机构等投资回收期较长的项目建设。

（二）社会领域产业专项债券以项目未来经营收入作为主要偿债资金来源。对项目收费标准由政府部门定价的，地方价格部门应及时制定和完善项目收费价格政策。

（三）鼓励发行人以第三方担保方式，或法律法规允许的出让、租赁建设用地抵质押担保方式为债券提供增信。对于项目建成后有稳定现金流来源的项目，如体育场、电影院等，允许以项目未来收益权为债券发行提供抵质押担保；项目建成后形成商标权、专利权等无形资产的，经中介机构评估后，可将无形资产为债券发行提供抵质押担保。

（四）鼓励采取“债贷组合”增信方式，由商业银行进行债券和贷款统筹管理。以小微企业增信集合债券形式发行社会领域产业专项债券，募集资金用于社会领域产业小微企业发展的，可将《小微企业增信集合债券发行管理规定》中委托贷款集中度的要求放宽为“对单个委贷对象发放的委贷资金累计余额不得超过5000 万元且不得超过小微债募集资金规模的10%”。探索保险机构等机构投资者设立特殊目的实体,发行项目收益债券用于社会领域产业项目的建设和经营。

三、审核要求

(一)在相关手续齐备、偿债保障措施完善的基础上,社会领域产业专项债券比照我委“加快和简化审核类”债券审核程序,提高审核效率。

(二)《养老产业专项债券发行指引》(发改办财金〔2015〕817号)的相关规定,在本文范围之外的,可继续执行。

(三)我委将在实践中不断完善和细化社会领域产业专项债券的相关条款,并及时公开发布。

国家发展改革委、中国人民银行、中国保监会等印发《关于对保险领域违法失信相关责任主体实施联合惩戒的合作备忘录》的通知

（2017年8月28日　发改财金〔2017〕1579号）

各省、自治区、直辖市和新疆生产建设兵团有关部门、机构：

为全面贯彻党的十八大和十八届三中、四中、五中、六中全会精神，落实《国务院关于促进市场公平竞争维护市场正常秩序的若干意见》（国发〔2014〕20号）、《国务院关于加快发展现代保险服务业的若干意见》（国发〔2014〕29号）、《国务院关于印发社会信用体系建设规划纲要（2014－2020年）的通知》（国发〔2014〕21号）和《国务院关于建立完善守信联合激励和失信联合惩戒制度加快推进社会诚信建设的指导意见》（国发〔2016〕33号）等文件要求，加快推进保险领域信用体系建设，推动形成褒扬诚信、惩戒失信的强大合力。国家发展改革委、人民银行、保监会、中央组织部、中央编办、中央文明办、中央网信办、最高人民法院、工业和信息化部、公安部、财政部、人力资源社会保障部、国土资源部、环境保护部、住房城乡建设部、交通运输部、水利部、商务部、国资委、海关总署、税务总局、工商总局、质检总局、食品药品监管总局、银监会、证监会、公务员局、民航局、外汇局、共青团中央、中国铁路总公司联合签署了《关于对保险领域违法失信相关责任主体实施联合惩戒的合作备忘录》。现印发给你们，请认真贯彻执行。

附件：关于对保险领域违法失信相关责任主体实施联合惩戒的合作备忘录

附件

关于对保险领域违法失信相关责任主体实施联合惩戒的合作备忘录

为全面贯彻党的十八大和十八届三中、四中、五中、六中全会精神，落实《国务院关于促进市场公平竞争维护市场正常秩序的若干意见》（国发〔2014〕20号）、《国务院关于加快发展现代保险服务业的若干意见》（国发〔2014〕29号）、《国务院关于印发社会信用体系建设规划纲要（2014－2020年）的通知》（国发〔2014〕21号）和《国务院关于建立完善守信联合激励和失信联合惩戒制度加快推进社会诚信建设的指导意见》（国发〔2016〕33号）等文件要求，加快推进保险领域信用体系建设，推动形成褒扬诚信、惩戒失信的强大合力。国家发展改革委、人民银行、保监会、中央组织部、中央编办、中央文明办、中央网信办、最高人民法院、工业和信息化部、公安部、财政部、人力资源社会保障部、国土资源部、环境保护部、住房城乡建设部、交通运输部、水利部、商务部、国资委、海关总署、税务总局、工商总局、质检总局、食品药品监管总局、银监会、证监会、公务员局、民航局、外汇局、共青团中央、中国铁路总公司等部门就针对保险领域违法失信相关责任主体实施联合惩戒工作达成如下一致意见：

一、联合惩戒对象

联合惩戒对象为保险监督管理部门依法认定的存在严重违法失信行为的各类保险机构、保险从业人员以及与保险市场活动相关的其他机构和人员（以下简称“保险领域违法失信当事人”）。

二、联合惩戒措施

（一）限制取得认证机构资质，限制获得认证证书

对保险领域违法失信当事人，限制其取得认证机构资质，限制获得认证证书。

（二）设立证券公司、基金管理公司、期货公司、融资性担保公司、小额贷款公司等审批参考

对保险领域违法失信当事人，将其违法失信记录作为申请设立融资性担保公司、小额贷款公司的依据或参考，以及作为在审批证券公司、基金管理公司和期货公司的设立及变更持有5%以上股权的股东、实际控

制人，私募投资基金管理人登记、重大事项变更以及基金备案时的重要参考。

（三）设立商业银行或分行、代表处审批参考

对保险领域违法失信当事人，将其违法失信记录作为申请设立商业银行或分行、代表处的审批参考。

（四）申请发行企业债券及公司债券，在银行间市场发行债券审批参考

对保险领域违法失信当事人，将其违法失信记录作为申请发行企业债券及公司债券，在银行间市场发行债券的重要参考。

（五）股票发行审核及在全国中小企业股份转让系统公开转让审核重要参考

对保险领域违法失信当事人，将其违法失信行为作为股票发行审核及在全国中小企业股份转让系统公开转让审核的重要参考。

（六）境内上市公司实行股权激励计划或相关人员成为股权激励对象事中事后监管重要参考

对保险领域违法失信当事人，将其违法失信记录作为境内上市公司实行股权激励计划或相关人员成为股权激励对象事中事后监管的重要参考。

（七）上市公司或者非上市公众公司收购事中事后监管中予以重点关注

在上市公司或者非上市公众公司收购事中事后监管对有严重失信行为的责任主体予以重点关注。

（八）限制部分消费行为

对人民法院纳入失信被执行人名单的保险领域违法失信当事人，依法限制新建、扩建、高档装修房屋，购买非经营必需车辆等非生活和工作必需的消费行为；乘坐飞机、乘坐列车软卧、G 字头动车组全部座位和其他动车组一等以上座位等《最高人民法院关于限制被执行人高消费及有关消费的若干规定》中的相关消费行为。

（九）申请从事互联网信息服务审批参考

对保险领域违法失信当事人，将其违法失信记录作为申请从事互联网信息服务的审批参考。

（十）金融机构融资授信参考

对保险领域违法失信当事人，将其违法失信记录作为其评级授信、信贷融资、管理和退出等的重要参考。

（十一）依法限制参加政府采购活动

对保险领域违法失信当事人，依法限制其作为供应商参加政府采购活动。

（十二）限制获取政府补贴性资金和社会保障资金支持

对保险领域违法失信当事人，限制其申请政府补贴性资金和社会保障资金支持。

（十三）作为选择参与政府和社会资本合作项目的参考

将保险领域违法失信当事人相关失信信息作为选择参与政府和社会资本合作项目的参考。

（十四）加强日常监管检查

对保险领域违法失信当事人，相关单位可在市场监管、现场检查等工作中予以参考。

（十五）担任国有企业法定代表人、董事、监事参考

保险领域违法失信当事人为自然人的，将其违法失信记录作为被聘任为国有独资公司董事、监事及国有资本控股或参股公司董事、监事及国有企业高级管理人员的重要参考。

（十六）限制登记为事业单位法定代表人

保险领域违法失信当事人为自然人的，限制登记为事业单位法定代表人。

（十七）依法限制担任金融机构董事、监事、高级管理人员

保险领域违法失信当事人为自然人的，依法限制其担任银行业金融机构、保险公司、保险资产管理公司、融资性担保公司等的董事、监事、高级管理人员，将其违法失信记录作为担任证券公司、基金管理公司、期货公司的董事、监事和高级管理人员及分支机构负责人备案的参考。

（十八）招录（聘）为公务员或事业单位工作人员参考

保险领域违法失信当事人为自然人的，将其违法失信记录作为其被招录（聘）为公务员或事业单位工作人员的重要参考。

（十九）限制获得荣誉称号

对保险领域违法失信当事人，限制其参与评先、评优或取得各类荣誉称号；已获得相关荣誉称号的予以撤销。

（二十）供纳税信用管理时审慎性参考

在对保险领域违法失信当事人纳税信用管理中，将其失信状况作为信用信息采集和评价的审慎性参考依据。

（二十一）供外汇业务审批与管理时审慎性参考

将保险领域违法失信当事人相关失信信息作为保险外汇业务审批、合格境外机构投资者与合格境内机构投资者额度审批和管理的审慎性参考。

（二十二）限制享受优惠性政策认定参考

将保险领域违法失信当事人相关失信信息作为相关机构及其法定代表人、实际控制人、董事、监事、高级管理人员限制享受优惠性政策的参考。

（二十三）依法限制成为海关认证企业

对保险领域违法失信当事人申请海关认证企业管理的，不予通过认证；对已经成为认证企业的，按照规定下调企业信用等级。

（二十四）加大进出口货物监管力度

保险领域违法失信当事人办理通关等海关业务时，对其进出口货物实施严密监管，加强单证审核、布控查验或后续稽查。

（二十五）依法限制取得政府供应土地参考

将保险领域违法失信当事人相关失信信息作为限制取得政府供应土地的参考。

（二十六）依法限制参与政府投资工程建设项目投标活动参考

将保险领域违法失信当事人相关失信信息作为限制申请参与政府投资工程建设项目投标活动的参考。

（二十七）依法限制受让收费公路权益参考

将保险领域违法失信当事人相关失信信息作为限制受让收费公路权益的参考。

（二十八）通过“信用中国”网站、国家企业信用信息公示系统及其他主要新闻网站向社会公布

将保险领域违法失信当事人信息通过“信用中国”网站、国家企业信用信息公示系统予以发布，同时协调相关互联网新闻信息服务单位向社会公布。

三、信息共享与联合惩戒的实施方式

中国保监会通过全国信用信息共享平台向签署本备忘录的其他部门和单位提供保险领域违法失信当事人信息并按照有关规定动态更新。其他部门和单位从全国信用信息共享平台联合奖惩子系统获取保险领域违法失信当事人信息，将其作为依法履职的重要参考，按照本备忘录约定内容，依法依规对保险领域违法失信当事人实施惩戒，逐步建立惩戒效果定

期通报机制,有条件的部门定期将联合惩戒实施情况通过全国信用信息共享平台反馈至国家发展改革委和中国保监会。

四、共享信息的持续管理

中国保监会在向各单位提供保险领域违法失信当事人的违法失信信息时,应注明决定作出的日期及效力期限,有关单位根据各自的法定职责,按照法律法规和相关规定实施惩戒或解除惩戒。超过效力期限的,不再实施联合惩戒。

保险领域违法失信当事人在规定期限内主动纠正违法失信行为,消除不良影响的,可根据法律法规和相关规定不再对其实施联合惩戒。中国保监会应及时将有关信息提供各单位,各单位在作出解除惩戒的决定后,应及时将相关情况反馈至国家发展改革委和中国保监会。

五、其他事宜

各单位应密切协作,积极落实本备忘录,制定违法失信信息的使用、管理、监督等相关实施细则和操作流程,并指导下级单位依法依职权落实对保险领域违法失信当事人的惩戒措施。实施过程中涉及的具体操作问题,由各部门另行协商解决。

附录:(略)

财政部、中国人民银行、中国证监会关于印发《国债承销团组建工作管理办法》的通知

（2017年8月31日　财库〔2017〕145号）

有关金融机构，中央国债登记结算有限责任公司、中国证券登记结算有限责任公司、中国外汇交易中心、上海证券交易所、深圳证券交易所：

为了规范国债承销团组建工作，保障国债顺利发行和国债市场稳定发展，财政部会同人民银行、证监会制定了《国债承销团组建工作管理办法》，现予以公布。

附件：国债承销团组建工作管理办法

国债承销团组建工作管理办法

第一章　总　　则

第 一 条　为了规范国债承销团组建工作，保障国债顺利发行和国债市场稳定发展，制定本办法。

第 二 条　国债承销团按照国债品种组建，包括储蓄国债承销团和记账式国债承销团。

第 三 条　国债承销团组建应当遵循公开、公平、公正的市场化原则。

第 四 条　财政部会同人民银行负责储蓄国债承销团组建工作，会同人民银行、证监会负责记账式国债承销团组建工作。

第 五 条　财政部会同有关部门根据市场环境和国债发行任务等，确定国债承销团成员的目标数量。

第二章　前 期 准 备

第 六 条　财政部应当会同有关部门提前公布国债承销团组建通知（以下简称组团通知）和国债承销主协议范本。

组团通知应当包括成员目标数量、报名要求、上一届国债承销团成员综合排名等内容，不晚于报名截止日前20个工作日（含）发布。

国债承销主协议范本应当包括财政部和国债承销团成员双方的权利、义务等内容，与组团通知同时发布。

第 七 条　在组团通知规定的报名截止日期前，财政部会同人民银行负责接收报名参加储蓄国债承销团的金融机构的书面报名材料；财政部负责接收报名参加记账式国债承销团的金融机构的书面报名材料。

第 八 条　财政部应当就报名参加国债承销团的金融机构（以下简称报名机构）的重大经营活动情况、财务风险状况、金融市场表现、近3年内在经营活动中有无重大违法记录等事项，以及报名材料中的有关数据，征求人民银行、证监会、银监会、保监会等部门意见。中央国债登记结算有限责任公司、中国证券登记结算有限责任公司、中国外汇交易中心、上海证券交易所、深圳证券交易所等债券托管、交易场所应当根据财政部需要提供有关业务数据。

第三章　选 择 方 式

第 九 条　财政部应当会同有关部门从具备下列基本条件的报名机构中选择国债承销团成员：

（一）在中国境内依法成立，具有独立法人资格，且经营范围包括债券承销。

（二）财务稳健，资本充足率、偿付能力或者净资本状况等方面指标达到监管标准，具有较强的风险防控能力。

（三）设有专职部门负责国债业务，并具有健全的国债投资和风险管理制度。

（四）有能力履行国债承销协议约定的各项义务。

（五）拟作为储蓄国债承销团成员的，应当为依法开展经营活动，近3年内在储蓄国债、个人储蓄存款、理财产品销售等经营活动中没有重大违法记录，注册资本不低于人民币10亿元或者总资产不低于人民币300亿元，营业网点在50个以上的存款类金融机构。

（六）拟作为记账式国债承销团成员的，应当为依法开展经营活动，近3年内在债券承销、交易等经营活动中没有重大违法记录，注册资本不低于人民币5亿元或者总资产不低于人民币200亿元的存款类金融机构，或注册资本不低于人民币10亿元的非存款类金融机构。

（七）若为上一届国债承销团成员的，应当在上一届国债承销团有效期最后一年未到退团标准或未主动退团。

第 十 条 国债承销团采用第三方专家评审的方式组建。财政部会同有关部门建立专家库，从中抽取专家组成专家评审委员会，由评审委员会成员按照规定的评分指标体系和方法对符合基本条件的报名机构进行独立评分，根据评分确定国债承销团候选成员名单，经公示、签订承销主协议等程序后，组成新一届国债承销团。

第十一条 专家由金融行业自律性组织和金融市场中介服务机构等推荐。专家应当具备以下条件：

（一）具有良好的职业道德，在评审过程中能以客观公正、廉洁自律、遵纪守法为行为准则。

（二）从事相关领域研究或实务工作满10年，具备大学（含）以上文化程度，精通国债业务。

（三）愿意以独立身份参加评审工作，并接受财政部、人民银行、证监会的指导和监督。

（四）没有违纪违法等不良记录。

（五）不属于财政部、人民银行、证监会、银监会、保监会等主管部门在职工作人员。

财政部会同有关部门对推荐的专家进行确认后，汇总形成专家库。每次组建国债承销团或增补新成员时，财政部应当会同有关部门对专家库进行复核，将不符合条件的专家调整出专家库，并根据需要进行适当增补。

第十二条 财政部负责从专家库中随机抽取专家组成人数为奇数且不少于7人的评审委员会。评审委员会成员不能在报名机构或其利益关联机构中任职。抽取专家时，财政部、人民银行、证监会派观察员到场监督。

第十三条 财政部会同有关部门根据国债市场情况和业务发展需要，建立评分指标体系。储蓄国债承销团评分指标包括储蓄国债业务开展情况、储蓄存款和理财产品情况、业务渠道情况、风险防控能力、资本经营状况、研究创新能力等其他因素六个方面;记账式国债承销团评分指标包括国债一级市场情况、国债二级市场情况、国债持有情况、其他债券承销交易情况、资本经营及风险防控状况、研究创新能力等其他因素六个方面(具体指标体系详见附件 1)。

第十四条 评审委员会根据评分标准对符合基本条件的报名机构进行评分,按照得分由高到低的顺序提出新一届国债承销团候选成员的推荐名单(具体评分方法详见附件 2)。如多家机构最终得分相同,且同时进入国债承销团后成员数量超过新一届国债承销团成员的目标数量,则上一届国债承销团成员优先进入;如得分相同机构同为上一届国债承销团成员,上一届国债承销团有效期内综合排名居前机构优先进入;如得分相同机构都不是上一届国债承销团成员,则均不进入新一届国债承销团。

专家现场评审时,财政部、人民银行、证监会派观察员到场监督。

第四章 公示与签约

第十五条 财政部会同有关部门,将第三方专家评审产生的推荐名单作为国债承销团候选成员名单,通过财政部官网和中国债券信息网向社会公示,储蓄国债承销团候选成员名单同时通过人民银行官网公示。公示期为 5 个工作日。公示期间,如有机构或人员对结果提出异议,由财政部会同有关部门进行复核确认。

第十六条 财政部应当与国债承销团候选成员按照《中华人民共和国合同法》有关规定,在平等自愿基础上,签订国债承销协议,并向社会公布国债承销团成员名单。国债承销协议有效期原则上不超过 3 年。

第十七条 财政部应当按照科学、规范、公平、公开和有利于提升国债承销团成员履约水平的原则,对记账式国债承销团成员履约情况进行综合排名;会同人民银行对储蓄国债承销团成员履约情况进行综合排名。综合排名有关事宜应当在国债承销协议中进行约定。

第五章 退出与增补

第十八条 国债承销团成员可以根据国债承销协议的约定,自愿申请退出国债承销团。财政部应当会同有关部门自收到国债承销团成员退出申请之日起 30 日内予以确认,并向社会公布。

申请退出的国债承销团成员,在获得确认之前,应当按照国债承销协议的约定,继续履行国债承销协议。

第十九条 国债承销团成员出现下列行为的,财政部应当会同有关部门,根据国债承销协议的约定通知其退出国债承销团:

(一)以欺骗、利益输送等不正当手段加入国债承销团的。

(二)财务状况恶化,难以继续履行国债承销团成员义务的。

(三)储蓄国债承销团成员违规委托其他机构代理销售储蓄国债;盗用储蓄国债名义发售债券或揽储;超额度销售储蓄国债且未及时更正,最终造成当期国债超额发行;出现伪造国债账务记录、出具虚假债权托管证明,泄露投资者账户秘密,发布关于储蓄国债虚假信息等重大违法行为或者严重违反储蓄国债相关管理政策规定行为的。

(四)记账式国债承销团成员严重不正当投标、操纵二级市场;超承销额度分销,违规向记账式国债承销团其他成员分销;出现伪造国债账务记录,发布关于记账式国债虚假信息等重大违法行为或者严重违反记账式国债相关管理政策规定行为的。

(五)严重违反国债承销协议其他相关约定的。

第二十条 国债承销团成员退出国债承销团的,自财政部会同有关部门确认之日起,财政部应当终止与其签订的国债承销协议。储蓄国债承销团成员退出后,对其托管的尚未到期的储蓄国债,应当按规定继续办理除储蓄国债认购以外的各项业务,并做好相关国债托管和资金清算工作。

第二十一条 财政部可以根据国债发行需要,会同有关部门按照本办法规定的第三方专家评审方式增补国债承销团成员,并将增补情况及时向社会公布。

第六章　附　　则

第二十二条 本办法所称有关部门,涉及储蓄国债业务时,是指人民银行;涉及记账式国债业务时,是指人民银行、证监会。

第二十三条 本办法自印发之日起施行。

第二十四条 2014 年 11 月 17 日发布的《财政部中国人民银行证监会关于印发〈国债承销团组建工作管理暂行办法〉的通知》(财库〔2014〕186 号)同时废止。

附:1. 国债承销团第三方专家评审指标体系

2. 国债承销团专家评分方法

附 1：

国债承销团第三方专家评审指标体系

一、储蓄国债承销团

评审指标包括 6 个方面：储蓄国债业务开展情况、储蓄存款和理财产品情况、业务渠道情况、风险防控能力、资本经营状况、其他因素，权重分别为 20%、25%、25%、10%、10%、10%（详见表 1）。

表 1：储蓄国债承销团评审指标

序号	类别	分项指标	权重	权重合计
一	储蓄国债业务开展情况	2015－2017 年储蓄国债承销量	12%	20%
		2015－2017 年储蓄国债承销计划完成率	5%	
		储蓄国债业务开展年限	3%	
二	储蓄存款和理财产品情况	个人储蓄存款余额	20%	25%
		保本型理财产品余额	5%	
三	业务渠道情况	营业网点数量	20%	25%
		个人网上银行账户数量	3%	
		个人网上银行业务办理笔数	2%	
四	风险防控能力	资本充足率	2%	10%
		杠杆率	2%	
		不良贷款率	2%	
		拨备覆盖率	2%	
		流动性覆盖率	2%	
五	资本经营状况	总资产、净资产、利润总额、净资产收益率、总资产报酬率等	10%	10%
六	其他因素	研究能力、创新能力、获奖情况、信息系统建设、国债承销违规情况、对财政部会同有关部门开展的储蓄国债发行管理相关工作支持情况（如储蓄国债滞销时销售表现突出、储蓄国债发行管理创新课题研究、国债会议主题发言）、数据报送准确情况，以及业务是否符合国家普惠金融、沿边地区发展政策方向等	10%	10%

二、记账式国债承销团

评审指标包括6个方面：国债一级市场情况、国债二级市场情况、国债持有情况、其他债券承销交易情况、资本经营及风险防控状况、其他因素，权重分别为20%、35%、15%、10%、10%、10%（详见表2）。

表2：记账式国债承销团评审指标

序号	类别	分项指标	权重	权重合计
一	国债一级市场情况	承销量	15%	20%
		分销量	2%	
		投标准确度	3%	
二	国债二级市场情况	现券交易量	15%	35%
		回购、逆回购交易量①	8%	
		国债做市或尝试做市双边有效报价量	2%	
		国债做市或尝试做市请求报价有效回复率	2%	
		国债做市或尝试做市有效成交量②	8%	
三	国债持有情况	日均持有量	15%	15%
四	其他债券承销交易情况（地方政府债券③、政策性金融债）	承销量	4%	10%
		日均持有量	3%	
		现券交易量	3%	
五	资本经营及风险防控状况	总资产、注册资本、净资产、利润总额、总资产报酬率、净资产收益率、受委托的资产规模等	10%	10%
六	其他因素	研究能力、创新能力、获奖情况、信息系统建设、债券市场参与程度及国债承销和交易违规情况、国债管理改革参与情况（如国债预发行、国债期货、国债随买随卖等）、对财政部会同有关部门开展的记账式国债发行管理相关工作支持情况（如记账式国债发行管理创新课题研究、国债会议主题发言），以及数据报送准确情况等	10%	10%

---

① 包括质押式回购和买断式回购，不包括人民银行公开市场操作。

② 包括双边报价和请求报价成交量。

③ 包括代发代还、自发代还、自发自还地方政府债券。

附 2：

国债承销团专家评分方法

一、储蓄国债承销团

储蓄国债业务开展情况、储蓄存款和理财产品情况、业务渠道情况、风险防控能力根据报名机构相关业务数据计算得出，资本经营状况、其他因素由评审专家根据报名机构情况打分得出，各分项指标得分、总分计算过程及结果均保留 2 位小数（2 位小数以后四舍五入，下同）。

（一）前三部分评分指标计算方法。

储蓄国债业务开展情况、储蓄存款和理财产品情况、业务渠道情况得分计算方法为：

$$单项指标得分=\frac{本机构单项指标数值}{所有报名机构在本项指标中的最大值}\times 100$$

其中，储蓄国债业务开展年限超过 5 年的，按 5 年计算。

（二）风险防控能力评分指标计算方法。

1. 资本充足率：10.5% 以上，100 分；5.25% 以下，0 分；

$$5.25\%至10.5\%，\frac{资本充足率-5.25\%}{5.25\%}\times 100分$$

2. 杠杆率：高于 5.6%，100 分；低于 2.4%，0 分；

$$2.4\%至5.6\%，\frac{杠杆率-2.4\%}{3.2\%}\times 100分$$

3. 不良贷款率：2% 以下，100 分；10% 以上，0 分；

$$2\%至10\%，\frac{10\%-不良贷款率}{8\%}\times 100分$$

4. 拨备覆盖率：300% 以上，100 分；100% 以下，0 分；

$$100\%至300\%，\frac{拨备覆盖率-100\%}{200\%}\times 100分$$

5. 流动性覆盖率：高于 108%，100 分；低于 54%，0 分；

$$54\%至108\%，\frac{流动性覆盖率-54\%}{54\%}\times 100分$$

（三）后两部分评分指标评审方法。

资本经营状况由评审专家根据报名机构的总资产、净资产等进行评分，最高为 10 分；其他因素由评审专家根据报名机构的研究能力、创新能力等进行评分，最高为10分。

（四）总分计算方法。

单个专家对某个机构评分 = ∑前四部分单项指标得分 × 本项指标权重 + 资本经营状况得分 + 其他因素得分

报名机构最终得分为去掉专家评分中的一个最高值和一个最低值后的其他得分的算术平均值。

二、记账式国债承销团

国债一级市场情况、国债二级市场情况、国债持有情况、其他债券承销交易情况根据报名机构相关业务数据计算得出，资本经营及风险防控状况、其他因素由评审专家根据报名机构情况打分得出。

（一）前四部分评分指标计算方法。

国债一级市场情况、国债二级市场情况、国债持有情况、其他债券承销交易情况得分计算方法为：

$$单项指标得分 = \frac{本机构单项指标数值}{所有报名机构在本项指标中的最大值} \times 100$$

若参与第三方专家评审的所有报名机构某项指标数值都为0，则参与第三方专家评审的所有报名机构该项指标得分均为0。其中，投标准确度计算方法为：

$$单次投标准确度 = \frac{所有报名机构中的最小投标偏离值}{本机构投标偏离值} \times 100$$

$$投标偏离值 = \frac{\sum 本机构各投标标位(价格或利率) \times 该标位有效投标量}{本机构有效投标总量} - 票面利率或发行价格$$

（二）后两部分评分指标评审方法。

资本经营及风险防控状况由评审专家根据报名机构的总资产、注册资本等进行评分，最高为10分；其他因素由评审专家根据报名机构的研究能力、创新能力等进行评分，最高为10分。

（三）总分计算方法。

单个专家对某个机构评分 = ∑前四部分单项指标得分 × 本项指标权重 + 资本经营及风险防控状况得分 + 其他因素得分

报名机构最终得分为去掉专家评分中的一个最高值和一个最低值后的其他得分的算术平均值。

中国人民银行关于对普惠金融实施定向降准的通知

（2017 年 9 月 29 日　银发〔2017〕222 号）

中国人民银行上海总部，各分行、营业管理部，各省会（首府）城市中心支行，深圳市中心支行；各国有商业银行，股份制商业银行，中国邮政储蓄银行：

根据国务院部署，为支持金融机构发展普惠金融业务，着力缓解小微企业融资难、融资贵问题，提高金融服务覆盖率和可得性，为实体经济提供有效支持，中国人民银行决定将当前对小微企业和“三农”领域实施的定向降准政策拓展和优化为统一对普惠金融领域贷款达到一定标准的金融机构实施定向降准政策。现就有关事项通知如下：

一、将定向降准政策考核范围由现行的小微企业贷款和涉农贷款调整为普惠金融领域贷款。普惠金融领域贷款包括：单户授信小于 500 万元的小型企业贷款、单户授信小于 500 万元的微型企业贷款、个体工商户经营性贷款、小微企业主经营性贷款、农户生产经营贷款、创业担保（下岗失业人员）贷款、建档立卡贫困人口消费贷款和助学贷款。上述贷款数据采用人民银行调查统计部门统一口径的统计数据。

二、对普惠金融领域贷款实施定向降准政策考核的金融机构范围包括：国有商业银行、中国邮政储蓄银行、股份制商业银行、城市商业银行、非县域农村商业银行和外资银行。

三、适用普惠金融领域贷款定向降准政策的金融机构应同时满足以下标准：

（一）符合宏观审慎经营标准：上年三个季度（含）以上宏观审慎评估（MPA）评级均在 B 级（含）以上。

（二）普惠金融领域的贷款达到一定比例。比例分为两档：第一档是上年普惠金融领域的贷款增量占全部新增人民币贷款比例达到 1.5%，或上年末普惠金融领域的贷款余额占全部人民币贷款余额比例达到 1.5%；第二档是上年普惠金融领域的贷款增量占全部新增人民币贷款比例达到10%,或上年末普惠金融领域的贷款余额占全部人民币贷款余额比例达到10%。

四、人民银行根据定向降准政策考核机制,于每年初金融机构普惠金融领域贷款相关数据采集完成后实施考核,按是否达标对其存款准备金率进行动态调整。根据考核结果,对符合本通知第三条第一档所规定标准的金融机构,其存款准备金率在法定存款准备金率基准档基础上下调0.5个百分点;对符合本通知第三条第二档所规定标准的金融机构,其存款准备金率在法定存款准备金率基准档基础上下调1.5个百分点。2018年初对普惠金融领域贷款的首次考核使用2017年年度数据。

五、县域农村商业银行、农村合作银行、农村信用社、村镇银行继续参与新增存款一定比例用于当地贷款考核,达标县域法人金融机构存款准备金率按低于其法定存款准备金率基准档1个百分点执行。政策性银行、财务公司、金融租赁公司和汽车金融公司继续执行现行存款准备金率。

六、自普惠金融领域贷款定向降准政策2018年实施之日起,《中国人民银行关于定向降低部分金融机构存款准备金率的通知》(银发〔2014〕164号)、《中国人民银行关于下调金融机构存款准备金率的通知》(银发〔2015〕327号)中对小微企业和“三农”贷款实施的定向降准政策与本通知对普惠金融领域贷款实施的定向降准政策不一致的,以本通知为准。

中国人民银行上海总部、各分支行要严格按照政策标准做好辖区内金融机构存款准备金率调整工作,并将全部金融机构相关基础数据及适用普惠金融领域贷款定向降准政策的金融机构名单报备总行。遇有重大紧急情况,及时报告总行。请中国人民银行上海总部、各分支行将本通知转发至辖区内城市商业银行、非县域农村商业银行和有关外资银行。

住房和城乡建设部、中国人民银行、中国银监会关于规范购房融资和加强反洗钱工作的通知

（2017年9月29日　建房〔2017〕215号）

各省、自治区、直辖市住房城乡建设厅（建委、房地局）；中国人民银行各分行、营业管理部、省会（首府）城市中心支行、副省级城市中心支行；各银监局；国家开发银行，各政策性银行、国有商业银行、股份制商业银行，中国邮政储蓄银行，外资银行，中国互联网金融协会、中国银行业协会、中国小额贷款公司协会：

为贯彻落实党中央、国务院关于房地产工作的决策部署，坚持“房子是用来住的，不是用来炒的”定位，规范购房融资行为，加强房地产领域反洗钱工作，促进房地产市场平稳健康发展，现就有关事项通知如下：

一、严禁违规提供“首付贷”等购房融资

（一）严禁房地产开发企业、房地产中介机构违规提供购房首付融资。房地产开发企业、房地产中介机构不得为购房人垫付首付款或采取首付分期等其他形式变相垫付首付款，不得通过任何平台和机构为购房人提供首付融资，不得以任何形式诱导购房人通过其他机构融资支付首付款，不得组织“众筹”购房。

（二）严禁互联网金融从业机构、小额贷款公司违规提供“首付贷”等购房融资产品或服务。互联网金融从业机构和小额贷款公司不得以线上、线下或其他任何形式为购房人提供首付融资或相关服务。

（三）严禁违规提供房地产场外配资。房地产中介机构、互联网金融从业机构、小额贷款公司不得为卖房人或购房人提供“过桥贷”“尾款贷”“赎楼贷”等场外配资金融产品。

（四）严禁个人综合消费贷款等资金挪用于购房。银行业金融机构要加强个人住房贷款业务的审贷管理，加大对首付资金来源和借款人收入证明真实性的审核力度。要严格对个人住房贷款和个人综合消费贷款实行分类管理，强化对个人综合消费贷款、经营性贷款、信用卡透支等业

务的额度和资金流向管理，严格按照合同约定监控贷款用途，严禁资金挪用于购房。

二、加强信息互通和部门间协作

（五）畅通信息查询渠道。各地应建立信息互通查询机制，房产管理部门向相关银行业金融机构提供新建商品房、二手房网签备案合同及住房套数等信息的实时查询服务，有效防范交易欺诈、骗取贷款等行为。银行业金融机构在办理个人住房贷款业务时，要以在房产管理部门备案的网签合同和住房套数查询结果作为审核依据，并以网签备案合同价款和房屋评估价的最低值作为计算基数确定贷款额度。

（六）强化抵押合同等备案管理。银行业金融机构在办理新建商品房按揭贷款、二手房买卖抵押贷款以及其他形式的房屋抵押贷款业务时，要以在房产管理部门备案的抵押合同作为放款依据之一。房产管理部门在办理撤销房屋买卖、抵押合同备案业务时，对于有贷款的，应在贷款结清后，方可撤销有关备案。

三、加大对违规提供购房融资行为的查处力度

（七）严肃查处房地产开发企业、房地产中介机构违规行为。房产管理部门对提供“首付贷”等违规融资、进行虚假评估、出具虚假证明的房地产开发企业、房地产中介机构，要将其列入严重违法失信企业名单，并共享给银行业协会和银行业金融机构；对上述房地产开发企业，要在开发资质审查中进行重点审核，并依法依规严肃处罚；对上述房地产中介机构和从业人员，要依法给予罚款、取消网上签约资格等处罚。对上述房地产开发企业和房地产中介机构，在房产管理部门未将其移出严重违法失信企业名单前，银行业金融机构不得增加新的授信。

（八）坚决打击互联网金融从业机构、小额贷款公司等机构违规行为。地方金融监管部门应当加强对互联网金融从业机构、小额贷款公司等机构的重点监测，对违规提供购房融资行为的互联网金融从业机构，要将其列入重点对象进行整治；对违规提供购房融资行为的小额贷款公司，依照有关法律法规实施处罚；将互联网金融从业机构、小额贷款公司等机构违规提供融资行为依法录入征信系统。中国互联网金融协会、小额贷款公司协会应推动行业自律，加强对互联网金融从业机构和小额贷款公司的指导，引导其严格遵守相关禁止性规定。

（九）加大对银行业金融机构违规行为的查处力度。银行业监督管理部门各级派出机构要加大对银行业金融机构个人住房贷款、个人综合消费贷款、经营性贷款、信用卡透支等业务的监督和检查力度，依法依规严肃处理各类违规行为。银行业金融机构要加强自查和相关制度建设，对发现个人综合消费贷款、经营性贷款、信用卡透支等资金违规用于购房的，要依法依规严肃问责相关责任人员，妥善管理相关风险，并依法将借款人失信违约情况录入征信系统。

四、加强房地产交易反洗钱工作的监督管理

（十）积极履行反洗钱义务。房地产开发企业、房地产中介机构要在销售房屋、提供经纪等相关服务时履行反洗钱义务，建立健全反洗钱内控制度体系，加强对高风险业务、客户的风险管控措施；采取适当的措施，了解客户及其交易目的和交易性质，了解实际控制客户的自然人和交易的实际受益人，和对客户的有效身份证并留存复印件；妥善保存客户身份资料和交易记录，且保存期限不少于5年；发现或者有合理理由怀疑资金或资产为犯罪收益或与恐怖融资有关的，应立即向中国反洗钱监测分析中心报送可疑交易报告。

（十一）规范购房款交付方式。房地产开发企业、房地产中介机构应要求房屋交易当事人以银行转账方式支付购房款，并使用交易当事人的同名银行账户；发生退款的，应按原支付途径，将资金退回原付款人的银行账户。如确需使用现金支付的，当日现金交易单笔或者累计达到人民币5万元以上，应在交易发生之日起5个工作日内向中国反洗钱监测分析中心报送大额交易报告。

五、强化监督管理

（十二）建立部门联动工作机制。各地房产管理部门、地方金融监管部门要会同人民银行、银监会各派出机构，密切配合，明确分工，共享信息，形成工作合力，确保政策落到实处。

（十三）简化办事程序。各地要简化住房交易办事程序，制定各项业务所需的材料清单，编制办事指南，方便群众办事。

请人民银行各分行、营业管理部、省会（首府）城市中心支行、副省级城市中心支行，各银监局联合将本通知转发至辖区内地方法人银行业金融机构和外国银行分行。

财政部关于进一步规范中央文化企业国有资产交易管理的通知

（2017 年 10 月 13 日　财文〔2017〕140 号）

党中央有关部门，国务院有关部委、有关直属机构，全国政协办公厅，高法院，高检院，有关民主党派中央，有关人民团体，中国出版集团公司、中国对外文化集团公司、中国广播电视网络有限公司，上海文化产权交易所，深圳文化产权交易所：

根据《中共中央办公厅国务院办公厅印发〈关于推动国有文化企业把社会效益放在首位、实现社会效益和经济效益相统一的指导意见〉的通知》、《中共中央宣传部财政部关于印发〈中央文化企业国有资产监督管理暂行办法〉的通知》（中宣发〔2017〕3 号），为进一步规范财政部代表国务院履行出资人职责的中央文化企业（以下简称中央文化企业）国有资产交易行为，促进国有资产合理流动，推动文化领域供给侧结构性改革，防止企业国有资产流失，结合中央文化企业国有资产管理实际情况，现就有关事项通知如下：

一、中央文化企业国有资产交易应当遵守国家法律、行政法规和《企业国有资产交易监督管理办法》（国务院国资委财政部令第 32 号）等有关规定，符合国家文化发展战略，有利于文化领域国有经济布局和结构调整优化，充分发挥市场配置资源作用，遵循等价有偿和公开公平公正的原则，保障国家和其他各方的合法权益。本通知没有规定的情形应当根据 32 号令执行。

二、中央文化企业国有资产交易行为包括产权转让、增资、资产转让行为。企业发生上述经济行为应当在上海和深圳两个文化产权交易所（以下简称文交所）交易，严格控制以非公开协议方式进行国有资产交易。

三、财政部负责制定中央文化企业国有资产交易有关制度，依法决定或批准中央文化企业的国有产权转让和增资行为，监管中央文化企业国有资产交易工作。主管部门负责具体监督中央文化企业国有资产交易行为,督促企业建立内部国有资产交易管理制度,对企业国有资产交易行为进行检查。中央文化企业负责建立内部国有资产交易管理制度,决定本企业资产转让行为,以及其子企业的国有产权转让和增资行为,监督其各级子企业国有资产交易行为,并定期向财政部和主管部门报告企业国有资产交易情况。文交所负责为中央文化企业及其各级子企业国有资产进场交易提供专业服务,向财政部报告中央文化企业国有资产交易情况。

四、以下情形的中央文化企业产权转让可以采取非公开协议方式:

(一)涉及主业关系国家文化安全、符合国家文化领域国有资本布局结构调整需要的重组整合,对受让方有特殊要求,企业产权需要在国有及国有控股企业之间转让的,经财政部批准,可以采取非公开协议转让方式;

(二)符合中央文化企业发展战略规划,同一中央文化企业及其各级控股企业或实际控制企业之间因实施内部重组整合进行产权转让的,经该中央文化企业审议决策,可以采取非公开协议转让方式。

五、以下情形的中央文化企业增资可以采取非公开协议方式:

(一)财政部批准的增资事项。

1. 符合国家层面文化领域国有资本布局结构调整需要,由特定的国有及国有控股企业或国有实际控制企业参与增资;

2. 符合国家层面文化发展战略需要,因中央文化企业与特定投资方建立战略合作伙伴或利益共同体需要,由该投资方参与中央文化企业或其子企业增资。

(二)中央文化企业审议决策的增资事项。

1. 符合中央文化企业发展战略规划,中央文化企业直接或指定其控股、实际控制的其他子企业参与增资;

2. 企业债权转为股权;

3. 企业原股东增资。

六、财政部下达中央文化企业国有资本经营预算资本性支出,属于政府以增加资本金方式对国家出资企业的投入,无需进场交易。

七、涉及中央文化企业内部资产转让或文化行业特殊资产转让,确需在国有及国有控股、国有实际控制企业之间非公开协议转让的,由转让方逐级报中央文化企业审核批准。

八、根据文化行业准入要求,中央文化企业国有产权转让或增资行为进场交易,可以设置与准入要求对应的受让方或投资方资格条件,但不得出现具有明确指向性或者违反公平竞争的内容。所设资格条件应当经本通知第三条中规定的相应机构批准。除国家法律法规或相关规定另有要求外，资产转让不得对受让方设置资格条件。

九、中央文化企业应当加强对各级子企业国有资产交易的监督管理，加强制度建设，明确企业内部国有资产交易管理部门、人员、职责和管理程序，规范档案管理。交易行为完成后，要按规定做好企业章程变更、国有产权登记、工商登记等管理工作。中央文化企业及其各级子企业开展国有资产交易审议决策事项，应当登录中央文化企业国有资产监督管理平台完成有关工作。

十、2017 年 12 月底前中央文化企业应当建立完善内部国有资产交易管理制度，在履行必要的内部决策程序并报主管部门审核同意后，由主管部门报送财政部备案。每年 1 月 31 日前，中央文化企业将上一年度的企业国有资产交易情况报告报送主管部门，主管部门审核后报财政部。

十一、文交所应当明确中央文化企业国有资产进场交易管理制度、业务规则、收费标准等，并向社会公开。交易规则应符合国有资产交易制度规定，发现问题应当及时向财政部报告，相关业务应当接受财政部监督检查。每年 1 月 31 日前，文交所应当将上一年度中央文化企业国有资产交易情况报告财政部。

十二、财政部批准的国有资产交易行为，资产财务关系在财政部单列的中央文化企业直接报财政部批准，其他中央文化企业经主管部门审核同意后报财政部批准。中央文化企业批准的国有资产交易行为，中央文化企业应当依法履行内部决策程序和审批程序。

十三、中央文化企业国有资产交易过程中，涉嫌侵犯国有资产合法权益、不符合交易规则的，财政部、主管部门、中央文化企业可以要求文交所或相关企业终止国有资产交易。

十四、财政部、主管部门、中央文化企业及其各级子企业、文交所相关工作人员在企业国有资产交易管理工作中，存在违反规定越权决策、批准或组织相关交易行为的，以及滥用职权、玩忽职守、徇私舞弊等违法违纪行为的，按照《企业国有资产法》《公务员法》《行政监察法》《财政违法行为处罚处分条例》等国家有关规定追究相应责任；涉嫌犯罪的，移送司法机关处理。

国家发展改革委、财政部、商务部等关于印发《公平竞争审查制度实施细则(暂行)》的通知

(2017 年 10 月 23 日　发改价监〔2017〕1849 号)

各省、自治区、直辖市人民政府,国务院各部委、各直属机构:

根据《国务院关于在市场体系建设中建立公平竞争审查制度的意见》(国发〔2016〕34 号)要求,国家发展改革委、财政部、商务部、国家工商行政管理总局、国务院法制办会同有关部门研究制定了《公平竞争审查制度实施细则(暂行)》,经国务院同意,现予印发,请各行政机关以及法律、法规授权的具有管理公共事务职能的组织,在开展公平竞争审查时认真贯彻执行。

附件:公平竞争审查制度实施细则(暂行)

附件

公平竞争审查制度实施细则(暂行)

第一章　总　　则

第 一 条　为保障公平竞争审查工作顺利开展,推动公平竞争审查制度有效实施,根据《中华人民共和国反垄断法》、《国务院关于在市场体系建设中建立公平竞争审查制度的意见》(国发〔2016〕34 号,以下简称《意见》),制定本细则。

第 二 条　行政机关以及法律法规授权的具有管理公共事务职能的组织(以下统称政策制定机关),在制定市场准入、产业发展、招商引资、招标投标、政府采购、经营行为规范、资质标准等涉及市场主体经济活动的规章、规范性文件和其他政策措施(以下统称政策措施)时,应当进行

公平竞争审查,评估对市场竞争的影响,防止排除、限制市场竞争。

经审查认为不具有排除、限制竞争效果的,可以实施;具有排除、限制竞争效果的,应当不予出台或者调整至符合相关要求后出台;未经公平竞争审查的,不得出台。

以多个部门名义联合制定出台的政策措施,由牵头部门负责公平竞争审查,其他部门在各自职责范围内参与公平竞争审查。

第 三 条 对行政法规和国务院制定的政策措施、政府部门负责起草的地方性法规,由起草部门在起草过程中参照本细则规定进行公平竞争审查。未经公平竞争审查不得提交审议。

第 四 条 国家发展改革委、国务院法制办、财政部、商务部、工商总局会同有关部门,建立公平竞争审查工作部际联席会议制度,统筹协调推进公平竞争审查相关工作,对实施公平竞争审查制度进行宏观指导。地方各级人民政府建立的公平竞争审查联席会议或者相应的工作协调机制(以下统称联席会议),负责统筹协调本地区公平竞争审查工作。

各级公平竞争审查联席会议应当每年向上级公平竞争审查联席会议报告本地区公平竞争审查制度实施情况。

第二章　审查机制和程序

第 五 条 政策制定机关应当建立健全自我审查机制,明确责任机构和审查程序。自我审查可以由政策制定机关的具体业务机构负责,或者由政策制定机关指定特定机构统一负责,也可以采取其他方式实施。

第 六 条 政策制定机关开展公平竞争审查应当遵循审查基本流程(可参考附件一),并形成明确的书面审查结论(可参考附件二)。书面审查结论由政策制定机关存档。

未形成书面审查结论出台政策措施的,视为未进行公平竞争审查。

第 七 条 政策制定机关开展公平竞争审查,应当征求利害关系人意见或者向社会公开征求意见,并在书面审查结论中说明征求意见情况。对出台前需要保密的政策措施,由政策制定机关按照相关法律法规处理。

利害关系人指参与相关市场竞争的经营者、上下游经营者、消费者以及政策措施可能影响其公平参与市场竞争的其他市场主体。

第 八 条 政策制定机关开展公平竞争审查,可以征求专家学者、法律顾问、专业机构的意见。征求上述方面意见的,应当在书面审查结论中说明有关情况。

第 九 条　政策制定机关可以就公平竞争审查中遇到的具体问题，向履行相应职责的反垄断执法机构提出咨询。反垄断执法机构基于政策制定机关提供的材料，提出咨询意见。

第 十 条　政策制定机关开展公平竞争审查时，对存在较大争议或者部门意见难以协调一致的问题，可以提请同级公平竞争审查联席会议协调。联席会议认为确有必要的，可以根据相关工作规则召开会议进行协调。仍无法协调一致的，由政策制定机关提交上级机关决定。

第十一条　政策制定机关应当每年对开展公平竞争审查情况进行总结，于次年1月31日前将书面总结报告报送同级公平竞争审查联席会议办公室。

第十二条　对经公平竞争审查后出台的政策措施，政策制定机关应当对其影响全国统一市场和公平竞争的情况进行定期评估。经评估认为妨碍全国统一市场和公平竞争的，应当及时废止或者修改完善。

定期评估可以每三年进行一次，也可以由政策制定机关根据实际情况自行决定。自行决定评估时限的，政策制定机关应当在出台政策措施时予以明确。

政策制定机关可以建立专门的定期评估机制，也可以在定期清理本地区、本部门规章和规范性文件时一并评估。

第十三条　鼓励各地区、各部门委托第三方专业机构，协助对政策措施进行公平竞争审查和定期评估。

第三章　审 查 标 准

第十四条　市场准入和退出标准。

（一）不得设置不合理和歧视性的准入和退出条件，包括但不限于：

1. 设置明显不必要或者超出实际需要的准入和退出条件，排斥或者限制经营者参与市场竞争；

2. 没有法律法规依据或者国务院规定，对不同所有制、地区、组织形式的经营者实施差别化待遇，设置不平等的市场准入和退出条件；

3. 没有法律法规依据或者国务院规定，以备案、登记、注册、名录、年检、监制、认定、认证、审定、指定、配号、换证、要求设立分支机构等形式，设定或者变相设定市场准入障碍；

4. 没有法律法规依据或者国务院规定，设置消除或者减少经营者之间竞争的市场准入或者退出条件。

（二）未经公平竞争不得授予经营者特许经营权，包括但不限于：

1. 在一般竞争性领域实施特许经营或者以特许经营为名增设行政许可；

2. 未明确特许经营权期限或者未经法定程序延长特许经营权期限；

3. 未采取招标投标、竞争性谈判等竞争方式，直接将特许经营权授予特定经营者；

4. 设置歧视性条件，使经营者无法公平参与特许经营权竞争。

（三）不得限定经营、购买、使用特定经营者提供的商品和服务，包括但不限于：

1. 以明确要求、暗示、拒绝或者拖延行政审批、重复检查、不予接入平台或者网络等方式，限定或者变相限定经营、购买、使用特定经营者提供的商品和服务；

2. 在招标投标中限定投标人所在地、所有制、组织形式，排斥或者限制潜在投标人参与招标投标活动；

3. 没有法律法规依据，通过设置项目库、名录库等方式，排斥或者限制潜在经营者提供商品和服务。

（四）不得设置没有法律法规依据的审批或者具有行政审批性质的事前备案程序，包括但不限于：

1. 没有法律法规依据增设行政审批事项，增加行政审批环节、条件和程序；

2. 没有法律法规依据设置具有行政审批性质的前置性备案程序。

（五）不得对市场准入负面清单以外的行业、领域、业务等设置审批程序，主要指没有法律法规依据或者国务院决定，采取禁止进入、限制市场主体资质、限制股权比例、限制经营范围和商业模式等方式，直接或者变相限制市场准入。

第十五条 商品和要素自由流动标准。

（一）不得对外地和进口商品、服务实行歧视性价格和歧视性补贴政策，包括但不限于：

1. 制定政府定价或者政府指导价时，对外地和进口同类商品、服务制定歧视性价格；

2. 对相关商品、服务进行补贴时，对外地同类商品、服务和进口同类商品不予补贴或者给予较低补贴。

（二）不得限制外地和进口商品、服务进入本地市场或者阻碍本地商品运出、服务输出，包括但不限于：

1. 对外地商品、服务规定与本地同类商品、服务不同的技术要求、检验标准，或者采取重复检验、重复认证等歧视性技术措施；

2. 对进口商品规定与本地同类商品不同的技术要求、检验标准，或者采取重复检验、重复认证等歧视性技术措施；

3. 没有法律法规依据或者国务院规定，对进口服务规定与本地同类服务不同的技术要求、检验标准，或者采取重复检验、重复认证等歧视性技术措施；

4. 没有法律法规依据，设置专门针对外地和进口商品、服务的专营、专卖、审批、许可；

5. 没有法律法规依据，在道路、车站、港口、航空港或者本行政区域边界设置关卡，阻碍外地和进口商品、服务进入本地市场或者本地商品运出和服务输出；

6. 没有法律法规依据，通过软件或者互联网设置屏蔽以及采取其他手段，阻碍外地和进口商品、服务进入本地市场或者本地商品运出和服务输出。

（三）不得排斥或者限制外地经营者参加本地招标投标活动，包括但不限于：

1. 不依法及时有效地发布招标信息；

2. 直接明确外地经营者不能参与本地特定的招标投标活动；

3. 对外地经营者设定明显高于本地经营者的资质要求或者评审标准；

4. 通过设定与招标项目的具体特点和实际需要不相适应或者与合同履行无关的资格、技术和商务条件，变相限制外地经营者参加本地招标投标活动。

（四）不得排斥、限制或者强制外地经营者在本地投资或者设立分支机构，包括但不限于：

1. 直接拒绝外地经营者在本地投资或者设立分支机构；

2. 没有法律法规依据或者国务院规定，对外地经营者在本地投资的规模、方式以及设立分支机构的地址、模式等进行限制；

3. 没有法律法规依据，直接强制外地经营者在本地投资或者设立分支机构；

4. 没有法律法规依据，将在本地投资或者设立分支机构作为参与本地招标投标、享受补贴和优惠政策等的必要条件，变相强制外地经营者在本地投资或者设立分支机构。

（五）不得对外地经营者在本地的投资或者设立的分支机构实行歧视性待遇，包括但不限于：

1. 对外地经营者在本地的投资不给予与本地经营者同等的政策待遇；

2. 对外地经营者在本地设立的分支机构在经营规模、经营方式、税费缴纳等方面规定与本地经营者不同的要求；

3. 在节能环保、安全生产、健康卫生、工程质量、市场监管等方面，对外地经营者在本地设立的分支机构规定歧视性监管标准和要求。

第十六条 影响生产经营成本标准。

（一）不得违法给予特定经营者优惠政策，包括但不限于：

1. 没有法律法规依据或者国务院规定，给予特定经营者财政奖励和补贴；

2. 没有法律法规依据或者未经国务院批准，减免特定经营者应当缴纳的税款；

3. 没有法律法规依据或者国务院规定，以优惠价格或者零地价向特定经营者出让土地，或者以划拨、作价出资方式向特定经营者供应土地；

4. 没有法律法规依据或者国务院规定，在环保标准、排污权限等方面给予特定经营者特殊待遇；

5. 没有法律法规依据或者国务院规定，对特定经营者减免、缓征或停征行政事业性收费、政府性基金、住房公积金等。

（二）安排财政支出一般不得与企业缴纳的税收或非税收入挂钩，主要指根据企业缴纳的税收或者非税收入情况，采取列收列支或者违法违规采取先征后返、即征即退等形式，对企业进行返还，或者给予企业财政奖励或补贴、减免土地出让收入等优惠政策。

（三）不得违法违规减免或者缓征特定经营者应当缴纳的社会保险费用，主要指没有法律法规依据或者国务院规定，根据经营者规模、所有制形式、组织形式、地区等因素，减免或者缓征特定经营者需要缴纳的基本养老保险费、基本医疗保险费、失业保险费、工伤保险费、生育保险费等。

（四）不得在法律规定之外要求经营者提供或扣留经营者各类保证金，包括但不限于：

1. 没有法律法规或者国务院规定，要求经营者交纳各类保证金；

2. 在经营者履行相关程序或者完成相关事项后，不及时退还经营者交纳的保证金。

第十七条 影响生产经营行为标准。

(一)不得强制经营者从事《中华人民共和国反垄断法》规定的垄断行为,主要指以行政命令、行政授权、行政指导或者通过行业协会等方式,强制、组织或者引导经营者达成、实施垄断协议或者实施滥用市场支配地位行为。

(二)不得违法披露或者违法要求经营者披露生产经营敏感信息,为经营者实施垄断行为提供便利条件。生产经营敏感信息是指除依据法律法规或者国务院规定需要公开之外,生产经营者未主动公开,通过公开渠道无法采集的生产经营数据。主要包括:拟定价格、成本、生产数量、销售数量、生产销售计划、经销商信息、终端客户信息等。

(三)不得超越定价权限进行政府定价,包括但不限于:

1. 对实行政府指导价的商品、服务进行政府定价;

2. 对不属于本级政府定价目录范围内的商品、服务制定政府定价或者政府指导价;

3. 违反《中华人民共和国价格法》等法律法规采取价格干预措施。

(四)不得违法干预实行市场调节价的商品和服务的价格水平,包括但不限于:

1. 制定公布商品和服务的统一执行价、参考价;

2. 规定商品和服务的最高或者最低限价;

3. 干预影响商品和服务价格水平的手续费、折扣或者其他费用。

第四章 例外规定

第十八条 政策制定机关对政策措施进行公平竞争审查时,认为虽然具有一定限制竞争的效果,但属于《意见》规定的为维护国家经济安全、文化安全、涉及国防建设,为实现扶贫开发、救灾救助等社会保障目的,为实现节约能源资源、保护生态环境等社会公共利益以及法律、行政法规规定的例外情形,在同时符合以下条件的情况下可以实施:

(一)对实现政策目的不可或缺,即为实现相关目标必须实施此项政策措施;

(二)不会严重排除和限制市场竞争;

(三)明确实施期限。

第十九条 政策制定机关应当在书面审查结论中说明政策措施是否适用例外规定。认为适用例外规定的,应当对符合适用例外规定的情形和条件进行详细说明。

第二十条　政策制定机关应当逐年评估适用例外规定的政策措施的实施效果,形成书面评估报告。实施期限到期或者未达到预期效果的政策措施,应当及时停止执行或者进行调整。

第五章　社会监督和责任追究

第二十一条　政策制定机关涉嫌未进行公平竞争审查或者违反审查标准出台政策措施的,任何单位和个人可以向政策制定机关反映,政策制定机关应当核实有关情况。

第二十二条　政策制定机关未进行公平竞争审查出台政策措施的,应当及时补做审查。发现存在违反审查标准问题的,应当按照相关程序停止执行或者调整相关政策措施。停止执行或者调整相关政策措施的,应当按照《中华人民共和国政府信息公开条例》要求向社会公开。

第二十三条　政策制定机关涉嫌未进行公平竞争审查或者违反审查标准出台政策措施的,任何单位和个人可以向政策制定机关的上级机关或者反垄断执法机构举报。举报采用书面形式并提供相关事实和证据的,上级机关应当核实有关情况;涉嫌违反《中华人民共和国反垄断法》的,反垄断执法机构应当进行必要的调查。

第二十四条　政策制定机关未进行公平竞争审查或者违反审查标准出台政策措施的,由上级机关责令改正;拒不改正或者不及时改正的,对直接负责的主管人员和其他直接责任人员依据《中华人民共和国公务员法》、《行政机关公务员处分条例》等法律法规给予处分。违反《中华人民共和国反垄断法》的,反垄断执法机构可以向政策制定机关或者其上级机关提出停止执行或者调整政策措施的建议。相关处理决定和建议依据法律法规向社会公开。

第六章　附　　则

第二十五条　各级公平竞争审查联席会议可以根据实际工作需要,建立公平竞争审查工作专家支持体系。

第二十六条　本细则自公布之日起实施。

附件:一、公平竞争审查基本流程

　　二、公平竞争审查表

附件一

公平竞争审查基本流程

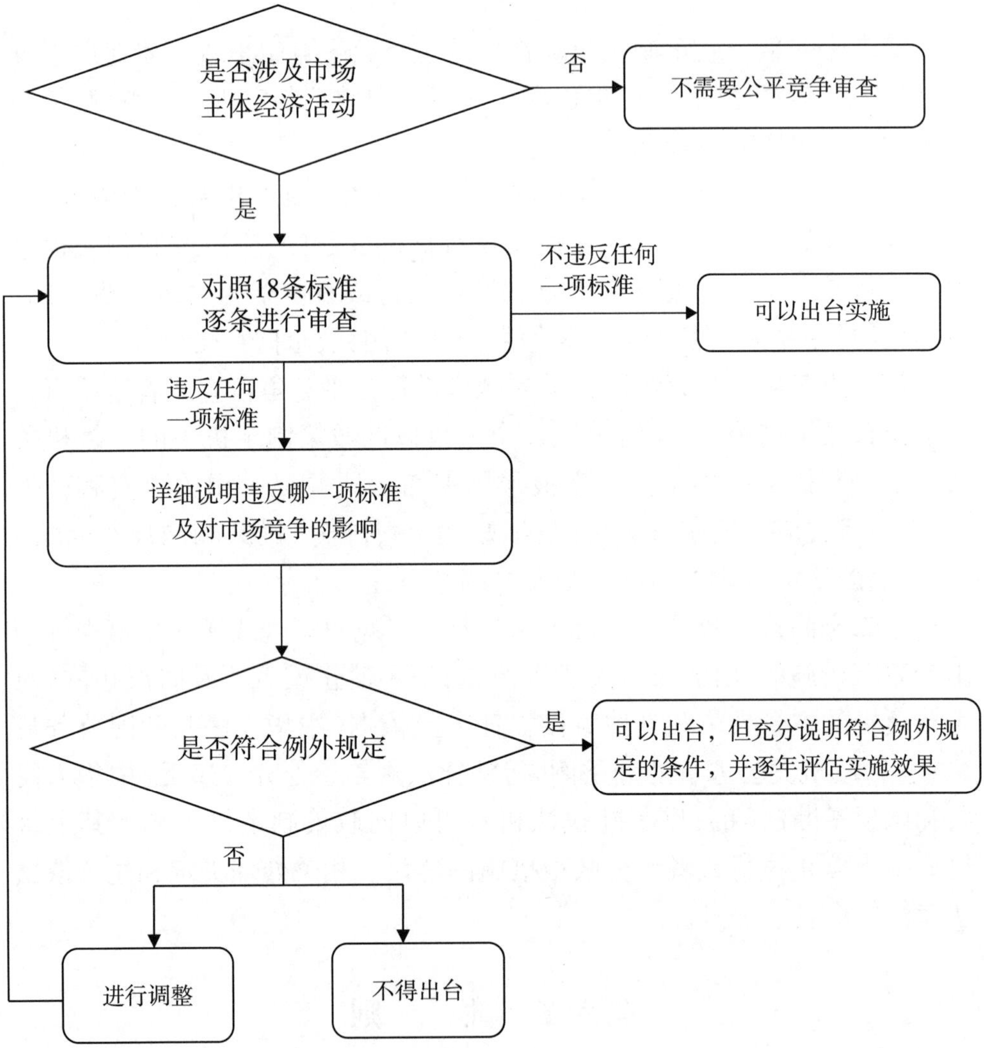

附件二

公平竞争审查表

年　月　日

<table>
<tr><td>政策措施名称</td><td colspan="4"></td></tr>
<tr><td>涉及行业领域</td><td colspan="4"></td></tr>
<tr><td>性质</td><td colspan="4">行政法规草案□　地方性法规草案□　规章□
规范性文件　□　其他政策措施　□</td></tr>
<tr><td rowspan="2">起草机构</td><td>名称</td><td colspan="3"></td></tr>
<tr><td>联系人</td><td></td><td>电话</td><td></td></tr>
<tr><td rowspan="2">审查机构</td><td>名称</td><td colspan="3"></td></tr>
<tr><td>联系人</td><td></td><td>电话</td><td></td></tr>
<tr><td rowspan="2">征求意见情况</td><td colspan="4">征求利害关系人意见□　向社会公开征求意见□</td></tr>
<tr><td colspan="4">具体情况（时间、对象、意见反馈和采纳情况）：
（可附相关报告）</td></tr>
<tr><td>专家咨询意见
（可选）</td><td colspan="4">（可附专家意见书）</td></tr>
<tr><td colspan="5">竞争影响评估</td></tr>
<tr><td colspan="4">一、是否违反市场准入与退出标准</td><td>是/否</td></tr>
<tr><td colspan="4">1. 设置不合理和歧视性的准入和退出条件</td><td></td></tr>
<tr><td colspan="4">2. 未经公平竞争授予经营者特许经营权</td><td></td></tr>
<tr><td colspan="4">3. 限定经营、购买、使用特定经营者提供的商品和服务</td><td></td></tr>
<tr><td colspan="4">4. 设置没有法律法规依据的审批或者具有行政审批性质的事前备案程序</td><td></td></tr>
<tr><td colspan="4">5. 对市场准入负面清单以外的行业、领域、业务设置审批程序</td><td></td></tr>
</table>

续表

二、是否违反商品要素自由流通标准	是/否
1. 对外地和进口商品、服务实行歧视性价格或补贴政策	
2. 限制外地和进口商品、服务进入本地市场或阻碍本地商品运出	
3. 排斥或限制外地经营者参加本地招标投标活动	
4. 排斥限制或强制外地经营者在本地投资或设立分支机构	
5. 对外地经营者在本地投资或设立的分支机构实行歧视性待遇	
三、是否违反影响生产经营成本标准	是/否
1. 违法给予特定经营者优惠政策	
2. 将财政支出安排与企业缴纳的税收或非税收入挂钩	
3. 违法免除特定经营者需要缴纳的社会保险费用	
4. 违法要求经营者提供各类保证金或扣留经营者保证金	
四、是否违反影响生产经营行为标准	是/否
1. 强制经营者从事《反垄断法》规定的垄断行为	
2. 违法披露或者要求经营者披露生产经营敏感信息	
3. 超越定价权限进行政府定价	
4. 违法干预实行市场调节价的商品服务价格水平	
五、是否违反兜底条款	是/否
1. 没有法律法规依据减损市场主体合法权益或者增加其义务	
2. 违反《反垄断法》制定含有排除限制竞争内容的政策措施	

<table>
<tr><td>是否违反相关标准的结论(如违反,请详细说明情况)</td><td colspan="2">(可附相关报告)</td></tr>
<tr><td rowspan="2">适用例外规定(在违反相关标准时填写)</td><td colspan="2">是□　　否□</td></tr>
<tr><td>选择“是”时详细说明理由</td><td></td></tr>
<tr><td>其他需要说明的情况</td><td colspan="2"></td></tr>
<tr><td>审查机构主要负责人意见</td><td colspan="2">签字:　　　　　盖章:</td></tr>
</table>

应收账款质押登记办法

（2017年10月25日　中国人民银行令〔2017〕第3号）

第一章　总　　则

第 一 条　为规范应收账款质押登记，保护质押当事人和利害关系人的合法权益，根据《中华人民共和国物权法》等相关法律规定，制定本办法。

第 二 条　本办法所称应收账款是指权利人因提供一定的货物、服务或设施而获得的要求义务人付款的权利以及依法享有的其他付款请求权，包括现有的和未来的金钱债权，但不包括因票据或其他有价证券而产生的付款请求权，以及法律、行政法规禁止转让的付款请求权。

本办法所称的应收账款包括下列权利：

（一）销售、出租产生的债权，包括销售货物，供应水、电、气、暖，知识产权的许可使用，出租动产或不动产等；

（二）提供医疗、教育、旅游等服务或劳务产生的债权；

（三）能源、交通运输、水利、环境保护、市政工程等基础设施和公用事业项目收益权；

（四）提供贷款或其他信用活动产生的债权；

（五）其他以合同为基础的具有金钱给付内容的债权。

第 三 条　本办法所称应收账款质押是指《中华人民共和国物权法》第二百二十三条规定的应收账款出质，具体是指为担保债务的履行，债务人或者第三人将其合法拥有的应收账款出质给债权人，债务人不履行到期债务或者发生当事人约定的实现质权的情形，质权人有权就该应收账款及其收益优先受偿。

第 四 条　中国人民银行征信中心（以下简称征信中心）是应收账款质押的登记机构。

征信中心建立基于互联网的登记公示系统（以下简称登记公示系统），办理应收账款质押登记，并为社会公众提供查询服务。

第 五 条　中国人民银行对征信中心办理应收账款质押登记有关活

动进行管理。

第 六 条 在同一应收账款上设立多个权利的,质权人按照登记的先后顺序行使质权。

第二章 登记与查询

第 七 条 应收账款质押登记通过登记公示系统办理。

第 八 条 应收账款质押登记由质权人办理。质权人办理质押登记前,应与出质人签订登记协议。登记协议应载明如下内容:

(一)质权人与出质人已签订质押合同;

(二)由质权人办理质押登记。

质权人也可以委托他人办理登记。委托他人办理登记的,适用本办法关于质权人办理登记的规定。

第 九 条 质权人办理应收账款质押登记时,应注册为登记公示系统的用户。

第 十 条 登记内容包括质权人和出质人的基本信息、应收账款的描述、登记期限。质权人应将本办法第八条规定的协议作为登记附件提交登记公示系统。

出质人或质权人为单位的,应填写单位的法定注册名称、住所、法定代表人或负责人姓名、组织机构代码或金融机构编码、工商注册号、法人和其他组织统一社会信用代码、全球法人机构识别编码等机构代码或编码。

出质人或质权人为个人的,应填写有效身份证件号码、有效身份证件载明的地址等信息。

质权人可以与出质人约定将主债权金额等项目作为登记内容。

第十一条 质权人应将填写完毕的登记内容提交登记公示系统。登记公示系统记录提交时间并分配登记编号,生成应收账款质押登记初始登记证明和修改码提供给质权人。

第十二条 质权人应根据主债权履行期限合理确定登记期限。登记期限最短 6 个月,超过 6 个月的,按年计算,最长不超过 30 年。

第十三条 在登记期限届满前 90 日内,质权人可以申请展期。

质权人可以多次展期,展期期限按年计算,每次不得超过 30 年。

第十四条 登记内容存在遗漏、错误等情形或登记内容发生变化的,质权人应当办理变更登记。

质权人在原质押登记中增加新的应收账款出质的，新增加的部分视为新的质押登记。

第十五条 质权人办理登记时所填写的出质人法定注册名称或有效身份证件号码变更的，质权人应在变更之日起4个月内办理变更登记。

第十六条 质权人办理展期、变更登记的，应当提交与出质人就展期、变更事项达成的登记协议。

第十七条 有下列情形之一的，质权人应自该情形产生之日起10日内办理注销登记：

（一）主债权消灭；

（二）质权实现；

（三）质权人放弃登记载明的应收账款之上的全部质权；

（四）其他导致所登记权利消灭的情形。

质权人迟延办理注销登记，给他人造成损害的，应当承担相应的法律责任。

第十八条 质权人凭修改码办理展期、变更登记、注销登记。

第十九条 出质人或其他利害关系人认为登记内容错误的，可以要求质权人变更登记或注销登记。质权人不同意变更或注销的，出质人或其他利害关系人可以办理异议登记。

办理异议登记的出质人或其他利害关系人可以自行注销异议登记。

第二十条 出质人或其他利害关系人应在异议登记办理完毕之日起7日内通知质权人。

第二十一条 出质人或其他利害关系人自异议登记之日起30日内，未将争议起诉或提请仲裁并在登记公示系统提交案件受理通知的，征信中心撤销异议登记。

第二十二条 征信中心应按照出质人或其他利害关系人、质权人的要求，根据生效的法院判决、裁定或仲裁机构裁决撤销应收账款质押登记或异议登记。

第二十三条 质权人办理变更登记和注销登记、出质人或其他利害关系人办理异议登记后，登记公示系统记录登记时间、分配登记编号，并生成变更登记、注销登记或异议登记证明。

第二十四条 质权人、出质人和其他利害关系人应当按照登记公示系统提示项目如实登记，提供虚假材料办理登记、给他人造成损害的，应当承担相应的法律责任。

第二十五条 任何单位和个人均可以在注册为登记公示系统的用户

后，查询应收账款质押登记信息。

第二十六条 出质人为单位的，查询人以出质人的法定注册名称进行查询。

出质人为个人的，查询人以出质人的身份证件号码进行查询。

第二十七条 征信中心根据查询人的申请，提供查询证明。

第二十八条 质权人、出质人或其他利害关系人、查询人可以通过证明编号在登记公示系统对登记证明和查询证明进行验证。

第三章 征信中心的职责

第二十九条 征信中心应当采取技术措施和其他必要措施，维护登记公示系统安全、正常运行，防止登记信息泄露、丢失。

第三十条 征信中心应当制定登记操作规则和内部管理制度，并报中国人民银行备案。

第三十一条 登记注销或登记期限届满后，征信中心应当对登记记录进行电子化离线保存，保存期限为15年。

第四章 附 则

第三十二条 征信中心按照国务院价格主管部门批准的收费标准收取应收账款登记服务费用。

第三十三条 权利人在登记公示系统办理以融资为目的的应收账款转让登记，参照本办法的规定。

第三十四条 本办法自2007年10月1日起施行。

十六部门关于印发发挥民间投资作用推进实施制造强国战略指导意见的通知（节录）

（2017年10月27日　工信部联规〔2017〕243号）

各省、自治区、直辖市及计划单列市、新疆生产建设兵团工业和信息化主管部门、发展改革委、科技厅、财政厅（局）、环境保护厅、商务厅、人民银行中心支行、工商局、质量技术监督局、知识产权局、银监局、证监局、保监局、国防科技工业主管部门、工商联：

《中国制造2025》发布实施以来，制造强国建设取得显著成效。民营企业是制造业发展的主力军，但近年来受多重因素影响，制造业民间投资增速放缓。为促进民营企业转型升级、激发民间投资活力，加快制造强国建设，制定《关于发挥民间投资作用推进实施制造强国战略的指导意见》。现印发给你们，请做好贯彻实施。

关于发挥民间投资作用推进实施制造强国战略的指导意见（节录）

当前，新一轮科技革命和产业变革正在全球范围内孕育兴起，制造业重新成为全球经济竞争的制高点。随着我国经济发展进入新常态，增长速度、经济结构和发展动力发生重大变化，制造业发展站到了由大变强的历史起点上。民营企业是制造业的主力军和突击队，但近年来受多重因素影响，制造业民间投资增速明显放缓。为推进供给侧结构性改革，深入实施制造强国战略，贯彻落实《中国制造2025》，释放民间投资活力，引导民营企业转型升级，促进制造业向高端、智能、绿色、服务方向发展，现提出以下意见：

一、总体要求

（一）指导思想

全面贯彻党中央、国务院有关决策部署，牢固树立创新、协调、绿色、开放、共享的发展理念，着力推进供给侧结构性改革，破解制约民间投资的体制机制障碍，加快企业转型升级提质增效，培育壮大新动能，改造提升传统产业，优化现代产业体系，为建设制造强国提供有力支撑和持续动力。

（二）基本原则

坚持市场主导。充分发挥市场在资源配置中的决定性作用，更好地发挥政府规划引导和政策支持作用，形成有利于民营企业发展、促进民间投资的体制机制和政策环境。

坚持问题导向。从民营企业反映强烈、制约民间投资、影响提质增效升级的突出问题出发，提出有针对性的措施，及时回应社会关切。

坚持协同推进。与化解过剩产能、促进企业转型升级、降低实体经济企业成本和企业杠杆率等工作有机结合，加强部门协同，引导企业、社会中介和公众参与，形成合力。

坚持公平共享。推进产业政策由选择性向功能性转变，形成公平竞争的市场环境，促使各类市场主体平等有效地获取政策信息并受益。

三、保障措施

（二）完善公共服务体系，提高服务质量水平

五是完善投融资服务平台。培育发展股权投资基金、创业投资基金等各类民间资本，鼓励引导服务于制造业的金融创新，为制造业民营企业融资提供咨询辅导。（人民银行、证监会）

（五）规范产融合作，创新金融支持方式

一是深入开展产融合作有关工作，建立信息共享和工作协调机制，推动各地以信息共享为切入点，完善产融信息对接合作平台，在严格监管前提下促进银企对接和产融合作。（工业和信息化部、财政部、人民银行、银监会）

二是开展产融合作试点城市有关工作，对产融合作实施严格准入和监管，促进城市聚合各类资源，探索产业与金融良性互动、互利共赢的发展模式。鼓励金融机构在风险可控、商业可持续的前提下，创新适合民营企业需求特点的金融产品和金融服务，促进民营企业改造升级。（工业和信息化部、财政部、人民银行、银监会、证监会、保监会）

三是推动建立国家融资担保基金，增强省级再担保机构资本实力，强

化省级再担保机构为担保机构增信和分担风险功能，推进开展中小企业信用担保代偿补偿工作。（财政部、银监会、工业和信息化部）

四是推进商业银行落实小微企业授信尽职免责制度，按照收益覆盖风险的原则合理确定贷款利率，支持商业银行发行小微企业金融债，加强小微企业增信合作。（银监会、人民银行）

五是引导开发性、政策性金融机构落实民营企业金融服务有关政策，支持其在依法合规、风险可控的前提下，根据职能定位和业务范围要求，加强与其他银行业金融机构合作，强化对民营企业信贷支持。（人民银行、银监会）

六是扩大民营企业财产质押范围，落实《商业银行押品管理指引》，在风险可控的前提下推动企业以应收账款、收益权、商标权、专利权等无形资产进行抵质押贷款，并推动建立全国统一的动产担保登记公示制度。（人民银行、银监会、工业和信息化部、工商总局、知识产权局）

七是鼓励银行等金融机构开展供应链融资，为制造业民营企业产业链上下游提供金融服务，促进产业链相关企业协调发展。（银监会、人民银行、工业和信息化部）

八是加快债券市场化产品创新，支持开展创新创业公司债券、可交换公司债券、可续期公司债券、绿色公司债券等公司信用类债券；研究发展项目收益债券，支持民营企业发行公司债券、资产支持证券等产品融资。（人民银行、证监会、工业和信息化部）

九是推进民营企业利用多层次资本市场直接融资。建立健全创业板上市公司再融资制度，继续完善新三板市场规则体系建设，扩大资本市场服务民营企业的覆盖面。（证监会、工业和信息化部）

国家发展改革委、中国人民银行关于加强和规范守信联合激励和失信联合惩戒对象名单管理工作的指导意见

（2017年10月30日　发改财金规〔2017〕1798号）

各省、自治区、直辖市和新疆生产建设兵团社会信用体系建设牵头单位，社会信用体系建设部际联席会议各成员单位：

为全面贯彻落实党中央、国务院关于加强社会信用体系建设的一系列重大决策部署，深入实施《国务院关于印发社会信用体系建设规划纲要(2014－2020年)的通知》(国发〔2014〕21号)、《国务院关于建立完善守信联合激励和失信联合惩戒制度加快推进社会诚信建设的指导意见》(国发〔2016〕33号)，建立守信联合激励对象和失信联合惩戒对象名单制度(以下简称"红名单"和"黑名单"制度)，完善守法诚信褒奖和违法失信惩戒的联动机制，现提出如下意见。

一、总体要求

(一)指导思想。全面贯彻党的十九大精神，深入贯彻习近平新时代中国特色社会主义思想和党中央治国理政新理念新思想新战略，按照党中央、国务院的决策部署，以培育和践行社会主义核心价值观为根本，建立健全红黑名单管理与应用制度，规范各领域红黑名单的认定、奖惩、修复和退出，构建守信联合激励和失信联合惩戒大格局，有力有序、规范透明地推进联合奖惩，全面提升我国社会诚信水平，推进国家治理体系和治理能力现代化。

(二)基本原则。

——政府主导，社会共治。充分发挥国家机关、法律法规授权具有管理公共事务职能的组织在红黑名单管理中的组织、引导和推动作用。鼓励调动社会力量广泛参与、共同推进，形成联合奖惩合力。

——依法依规，审慎认定。按照"谁认定、谁负责"的原则，根据相关主体行为的诚信度和发起联合奖惩的必要性，研究制定各领域红黑名单统一认定标准，依法审慎认定红黑名单。

——分类分级,区别对待。根据相关主体的诚信度,分别实施不同类型、不同程度的联合奖惩措施。对尚未达到“黑名单”认定标准的失信主体,可列入诚信状况重点关注对象名单(以下简称“重点关注名单”),加强监管。

——保护权益,鼓励修复。严格保护自然人、法人和其他组织在红黑名单的认定、发布、奖惩等过程中的合法权益。在完善相关法律法规的同时,畅通异议申诉等救济渠道,建立完善信用修复制度,纠正违法失信行为,鼓励守法诚信。

二、科学制定联合奖惩对象名单的认定标准

(三)制定标准的部门。各领域的红黑名单认定原则上实行全国统一标准,标准由社会信用体系建设部际联席会议成员单位或者国家其他行业主管部门按照市场监管、社会治理和公共服务职责研究制定。各省级有关部门可根据需要制定地方标准,经上级主管部门和省级人民政府审定后实施。认定标准制定过程中,应充分征求广大社会公众意见。出台的标准及其具体认定程序应通过“信用中国”网站和其他适当方式向社会公示、公开。

(四)规范红黑名单认定的依据。认定联合奖惩对象名单的依据主要包括:一是公共管理和服务中反映相关主体基本情况的登记类信息;二是刑事处罚、行政许可、行政处罚、行政强制、行政确认、行政检查、行政征收、行政奖励、行政给付等反映主体诚信状况的信息;三是拒不履行生效司法裁决的信息;四是党政机关、群团组织、社会组织、行业协会商会在履行职责过程中产生或者掌握的相关主体受表彰奖励等信息;五是根据法律法规规章或规范性文件可作为红黑名单认定依据的其他信息。

(五)不断完善名单认定标准。标准制定部门应委托第三方机构对所监管领域联合奖惩对象名单认定标准的执行效果进行评估,及时完善认定标准,并按照社会信用体系建设部际联席会议建立的目录清单,健全名单认定标准体系。

三、严格红黑名单认定程序

(六)认定名单的部门(单位)。县级以上国家机关、法律法规授权具有管理公共事务职能的组织可按照统一标准认定相关领域红黑名单,国家有关部门可根据需要授权全国性行业协会商会和信用服务机构按照统一标准认定红黑名单。鼓励行业协会商会、大数据企业、金融机构、新闻媒体、社会组织等各类单位和公民个人向认定部门(单位)提供相关主体的守信行为和失信行为信息,探索研究将其作为红黑名单认定的重要参考。

（七）失信联合惩戒对象的认定程序。认定部门（单位）依据认定标准生成失信联合惩戒对象的初步名单，可根据需要履行告知或公示程序。有异议的，由认定部门（单位）核实。自然人被认定为失信联合惩戒对象的，应实行事前告知。法律法规已有相关规定的，从其规定。“黑名单”形成后，应与全国信用信息共享平台各领域“红名单”进行交叉比对，如“黑名单”主体之前已被列入“红名单”，应将其从相关“红名单”中删除。

（八）守信联合激励对象的认定程序。认定部门（单位）依据认定标准生成守信联合激励对象的初步名单，并将其与全国信用信息共享平台中的各领域“黑名单”进行交叉比对，确保已被列入“黑名单”的主体不被列入“红名单”。筛查后的初步名单可通过认定部门（单位）门户网站、地方政府信用网站、“信用中国”网站予以公示。经公示无异议的，认定为“红名单”；有异议的，由认定部门（单位）核实。

四、规范名单信息的共享和发布

（九）规范名单信息内容。名单信息主要内容包括：一是相关主体的基本信息，包括法人和其他组织名称（或自然人姓名）、统一社会信用代码、全球法人机构识别编码（LEI 码）（或公民身份号码、港澳台居民的公民社会信用代码、外国籍人身份号码）、法定代表人（或单位负责人）姓名及其身份证件类型和号码等；二是列入名单的事由，包括认定诚实守信或违法失信行为的事实、认定部门（单位）、认定依据、认定日期、有效期等；三是相关主体受到联合奖惩、信用修复、退出名单的相关情况。

（十）共享名单信息。各级社会信用体系建设牵头单位要建立名单信息共享目录，严格按照目录归集共享相关信息。认定部门（单位）应将认定的名单及相关信息逐级报送上级主管部门和同级社会信用体系建设牵头单位，并自认定之日起 10 个工作日内报送至全国信用信息共享平台，实施动态管理。依托全国信用信息共享平台建立全国联合奖惩对象名单数据库，供各级国家机关、法律法规授权具有管理公共事务职能的组织共享使用。

（十一）发布名单信息。按照依法公开、从严把关、保护权益原则，由认定部门（单位）通过其门户网站、地方政府信用网站、“信用中国”网站向社会公众发布红黑名单。涉及企业、社会组织、政府部门的名单信息，应按照有关规定在国家企业信用信息公示系统、中国社会组织网、中国机构编制网等渠道发布。名单信息的发布，应当客观、准确、公正，保证发布信息的合法性、真实性、准确性。对于涉及企业商业秘密和个人隐私的信息，发布前应进行必要的技术处理。名单信息的发布时限与名单的有效期保持一致。对依法不能公开的名单信息，可通报当事人所在单位或其相关主管部门依法依纪处理。鼓励行业协会商会、信用服务机构收集各有关部门（单位）认定的红黑名单，经核实后与本单位履职和服务过程中形成的有关名单进行整合并向社会发布。

五、依据名单实施联合奖惩

（十二）政府部门实施联合奖惩。各级国家机关、法律法规授权具有管理公共事务职能的组织采取签署守信联合激励和失信联合惩戒合作备忘录等形式，在遵守相关法律法规的情况下，明确对相关领域红黑名单主体的奖惩措施和实施方式，建立发起、响应、反馈的联动机制。鼓励各级国家机关、法律法规授权具有管理公共事务职能的组织根据国务院关于联合奖惩的要求将红黑名单信息与相关信息进行比对，并创造条件嵌入本部门行政审批、市场监管、公共服务等信息系统和具体工作流程，带头查询使用红黑名单信息，及时归集守信联合激励和失信联合惩戒的典型案例，统计联合奖惩情况并反馈至全国信用信息共享平台。

（十三）鼓励社会力量协同参与联合奖惩。积极创造条件，向各类社会组织、行业协会商会、信用服务机构、金融机构、特定非金融机构、公共服务机构以及其他企事业单位开放全国联合奖惩对象名单数据库信息。鼓励各类社会机构查询使用红黑名单，对列入“黑名单”的主体实施市场性、行业性、社会性约束和惩戒，对列入“红名单”的主体建立“绿色通道”，优先提供服务便利，优化诚信企业行政监管安排，降低市场交易成本，大力推介诚信市场主体。有关单位及时向红黑名单认定部门（单位）反馈红黑名单奖惩信息，构建全社会广泛参与的联合奖惩机制。

六、构建自主自新的信用修复机制

（十四）鼓励和支持自主修复信用。建立有利于自我纠错、主动自新的社会鼓励与关爱机制，鼓励“黑名单”主体通过主动纠正失信行为、消除不良社会影响等方式修复信用，认定部门（单位）可将信用修复情况作为“黑名单”退出的重要参考。

（十五）规范信用修复流程。有关部门（单位）认定“黑名单”时，应结合失信行为的严重程度，明确相关主体能否修复信用以及信用修复的方式和期限。对可通过履行相关义务纠正失信行为的“黑名单”主体，可在履行相关义务后，向认定部门（单位）提交相关材料申请退出。

七、建立健全诚信状况重点关注对象警示机制

（十六）实施分级分类管理。认定部门（单位）可将在重点领域发生较重失信行为或多次发生轻微失信行为但尚未达到“黑名单”认定标准的相关主体列入重点关注名单，并依法实施与其失信程度相适应的失信联合惩戒。重点关注名单信息共享至全国信用信息共享平台，有选择地对外公开。

（十七）对诚信状况重点关注对象的警示。认定部门（单位）应通过适当方式，向重点关注名单主体发出警示并提示重点关注有效期。依托全国信用信息共享平台开展大数据分析，将在3个以上不同的重点领域被列入重点关注名单的主体转入“大数据警示名单”，通过“信用中国”网站向社会公众发出预警。重点关注名单主体有效期内发生严重失信行为的，应按照“黑名单”认定标准，及时转入“黑名单”。

八、依法依规退出名单

（十八）失信联合惩戒对象名单的退出机制。“黑名单”的有效期、信用修复及退出方式由相关认定部门（单位）结合相关主体违法失信情况确定。“黑名单”的退出包括如下方式：一是经异议处理，“黑名单”主体认定有误的，认定部门（单位）应将相关主体从“黑名单”中删除；二是通过主动修复在“黑名单”有效期届满前提前退出，提前退出需经认定部门（单位）同意；三是待“黑名单”有效期届满自动退出；四是“黑名单”认定标准发生改变，对于不符合新认定标准的主体，将其从“黑名单”中删除。“黑名单”主体退出名单后，应立即将其列入重点关注名单（误列入“黑名单”的除外），有效期由之前将其列入“黑名单”的部门（单位）确定。

（十九）守信联合激励对象名单的退出机制。“红名单”的有效期由相关认定部门（单位）结合相关主体诚实守信情况确定。“红名单”的退出包括如下方式：一是经异议处理，“红名单”主体认定有误的，认定部门（单位）应将相关主体从“红名单”中删除；二是有效期内被有关部门列入“黑名单”、重点关注名单或发现存在不当利用“红名单”奖励机制等不良行为的，认定部门（单位）应将相关主体从“红名单”中删除；三是待“红名单”有效期届满自动退出；四是“红名单”认定标准发生改变，对于不符合新认定标准的主体，将其从“红名单”中删除。

（二十）建立健全名单退出、奖惩解除和记录留存协同机制。相关主体退出红黑名单后，认定部门（单位）及时通过原发布渠道发布名单退出公告，有关联合奖惩部门应停止对其实施联合奖惩，相关名单信息将在全国信用信息共享平台后台继续保存，信用服务机构可按照有关法律法规在一定期限内继续保留其失信记录。对于因主体认定有误而列入名单的，相关信息不予保存。

九、保护市场主体权益

（二十一）建立健全守信联合激励对象反映监督机制。有关单位或个人对“红名单”主体的诚实守信行为有异议的，可向认定部门（单位）反映并提供证明材料，认定部门（单位）应在收到反映后及时核实。经核实反映情况属实的，认定部门（单位）应重新对被反映主体进行认定，并将认定结果反馈反映人和当事人。

（二十二）建立健全失信联合惩戒对象异议申诉机制。有关单位或个人对被列入“黑名单”有异议的，可向认定部门（单位）提交异议申请并提供证明材料。认定部门（单位）应在收到异议申请后及时反馈是否受理，并尽快将核实和处理结果反馈当事人，当事人对反馈结果仍有异议的，可依法申请复议。

（二十三）建立健全名单信息更正机制。联合奖惩实施部门在依据名单执行守信联合激励和失信联合惩戒措施时主动发现、经有关单位或个人提出异议申请或投诉发现名单信息不准确的，应及时告知认定部门（单位）核实，认定部门（单位）应及时核实并反馈。因工作失误导致有关单位或个人被误列入“黑名单”的，认定部门（单位）应及时更正当事人的诚信记录，向当事人书面道歉并进行澄清，恢复其名誉。导致当事人权益受损的，依法给予赔偿。对于被误列入“红名单”的相关主体，应尽可能收回其受到联合激励获得的权益。

十、加强个人隐私和信息安全保护

（二十四）保护个人隐私。明确个人信息查询使用权限和程序，做好数据库安全防护工作，建立完善个人信息查询使用登记和审查制度，防止信息泄露。对故意或因工作失误泄露个人隐私信息的，要依法严格追究相关单位和人员的责任。

（二十五）保障信息安全。有关部门和单位要建立健全并严格执行保障信息安全的规章制度。严格按照相关法律法规，贯彻落实网络安全等级保护制度，加大对全国信用信息共享平台、各部门信用信息系统、信用服务机构数据库的监管力度，保障信息主体合法权益，确保国家信息安全。

十一、保障措施

（二十六）落实主体责任。各级社会信用体系建设牵头单位要加强对守信联合激励和失信联合惩戒制度建设的指导、协调和监督。国家有关部门要制定相关领域的红黑名单认定标准和管理办法，积极主动发起签署守信联合激励和失信联合惩戒合作备忘录。县级以上国家机关、法律法规授权具有管理公共事务职能的组织要严格执行相关领域红黑名单认定标准和管理办法,依法认定、发布、归集、共享、更新和使用红黑名单信息,严格执行各项联合奖惩措施。

(二十七)完善法律法规。加快研究推进信用立法工作。各地区、各部门要按照强化诚信约束和协同监管要求,对现行法律法规规章和规范性文件有关规定提出修订建议或进行有针对性的修改。

(二十八)加强宣传教育。利用报纸、广播、电视、网络等媒体,多渠道选树诚信典型,倡导诚实守信,及时曝光重点领域严重失信行为,形成舆论压力,广泛宣传各地区、各部门开展守信联合激励和失信联合惩戒的做法和经验,扩大联合奖惩对象名单制度的影响力和警示力。

本文件自发布之日起试行,有效期截至2020年12月31日。

国家发展改革委、中国人民银行、商务部等关于加强对外经济合作领域信用体系建设的指导意见

（2017 年 10 月 31 日　发改外资〔2017〕1893 号）

对外开放是我国的基本国策，在党中央、国务院的统一部署和领导下，对外经济合作稳步推进。通过"一带一路"建设、对外经济合作，我国产业布局不断优化，产品、人才、技术、标准和文化大踏步"走出去"，国家海外利益稳步拓展，同时也实实在在地促进了合作国经济社会发展，从而实现互利共赢、包容共享。根据《国务院关于印发社会信用体系建设规划纲要（2014－2020 年）的通知》（国发〔2014〕21 号）和《国务院关于建立完善守信联合激励和失信联合惩戒制度加快推进社会诚信建设的指导意见》（国发〔2016〕33 号），为加强对外经济合作领域信用体系建设，规范对外经济合作秩序，提高对外经济合作领域参与者的诚信意识，营造良好的对外经济合作大环境，现提出如下意见。

一、加强对外经济合作领域信用体系建设的重要意义

建立健全企业履行主体责任、政府依法监管和社会广泛参与的信用体系，有利于在对外开放中有效维护国家利益、声誉和安全，有效规范对外经济合作参与者的行为和市场秩序，营造守法、合规、优质、诚信、公平开放、竞争有序的对外经济合作大环境，有效提高对外经济合作参与者诚信意识，提高对外经济合作水平，树立良好形象。

二、总体要求

全面贯彻落实党的十九大精神，以习近平新时代中国特色社会主义思想为指引，按照党中央、国务院对信用体系建设的总体要求，加快对外经济合作领域信用记录建设，推动信用信息共享应用，建立失信联合惩戒机制，有效规范对外经济合作秩序和参与者行为。

建立健全对外经济合作领域信用信息采集、共享规则，严格保护组织、个人隐私和信息安全，依法依规推进信用信息公开和应用。鼓励开发对外经济合作领域信用产品，使用信用信息和信用产品，推动实施失信联

合惩戒，使守信者受益，失信者受限，增强负面惩戒的力度。

在对外经济合作领域，以对外投资、对外承包工程和对外劳务合作、对外贸易、对外金融合作为重点，加强对外经济合作信用记录建设。依托全国信用信息共享平台和国家企业信用信息公示系统，逐步实现信用信息的归集、处理、公示和应用。

三、加快推进对外经济合作信用记录建设

对贯彻落实"一带一路"建设、国际产能合作，参与实施设施联通、贸易畅通、资金融通等合作的对外经济合作主体和相关责任人，如出现违反国内及合作国家和地区相关法律法规以及违反国际公约、联合国决议，扰乱对外经济合作秩序且对推进"一带一路"建设造成严重不良影响、危害我国家声誉利益等的行为，相关主管部门将失信主体、责任人和失信行为记入信用记录。

（一）建立对外投资合作主体的信用记录

对外投资主体和相关责任人，如出现违反国内及合作国家和地区相关法律法规以及违反国际公约、联合国决议，未按相关规定履行报批手续，虚假投资、捏造伪造项目信息骗取国家主管部门核准或备案文件以及办理境外投资外汇登记等，骗取资金以及办理资金购汇及汇出，拒绝履行对外投资统计申报义务或不实申报或拒绝办理境外直接投资存量权益登记，违规将应调回的利润、撤资等资金滞留境外，恶性竞争、扰乱对外经济合作秩序，且对外造成严重不良影响，危害我国家声誉利益等的行为，相关主管部门将失信主体、责任人和失信行为记入信用记录。

（二）建立对外承包工程和对外劳务合作主体的信用记录

对外承包工程、对外劳务合作主体和相关责任人，如出现违反国内及合作国家和地区相关法律法规以及违反国际公约、联合国决议，虚假投标、围标串标，骗贷骗汇，工程质量、安全生产不符合相关标准，未及时足额缴存外派劳务备用金、违法违规外派和非法外派、侵害劳务人员合法权益，拒绝履行对外承包工程和对外劳务合作统计申报义务或不实申报，恶性竞争，扰乱对外经济合作秩序、且对外造成严重不良影响，危害我国家声誉利益等的行为，相关主管部门将失信主体、责任人和失信行为记入信用记录。

（三）建立对外金融合作主体的信用记录

对违反国内及合作国家和地区相关法律法规以及违反国际公约、联合国决议，利用夸大、捏造不实信息冲击人民币汇率以及违反国际收支统计申报义务或未按规定进行国际收支申报、情节严重的，非法跨境资本流动、洗钱、逃税、非法融资、非法证券期货行为，为暴力恐怖、分裂破坏、渗透颠覆活动融资，扰乱对外经济合作秩序，且对外造成严重不良影响，危害我国家声誉利益等的行为，相关主管部门将失信主体、责任人和失信行为记入信用记录。

（四）建立对外贸易主体的信用记录

对违反国内及合作国家和地区相关法律法规以及违反国际公约、联合国决议，出售假冒伪劣产品，通过虚假贸易，非法买卖外汇，骗贷骗赔骗税骗外汇、洗钱、套利、编造虚假业绩，或者因企业产品质量安全问题给社会及进出口贸易造成重大危害和损失，扰乱对外经济合作秩序、对外造成严重不良影响，危害我国家声誉利益等的行为，相关主管部门将失信主体、责任人和失信行为记入信用记录。

（五）鼓励社会各界力量参与信用记录建设

推动相关政府部门、企事业单位、行业协会、社会信用服务机构加强配合，社会各界力量广泛参与，形成对外经济合作领域信用建设的合力。鼓励行业组织、社会信用服务机构积极参与信用记录建设，通过各种渠道依法依规搜集整理对外经济合作领域各类主体的失信信息。鼓励广大人民群众如实举报相关失信行为。

四、加快推进对外经济合作领域信用信息共享应用

对外经济合作信用信息包括企业基础信息、对外经济合作基本信息、违法违规并造成严重不良影响等失信行为信息、相关处罚信息等。

按照属地化和行业化管理原则，各相关部门和地方定期将各自管理职责范畴内采集到的对外经济合作失信主体的相关信用信息推送给全国信用信息共享平台。共享平台及时动态更新失信行为相关主体、责任人的信用记录，并按照有关规定向相关部门和单位提供对外经济合作相关主体、责任人的信用信息。同时在国家发展改革委、商务部、人民银行以及相关业务主管部门网站、国家企业信用信息公示系统、“信用中国”网站等向社会公布。

各相关部门掌握的可以依法向社会公开的信用信息应当及时通过部门网站公布，并主动向国家企业信用信息公示系统和“信用中国”网站推送。积极协调有关互联网新闻信息服务单位及时向社会公布依照法律法规可以公开的失信行为相关主体、责任人信用信息，不断扩大信用信息的公众知晓度。

五、建立对外经济合作领域失信惩戒机制

各相关部门通过签署对外经济合作领域失信行为联合惩戒合作备忘

录,对严重失信主体依法依规实施联合惩戒。

鼓励各类社会机构和企业法人依据法律法规和规章制度,采用市场化的手段,对失信企业在信贷担保、保险费率、招投标采购等方面采取限制性措施,强化失信联合惩戒的效果。

六、机制保障

(一)指导协调机制

在国务院"走出去"工作部际联席会议机制内,加强对对外经济合作领域信用体系建设的指导和协调,各相关部门和地方要高度重视,研究制定对失信行为的惩戒措施,积极落实各项政策措施。

(二)修复机制

制定信用信息主体异议和申诉流程,保护信用信息主体合法权益。建立信用信息纠错、修复机制,明确各类信用信息期限,失信惩戒期限,畅通信用修复渠道,丰富信用信息修复方式。

(三)采集、查询机制

相关政府部门、行业协会组织和社会信用服务机构要严格遵照有关规定,建立健全保障信用信息安全的规章制度,严格执行信用信息采集、查询和使用的权限和程序。

(四)通报机制

建立对外经济合作领域惩戒效果定期通报机制,各部门定期将联合惩戒实施情况通过全国信用信息共享平台反馈给国家发展改革委、商务部、人民银行、外交部及其他相关部门。

国家发展改革委、中国人民银行、商务部等关于印发《关于对对外经济合作领域严重失信主体开展联合惩戒的合作备忘录》的通知

（2017年10月31日　发改外资〔2017〕1894号）

各省、自治区、直辖市和新疆生产建设兵团有关部门、机构：

为全面贯彻党的十九大精神，以习近平新时代中国特色社会主义思想为指引，落实《国务院关于印发社会信用体系建设规划纲要（2014－2020年）的通知》（国发〔2014〕21号）、《国务院关于建立完善守信联合激励和失信联合惩戒制度加快推进社会诚信建设的指导意见》（国发〔2016〕33号）等文件精神，加快推进对外经济合作领域信用体系建设，建立健全守信联合激励和失信联合惩戒机制，促进形成“褒扬诚信、惩戒失信”的良好社会环境，国家发展改革委、人民银行、商务部、外交部、中央组织部、中央文明办、中央网信办、工业和信息化部、公安部、财政部、国土资源部、环境保护部、交通运输部、农业部、文化部、国资委、海关总署、税务总局、工商总局、质检总局、食品药品监管总局、安全监管总局、统计局、银监会、证监会、保监会、能源局、外汇局等部门联合签署了《关于对对外经济合作领域严重失信主体开展联合惩戒的合作备忘录》。现印发给你们，请认真贯彻执行。

附件：关于对对外经济合作领域严重失信主体开展联合惩戒的合作备忘录

附件

关于对对外经济合作领域严重失信主体开展联合惩戒的合作备忘录

为全面贯彻党的十九大精神,以习近平新时代中国特色社会主义思想为指引,落实《国务院关于促进市场公平竞争维护市场正常秩序的若干意见》(国发〔2014〕20 号)、《国务院关于印发社会信用体系建设规划纲要(2014 - 2020 年)的通知》(国发〔2014〕21 号)、《国务院关于建立完善守信联合激励和失信联合惩戒制度加快推进社会诚信建设的指导意见》(国发〔2016〕33 号)等有关要求,加快推进对外经济合作领域信用体系建设,建立健全对外经济合作失信联合惩戒机制,发展改革委、人民银行、商务部、外交部、中央组织部、中央文明办、中央网信办、工业和信息化部、公安部、财政部、国土资源部、环境保护部、交通运输部、农业部、文化部、国资委、海关总署、税务总局、工商总局、质检总局、食品药品监管总局、安全监管总局、统计局、能源局、外汇局、银监会、证监会、保监会等部门就针对对外经济合作领域严重失信责任主体和相关责任人开展联合惩戒工作达成如下一致意见。

一、联合惩戒对象

联合惩戒对象为被对外经济合作主管部门和地方列为对外经济合作领域严重失信行为的责任主体和相关责任人。对开展“一带一路”建设、国际产能合作,参与实施设施联通、贸易畅通、资金融通等合作的对外经济合作主体和相关责任人,如出现违反国内及合作国相关法律法规以及违反国际公约、联合国决议,扰乱对外经济合作秩序且对实施“一带一路”建设造成严重不良影响,危害我国家声誉利益等情节特别严重、影响极为恶劣的行为,相关主管部门将失信主体、责任人和失信行为记入信用记录,实施联合惩戒。

(一)对外投资失信主体

对外投资主体和相关责任人出现违反国内及合作国家和地区相关法律法规以及违反国际公约、联合国决议,未按相关规定履行报批手续,虚假投资、捏造伪造项目信息骗取国家主管部门核准或备案文件以及办理境外投资外汇登记等,骗取资金以及办理资金购汇及汇出,拒绝履行对外投资统计申报义务或不实申报或拒绝办理境外直接投资存量权益登记，违规将应调回的利润、撤资等资金滞留境外的，恶性竞争、扰乱对外经济合作秩序，且对外造成严重不良影响，危害我国家声誉利益等的行为，有关部门和地方对相关失信主体、责任人实施联合惩戒。

（二）对外承包工程建设和对外劳务合作失信主体

对外承包工程、对外劳务合作主体和相关责任人出现违反国内及合作国家和地区相关法律法规以及违反国际公约、联合国决议，未按相关规定取得许可、资质，虚假投标、围标串标，骗贷骗汇，工程质量、安全生产不符合相关标准，未及时足额缴存外派劳务备用金、违法违规外派和非法外派、侵害劳务人员合法权益，拒绝履行对外承包工程和对外劳务合作统计申报义务或不实申报，恶性竞争，扰乱对外经济合作秩序，且对外造成严重不良影响，危害我国家声誉利益等的行为，有关部门和地方对相关失信主体、责任人实施联合惩戒。

（三）对外金融合作失信主体

对外金融合作主体出现违反相关国内及合作国家和地区法律法规以及违反国际公约、联合国决议，利用夸大、捏造不实信息冲击人民币汇率以及违反国际收支统计申报义务或未按规定进行国际收支申报、情节严重的，非法跨境资本流动、洗钱、逃税、非法融资、非法证券期货行为，为暴力恐怖、分裂破坏、渗透颠覆活动融资，扰乱对外经济合作秩序，且对外造成严重不良影响，危害我国家声誉利益等的行为，有关部门和地方对相关失信主体、责任人实施联合惩戒。

（四）对外贸易失信主体

对外贸易主体出现违反相关国内及合作国家和地区法律法规以及违反国际公约、联合国决议，销售假冒伪劣产品，通过虚假贸易，非法买卖外汇，骗贷骗赔骗税骗外汇，洗钱、套利、编造虚假业绩，或者因企业产品质量安全问题给社会及进出口贸易造成重大危害和损失，扰乱对外经济合作秩序，且对外造成严重不良影响，危害我国家声誉利益等的行为，有关部门和地方对相关失信主体、责任人实施联合惩戒。

二、惩戒措施及实施部门和单位

（一）对外投资领域惩戒措施

1. 有关主管部门将严重失信主体作为对外投资重点监控对象。

2. 有关主管部门依据相关法律法规规章对严重失信主体对外投资备案、核准等申请不予受理。

3. 有关主管部门依法依规对严重失信主体不予办理对外投资项下外

汇登记、购汇、汇出手续等。

4. 有关管理部门停止对严重失信主体对外投资项目给予政策支持。

（二）对外承包工程和对外劳务合作领域惩戒措施

1. 有关主管部门禁止其在一定期限内对外承包新的工程项目。

2. 造成重大工程质量问题，发生较大事故以上安全生产事故的，有关主管部门可以降低其资质等级。

3. 未取得主管部门的许可，擅自从事对外承包工程外派人员中介服务的，有关主管部门可没收违法所得，对其主要负责人罚款。

4. 定期对统计数据进行核查。

5. 未依法取得对外劳务合作经营资格，从事对外劳务合作的，有关主管部门依规定查处取缔。

6. 构成犯罪的，依法追究刑事责任。

（三）金融国际合作领域惩戒措施

1. 逐步完善跨境监管合作机制，在现行法律法规框架下，向相关境外监管机构提供相关责任主体的失信信息。

2. 将失信主体的失信状况作为境内保险公司申请设立境外营业性机构、代表处以及收购境外保险机构或向境外保险类机构增资审批时的审慎性参考依据。

3. 违法失信主体为自然人的，限制其担任保险机构境外设立机构的负责人。

（四）国际贸易领域惩戒措施

1. 撤销对外贸易经营者《对外贸易经营者备案登记表》。

2. 有关管理部门停止对严重失信主体服务贸易项目给予政策支持。

3. 失信主体申请适用海关认证企业管理的，不予通过认证；对已经成为认证企业的，按照规定下调企业信用等级。

4. 失信主体在办理相关海关业务时，对其进出口货物实施严密监管，加强单证审核、布控查验加工贸易担保征收或后续稽查。

5. 质检部门对严重失信主体的注册资质申请审慎受理，对责任主体申报的进出口商品实施加严检验检疫措施。

（五）其他联合惩戒措施

1. 将失信主体的失信状况作为设立商业银行或分行、代表处以及参股、收购商业银行审批时的审慎性参考依据。

2. 在审批证券公司、基金管理公司、期货公司的设立和变更持有5%以上股权的股东、实际控制人，以及私募投资基金管理人登记时，依法将失信主体的失信状况作为重要参考依据。

3. 将失信主体的失信状况作为发起设立保险公司和变更股权、实际控制人的审慎性参考依据。

4. 在上市公司或者非上市公众公司收购的事中事后监管中，对有严重失信行为的责任主体予以重点关注。

5. 依法限制严重失信主体取得政府供应土地。

6. 依法限制严重失信主体参与政府采购活动。

7. 依法限制严重失信主体参与政府投资工程建设项目投标活动。

8. 对严重失信主体发布的广告要予以重点监管，经核实是虚假违法广告的应立即责令停止发布，依法查处。

9. 将失信主体的失信状况作为其融资或对其授信的重要依据或参考。

10. 将失信主体的失信状况作为审核股票发行上市及在全国中小企业股份转让系统挂牌公开转让时的重要参考。

11. 将失信主体的失信状况作为合格境内机构投资者、合格境外机构投资者等外汇额度核准与管理的重要参考依据。

12. 将失信主体的失信记录作为申请发行企业债券及公司债券，在银行间市场发行债券的重要参考。

13. 相关监督管理部门依法依规加大对失信主体日常监督检查频次和提高随机抽查概率。

14. 失信主体变更名称的，将变更前后的名称在国家企业信用信息公示系统上公示。

15. 限制严重失信主体取得认证机构资质，限制其获得认证证书。

16. 依法限制失信主体享受财政补助补贴性资金和社会保障资金支持。

17. 对失信主体，限制其参与基础设施和公用事业特许经营。

18. 对严重失信行为相关责任人，限制其担任国有独资公司董事、监事及国有资本控股或参股公司董事、监事和国有独资企业高级管理人员及提名为国有资本控股或参股公司董事、监事建议人选。

19. 对失信主体，限制其参与评先、评优或取得各类荣誉称号；已获得相关荣誉称号的予以撤销。

20. 将失信主体相关失信信息作为选择参与政府和社会资本合作的参考。

21. 将严重失信主体及责任人相关失信信息作为相关机构及其法定

代表人、实际控制人、董事、监事、高级管理人员享受优惠性政策时的审慎性考量因素。

三、联合惩戒的实施方式

国家发展改革委及相关各部门通过全国信用信息共享平台定期向签署本备忘录的相关部门提供对外经济合作领域严重失信主体和责任人的相关信息,并按照有关规定动态更新。同时在国家发展改革委、人民银行、商务部、外交部及相关部门网站和国家企业信用信息公示系统、“信用中国”网站等向社会公布。

各部门按照本备忘录约定内容,依法依规对对外经济合作领域严重失信主体和责任人实施联合惩戒。同时,逐步建立惩戒效果定

期通报机制,有条件的部门定期将联合惩戒实施情况通过全国信用信息共享平台共享。

四、其他事宜

各部门应密切协作,积极落实本备忘录,制定对外经济合作领域严重失信主体和责任人相关信息的使用、撤销、管理、监督的相关实施细则和操作流程,指导本系统各级单位依法依规实施联合惩戒措施。

本备忘录实施过程中涉及部门之间协调配合的问题,由各部门协商解决。

本备忘录签署后,各项惩戒措施依据的法律、法规、规章及规范性文件有修改或调整的,以修改后的法律、法规、规章及规范性文件为准。

附录:(略)

财政部、税务总局、中国证监会关于继续执行沪港股票市场交易互联互通机制有关个人所得税政策的通知

（2017 年 11 月 1 日　财税〔2017〕78 号）

各省、自治区、直辖市、计划单列市财政厅（局）、国家税务局、地方税务局，新疆生产建设兵团财务局，上海、深圳证券交易所，中国证券登记结算公司：

现就沪港股票市场交易互联互通机制（以下简称沪港通）有关个人所得税政策明确如下：

对内地个人投资者通过沪港通投资香港联交所上市股票取得的转让差价所得，自 2017 年 11 月 17 日起至 2019 年 12 月 4 日止，继续暂免征收个人所得税。

中国人民银行关于规范支付创新业务的通知

（2017年12月13日　银发〔2017〕281号）

中国人民银行上海总部，各分行、营业管理部，各省会（首府）城市中心支行，各副省级城市中心支行；各国有商业银行、股份制商业银行，中国邮政储蓄银行；各非银行支付机构；中国银联股份有限公司、中国支付清算协会、城市商业银行资金清算中心、农信银资金清算中心、网联清算有限公司：

近年来，我国支付业务创新不断发展，支付服务环境日趋完善，对提高支付效率、便利社会生产生活发挥了积极作用。为进一步加强支付业务管理，促进支付创新，推动支付服务市场持续健康发展，现就有关事项通知如下：

一、开展支付创新业务应事前报告

各银行业金融机构（以下简称银行）、非银行支付机构（以下简称支付机构）提供支付创新产品或者服务、与境外机构合作开展跨境支付业务、与其他机构开展重大业务合作的，应当对相关业务的合规性和安全性进行全面评估，并于业务开展前30日书面报告中国人民银行及其分支机构。全国性银行报告中国人民银行；其他银行、支付机构按属地管理原则，报告法人所在地中国人民银行分支机构。

报告内容包括但不限于以下方面：拟推出产品或者服务的名称、基本业务流程、支付指令传输路径、资金清算及结算方式，合作机构名称及业务开展情况、合作方式，业务规则、技术标准、客户权益保护措施、内部控制及风险管理制度，业务试点开展时间及区域，收费项目及标准，潜在市场影响，相关合同及协议模板等。

二、维护支付服务市场公平竞争秩序

各银行、支付机构应当切实增强社会责任意识，遵循依法合规、安全可控、商业可持续的原则，稳妥推广支付业务，共同维护支付服务市场健康持续发展。不得滥用本机构及关联企业的市场优势地位，排除、限制支付服务竞争；不得采用低价倾销、交叉补贴等不当手段拓展市场；不得夸大宣传、散布虚假信息，损害其他市场主体的商业信誉。

中国支付清算协会应当充分发挥行业自律作用，动态调整支付结算违法违规行为重要举报事项，将扰乱市场秩序、侵害消费者合法权益等行为纳入重要举报事项范畴，进一步加大自律惩戒力度。

三、加强收单业务受理终端管理

收单机构应当建立并完善受理终端管理制度，明确受理终端选型、采购、布放、密钥管理、参数设置、程序灌装、日常维护、交易监测和巡检等各环节管理措施；自主完成受理终端采购、主密钥生成和管理，对终端密钥及相关参数实行专人管理。

收单机构及其外包服务机构不得通过任何传播媒体、宣传工具或者方式发布销售银行卡受理终端、条码支付受理终端或者收款码的广告。在推广业务时，收单机构及其外包服务机构应当围绕服务质量、安全保障等进行真实、合理的广告宣传，准确披露收单机构名称及联系方式，广告内容中不得使用或者变相使用“零扣率”、“低扣率”、“费率自由定义”、“商户滚动切换”、“一机多商户”、“T＋0”、“D＋0”、“即时到账”、“刷单”、“套现”等涉嫌不正当竞争、误导消费者或者违法违规行为的文字。

收单机构应当遵循“谁入网、谁负责”的原则，对通过其加入清算网络的银行卡受理终端、条码支付受理终端或者收款码承担管理责任，严格规范与外包服务机构的业务合作。

四、规范小微商户收单业务管理

对依据法律法规和相关监管规定免于办理工商注册登记的实体特约商户（小微商户），收单机构在遵循“了解你的客户”原则的前提下，可以通过审核商户主要负责人身份证明文件和辅助证明材料为其提供收单服务。辅助证明材料包括但不限于营业场所租赁协议或者产权证明、集中经营场所管理方出具的证明文件等反映小微商户真实从事商品或者服务交易活动的材料。

收单机构为上述小微商户提供收单服务的，不得为其开通受理终端磁条交易功能。收单机构应当结合小微商户的风险等级，动态调整其可受理的银行卡种类和交易限额，以同一个身份证件在同一家收单机构办理的全部小微商户受理信用卡的收款金额上限为日累计1000元、月累计1万元。

清算机构应当配套建立小微商户收单业务规则和管理系统，细化小微商户准入、商户注册数量、交易限额和交易监测等风险管理措施。

五、加强代收业务管理

银行、支付机构等代收服务机构根据收款人的委托协议，定期向付款人开户机构（包括银行和支付机构）发送支付指令，提请付款人开户机构不经交易验证直接扣划付款人账户资金的，应当执行下列要求：

付款人开户机构应当事先或者在首笔交易时取得付款人授权，明确收款人名称、支付款项的用途、扣款时间、授权期限、交易限额、异议处理和交易关闭方式等事项，并在后续交易时及时提示付款人交易信息。

代收服务机构应当要求收款人事先与付款人签订收款协议，并在代收交易处理中验证协议关系。代收服务机构应当真实、完整传输交易金额、交易时间、收款人名称和收款用途等代收交易信息，并采取有效措施禁止收款人滥用、出借、出租、出售代收交易接口。

具备合法资质的清算机构在核准业务范围内提供代收业务的交易转接和资金清算服务的，可通过与成员机构制定业务规则或者签订协议等方式，约定代收服务机构和付款人开户机构之间的权利、义务和责任。清算机构应当严格规范代收交易信息，完善交易监测机制，并及时处置违规交易。

上述代收业务的使用范围仅限于固定收款人定期发起的支付业务，其他支付业务应由付款人开户机构按照有关规定进行交易验证，不得由收款人代为验证。

六、加强支付业务系统接口管理

各银行、支付机构、清算机构应当建立支付业务系统接口统一管理制度，明确牵头部门，严格业务审批，加强接入单位审核、使用范围、交易信息和资金安全等管理。同时，加大交易监测力度，确保接入单位将支付业务系统接口用于协议约定的范围和用途，并采取有效措施防止支付业务系统接口被用于违法违规用途。各银行、支付机构之间不得相互开放和转接支付业务系统接口，预付卡发卡机构为其受理机构开放支付业务系统接口的，以及中国人民银行另有规定的除外。严禁银行、支付机构、清算机构支持或者变相支持无证机构经营支付业务。

七、严格遵守跨行清算政策要求

各银行、支付机构开展支付业务涉及跨行清算业务时，必须通过中国人民银行跨行清算系统或者具备合法资质的清算机构处理。自本通知印发之日起，各银行、支付机构不得新增不同法人机构间直连处理跨行清算的支付产品或者服务；对存量业务，应当按照中国人民银行有关规定尽快迁移到合法的清算机构处理。

八、强化监督管理

中国人民银行分支机构应当切实履行属地监管职责，将本通知执行情况纳入业务检查重点，加大对违规行为的处罚力度。银行、支付机构的行为违反法律、行政法规以及中国人民银行有关管理规定的，中国人民银行及其分支机构可以依法予以处罚。

请中国人民银行分支机构将本通知转发至辖区内城市商业银行、农村商业银行、农村合作银行、农村信用社、村镇银行、外资银行。

中国人民银行自动质押融资业务管理办法

（2017年12月13日　中国人民银行公告〔2017〕第18号）

第一条　为规范自动质押融资业务，提高支付清算效率，防范支付清算风险，根据《中华人民共和国中国人民银行法》及相关法律法规，制定本办法。

第二条　本办法所称自动质押融资业务，是指成员机构清算账户日间头寸不足清算时，通过自动质押融资业务系统向人民银行质押债券融入资金，待资金归还后自动解押债券的行为。

第三条　本办法所称成员机构，是指在中华人民共和国境内依法设立并办理自动质押融资业务的存款类金融机构法人，以及人民银行认可的其他金融机构法人。

第四条　本办法所称自动质押融资业务系统，是指办理成员机构债券自动质押、融资、还款、债券自动解押等业务的应用系统。

第五条　本办法所称质押债券，包括记账式国债、中央银行票据、开发性和政策性银行金融债券，以及人民银行认可的地方政府债券及其他有价证券。

第六条　申请成为成员机构的金融机构法人应具备以下条件：

（一）是大额支付系统直接参与者；

（二）为银行间市场甲类或乙类结算成员；

（三）在人民银行指定的债券登记托管结算机构（以下简称债券登记托管结算机构）开立债券托管账户；

（四）人民银行规定的其他条件。

第七条　金融机构法人向人民银行申请办理自动质押融资业务应提交以下材料：

（一）办理自动质押融资业务申请书；

（二）经营金融业务许可证、债券登记托管结算机构开户确认书（均为复印件）；

（三）上年末实收资本金额（不含附属资本，下同）；

（四）人民银行要求的其他材料。

第八条 全国性银行申请办理自动质押融资业务由人民银行总行受理，其他金融机构法人申请办理自动质押融资业务应向法人所在地人民银行分支机构提出申请，由人民银行分支机构初审后报人民银行总行受理。

本办法所称人民银行分支机构包括人民银行上海总部，各分行、营业管理部，各省会（首府）城市中心支行，深圳市中心支行。

第九条 经人民银行受理，符合自动质押融资业务办理条件的金融机构，应与人民银行签署《自动质押融资主协议》。

第十条 国家开发银行、政策性银行、国有商业银行、中国邮政储蓄银行自动质押融资余额不超过其上年末实收资本的4%；全国性股份制商业银行自动质押融资余额不超过其上年末实收资本的10%；其他金融机构自动质押融资余额不超过其上年末实收资本的15%。人民银行可根据宏观审慎管理需要调整上述比例，并根据成员机构信用状况和流动性管理情况调整其自动质押融资余额上限。

第十一条 成员机构开展自动质押融资业务须足额质押债券。人民银行根据宏观审慎管理需要和市场情况确定和调整质押债券范围及质押率等要素，并通知成员机构。

第十二条 成员机构办理自动质押融资业务原则上应于当日偿还资金，最长期限不超过隔夜。如当日未能足额偿还资金本息的，成员机构应根据本办法第八条规定的业务受理范围向人民银行总行或所在地人民银行分支机构说明情况。

第十三条 日间和隔夜自动质押融资利率统一按业务发生时的人民银行隔夜常备借贷便利（SLF）利率确定。

第十四条 日间自动质押融资利息按照实际融资金额和时间、以小时为单位计算，不足1小时按照1小时计算，利息计算公式为：日间自动质押融资利息＝（融资金额×融资时间×融资利率）/（360×24）

第十五条 隔夜自动质押融资利息按日计算，计算公式为：隔夜自动质押融资利息＝（融资金额×实际占款天数×融资利率）/360

第十六条 自动质押融资须逐笔融资、逐笔归还，成员机构须在还款时点一次性还本付息；还款时点资金不足时顺延至下一还款时点重新计息后还本付息。

自动质押融资业务的还款时点由人民银行在自动质押融资业务系统

设置，并通知成员机构。

第十七条 隔夜未足额偿还自动质押融资资金本息的视为逾期，人民银行对逾期未偿还资金部分额外加 3 个百分点按日收取利息。

第十八条 逾期超过 3 天仍未足额偿还自动质押融资应计本息的视为违约，人民银行将按照市场惯例和相关法律法规处理。

第十九条 自动质押融资业务的金额单位为万元人民币，小数点后保留两位。单笔融资最低金额为 50 万元人民币。

第二十条 债券登记托管结算机构经人民银行授权，根据本办法及相关业务规则为成员机构办理自动质押融资业务提供服务，维护和保障自动质押融资业务系统正常运行。

债券登记托管结算机构应根据本办法制定自动质押融资业务操作细则及应急方案。

第二十一条 成员机构出现违约，或债券登记托管结算机构未充分履行自身职责，导致质押、融资、还款、解押等环节延误或中断，给有关各方造成损失的，应各自承担相应责任。

第二十二条 成员机构如出现违约或继续办理业务可能影响人民银行资金安全等情形，人民银行可暂停该机构的自动质押融资业务。

第二十三条 因不可抗力造成自动质押融资业务系统无法正常运行，使质押、融资、还款、解押等环节延误或中断，有关当事人均有及时排除障碍和采取补救措施的义务，但不承担赔偿责任。

第二十四条 本办法由人民银行负责解释。

第二十五条 本办法自 2018 年 1 月 29 日起施行。《中国人民银行自动质押融资业务管理暂行办法》（中国人民银行公告〔2005〕第 25 号）同时废止。

绿色债券评估认证行为指引(暂行)

(2017 年 12 月 13 日　中国人民银行、中国证监会公告〔2017〕第 20 号)

第一章　总　　则

第一条　为规范绿色债券评估认证行为,提高绿色债券评估认证质量,促进绿色债券市场健康发展,制定本指引。

第二条　本指引所称绿色债券评估认证是指评估认证机构对债券是否符合绿色债券的相关要求,实施评估、审查或认证程序,发表评估、审查或认证结论,并出具报告的过程和行为。

第三条　本指引所称绿色债券包括绿色金融债券、绿色公司债券、绿色债务融资工具、绿色资产支持证券及其他绿色债券产品。

第四条　为中华人民共和国境内发行的绿色债券提供评估认证服务的评估认证机构,适用本指引。

第五条　绿色债券评估认证机构(以下简称评估认证机构)由绿色债券标准委员会统筹实施自律管理。绿色债券标准委员会是在公司信用类债券部际协调机制下设立的绿色债券自律管理协调机制。

第二章　机 构 资 质

第六条　评估认证机构开展绿色债券评估认证业务,应当具备以下基本条件:

(一)建立了开展绿色债券评估认证业务所必备的组织架构、工作流程、技术方法、收费标准、质量控制、职业责任保险等相关制度;

(二)具有有权部门授予的评级、认证、鉴证、能源、气候或环境领域执业资质;

(三)具有相应的会计、审计、金融、能源、气候或环境领域专业人员;

(四)最近 3 年或自成立以来不存在违法违规行为和不良诚信记录。

第七条 评估认证机构开展绿色债券评估认证业务，应当向绿色债券标准委员会备案，备案时提交下列材料：

（一）营业执照复印件；

（二）绿色债券评估认证业务的组织架构、工作流程、技术方法、收费标准、质量控制、职业责任保险等相关制度文件；

（三）从事评级、认证、鉴证、能源、气候或环境领域业务的历史业绩以及市场认可度相关的证明材料；

（四）从事绿色债券评估认证业务的专业人员名单、相关资格证书复印件以及从业经验相关的证明材料；

（五）不存在违法违规行为及不良诚信记录的声明。

第八条 评估认证机构开展绿色债券评估认证业务，应当通过指定网站披露本指引第七条所列资质材料。

第九条 绿色债券标准委员会应当加强绿色债券评估认证机构自律管理协调，组织相关机构和专家对绿色债券评估认证机构进行市场化评议，并通过指定网站公布评议结果，维护绿色债券评估认证市场秩序。

第三章 业务承接

第十条 评估认证机构及从业人员开展绿色债券评估认证业务，应当遵循诚实守信、客观公正和勤勉尽责原则。

第十一条 评估认证机构及从业人员应当通过教育、培训和执业实践，持续了解并掌握绿色产业、绿色债券评估认证相关的宏观政策、法律法规、技术标准等知识和技能，获取和保持应有的专业能力。

第十二条 评估认证机构及从业人员开展绿色债券评估认证业务，应当在实质和形式上保持独立性。对于评估认证机构与发行人之间存在经济利益、关联关系、自我评价、外部压力等情形的，评估认证机构不得承接评估认证业务。

第十三条 评估认证机构开展绿色债券评估认证业务时，原则上每个项目组应当同时配备熟悉会计、审计和金融领域的专业人员和熟悉能源、气候和环境领域的专业人员，从评估认证合同签订日到评估认证报告签发日的时间不少于15天。

第十四条 评估认证机构承接绿色债券评估认证业务前，应当根据本指引第十条至第十三条的要求，评价是否具备承接评估认证业务的基本条件。

第十五条 评估认证机构承接绿色债券评估认证业务,应当与发行人签订书面评估认证合同,载明评估认证业务的性质、对象、内容、时间、范围、收费、报告形式等内容。

第十六条 评估认证机构应当遵循成本可覆盖、业务可持续的原则,合理确定绿色债券评估认证业务收费,不得采取低于业务成本的价格、承诺评估认证结论等不正当竞争手段承揽业务。

第四章 业务实施

第十七条 绿色债券评估认证分为发行前评估认证和存续期评估认证。

第十八条 绿色债券评估认证原则上应当依据绿色债券标准委员会认可的国际或国内通行的鉴证、认证、评估等业务标准,按照相应的业务流程实施。

第十九条 绿色债券发行前评估认证的主要内容包括但不限于:

(一)拟投资的绿色项目是否合规;

(二)绿色项目筛选和决策制度是否完备;

(三)绿色债券募集资金管理制度是否完备;

(四)绿色信息披露和报告制度是否完备;

(五)绿色项目环境效益预期目标是否合理。

第二十条 绿色债券存续期评估认证的主要内容包括但不限于:

(一)已投资的绿色项目是否合规;

(二)绿色项目筛选和决策制度是否得到有效执行;

(三)绿色债券募集资金管理制度是否得到有效执行;

(四)绿色信息披露和报告制度是否得到有效执行;

(五)绿色项目环境效益预期目标是否达到。

第二十一条 评估认证机构应当综合考虑绿色债券类型、项目具体特点、评估认证目标、重要性水平等因素,合理选择评估认证方式,设计评估认证程序。评估认证方式包括但不限于:

(一)访谈发行人和项目方相关人员;

(二)观察发行人有关内部管理制度的运行情况;

(三)检查发行人有关制度文件以及信贷、会计、账户、内审等档案资料;

(四)分析募集资金到账、拨付、收回与已投资项目之间的勾稽关系;

（五）向主管部门确认或查询项目的合规性；

（六）实地勘察项目的真实性、实际运行及环境效益情况；

（七）验算项目环境效益等数学或工程计算结果；

（八）对来源于外部的信息进行确认；

（九）对项目的实际环境效益进行实验；

（十）利用外部专家的工作成果；

（十一）征询外部机构的意见；

（十二）其他必要的程序。

第二十二条 评估认证机构应当科学确定评估认证程序的实施范围，合理采取全查或抽查方式。应当考虑的因素包括但不限于：

（一）评估认证的重要性水平；

（二）重大不符风险的可能性；

（三）评估认证结论的可信度。

第二十三条 评估认证机构应当在实施评估认证程序的基础上，收集必要、适当的评估认证证据。

第二十四条 评估认证机构利用外部专家的工作成果和征询外部机构的意见时，应当保持合理谨慎，并对所采用的外部成果和意见负责，所采用的外部成果和意见不能减轻评估认证机构的责任。

第二十五条 评估认证机构应当及时编制评估认证工作底稿，记录的内容包括但不限于：

（一）实施的评估认证程序；

（二）获取的评估认证证据；

（三）发现的重大事项；

（四）得出的评估认证结论。

第二十六条 评估认证人员应在评估认证工作底稿上签字，评估认证工作底稿应当在债券存续期届满后继续保存两年。其他法律法规或监管规定有更高保存时限要求的，从其规定。

第二十七条 绿色债券标准委员会检查、调阅绿色债券评估认证业务工作底稿，评估认证机构应当予以配合。

第五章 报告出具

第二十八条 评估认证机构应当向发行人出具书面评估认证报告，评估认证业务负责人应当在评估认证报告上签字。

第二十九条 针对债券是否符合绿色债券的相关要求，评估认证结论类型包括“符合”、“未发现不符”、“不符合”以及“无法发表结论”的免责声明，鼓励在评估认证结论中披露债券的绿色程度。

第三十条 评估认证报告的内容应当包括但不限于：

（一）本期绿色债券的基本情况，包括并不限于募集资金拟投资的绿色产业项目类别、项目认定依据或标准、环境效益目标、绿色债券募集资金使用计划和管理制度等内容；

（二）评估认证工作实施情况，应当按照本指引规定的评估认证内容要点，充分报告实施的评估认证程序，发现的事实及其与绿色债券相关要求的符合情况等；

（三）导致“不符合”结论、“无法发表结论”的事项，或债券绿色程度评估认证的方法体系说明；

（四）评估认证结论。

第三十一条 绿色金融债券存续期评估认证按照债券存续时间实行周期性认证，原则上应在债券存续时间每满一年之日起 4 个月内进行存续期评估认证。

第三十二条 非金融企业绿色债券存续期评估认证至少应按照项目存续状态，实行首次认证与更新认证相结合的方式。原则上，首次认证自债券存续时间满一年之日起 4 个月内进行，更新认证自已投资绿色项目发生更新之日起 4 个月内进行。

第三十三条 绿色债券评估认证报告应按照不同债券发行方式对信息披露范围的要求，通过指定网站向市场投资者公开披露或通过约定的渠道向特定投资者定向披露。

第三十四条 存续期评估认证被出具“不符合”结论的评估认证报告的，发行人应当于评估认证报告签发之日起 10 个工作日内，向绿色债券标准委员会提交导致“不符合”结论的情况说明及整改计划。

第三十五条 发行人应当针对导致“不符合”结论的事项进行对照整改。整改时间原则上为从评估认证报告签发之日起不超过 3 个月，特殊情况下经绿色债券标准委员会同意，可适当延长。

第三十六条 整改期满之日起 2 个月内，发行人应当向绿色债券标准委员会提交整改情况报告和新的评估认证报告，取得“符合”或“未发现不符”结论的，向绿色债券标准委员会报备后，保留绿色债券标识；否则撤销绿色债券标识。

第三十七条 对于“无法发表结论”的情形，发行人应自评估认证报告签发之日起2个月内，提请新的评估认证机构再次评估，获得“符合”或“未发现不符”结论的，向绿色债券标准委员会报备后，保留绿色债券标识；否则撤销绿色债券标识。

第三十八条 绿色债券标识一经撤销，在存续期内不再恢复。绿色债券发行条款中针对绿色债券标识撤销设回售选择权等约定的，按约定执行。

第六章 监督管理

第三十九条 评估认证机构应当根据质量控制准则，制定质量控制制度，合理保证本机构及其从业人员遵守法律法规、职业道德和行为规范的规定，出具独立、客观、公正、规范的绿色债券评估认证报告。

第四十条 评估认证机构应当每年至少开展一次绿色债券评估认证业务自查，对发现的问题及时进行整改，并于每年3月底前将上一年度自查情况以书面形式报送绿色债券标准委员会。

第四十一条 绿色债券标准委员会不定期抽取一定数量的绿色债券评估认证报告，组织评估认证机构开展执业质量交叉检查，交叉检查结果作为市场评价的重要参考。

第四十二条 绿色债券标准委员会和相关绿色债券发行管理部门可以综合考虑绿色债券发行人所属产业、政策环境、项目特点以及评估认证机构市场评价、合规风险等情况，要求绿色债券发行人、评估认证机构补充提供或重新提供评估认证报告。

第四十三条 评估认证机构存在以下情形的，由绿色债券标准委员会提请相关市场自律管理组织予以自律处分；情节严重的，提请相关债券发行管理部门予以行政处罚：

（一）提交虚假资质材料的；

（二）违反职业道德规范和独立性要求的；

（三）评估认证行为不符合业务实施规范要求的；

（四）评估认证报告存在重大遗漏或严重失实的；

（五）拒绝、阻碍调阅和检查相关资料的；

（六）未按规定报送相关报告的；

（七）进行不正当竞争的；

（八）其他损害业务质量和扰乱市场秩序的情形。

第七章　附　　则

第四十四条　绿色债券标准委员会成员机构可在本指引框架下，结合市场实际和产品特点，研究制定相应的操作细则。对评估认证行为另有更高要求或特别要求的，从其规定。

第四十五条　本指引由中国人民银行、中国证券监督管理委员会解释。

第四十六条　本指引自发布之日起施行。

财政部、税务总局关于租入固定资产进项税额抵扣等增值税政策的通知

（2017 年 12 月 25 日　财税〔2017〕90 号）

各省、自治区、直辖市、计划单列市财政厅（局）、国家税务局、地方税务局，新疆生产建设兵团财务局：

现将租入固定资产进项税额抵扣等增值税政策通知如下：

一、自 2018 年 1 月 1 日起，纳税人租入固定资产、不动产，既用于一般计税方法计税项目，又用于简易计税方法计税项目、免征增值税项目、集体福利或者个人消费的，其进项税额准予从销项税额中全额抵扣。

二、自 2018 年 1 月 1 日起，纳税人已售票但客户逾期未消费取得的运输逾期票证收入，按照“交通运输服务”缴纳增值税。纳税人为客户办理退票而向客户收取的退票费、手续费等收入，按照“其他现代服务”缴纳增值税。

三、自 2018 年 1 月 1 日起，航空运输销售代理企业提供境外航段机票代理服务，以取得的全部价款和价外费用，扣除向客户收取并支付给其他单位或者个人的境外航段机票结算款和相关费用后的余额为销售额。其中，支付给境内单位或者个人的款项，以发票或行程单为合法有效凭证；支付给境外单位或者个人的款项，以签收单据为合法有效凭证，税务机关对签收单据有疑义的，可以要求其提供境外公证机构的确认证明。

航空运输销售代理企业，是指根据《航空运输销售代理资质认可办法》取得中国航空运输协会颁发的“航空运输销售代理业务资质认可证书”，接受中国航空运输企业或通航中国的外国航空运输企业委托，依照双方签订的委托销售代理合同提供代理服务的企业。

四、自 2016 年 5 月 1 日至 2017 年 6 月 30 日，纳税人采取转包、出租、互换、转让、入股等方式将承包地流转给农业生产者用于农业生产，免征增值税。本通知下发前已征的增值税，可抵减以后月份应缴纳的增值税，或办理退税。

五、根据《财政部　税务总局关于资管产品增值税有关问题的通知》（财税〔2017〕56号）有关规定，自2018年1月1日起，资管产品管理人运营资管产品提供的贷款服务、发生的部分金融商品转让业务，按照以下规定确定销售额：

（一）提供贷款服务，以2018年1月1日起产生的利息及利息性质的收入为销售额；

（二）转让2017年12月31日前取得的股票（不包括限售股）、债券、基金、非货物期货，可以选择按照实际买入价计算销售额，或者以2017年最后一个交易日的股票收盘价（2017年最后一个交易日处于停牌期间的股票，为停牌前最后一个交易日收盘价）、债券估值（中债金融估值中心有限公司或中证指数有限公司提供的债券估值）、基金份额净值、非货物期货结算价格作为买入价计算销售额。

六、自2018年1月1日至2019年12月31日，纳税人为农户、小型企业、微型企业及个体工商户借款、发行债券提供融资担保取得的担保费收入，以及为上述融资担保（以下称“原担保”）提供再担保取得的再担保费收入，免征增值税。再担保合同对应多个原担保合同的，原担保合同应全部适用免征增值税政策。否则，再担保合同应按规定缴纳增值税。

纳税人应将相关免税证明材料留存备查，单独核算符合免税条件的融资担保费和再担保费收入，按现行规定向主管税务机关办理纳税申报；未单独核算的，不得免征增值税。

农户，是指长期（一年以上）居住在乡镇（不包括城关镇）行政管理区域内的住户，还包括长期居住在城关镇所辖行政村范围内的住户和户口不在本地而在本地居住一年以上的住户，国有农场的职工。位于乡镇（不包括城关镇）行政管理区域内和在城关镇所辖行政村范围内的国有经济的机关、团体、学校、企事业单位的集体户；有本地户口，但举家外出谋生一年以上的住户，无论是否保留承包耕地均不属于农户。农户以户为统计单位，既可以从事农业生产经营，也可以从事非农业生产经营。农户担保、再担保的判定应以原担保生效时的被担保人是否属于农户为准。

小型企业、微型企业，是指符合《中小企业划型标准规定》（工信部联企业〔2011〕300号）的小型企业和微型企业。其中，资产总额和从业人员指标均以原担保生效时的实际状态确定；营业收入指标以原担保生效前12个自然月的累计数确定，不满12个自然月的，按照以下公式计算：

营业收入（年）＝企业实际存续期间营业收入/企业实际存续月数×12

《财政部　税务总局关于全面推开营业税改征增值税试点的通知》

（财税〔2016〕36号）附件3《营业税改征增值税试点过渡政策的规定》第一条第（二十四）款规定的中小企业信用担保增值税免税政策自2018年1月1日起停止执行。纳税人享受中小企业信用担保增值税免税政策在2017年12月31日前未满3年的，可以继续享受至3年期满为止。

七、自2018年1月1日起，纳税人支付的道路、桥、闸通行费，按照以下规定抵扣进项税额：

（一）纳税人支付的道路通行费，按照收费公路通行费增值税电子普通发票上注明的增值税额抵扣进项税额。

2018年1月1日至6月30日，纳税人支付的高速公路通行费，如暂未能取得收费公路通行费增值税电子普通发票，可凭取得的通行费发票（不含财政票据，下同）上注明的收费金额按照下列公式计算可抵扣的进项税额：

高速公路通行费可抵扣进项税额＝高速公路通行费发票上注明的金额÷（1＋3%）×3%

2018年1月1日至12月31日，纳税人支付的一级、二级公路通行费，如暂未能取得收费公路通行费增值税电子普通发票，可凭取得的通行费发票上注明的收费金额按照下列公式计算可抵扣进项税额：

一级、二级公路通行费可抵扣进项税额＝一级、二级公路通行费发票上注明的金额÷（1＋5%）×5%

（二）纳税人支付的桥、闸通行费，暂凭取得的通行费发票上注明的收费金额按照下列公式计算可抵扣的进项税额：

桥、闸通行费可抵扣进项税额＝桥、闸通行费发票上注明的金额÷（1＋5%）×5%

（三）本通知所称通行费，是指有关单位依法或者依规设立并收取的过路、过桥和过闸费用。

《财政部　国家税务总局关于收费公路通行费增值税抵扣有关问题的通知》（财税〔2016〕86号）自2018年1月1日起停止执行。

八、自2016年5月1日起，社会团体收取的会费，免征增值税。本通知下发前已征的增值税，可抵减以后月份应缴纳的增值税，或办理退税。

社会团体，是指依照国家有关法律法规设立或登记并取得《社会团体法人登记证书》的非营利法人。会费，是指社会团体在国家法律法规、政策许可的范围内，依照社团章程的规定，收取的个人会员、单位会员和团体会员的会费。

社会团体开展经营服务性活动取得的其他收入，一律照章缴纳增值税。

中国银监会关于印发金融资产管理公司资本管理办法（试行）的通知

（2017 年 12 月 26 日　银监发〔2017〕56 号）

各金融资产管理公司：

现将金融资产管理公司资本管理办法（试行）印发给你们，请遵照执行。

附件 1：表内资产风险权重、表外项目信用转换系数及合格信用风险缓释工具（略）

附件 2：资产证券化风险加权资产计量规则（略）

附件 3：市场风险标准法计量规则（略）

附件 4：操作风险基本指标法计量规则（略）

金融资产管理公司资本管理办法（试行）

第一章　总　　则

第 一 条　为加强金融资产管理公司（以下简称资产公司）资本监管，维护资产公司稳健运行，根据《中华人民共和国银行业监督管理法》《金融资产管理公司条例》等法律法规，制定本办法。

第 二 条　本办法适用于资产公司及其附属机构组成的集团。

本办法所称集团母公司是指资产公司总部及分支机构。

本办法所称附属机构是指由集团母公司直接或间接持股的、按照本办法第三章第一节规定应当纳入集团资本监管范围的机构，包括附属法人机构以及特殊目的实体等附属经济组织。

第 三 条　集团及集团母公司应当确保持有的资本能够抵御所面临的风险，包括集团风险、个体风险和系统性风险。

第 四 条 集团及集团母公司应当持续满足本办法规定的资本充足性监管要求和监管指标。

第 五 条 本办法所称资本充足率,是指集团母公司持有的符合本办法规定的资本与风险加权资产之间的比率。

一级资本充足率,是指集团母公司持有的符合本办法规定的一级资本与风险加权资产之间的比率。

核心一级资本充足率,是指集团母公司持有的符合本办法规定的核心一级资本与风险加权资产之间的比率。

第 六 条 本办法所称集团超额资本,是指集团持有的符合本办法规定的合格资本净额超出本办法规定的集团最低资本要求之上的部分。

第 七 条 本办法所称资本净额,是指从集团母公司及附属机构持有的符合本办法规定的各级资本中对应扣除扣减项(调整项)后的资本余额。

第 八 条 除上述集团超额资本和资本充足率监管要求外,集团及集团母公司还应当满足杠杆率监管要求。

本办法所称杠杆率,是指集团母公司持有的、符合本办法规定的一级资本净额与调整后的表内外资产余额的比率。

集团财务杠杆率,是指集团合并净资产与符合本办法规定的、经调整后的合并表内外资产的比率。

第 九 条 集团及集团母公司资本充足性相关监管指标的计算应当建立在充分计提资产减值准备的基础之上。

第 十 条 集团母公司应当参照国务院银行业监督管理机构关于商业银行资本监管的相关规定,建立全面风险管理架构和内部资本充足性管理及评估程序。

第十一条 集团母公司应当按照本办法披露资本充足性信息。

第十二条 国务院银行业监督管理机构依照本办法对集团及集团母公司资本充足性、杠杆率、资本管理等情况进行日常监管和现场检查,可以视情况采取相应的监管措施。

第十三条 国务院银行业监督管理机构在国务院金融稳定发展委员会的领导下,加强与财政部、人民银行、国务院证券监督管理机构、国务院保险监督管理机构等主管部门和监管机构的监管协调和监管合作,最大限度地消除监管空白和减少监管套利。

第二章　集团母公司资本监管要求

第一节　资本充足率计算及监管要求

第十四条　集团母公司应当按照以下公式计算资本充足率：

$$核心一级资本充足率=\frac{核心一级资本-对应资本扣减项}{风险加权资产}\times 100\%$$

$$一级资本充足率=\frac{一级资本-对应资本扣减额}{风险加权资产}\times 100\%$$

$$资本充足率=\frac{总资本-对应资本扣减额}{风险加权资产}\times 100\%$$

第十五条　集团母公司总资本包括核心一级资本、其他一级资本和二级资本。集团母公司应当按照本章第二节的规定计算各级资本和扣减项。

第十六条　集团母公司风险加权资产包括信用风险加权资产、市场风险加权资产和操作风险加权资产。集团母公司应当按照本章第三节的规定分别计量信用风险加权资产、市场风险加权资产和操作风险加权资产。

第十七条　集团母公司各级资本充足率不得低于如下最低要求：

（一）核心一级资本充足率不得低于9%。

（二）一级资本充足率不得低于10%。

（三）资本充足率不得低于12.5%。

第二节　资 本 定 义

第十八条　核心一级资本包括：

（一）实收资本或普通股。

（二）资本公积。

（三）盈余公积。

（四）一般风险准备。

（五）未分配利润。

（六）其他综合收益。

（七）其他可计入部分。

第十九条　其他一级资本包括：

（一）其他一级资本工具。

（二）其他一级资本工具溢价。

第二十条 二级资本包括：

（一）二级资本工具。

（二）二级资本工具溢价。

（三）超额信用风险类资产减值准备。

1. 集团母公司采用权重法计量信用风险加权资产的，超额信用风险类资产减值准备可计入二级资本，但不得超过信用风险加权资产的1.25%。

前款所称超额信用风险类资产减值准备是指集团母公司实际计提的信用风险类资产减值准备超过最低要求的部分。信用风险类资产减值准备最低要求是指100%拨备覆盖率对应的信用风险类资产减值准备和应计提的信用风险类资产减值准备两者中的较大者。集团母公司信用风险类资产减值准备的计提标准，由国务院银行业监督管理机构另行制定。

2. 集团母公司采用内部评级法计量信用风险加权资产的，超额信用风险类资产减值准备可计入二级资本，但不得超过信用风险加权资产的0.6%。

前款所称超额信用风险类资产减值准备是指集团母公司实际计提的信用风险类资产减值准备超过预期损失的部分。

第二十一条 计算资本充足率时，集团母公司应当从核心一级资本中全额扣除以下项目：

（一）商誉。

（二）其他无形资产（土地使用权除外）。

（三）由经营亏损引起的净递延税资产。

（四）信用风险类资产减值准备缺口。

1. 集团母公司采用权重法计量信用风险加权资产的，信用风险类资产减值准备缺口是指实际计提的信用风险类资产减值准备低于信用风险类资产减值准备最低要求的部分。

2. 集团母公司采用内部评级法计量信用风险加权资产的，信用风险类资产减值准备缺口是指实际计提的信用风险类资产减值准备低于预期损失的部分。

（五）资产证券化销售利得。

（六）固定收益类的养老金资产净额。

（七）直接或间接持有的本公司股票。

（八）对资产负债表中未按公允价值计量的项目进行套期形成的现

金流储备,若为正值,应予以扣除;若为负值,应予以加回。

(九)自身信用风险变化导致负债公允价值变化带来的未实现损益。

(十)对纳入集团资本监管范围的附属机构的核心一级资本投资。

第二十二条 集团母公司与其他金融机构之间通过协议相互持有的各级资本工具,或国务院银行业监督管理机构认定为虚增资本的各级资本投资,应从相应的监管资本中对应扣除。

集团母公司直接或间接持有本公司及附属机构发行的其他一级资本工具和二级资本工具,应从相应的监管资本中对应扣除。

对应扣除是指从集团母公司自身相应层级资本中一次性全额扣除。集团母公司某级资本净额小于应扣除数额的,缺口部分应从更高一级的资本净额中扣除。

第二十三条 集团母公司对未纳入集团资本监管范围的金融机构的小额少数资本投资,合计超出本公司核心一级资本净额 30% 的部分,应从各级监管资本中对应扣除。

小额少数资本投资是指集团母公司对金融机构各级资本投资(包括直接和间接投资)占该被投资金融机构实收资本(普通股加普通股溢价)10%(不含)以下,且根据本办法第三章第一节规定可不纳入集团资本监管范围的资本投资。

第二十四条 集团母公司对未纳入集团资本监管范围的金融机构的大额少数资本投资中,核心一级资本投资合计超出本公司核心一级资本净额 30% 的部分应从本公司核心一级资本中扣除;其他一级资本投资和二级资本投资应从相应层级资本中全额扣除。

大额少数资本投资是指集团母公司对金融机构各级资本投资(包括直接和间接投资)占该被投资金融机构实收资本(普通股加普通股溢价)10%(含)以上,且根据本办法第三章第一节规定可不纳入集团资本监管范围的资本投资。

第二十五条 除本办法第二十一条规定的递延税资产外,其他依赖于本公司未来盈利的净递延税资产,超出本公司核心一级资本净额 10% 的部分应从核心一级资本中扣除。

第二十六条 根据本办法第二十四条、第二十五条的规定,未在集团母公司核心一级资本中扣除的对金融机构的大额少数资本投资和相应的净递延税资产,合计金额不得超过本公司核心一级资本净额的 35% 。

第二十七条 计算资本充足率时,其他应在核心一级资本、其他一级资本、二级资本中扣除的项目,应从相应的监管资本中对应扣除。

第三节　风险加权资产计量

第二十八条　集团母公司应采用权重法计量信用风险加权资产，并可结合实际申请采用内部评级法。未经国务院银行业监督管理机构核准，集团母公司不得变更信用风险加权资产计量方法。

第二十九条　权重法下信用风险加权资产为表内资产信用风险加权资产与表外项目信用风险加权资产之和。

第三十条　集团母公司计量各类表内资产的风险加权资产，应首先从资产账面价值中扣除相应的减值准备，然后乘以风险权重。

本办法施行后新增的各类表内资产的风险权重按照本办法附件 1 的规定执行，存续的表内资产按照《中国银监会办公厅关于印发金融资产管理公司非现场监管报表指标体系的通知》（银监办发〔2016〕38 号）规定的集团母公司表内资产的风险权重执行。

第三十一条　集团母公司计量各类表外项目的风险加权资产，应将表外项目名义金额乘以信用风险转换系数得到等值的表内资产，再按表内资产的处理方式计量风险加权资产。

各类表外项目的信用风险转换系数按照本办法附件 1 的规定执行。

集团母公司应当按照本办法附件 2 的规定计量资产证券化风险暴露的信用风险加权资产。

第三十二条　集团母公司采用权重法计量信用风险加权资产时，可按照本办法附件 1 的规定考虑合格质物质押或合格保证主体提供保证的风险缓释作用。

合格质物质押的债权（含证券融资类交易形成的债权），取得与质物相同的风险权重，或取得与对质物发行人或承兑人直接债权相同的风险权重。部分质押的债权（含证券融资类交易形成的债权），受质物保护的部分获得相应的较低风险权重。

合格保证主体提供全额保证的债权，取得与对保证人直接债权相同的风险权重。部分保证的债权，被保证部分获得相应的较低风险权重。

第三十三条　集团母公司采用权重法的，质物或保证的担保期限短于被担保债权期限的，不具备风险缓释作用。

第三十四条　集团母公司应采用标准法计量市场风险资本要求。

第三十五条　集团母公司应当制定清晰的交易账簿和非交易账簿划分标准，明确纳入交易账簿的金融工具和商品头寸以及在交易账簿和非交易账簿间划转的条件，确保执行的一致性。

第三十六条 集团母公司交易账簿总头寸如未达到80亿元或未超过表内外总资产的5%，可不计提市场风险资本。

第三十七条 集团母公司市场风险加权资产为市场风险资本要求的8倍，即：市场风险加权资产=市场风险资本要求×8。

第三十八条 集团母公司应当按照本办法附件3的规定分别计量利率风险、汇率风险、商品风险和股票风险的资本要求，并单独计量以各类风险为基础的期权工具风险的资本要求。

第三十九条 集团母公司应采用基本指标法计量操作风险资本要求。

第四十条 集团母公司操作风险加权资产为操作风险资本要求的8倍，即：操作风险加权资产=操作风险资本要求×8。

第四十一条 集团母公司应当以集团母公司最近三年平均总收入为基础计量操作风险资本要求。

总收入按照本办法附件4的规定进行确认，包括不良资产经营及处置净收入、手续费及佣金净收入、投资收益、利息净收入以及其他收入。

操作风险资本要求按照以下公式计量：

$$K_{BIA} = \frac{\sum_{i-1}^{n}(GI_i \times \alpha)}{n}$$

其中：

KBIA为按基本指标法计量的操作风险资本要求。

GI为过去三年中每年正的总收入。

n为过去三年中总收入为正的年数。

α为15%。

第四节 杠杆率计算及监管要求

第四十二条 集团母公司杠杆率的计算公式为：

杠杆率=一级资本净额/(调整后的表内资产余额+衍生产品资产余额+证券融资交易资产余额+调整后的表外项目余额)×100%

第四十三条 调整后的表内资产余额为表内总资产扣减衍生产品资产会计余额、证券融资交易资产会计余额及一级资本扣减项后的表内资产余额。

表内总资产是指扣减针对相关资产计提的准备或会计估值调整后的表内资产余额。

扣减的衍生产品资产是指衍生产品的公允价值及其变动形成的衍生资产会计余额，但不包括作为有效套期的衍生工具。

扣减的证券融资交易资产是指交易合约价值通过市场估值确定且通常要求提供现金或证券作为抵质押品的交易形成的资产会计余额，包括买入返售、卖出回购、证券借贷及保证金贷款交易等。

第四十四条 调整后的表外项目余额为集团母公司表外业务根据相应的信用转换系数计算得到的风险暴露。

第四十五条 集团母公司杠杆率不得低于6%。

第三章 集团资本监管要求

第一节 集团资本监管范围

第四十六条 集团资本监管范围包括集团母公司及其附属机构。

第四十七条 集团应当遵循“实质重于形式”的原则，以控制为基础，兼顾风险相关性，将符合下列条件之一的被投资机构，纳入集团资本监管范围：

（一）集团母公司或其附属机构直接拥有，或与附属机构共同拥有50%以上表决权的被投资机构。

（二）集团母公司拥有50%（含）以下的表决权，但有下列情形之一的被投资机构：

1. 通过与其他投资者之间的协议，拥有该机构50%以上的表决权。

2. 根据章程或协议，有权决定该机构的财务和经营政策。

3. 有权任免该机构董事会或类似权力机构的多数成员。

4. 在该机构董事会或类似权力机构拥有多数表决权。

确定对被投资机构的表决权时，应考虑集团持有的该机构的当期可转换公司债券、当期可执行的认股权证等潜在表决权因素。对于当期可以实现的潜在表决权，应当计入集团母公司对被投资机构的表决权。

（三）其他证据表明受集团母公司实际控制的被投资机构。

控制，是指投资方拥有对被投资方的权力，通过参与被投资方的相关活动而享有可变回报，并且有能力运用对被投资方的权力影响其回报金额。

国务院银行业监督管理机构有权根据集团母公司的股权结构变动、风险类别等确定和调整集团资本监管范围。

第四十八条 集团母公司未拥有被投资机构多数表决权或控制权，

具有下列情况之一的，应当纳入集团资本监管范围：

（一）具有业务同质性的多个机构，虽然单个机构资产规模占集团整体资产规模的比例较小，但根据风险相关性，该类机构的总体风险足以对集团母公司的财务状况及风险水平造成重大影响。

（二）被投资机构所产生的合规风险、声誉风险造成的危害和损失足以对集团母公司造成重大影响。

第四十九条 下列被投资机构可以不纳入集团资本监管范围：

（一）已关闭或已宣告破产的机构。

（二）因终止而进入清算程序的机构。

（三）有证据证明决定在三年内出售的、集团母公司或附属机构的权益性资本在50%以上的被投资机构。

（四）受所在国外汇管制或其他突发事件影响、资金调度受到限制的境外附属机构。

（五）集团母公司或经批准实施债转股的附属机构短期或阶段性持有的债转股企业。

集团母公司或附属机构应制定阶段性持有债转股企业的退出计划，并报国务院银行业监督管理机构备案。超出计划退出期限仍未退出且具有实际控制权的债转股企业，原则上应纳入集团资本监管范围。

（六）符合以下任一条件的附属非金融机构：

1. 金融资产占总资产的比重低于50%（金融资产的范围应符合《企业会计准则第22号——金融工具确认和计量》的相关规定）。

2. 资产负债率低于70%。

3. 经国务院银行业监督管理机构认定不具有投融资功能。

本项规定的条件，主要依据该附属非金融机构最近两年经审计的年末财务报表的算术平均值进行判断，成立不满两年的，可依据自成立之日起至最近一期经审计财务报表进行判断。

第五十条 集团母公司及其附属金融机构对附属非金融机构提供长期清偿担保的，该非金融机构应纳入集团资本监管范围；无清偿担保或清偿担保可无条件撤销的，由集团母公司按审慎原则处理。

第五十一条 集团母公司应当加强附属机构资本管理，根据自身实际情况确定对各级附属非金融机构资本充足性的管理要求，并督促附属机构持续满足资本管理和监管要求。

第二节　集团合格资本计量

第五十二条　集团合格资本包括集团母公司合格资本和附属机构合格资本两部分。集团母公司应当根据集团内部交叉持股、互持资本工具、过度杠杆、未纳入集团资本监管范围的附属机构资本缺口等情况计量集团合格资本调整项，对集团合格资本进行相应调整。

第五十三条　集团合格资本净额按照以下公式计算：

集团合格资本净额 = 集团母公司合格资本净额 + ∑（附属机构合格资本净额 × 集团母公司对该附属机构的持股比例）－集团合格资本调整项

前款公式中的附属机构只包括集团母公司直接持股的一级附属机构（含附属金融机构和非金融机构，并对二级及以下附属机构进行资本并表），对附属机构持股比例应包括直接及间接持股；集团母公司应当按照本办法第二章第二节的规定计算合格资本净额，按照本办法第五十六条的规定计算集团合格资本调整项。

第五十四条　附属金融机构是指由国务院银行业监督管理机构、证券监督管理机构和保险监督管理机构依法监督管理的集团附属机构，其合格资本净额是指在资本并表口径下按照相关行业资本监管规定计量得出的资本净额。

对于相关行业资本监管要求只适用于法人口径的附属金融机构，其合格资本净额按照法人口径计量；若其还存在附属机构，按照相关行业监管规定计量其合格资本，若无资本监管规定的，按本办法第五十五条规定计量其合格资本，并按照第五十六条规定计入二级及以下附属机构的资本缺口调整项。

第五十五条　附属非金融机构是指应纳入集团资本监管范围的除附属金融机构以外的其他附属机构，其合格资本净额是指在资本并表口径下参照本办法第二章第二节规定计量得出的合格资本净额，资本并表中产生的少数股东权益可按规定部分计入合格资本。

本办法发布前附属非金融机构已经持有的、按照此前相关监管规定属于合格资本但按照本办法规定不能认定为合格资本的部分，自 2018 年 1 月 1 日起按年递减 20% 计算，2022 年 1 月 1 日起不得计入监管资本；因新旧计量规则差异导致集团母公司和附属非金融机构增加资本扣除要求的部分，自 2018 年 1 月 1 日起分五年逐步实施，即第一年扣除 20%，第二年扣除 40%，第三年扣除 60%，第四年扣除 80%，第五年全额扣除。

第五十六条　集团合格资本调整项包括：

（一）集团补充资本调整项。该调整项包括集团母公司和各级附属机构之间、各级附属机构之间的持股额及相互持有的其他合格资本工具、经审核无法转移的资本额或国务院银行业监督管理机构认定为虚增资本的其他资本投资。

前款所称持股额主要包括过度杠杆，即将发债和借入资金以股权或其他方式注资获得的持股额；相互持有的其他合格资本工具包括优先股、二级资本债券等被认定为被投资机构合格资本的其他资本工具。但上述两项均不包括已在附属机构按照资本并表口径计量资本数据时合并抵销掉的持股额，以及在集团母公司合格资本中已扣除的各级资本工具。

（二）二级及以下附属机构的资本缺口调整项。该调整项是指，相关行业资本监管要求只适用于法人口径的一级附属金融机构时，该金融机构的附属机构的资本缺口与集团母公司对其持股比例（包括直接及间接持股）的乘积汇总之和。

二级及以下附属机构的资本缺口等于该附属机构的合格资本小于最低资本要求的差额，如合格资本超过最低资本要求，则超额部分在本项目中列为负值，即资本缺口调整项为负值。若相关行业监管机构对二级及以下附属机构有资本监管规定的，按相关规定计量其合格资本及最低资本要求，若无资本监管规定的，按本办法第五十五条、第六十条相关规定计算。

第三节　集团最低资本要求计量

第五十七条　集团最低资本要求包括集团母公司最低资本要求和附属机构最低资本要求两部分。集团应当根据集团内部借款、担保（含等同于担保的或有项目）等情况计量集团最低资本要求调整项，对集团最低资本要求进行相应调整。

第五十八条　集团最低资本要求计算公式如下：

集团最低资本要求 = 集团母公司最低资本要求 + Σ（附属机构最低资本要求 × 集团母公司对该附属机构的持股比例）－集团最低资本要求调整项

集团母公司最低资本要求，应取以下二者中较高值：

风险加权资产总额 × 资本充足率监管要求，（调整后的表内资产余额 + 衍生产品资产余额 + 证券融资交易资产余额 + 调整后的表外项目余额）× 杠杆率监管要求。

第五十九条 附属金融机构最低资本要求是指在资本并表口径下按照相关行业资本监管规定计量得出的最低资本要求。对于相关行业资本监管要求只适用于法人口径的附属金融机构,其最低资本要求按照法人口径计量;若其还存在附属机构,按照相关行业监管规定计量其最低资本要求,若无资本监管规定的,按本办法第六十条规定计量其最低资本要求,并按照第五十六条规定计入二级及以下附属机构的资本缺口调整项。

第六十条 附属非金融机构最低资本要求计算公式如下:

附属非金融机构最低资本要求 = 风险加权资产 × 资本充足率要求 × 管理层级难度系数

公式中的附属非金融机构最低资本要求是指对一级附属非金融机构在资本并表口径下参照本办法第二章第三节规定计量得出的风险加权资产总额与本办法第二章第一节规定的资本充足率监管要求以及管理层级难度系数三者的乘积。其中,附属非金融机构交易账簿总头寸未超过表内外总资产的5%,可不计提市场风险资本。

管理层级难度系数为(100 + N)%,附属非金融机构的集团层级不超过三级时 N = 0,层级为四级时 N = 10,层级为五级时 N = 20,以此类推。集团层级由集团母公司起算,特殊目的实体和项目公司可不纳入层级计算。管理层级难度系数自 2018 年底开始纳入附属非金融机构最低资本要求计算。

第六十一条 集团最低资本要求调整项,是指由于集团母公司与集团各级附属机构之间的借款、担保及等同于担保的或有项目形成的监管资本要求在集团范围内的重复计算而产生的调整项,等于上述借款、担保余额与集团母公司对附属机构持股比例(包括直接及间接持股)以及对集团母公司的资本充足率监管要求的乘积汇总之和。

第四节 集团超额资本计算及监管要求

第六十二条 集团超额资本计算公式如下:

集团超额资本 = 集团合格资本净额 - 集团最低资本要求

第六十三条 集团超额资本不得低于0。

第六十四条 国务院银行业监督管理机构有权根据集团母公司及其附属机构的股权结构、业务类别及风险状况等确定和调整集团超额资本的计算范围。

第五节　集团财务杠杆率计算及监管要求

第六十五条　集团财务杠杆率的计算公式为：

集团财务杠杆率 = 集团合并净资产/（集团表内总资产 + 集团表外项目 + 集团表外管理资产 − 调整项）×100%

集团表外项目，包括远期收购承诺、信用增级、对外提供融资性担保、非融资性担保、不可撤销的流动性支持承诺及其他或有项目。

集团表外管理资产，包括集团母公司及其附属机构实际进行管理而未纳入资产负债表内的各类资产，主要包括资产证券化资产、银行理财、委托贷款、信托计划、资产管理计划、私募基金等形式的资产。

调整项，包括集团母公司及其附属机构有充分证据证明自身对表外管理资产不承担会计、法律和事实上的本金或收益兑付义务的资产。虽未在合同中约定本金或收益的兑付义务，但根据此类资产的历史兑付情况很有可能履行兑付义务的资产不得列入调整项。国务院银行业监督管理机构有权通过日常监管和现场检查对调整项科目进行核实，如发现集团将不符合规定的资产纳入调整项，可根据有关监管法规及本办法第四章的相关规定对集团采取监管措施。

第六十六条　集团财务杠杆率不得低于8%。

第四章　监 督 检 查

第六十七条　国务院银行业监督管理机构对集团及集团母公司实施资本充足性监督检查，确保资本能够充分覆盖所面临的各类风险。

第六十八条　除最低资本要求外，国务院银行业监督管理机构有权根据日常监管和现场检查情况提出更审慎的附加资本要求，确保资本充分覆盖风险，包括：

（一）根据单家资产公司的功能定位及发展战略执行情况、不良资产主业经营和发展状况、投资设立金融和非金融附属机构以及附属机构经营和发展情况等，提出的集团附加资本要求。

（二）根据对特定资产组合的风险及与主业相关度的判断，通过调整风险权重、相关性系数、有效期限等方法，针对特定资产组合提出的附加资本要求。

（三）根据监督检查结果，针对集团或集团母公司提出的附加资本要求。

（四）根据单家集团母公司未建立内部资本充足评估程序，或内部资本充足评估程序未达到相关要求等情况，结合对风险状况的评估结果，针对集团母公司提出的附加资本要求。

（五）根据单家集团母公司操作风险管理水平及操作风险事件发生情况，针对集团母公司提出的操作风险附加资本要求。

第六十九条 集团母公司应当在年度结束后的四个月内向国务院银行业监督管理机构提交内部资本充足性评估报告。

第七十条 根据资本充足状况，国务院银行业监督管理机构将资产公司分为三类：

（一）第一类资产公司：集团超额资本、资本充足率、一级资本充足率和核心一级资本充足率均达到本办法规定的各级资本要求。

（二）第二类资产公司：集团超额资本、资本充足率、一级资本充足率或核心一级资本充足率均不低于最低资本要求，但未达到附加资本要求。

（三）第三类资产公司：集团超额资本、资本充足率、一级资本充足率和核心一级资本充足率任意一项未达到最低资本要求。

第七十一条 对第一类资产公司，国务院银行业监督管理机构支持其稳健发展业务。为防止其资本充足水平快速下降，国务院银行业监督管理机构可以采取下列预警监管措施：

（一）要求资产公司加强对资本充足水平下降原因的分析及预测。

（二）要求资产公司制定切实可行的资本充足性管理计划。

（三）要求资产公司提高风险控制能力。

第七十二条 对第二类资产公司，除本办法第七十一条规定的监管措施外，国务院银行业监督管理机构还可以采取下列监管措施：

（一）与集团母公司董事会、高级管理层进行审慎性会谈。

（二）印发监管意见书，内容包括：集团资本管理存在的问题、拟采取的纠正措施和限期达标意见等。

（三）要求集团母公司制定切实可行的资本补充计划和限期达标计划。

（四）督促集团母公司对附属机构资本充足状况进行排查，督促资本不足的附属机构尽快提升资本水平。

（五）提高对集团资本充足性的非现场监管和现场检查频率。

（六）要求集团母公司对特定风险领域采取风险缓释措施。

（七）限制集团分配红利和其他收入。

（八）限制集团向董事、高级管理人员实施任何形式的激励。

（九）限制集团进行股权投资或回购资本工具。

（十）限制集团重要资本性支出。

（十一）要求集团控制风险资产增长。

第七十三条 对第三类资产公司，除本办法第七十一条和第七十二条规定的监管措施外，国务院银行业监督管理机构还可以采取以下监管措施：

（一）要求集团大幅降低风险资产的规模。

（二）责令集团停办全部高风险资产业务。

（三）限制或禁止新设机构、开办新业务。

（四）责令集团对附属机构进行清理整合，调整附属机构股权结构或转让资产。

（五）强制要求集团对非普通股的其他各级资本工具进行减记或转为普通股。

（六）责令集团母公司调整董事、高级管理人员或限制其权利。

（七）依法对集团母公司实行接管或者促成机构重组，直至予以撤销。

在处置此类资产公司时，国务院银行业监督管理机构还可以综合考虑外部因素，采取其他必要措施。

第七十四条 对于杠杆率低于最低监管要求的集团母公司，国务院银行业监督管理机构可以采取以下监管措施：

（一）要求集团母公司在限定期限内补充一级资本。

（二）要求集团母公司控制表内外资产增长速度。

（三）要求集团母公司降低表内外资产规模。

第七十五条 对于集团财务杠杆率低于最低监管要求的集团，国务院银行业监督管理机构可以采取以下监管措施：

（一）要求集团在限定期限内补充合格资本。

（二）要求集团控制表内外资产增长速度。

（三）要求集团降低表内外资产规模。

（四）限制或禁止新设机构、开办新业务。

（五）责令集团对附属机构进行清理整合，调整附属机构股权结构或转让资产。

第五章 信息披露

第七十六条 集团母公司应当通过公开渠道，向投资者和社会公众披露相关信息,确保信息披露的集中性、可访问性和公开性。

第七十七条 集团母公司信息披露频率分为临时、半年及年度披露。其中,临时信息应及时披露,半年度信息披露时间为期末后60个工作日内,年度信息披露时间为会计年度终了后四个月内。因特殊原因不能按时披露的,应至少提前15个工作日向国务院银行业监督管理机构申请延迟披露。

第七十八条 集团母公司应当分别按照以下频率披露相关信息:

(一)实收资本或普通股及其他资本工具的变化情况应及时披露。

(二)核心一级资本净额、一级资本净额、资本净额、最低资本要求、附加资本要求、核心一级资本充足率、一级资本充足率、资本充足率、集团合格资本、集团最低资本要求、集团超额资本、杠杆率、集团财务杠杆率等重要信息应每半年披露一次。

(三)资本充足性相关指标的计算范围、信用风险暴露总额、逾期及不良资产总额、信用风险资产减值准备、信用风险资产组合缓释后风险暴露余额、资产证券化风险暴露余额、市场风险资本要求、市场风险期末风险价值及平均风险价值、操作风险情况、股权投资及其损益、非交易账簿利率风险情况等相关重要信息应每年披露一次。

第七十九条 经国务院银行业监督管理机构同意,在满足信息披露总体要求的基础上,未在境内外上市的集团母公司可以适当简化信息披露内容。

第六章 附 则

第八十条 本办法未尽事宜,资产公司应当参照国务院银行业监督管理机构关于商业银行资本监管的相关规定执行。

第八十一条 资产公司应当在2020年底前达到本办法规定的集团超额资本和集团财务杠杆率监管指标要求,鼓励有条件的资产公司提前达标。

第八十二条 集团母公司应当根据本办法制定资本充足性指标计算的内部制度。集团母公司调整本办法规定的资本充足性相关指标计算范围的,应当说明理由,并及时报国务院银行业监督管理机构备案。

第八十三条 本办法由国务院银行业监督管理机构负责解释。

第八十四条 本办法自2018年1月1日起施行。

企业境外投资管理办法

（2017年12月26日　国家发展和改革委员会令第11号）

第一章　总　　则

第 一 条　为加强境外投资宏观指导，优化境外投资综合服务，完善境外投资全程监管，促进境外投资持续健康发展，维护我国国家利益和国家安全，根据《中华人民共和国行政许可法》《国务院关于投资体制改革的决定》《国务院对确需保留的行政审批项目设定行政许可的决定》等法律法规，制定本办法。

第 二 条　本办法所称境外投资，是指中华人民共和国境内企业（以下称"投资主体"）直接或通过其控制的境外企业，以投入资产、权益或提供融资、担保等方式，获得境外所有权、控制权、经营管理权及其他相关权益的投资活动。

前款所称投资活动，主要包括但不限于下列情形：

（一）获得境外土地所有权、使用权等权益；

（二）获得境外自然资源勘探、开发特许权等权益；

（三）获得境外基础设施所有权、经营管理权等权益；

（四）获得境外企业或资产所有权、经营管理权等权益；

（五）新建或改扩建境外固定资产；

（六）新建境外企业或向既有境外企业增加投资；

（七）新设或参股境外股权投资基金；

（八）通过协议、信托等方式控制境外企业或资产。

本办法所称企业，包括各种类型的非金融企业和金融企业。

本办法所称控制，是指直接或间接拥有企业半数以上表决权，或虽不拥有半数以上表决权，但能够支配企业的经营、财务、人事、技术等重要事项。

第 三 条　投资主体依法享有境外投资自主权，自主决策、自担风险。

第 四 条　投资主体开展境外投资，应当履行境外投资项目（以下称“项目”)核准、备案等手续,报告有关信息,配合监督检查。

第 五 条　投资主体开展境外投资,不得违反我国法律法规,不得威胁或损害我国国家利益和国家安全。

第 六 条　国家发展和改革委员会(以下称“国家发展改革委”)在国务院规定的职责范围内,履行境外投资主管部门职责,根据维护我国国家利益和国家安全的需要,对境外投资进行宏观指导、综合服务和全程监管。

第 七 条　国家发展改革委建立境外投资管理和服务网络系统(以下称“网络系统”)。投资主体可以通过网络系统履行核准和备案手续、报告有关信息;涉及国家秘密或不适宜使用网络系统的事项,投资主体可以另行使用纸质材料提交。网络系统操作指南由国家发展改革委发布。

第二章　境外投资指导和服务

第 八 条　投资主体可以就境外投资向国家发展改革委咨询政策和信息、反映情况和问题、提出意见和建议。

第 九 条　国家发展改革委在国务院规定的职责范围内,会同有关部门根据国民经济和社会发展需要制定完善相关领域专项规划及产业政策,为投资主体开展境外投资提供宏观指导。

第 十 条　国家发展改革委在国务院规定的职责范围内,会同有关部门加强国际投资形势分析,发布境外投资有关数据、情况等信息,为投资主体提供信息服务。

第十一条　国家发展改革委在国务院规定的职责范围内,会同有关部门参与国际投资规则制定,建立健全投资合作机制,加强政策交流和协调,推动有关国家和地区为我国企业开展投资提供公平环境。

第十二条　国家发展改革委在国务院规定的职责范围内,推动海外利益安全保护体系和能力建设,指导投资主体防范和应对重大风险,维护我国企业合法权益。

第三章　境外投资项目核准和备案

第一节　核准、备案的范围

第十三条　实行核准管理的范围是投资主体直接或通过其控制的境外企业开展的敏感类项目。核准机关是国家发展改革委。

本办法所称敏感类项目包括：

（一）涉及敏感国家和地区的项目；

（二）涉及敏感行业的项目。

本办法所称敏感国家和地区包括：

（一）与我国未建交的国家和地区；

（二）发生战争、内乱的国家和地区；

（三）根据我国缔结或参加的国际条约、协定等，需要限制企业对其投资的国家和地区；

（四）其他敏感国家和地区。

本办法所称敏感行业包括：

（一）武器装备的研制生产维修；

（二）跨境水资源开发利用；

（三）新闻传媒；

（四）根据我国法律法规和有关调控政策，需要限制企业境外投资的行业。

敏感行业目录由国家发展改革委发布。

第十四条 实行备案管理的范围是投资主体直接开展的非敏感类项目，也即涉及投资主体直接投入资产、权益或提供融资、担保的非敏感类项目。

实行备案管理的项目中，投资主体是中央管理企业（含中央管理金融企业、国务院或国务院所属机构直接管理的企业，下同）的，备案机关是国家发展改革委；投资主体是地方企业，且中方投资额3亿美元及以上的，备案机关是国家发展改革委；投资主体是地方企业，且中方投资额3亿美元以下的，备案机关是投资主体注册地的省级政府发展改革部门。

本办法所称非敏感类项目，是指不涉及敏感国家和地区且不涉及敏感行业的项目。

本办法所称中方投资额，是指投资主体直接以及通过其控制的境外企业为项目投入的货币、证券、实物、技术、知识产权、股权、债权等资产、权益以及提供融资、担保的总额。

本办法所称省级政府发展改革部门，包括各省、自治区、直辖市及计划单列市人民政府发展改革部门和新疆生产建设兵团发展改革部门。

第十五条 投资主体可以向核准、备案机关咨询拟开展的项目是否属于核准、备案范围，核准、备案机关应当及时予以告知。

第十六条 两个以上投资主体共同开展的项目，应当由投资额较大一方在征求其他投资方书面同意后提出核准、备案申请。如各方投资额相等，应当协商一致后由其中一方提出核准、备案申请。

第十七条 对项目所需前期费用（包括履约保证金、保函手续费、中介服务费、资源勘探费等）规模较大的，投资主体可以参照本办法第十三条、第十四条规定对项目前期费用提出核准、备案申请。经核准或备案的项目前期费用计入项目中方投资额。

第二节 核准的程序和时限

第十八条 实行核准管理的项目，投资主体应当通过网络系统向核准机关提交项目申请报告并附具有关文件。其中，投资主体是中央管理企业的，由其集团公司或总公司向核准机关提交；投资主体是地方企业的，由其直接向核准机关提交。

第十九条 项目申请报告应当包括以下内容：

（一）投资主体情况；

（二）项目情况，包括项目名称、投资目的地、主要内容和规模、中方投资额等；

（三）项目对我国国家利益和国家安全的影响分析；

（四）投资主体关于项目真实性的声明。

项目申请报告的通用文本以及应当附具的文件（以下称“附件”）清单由国家发展改革委发布。

第二十条 项目申请报告可以由投资主体自行编写，也可以由投资主体自主委托具有相关经验和能力的中介服务机构编写。

第二十一条 项目申请报告和附件齐全、符合法定形式的，核准机关应当予以受理。

项目申请报告或附件不齐全、不符合法定形式的，核准机关应当在收到项目申请报告之日起5个工作日内一次性告知投资主体需要补正的内容。逾期不告知的，自收到项目申请报告之日起即为受理。核准机关受理或不予受理项目申请报告，都应当通过网络系统告知投资主体。投资主体需要受理或不予受理凭证的，可以通过网络系统自行打印或要求核准机关出具。

第二十二条 项目涉及有关部门职责的，核准机关应当商请有关部门在7个工作日内出具书面审查意见。有关部门逾期没有反馈书面审查意见的，视为同意。

第二十三条 核准机关在受理项目申请报告后，如确有必要，应当在

4个工作日内委托咨询机构进行评估。除项目情况复杂的，评估时限不得超过30个工作日。项目情况复杂的，经核准机关同意，可以延长评估时限，但延长的时限不得超过60个工作日。

核准机关应当将咨询机构进行评估所需的时间告知投资主体。

接受委托的咨询机构应当在规定时限内提出评估报告，并对评估结论承担责任。

评估费用由核准机关承担，咨询机构及其工作人员不得收取投资主体任何费用。

第二十四条 核准机关可以结合有关单位意见、评估意见等，建议投资主体对项目申请报告有关内容进行调整，或要求投资主体对有关情况或材料作进一步澄清、补充。

第二十五条 核准机关应当在受理项目申请报告后20个工作日内作出是否予以核准的决定。项目情况复杂或需要征求有关单位意见的，经核准机关负责人批准，可以延长核准时限，但延长的核准时限不得超过10个工作日，并应当将延长时限的理由告知投资主体。

前款规定的核准时限，包括征求有关单位意见的时间，不包括咨询机构评估的时间。

第二十六条 核准机关对项目予以核准的条件为：

（一）不违反我国法律法规；

（二）不违反我国有关发展规划、宏观调控政策、产业政策和对外开放政策；

（三）不违反我国缔结或参加的国际条约、协定；

（四）不威胁、不损害我国国家利益和国家安全。

第二十七条 对符合核准条件的项目，核准机关应当予以核准，并向投资主体出具书面核准文件。

对不符合核准条件的项目，核准机关应当出具不予核准书面通知，并说明不予核准的理由。

第二十八条 项目违反有关法律法规、违反有关规划或政策、违反有关国际条约或协定、威胁或损害我国国家利益和国家安全的，核准机关可以不经过征求意见、委托评估等程序，直接作出不予核准的决定。

第三节 备案的程序和时限

第二十九条 实行备案管理的项目，投资主体应当通过网络系统向备案机关提交项目备案表并附具有关文件。其中，投资主体是中央管理企业的，由其集团公司或总公司向备案机关提交；投资主体是地方企业的，由其直接向备案机关提交。

项目备案表格式文本及附件清单由国家发展改革委发布。

第三十条 项目备案表和附件齐全、符合法定形式的，备案机关应当予以受理。

项目备案表或附件不齐全、项目备案表或附件不符合法定形式、项目不属于备案管理范围、项目不属于备案机关管理权限的，备案机关应当在收到项目备案表之日起5个工作日内一次性告知投资主体。逾期不告知的，自收到项目备案表之日起即为受理。

备案机关受理或不予受理项目备案表，都应当通过网络系统告知投资主体。投资主体需要受理或不予受理凭证的，可以通过网络系统自行打印或要求备案机关出具。

第三十一条 备案机关在受理项目备案表之日起7个工作日内向投资主体出具备案通知书。

备案机关发现项目违反有关法律法规、违反有关规划或政策、违反有关国际条约或协定、威胁或损害我国国家利益和国家安全的，应当在受理项目备案表之日起7个工作日内向投资主体出具不予备案书面通知，并说明不予备案的理由。

第四节 核准、备案的效力、变更和延期

第三十二条 属于核准、备案管理范围的项目，投资主体应当在项目实施前取得项目核准文件或备案通知书。

本办法所称项目实施前，是指投资主体或其控制的境外企业为项目投入资产、权益（已按照本办法第十七条办理核准、备案的项目前期费用除外）或提供融资、担保之前。

第三十三条 属于核准、备案管理范围的项目，投资主体未取得有效核准文件或备案通知书的，外汇管理、海关等有关部门依法不予办理相关手续，金融企业依法不予办理相关资金结算和融资业务。

第三十四条 已核准、备案的项目，发生下列情形之一的，投资主体应当在有关情形发生前向出具该项目核准文件或备案通知书的机关提出变更申请：

（一）投资主体增加或减少；

（二）投资地点发生重大变化；

（三）主要内容和规模发生重大变化；

（四）中方投资额变化幅度达到或超过原核准、备案金额的20%，或中方投资额变化1亿美元及以上；

（五）需要对项目核准文件或备案通知书有关内容进行重大调整的其他情形。

核准机关应当在受理变更申请之日起20个工作日内作出是否同意变更核准的书面决定。备案机关应当在受理变更申请之日起7个工作日内作出是否同意变更备案的书面决定。

第三十五条　核准文件、备案通知书有效期2年。确需延长有效期的，投资主体应当在有效期届满的30个工作日前向出具该项目核准文件或备案通知书的机关提出延长有效期的申请。

核准机关应当在受理延期申请之日起20个工作日内作出是否同意延长核准文件有效期的书面决定。备案机关应当在受理延期申请之日起7个工作日内作出是否同意延长备案通知书有效期的书面决定。

第三十六条　核准、备案机关应当依法履行职责，严格按照规定权限、程序、时限等要求实施核准、备案行为，提高行政效能，提供优质服务。

第三十七条　对核准、备案机关实施的核准、备案行为，相关利害关系人有权依法申请行政复议或提起行政诉讼。

第三十八条　对不符合本办法规定条件的项目予以核准、备案，或违反本办法规定权限和程序予以核准、备案的，应当依法予以撤销。

第三十九条　核准、备案机关应当按照《政府信息公开条例》规定将核准、备案有关信息予以公开。

第四章　境外投资监管

第四十条　国家发展改革委和省级政府发展改革部门根据境外投资有关法律法规和政策，按照本办法第十三条、第十四条规定的分工，联合同级政府有关部门建立协同监管机制，通过在线监测、约谈函询、抽查核实等方式对境外投资进行监督检查，对违法违规行为予以处理。

第四十一条　倡导投资主体创新境外投资方式、坚持诚信经营原则、避免不当竞争行为、保障员工合法权益、尊重当地公序良俗、履行必要社会责任、注重生态环境保护、树立中国投资者良好形象。

第四十二条　投资主体通过其控制的境外企业开展大额非敏感类项目的，投资主体应当在项目实施前通过网络系统提交大额非敏感类项目情况报告表，将有关信息告知国家发展改革委。

投资主体提交的大额非敏感类项目情况报告表内容不完整的，国家发展改革委应当在收到之日起5个工作日内一次性告知投资主体需要补正的内容。逾期不告知的，视作内容完整。大额非敏感类项目情况报告表格式文本由国家发展改革委发布。

本办法所称大额非敏感类项目，是指中方投资额3亿美元及以上的非敏感类项目。

第四十三条 境外投资过程中发生外派人员重大伤亡、境外资产重大损失、损害我国与有关国家外交关系等重大不利情况的，投资主体应当在有关情况发生之日起5个工作日内通过网络系统提交重大不利情况报告表。重大不利情况报告表格式文本由国家发展改革委发布。

第四十四条 属于核准、备案管理范围的项目，投资主体应当在项目完成之日起20个工作日内通过网络系统提交项目完成情况报告表。项目完成情况报告表格式文本由国家发展改革委发布。

前款所称项目完成，是指项目所属的建设工程竣工、投资标的股权或资产交割、中方投资额支出完毕等情形。

第四十五条 国家发展改革委、省级政府发展改革部门可以就境外投资过程中的重大事项向投资主体发出重大事项问询函。投资主体应当按照重大事项问询函载明的问询事项和时限要求提交书面报告。

国家发展改革委、省级政府发展改革部门认为确有必要的，可以公示重大事项问询函及投资主体提交的书面报告。

第四十六条 投资主体按照本办法第四十二条、第四十三条、第四十四条、第四十五条规定提交有关报告表或书面报告后，需要凭证的，可以通过网络系统自行打印提交完成凭证。

第四十七条 国家发展改革委、省级政府发展改革部门可以根据其掌握的国际国内经济社会运行情况和风险状况，向投资主体或利益相关方发出风险提示，供投资主体或利益相关方参考。

第四十八条 投资主体应当对自身通过网络系统和线下提交的各类材料的真实性、合法性、完整性负责，不得有虚假、误导性陈述和重大遗漏。

第四十九条 有关部门和单位、驻外使领馆等发现企业违反本办法规定的，可以告知核准、备案机关。公民、法人或其他组织发现企业违反本办法规定的，可以据实向核准、备案机关举报。

国家发展改革委建立境外投资违法违规行为记录，公布并更新企业违反本办法规定的行为及相应的处罚措施，将有关信息纳入全国信用信息共享平台、国家企业信用信息公示系统、“信用中国”网站等进行公示，会同有关部门和单位实施联合惩戒。

第五章 法律责任

第五十条 国家发展改革委工作人员有下列行为之一的，责令其限期改正，并依法追究有关责任人的行政责任；构成犯罪的，依法追究刑事责任：

（一）滥用职权、玩忽职守、徇私舞弊、索贿受贿的；

（二）违反本办法规定程序和条件办理项目核准、备案的；

（三）其他违反本办法规定的行为。

第五十一条 投资主体通过恶意分拆项目、隐瞒有关情况或提供虚假材料等手段申请核准、备案的，核准、备案机关不予受理或不予核准、备案，对投资主体及主要责任人处以警告。

第五十二条 投资主体通过欺骗、贿赂等不正当手段取得项目核准文件或备案通知书的，核准、备案机关应当撤销该核准文件或备案通知书，对投资主体及主要责任人处以警告；构成犯罪的，依法追究刑事责任。

第五十三条 属于核准、备案管理范围的项目，投资主体有下列行为之一的，由核准、备案机关责令投资主体中止或停止实施该项目并限期改正，对投资主体及有关责任人处以警告；构成犯罪的，依法追究刑事责任：

（一）未取得核准文件或备案通知书而擅自实施的；

（二）应当履行核准、备案变更手续，但未经核准、备案机关同意而擅自实施变更的。

第五十四条 投资主体有下列行为之一的，由国家发展改革委或投资主体注册地的省级政府发展改革部门责令投资主体限期改正；情节严重或逾期不改正的，对投资主体及有关责任人处以警告：

（一）未按本办法第四十二条、第四十三条、第四十四条、第四十五条规定报告有关信息的；

（二）违反本办法第四十八条规定的。

第五十五条 投资主体在境外投资过程中实施不正当竞争行为、扰乱境外投资市场秩序的，由国家发展改革委或投资主体注册地的省级政府发展改革部门责令投资主体中止或停止开展该项目并限期改正，对投资主体及主要责任人处以警告。

第五十六条 境外投资威胁我国国家利益和国家安全的，由国家发展改革委或投资主体注册地的省级政府发展改革部门责令投资主体中止实施项目并限期改正。

境外投资损害我国国家利益和国家安全的，由国家发展改革委或投资主体注册地的省级政府发展改革部门责令投资主体停止实施项目、限期改正并采取补救措施，对投资主体及有关责任人处以警告；构成犯罪的，依法追究刑事责任。

投资主体按照本办法第四十三条规定及时提交重大不利情况报告表并主动改正的，可以减轻或免除本条规定的行政处罚。

第五十七条 金融企业为属于核准、备案管理范围但未取得核准文件或备案通知书的项目提供融资、担保的，由国家发展改革委通报该违规行为并商请有关金融监管部门依法依规处罚该金融企业及有关责任人。

第六章 附 则

第五十八条 各省级政府发展改革部门要加强对本地企业境外投资的指导、服务和监管，可以按照本办法的规定制定具体实施办法。

第五十九条 国家发展改革委对省级政府发展改革部门的境外投资管理工作进行指导和监督，对发现的问题及时予以纠正。

第六十条 核准、备案机关及其工作人员，以及被核准机关征求意见、受核准机关委托进行评估的单位及其工作人员，依法对投资主体根据本办法提交的材料负有保守商业秘密的义务。

第六十一条 事业单位、社会团体等非企业组织对境外开展投资参照本办法执行。

第六十二条 投资主体直接或通过其控制的企业对香港、澳门、台湾地区开展投资的，参照本办法执行。

投资主体通过其控制的香港、澳门、台湾地区企业对境外开展投资的，参照本办法执行。

第六十三条 境内自然人通过其控制的境外企业或香港、澳门、台湾地区企业对境外开展投资的，参照本办法执行。

境内自然人直接对境外开展投资不适用本办法。境内自然人直接对香港、澳门、台湾地区开展投资不适用本办法。

第六十四条 法律、行政法规对境外投资管理有专门规定的，从其规定。

第六十五条 本办法由国家发展改革委负责解释。

第六十六条 本办法自2018年3月1日起施行。《境外投资项目核准和备案管理办法》(国家发展和改革委员会令第9号)同时废止。

中国保监会关于保险资金设立股权投资计划有关事项的通知

（2017 年 12 月 27 日　保监资金〔2017〕282 号）

各保险资产管理机构：

为贯彻落实全国金融工作会议精神，规范保险资产管理机构股权投资计划设立业务，切实防范保险资金以通道、名股实债等方式变相抬高实体企业融资成本，避免保险机构通过股权投资计划直接或间接违规增加地方政府债务规模，更好发挥保险资金服务实体经济作用，现就有关事项通知如下：

一、股权投资计划，是指保险资产管理机构作为管理人发起设立，向投资人募集资金并进行投资管理，由托管人进行托管，直接或间接投资于未上市企业股权的金融工具。

二、股权投资计划应当投资符合国家宏观政策导向和监管政策规定的未上市企业股权或者私募股权投资基金份额。

三、股权投资计划取得的投资收益，应当与被投资未上市企业的经营业绩或私募股权投资基金的投资收益挂钩，不得采取以下方式承诺保障本金和投资收益：

（一）设置明确的预期回报，且每年定期向投资人支付固定投资回报；

（二）约定到期、强制性由被投资企业或关联第三方赎回投资本金；

（三）中国保监会认定的其他情形。

四、保险资产管理机构设立股权投资计划，应当承担主动管理职责，不得直接或变相开展通道业务，不得投资嵌套其他资产管理产品的私募股权投资基金。

五、股权投资计划投资私募股权投资基金的，所投资金额不得超过该基金实际募集金额的 80%。

六、保险资产管理机构设立股权投资计划，应当设置专职业务岗位，配备足够人员，并切实加强业务全过程管理，防范投资风险。

七、保险资产管理机构设立股权投资计划，应当在中国保监会指定机构办理注册。对投向国家重大发展战略、重大改革举措、重点领域、重大建设工程，以及投资于实体经济项目的股权投资计划，中国保监会指定机构予以优先注册。

八、本通知自发布之日起实施。

中国人民银行、中国银监会、中国证监会、中国保监会关于规范债券市场参与者债券交易业务的通知

（2017年　银发〔2017〕302号）

为进一步规范债券市场参与者债券交易业务，促进债券市场健康平稳发展，根据《全国银行间债券市场债券交易管理办法》（中国人民银行令〔2000〕第2号）、《银行间债券市场债券登记托管结算管理办法》（中国人民银行令〔2009〕第1号）、《公司债券发行与交易管理办法》（中国证券监督管理委员会令第113号）等有关规定，现就有关事宜通知如下：

一、本通知所称债券市场参与者（以下简称参与者），包括符合债券市场有关准入规定的各类金融机构及各类非法人产品等境内合格机构投资者，以及非法人产品的资产管理人与托管人。

本通知所指债券交易包括现券买卖、债券回购、债券远期，债券借贷等符合规定的债券交易业务。

二、参与者应按照中国人民银行和银监会、证监会、保监会（以下统称各金融监管部门）有关规定，加强内部控制与风险管理，健全债券交易合规制度。

（一）参与者应根据所从事的债券交易业务性质、规模和复杂程度，建立贯穿全环节、覆盖全业务的内控体系，并通过信息技术手段，审慎设置规模、授信、杠杆率，价格偏离等指标，实现债券交易业务全程留痕。

（二）参与者应将自营、资产管理、投资顾问等各类前台业务相互隔离，在资产、人员、系统、制度等方面建立有效防火墙，且不得以人员挂靠、业务包干等承包方式开展业务，或以其他形式放松管理、实施过度激励。

（三）参与者的合规管理、风险控制、清算交收、财务核算等中后台业务部门应全面掌握前台部门债券交易情况，加强对债券交易的合规性审查与风险控制。

（四）前中后台等业务岗位设置应相互分离，并由具备相应执业能力

的人员专门担任，不得岗位兼任或混合操作。

（五）金融监管部门另有规定的，按照从严标准执行。

三、参与者不得通过任何债券交易形式进行利益输送、内幕交易、操纵市场、规避内控或监管，或者为他人规避内控与监管提供便利。非法人产品的资产管理人与托管人应按照有关规定履行交易结算等合规义务，并承担相应责任。

四、参与者应严格遵守债券市场账户管理有关规定，不得出借自己的债券账户，不得借用他人债券账户进行债券交易。

五、参与者应严格遵守债券市场有关规定，在指定交易平台规范开展债券交易，未事先向金融监管部门报备不得开展线下债券交易。货币经纪公司应按照有关规定规范开展各类经纪业务。

六、参与者应按照实质重于形式的原则，根据有关规定签订交易合同及相关主协议。其中，开展债券回购交易的应签订回购主协议，开展债券远期交易的应签订衍生品主协议等。严禁通过任何形式的"抽屉协议"或通过变相交易、组合交易等方式规避内控及监管要求。

七、参与者开展债券回购交易，应按照会计准则要求将交易纳入机构资产负债表内及非法人产品表内核算，计入"买入返售"或"卖出回购"科目。

约定由他人暂时持有但最终须购回或者为他人暂时持有但最终须返售的债券交易，均属于买断式回购，债券发行分销期间代申购、代缴款的情形除外。开展买断式回购交易的，正回购方应将逆回购方暂时持有的债券继续按照自有债券进行会计核算，并以此计算相应监管资本、风险准备等风控指标，统一纳入规模、杠杆、集中度等指标控制。

八、参与者在债券市场开展质押式回购交易，应按照有关法律法规规定办理质押登记。参与者开展质押式回购与买断式回购最长期限均不得超过 365 天。经交易双方协商一致，质押式回购交易可以换券，买断式回购交易可以现金交割和提前赎回。

九、参与者应按照审慎展业原则，严格遵守中国人民银行和各金融监管部门制定的流动性，杠杆率等风险监管指标要求，并合理控制债券交易杠杆比率。出现下列情形的，参与者应及时向相关金融监管部门报告：

（一）存款类金融机构（不含开发性银行与政策性银行）自营债券正回购资金余额或逆回购资金余额超过其上季度末净资产 80% 的。

（二）其他金融机构，包括但不限于信托公司、金融资产管理公司、证券公司、基金公司、期货公司等，债券正回购资金余额或逆回购资金余额超过其上月末净资产120%的。

（三）保险公司自营债券正回购资金余额或逆回购资金余额超过其上季度末总资产20%的。

（四）公募性质的非法人产品，包括但不限于以公开方式向不特定社会公众发行的银行理财产品、公募证券投资基金等，债券正回购资金余额或逆回购资金余额超过其上一日净资产40%的。其中，封闭运作基金和避险策略基金债券正回购资金余额或逆回购资金余额超过其上一日净资产100%的。

（五）私募性质的非法人产品，包括但不限于银行向私人银行客户、高资产净值客户和合格机构客户非公开发行的理财产品，资金信托计划，证券、基金、期货公司及其子公司发行的客户资产管理计划，保险资产管理产品等，债券正回购资金余额或逆回购资金余额超过其上一日净资产100%的。

参与者应向全国银行间同业拆借中心、上海证券交易所、深圳证券交易所和相关债券登记托管机构（以下简称市场中介机构）报送相关财务数据。参与者未按相关要求报送数据的，市场中介机构可拒绝为其提供服务。

本条所指的债券回购不包含与中国人民银行进行的债券回购。

对于多层嵌套的产品，其净资产按照穿透至公募产品或法人、自然人等委托方计算，相关金融监管部门另有规定的除外。

十、市场中介机构应加强债券市场债券交易日常监测，建立数据信息共享机制，发现参与者有第九条所列情形的，应及时向中国人民银行和金融监管部门报告，并根据中国人民银行及金融监管部门的要求向市场进行信息披露。

十一、中国人民银行对债券市场实施宏观审慎管理，必要时可对参与者杠杆要求进行逆周期的动态调整，并协调各金融监管部门开展债券交易业务规范管理工作。各金融监管部门加强对所管理的金融机构及其他债券市场参与者内控制度建设、债券交易规范、杠杆比率审慎水平的监督检查，并依法对有关违法违规行为进行处罚。

中国人民银行和各金融监管部门之间加强信息共享与沟通协调。

十二、中国银行间市场交易商协会等行业自律组织应完善相关自律规则，加强对参与者的自律管理，维护市场秩序。

十三、本通知自印发之日起施行。参与者应严格按照本通知要求，对内控制度等进行自查整改，一年内未完成整改的，不得新开展各类债券交易。对于本通知印发之日尚未了结的不符合本通知要求的各类债券交易,可以按合同继续履行,但不得续作,同时应当向金融监管部门报告,并按有关要求纳入表内规范。因纳入表内造成相关交易规模、杠杆、集中度等指标不达标的,一年之内予以豁免。

请中国人民银行上海总部,各分行、营业管理部,各省会(首府)城市中心支行,各副省级城市中心支行;各省、自治区、直辖市、计划单列市银监局、证监局、保监局将本通知联合转发至辖区内相关金融机构。

图书在版编目(CIP)数据

中华人民共和国证券期货法规汇编. 2017. 下 / 中国证券监督管理委员会编. -- 北京 : 法律出版社, 2018
ISBN 978-7-5197-2057-5

Ⅰ. ①中… Ⅱ. ①中… Ⅲ. ①证券法－汇编－中国－2017②期货交易－法规－汇编－中国－2017 Ⅳ. ①D922.287.9

中国版本图书馆 CIP 数据核字(2018)第 046471 号

中华人民共和国证券期货法规汇编(2017 下)
ZHONGHUA RENMIN GONGHEGUO ZHENGQUAN QIHUO FAGUI HUIBIAN(2017 XIA)

中国证券监督管理委员会 编

责任编辑 麦 锐
装帧设计 李 瞻 臧晓飞

编辑统筹 法规出版分社
出版 法律出版社
总发行 中国法律图书有限公司
经销 新华书店
印刷 中煤(北京)印务有限公司
责任印制 吕亚莉
开本 787 毫米×1092 毫米 1/16
印张 35
字数 582 千
版本 2018 年 5 月第 1 版
印次 2018 年 5 月第 1 次印刷

法律出版社/北京市丰台区莲花池西里 7 号(100073)
网址/www.lawpress.com.cn
投稿邮箱/info@lawpress.com.cn
举报维权邮箱/jbwq@lawpress.com.cn
销售热线/010-63939792
咨询电话/010-63939796

中国法律图书有限公司/北京市丰台区莲花池西里 7 号(100073)
全国各地中法图分、子公司销售电话:
统一销售客服/400-660-6393
第一法律书店/010-63939781/9782
西安分公司/029-85330678
重庆分公司/023-67453036
上海分公司/021-62071639/1636
深圳分公司/0755-83072995

书号:ISBN 978-7-5197-2057-5
定价:158.00 元